广东财经大学学术文库

Local government behavior and real estate market:
Micro-mechanism and empirical evidence

地方政府行为与房地产市场

微观机制与实证证据

张　鹏◎著

光明日报出版社　　经济管理出版社
ECONOMY & MANAGEMENT PUBLISHING HOUSE

图书在版编目（CIP）数据

地方政府行为与房地产市场：微观机制与实证证据 /
张鹏著 . -- 北京：光明日报出版社，2019. 12
ISBN 978 - 7 - 5194 - 5006 - 9

Ⅰ.①地… Ⅱ.①张… Ⅲ.①地方政府—政府行为—
影响—房价—物价波动—研究—中国 Ⅳ.
①F299. 233. 5

中国版本图书馆 CIP 数据核字（2019）第 240746 号

地方政府行为与房地产市场：微观机制与实证证据
DIFANG ZHENGFU XINGWEI YU FANGDICHAN SHICHANG：
WEIGUAN JIZHI YU SHIZHENG ZHENGJU

著　　者：张　鹏

责任编辑：李月娥　　　　　　　　责任校对：慧　眼
封面设计：开刚品牌设计　　　　　责任印制：曹　净

出版发行：光明日报出版社
地　　址：北京市西城区永安路 106 号，100050
电　　话：010 - 63139890（咨询）　　63131930（邮购）
传　　真：010 - 63131930
网　　址：http：//book. gmw. cn
E - mail：liyuee@ gmw. cn
法律顾问：北京德恒律师事务所龚柳方律师

印　　刷：三河市华东印刷有限公司
装　　订：三河市华东印刷有限公司
本书如有破损、缺页、装订错误，请与本社联系调换，电话：010 - 63131930

开　　本：170mm × 240mm
字　　数：418 千字　　　　　　　　印　　张：24
版　　次：2020 年 1 月第 1 版　　　　印　　次：2020 年 1 月第 1 次印刷
书　　号：ISBN 978 - 7 - 5194 - 5006 - 9

定　　价：88.00 元

前　言

对房地产市场的理解既需要加强对房地产生产过程的投入品——土地要素的理解，继而加深对土地市场的理解，又需要加强对房地产市场供给端的研究，而后者在房地产市场的供给滞后性、缺乏弹性、均衡困难性等市场特性影响下，和上游的土地市场构成复杂的相互作用机制。在中国独有土地市场制度影响下，形成更加独特的房地产市场。换言之，上游市场对下游市场的影响具有根本性。在理论上对市场作用机制、对地方政府在其中扮演的角色进行解构具有重要意义。本书侧重从土地、规划、财政方面对房地产市场进行分析。

世界各国政府皆对房地产市场进行干预，而土地和房地产市场天然就具有某种垄断性，此时干预方式和后果之间就会发生复杂的关系，使研究地方政府行为与房地产市场波动具有重要价值。可以说，地方政府的行为深深塑造着房地产市场特征。

土地市场和房地产市场联系紧密，两者的互动关系一直是学界和社会关注的热点问题。土地财政一直被质疑为导致高房价的因素之一，地方政府在两个市场中扮演了关键角色。本书在分析近年来中国房地产市场现状和地方政府对土地、房地产市场依赖的现状基础上，侧重从地方政府在土地和房地产市场互动关系中的干预手段、工具的视角，揭示两个市场的微观作用机制。

本书的主要结论是政府的市场干预工具或手段包括财政收支、土地

（规划）管制、土地供给三类，相关的还包括土地征收、土地金融、土地税收等。这些工具给房地产市场带来稀缺效应、资本化效应、成本效应、联动效应四种效应。第一，稀缺效应是指由于土地和城市规划的管制，不断强化开发商和人们的土地稀缺预期，加之土地供给的垄断，土地稀缺租不断上升，表现为地价在符合李嘉图模型下（土地租本质是一种剩余）的逐步上升趋势。第二，政府利用获得的土地租以及房地产税收、各种收费，用于基础设施建设，改善城市功能，吸引投资，发展经济，提高居民可支配收入，这些财政支出客观上将以资本化的方式推高地价和房地产价格。第三，土地租和税费作为房地产价格的重要组成部分，将会以成本效应的方式进入房价，尤其是在土地垄断市场结构和土地多用途竞争性使用背景下。第四，房地产市场的增量和存量市场的联动效应将房地产开发中的成本从增量市场传播到整个存量市场。因为在缺乏持有环节税制环境下，房地产开发的各种成本以"消费税"的方式转嫁给新房消费者，然后传播到整个市场。另外，土地市场上的信号作用机制有助于上述四种效应的显现和发挥。同时，地方政府结构、规划行为、土地征收、建设融资等行为都在不同侧面塑造着房地产市场的特征和运行规律，最终影响市场交易指标，包括价格波动。总之，地方政府的行为是土地市场、房地产市场及其相互作用和表现的重要影响因素，这一点得到实证结果的验证。

　　研究建议在国家层面，应逐步推动国家基本制度，包括土地制度和房地产制度的改革。同时要明确房地产市场管理和住房政策目标，保障土地供给，扩大房地产投资和生产，确保市场的平稳运行，防止大起大落和风险积累。政府要尽快退出土地经营角色，只承担监管者的角色，这样才能防止土地规划和管制权力过度异化为财政工具和财富攫取手段。鉴于土地市场对房地产市场的平稳运行具有基础性作用，政府需要打破垄断，提高土地供给弹性和规划灵活性、确保供给计划透明公开性、稳定社会预期等都是一个土地市场健康运行非充分但必要的条件。另外，房地产税制的完善迫在眉睫，建立出让金专项基金制度十分必要。

　　中国房地产价格波动较大或房地产市场不成熟的本源性问题在于中国土地市场和房地产市场结构的缺陷：垄断性较强而竞争性不足。要构建健康的房地产市场，必须从土地市场入手；土地市场天然具有的垄断性和外部性，以及易受政府干预性，都使政府和市场在资源配置作用发挥方面，政府的主导性地位彰显。弱化政府的不当干预，要从土地管理、规划、城市管理等领域的立法、执法和司法方面做出较大改革。

Abstract

There is closely connection between land market and real estate market, the interaction has been a hot issue to the public and researchers for a long time. The local government has been suspected to accounting for the excessive-priced housing, and acts a key role in housing market. After a analysis of the status quo of real estate market and the dependence on "land fiscal" of local government, this paper endeavors to the interaction mechanism between land and housing market which been intervened for various instruments and tools by government.

The main conclusions are: the tools and instruments of government includes: fiscal income and expenses, land planning and regulation, land supply which generate four effects: scarcity effect (SE), capitalization effect (CPE), cost effect (CE), connected effect (CNE). SE means because of the regulation of land and urban planning, which strength the rise expectation in land price of the public and developers. Then the land scarcity rent will rise, which drives the escalation of land price in the end. It is conform to the classical theory of Ricardo which believes the land rent is a residue in nature. CPE means the government is enthusiastic in the urban infrastructure construction, city function improvement, investment attraction, economy development and citizen disposable income enhancement by the money of land rent, real estate tax and fees. These expenses will finally boost the price of land and housing by the way of capitalization. CE means under the context of monopoly market and multi-usage land utilization, the rent, tax and fees will become a constituent part of housing price. CNE means lacking the tax of holdings, all kinds of costs in real estate development will transfer to new house consumer in the manner of excise tax, and furthermore transfer

1

the benefit to the whole market. Moreover, the land auction signal may help these four effects come into being. In a word, the behavior of local government is a pivotal factor to the performance and interaction of land-real estate market. Empirical research verified the theoretical hypothesis.

The findings and conclusions imply the political suggestions that the state should renovate some basic institutions step by step, including land expropriation institution, get rid of monopoly of land market in order to promote social equity and make it possible more people to share the fruits of social progress. It is urgent to expound the goal of housing policy and housing market, in the meantime to assure land supply and enlarge real estate investment and production in order to maintain the stable of market , in case to excessively price fluctuation and risk accumulation. It is imperative to retreat form market participant to be a superintendent, refraining from evolving to a fiscal machine or wealth-seeking tool by the way of land regulation or planning. Due to the fundamental function of land market acting on real estate market smooth running, the government should keep away from monopoly, improve the elasticity of land supply and the flexibility of land planning, assure the transparency of land supply plan, stabilize the expectation of public. These are essential conditions to promote a wealthy land market. Moreover, a new real estate tax system is an arrow on the bowstring.

China's real estate price fluctuations or the real estate market is not mature. The source of the problem lies in the structure of China's land market and real estate market defects: monopoly and less of competitition. To build a healthy real estate market, we must start with the land market. The natural monopoly and externality of the land market, as well as the vulnerability to government interference, make the government and market play a dominant role in resource allocation. To weaken the government's improper intervention, we need to make major reforms in legislation, law enforcement and justice in land management, planning, urban management and other areas.

目　录
CONTENTS

第一章　导　论 ··· 1

第一节　问题的提出 ··· 1

第二节　国内外研究现状 ··· 6

第三节　本书内容和结构 ··· 14

第四节　可能的创新与不足 ······································· 15

第二章　房价波动与地方政府行为：一个理论框架 ··············· 16

第一节　中国近年来房地产市场波动与土地财政和税收 ············· 16

第二节　房价波动与地方政府行为关联理论分析 ··················· 23

第三章　地方政府财政行为对房地产市场影响的理论与实证 ······· 33

第一节　概述 ··· 33

第二节　国内外研究现状 ··· 34

第三节　财政行为影响房价的理论分析 ··························· 36

第四节　面板数据联立方程模型的设定与变量说明 ················· 40

第五节　实证结果与分析 ··· 42

第六节　结论和建议 ··· 47

第四章　地方政府土地市场垄断与房地产市场 ··················· 49

第一节　概述 ··· 49

第二节　研究现状 ··· 50

第三节　土地市场垄断的产业经济学理论分析 ····················· 51

第四节　结论 ··· 59

第五章　土地供应对房价波动影响机制及实证 ················· **60**

第一节　概述 ·························· 60

第二节　国内外研究现状 ················· 60

第三节　理论分析 ······················ 62

第四节　计量模型和数据来源 ············· 67

第五节　结论 ·························· 72

第六章　土地市场信号对房价波动影响 ············· **73**

第一节　概述 ·························· 73

第二节　国内外研究现状 ················· 74

第三节　理论分析 ······················ 76

第四节　实证分析 ······················ 78

第五节　结论和不足 ···················· 82

第七章　地方政府结构和规划与房地产价格波动 ········ **84**

第一节　概述 ·························· 84

第二节　中国的地方政府结构及发展型规划 ········ 87

第三节　中美地方政府结构差异及其对规划的影响 ····· 90

第四节　对房地产市场的影响机制 ············· 93

第五节　结论和建议 ···················· 97

第八章　地方政府征地行为与房地产价格波动 ······· **102**

第一节　前言 ·························· 102

第二节　中国土地市场结构特征及其对房地产市场影响 ··· 103

第三节　征地行为特征 ··················· 106

第四节　中国的征地制度改革 ············· 110

第五节　结论 ·························· 117

第九章　地方政府融资行为与房地产价格波动 ········ **119**

第一节　概述 ·························· 119

第二节 国内外研究现状 ···················· 120

第三节 理论分析 ···················· 122

第四节 研究设计及实证分析 ···················· 125

第五节 结论和政策含义 ···················· 129

第十章 房地产市场波动与中美住房政策 ···················· 130

第一节 房地产市场波动与住房制度和政策的关联 ···················· 130

第二节 美国的住房及其房地产制度 ···················· 134

第三节 与住房关联的美国规划和开发制度简介 ···················· 141

第四节 麦迪逊分区法 ···················· 143

第五节 美国房地产开发案例介绍 ···················· 145

第六节 中国的住房政策与国际经验 ···················· 159

第七节 结论及其借鉴价值 ···················· 176

第十一章 结论 ···················· 180

附录 威斯康星州麦迪逊市分区法部分条文 ···················· 183

参考文献 ···················· 349

后 记 ···················· 365

第一章

导　论

第一节　问题的提出

近年来，我国房价上涨迅速，使普通老百姓难以承受。2000—2016 年，全国商品房销售价格从 2250 元/平方米上涨到 7476 元/平方米，年均增速 8.5%。其中，一线城市北上广深的对应增速分别为 12.36%、12.9%、8.73% 和 13.8%，除广州外，其他 3 个城市远高于全国速度（皆为名义价格计算）。一些热点二线城市房价涨幅也很高，如杭州、苏州、南京、郑州等。2007 年、2010 年、2013 年、2016 年的快速上涨使不少购房者压力沉重，甚至沦为"房奴"。以深圳市为例，从 2015 年的均价 33942 元/平方米上涨到 2016 年的 45146 元/平方米，涨幅达到 33%，远远超过同期收入的增长幅度。2018 年，北京长椿街地铁附近学区房均价维持在 14 万元/平方米左右，知春路、海淀黄庄、中关村附近的学区房，成交均在 11 万元/平方米左右。2017 年，根据深圳房天下在售楼盘资料，深圳竟有多达 22 个房价超 10 万/平方米的楼盘，包含住宅、别墅、公寓等产品。其中南山区最多有 10 个，福田区 4 个，罗湖、龙岗区各 2 个，宝安区、龙华区、盐田区、大鹏新区各 1 个。单价在 10 万 ~ 20 万元/平方米的住宅楼盘太多，在北上广深已经难以引起人们的惊奇。

2000 年以来房地产市场的长期繁荣，激励房地产企业加大供给，极大地改善人民的居住条件，提高了住房总存量，并增加了商业和写字楼等物业的建设。2000—2016 年，年房地产开发投资额从 4984 亿元上升到 102580 亿元，后者是前者的 20.58 倍，年均增长 20.8%。同期，商品房销售面积从 18637 万平方米上升到 157348.53 万平方米，后者是前者的 8.3 倍，年均增长 14.26%。2018 年进一步上升到 171654 亿平方米，销售额从 3935.44 亿元上升到 117627 亿元，后者是前者的 29.9 倍，年均增长 23.66%，这样的速度是全球罕见的。2018 年销售额高达 149973 亿元。同时，地方政府利用所获的土地出让金，极大地加快了城市基础设施建设和偿还"历史欠账"，使中国的城市面貌焕然一新，取得令全世界瞩目的成就。另外，房地产业所带动的上下游产业如建材、家电、装修、汽车等产业发展对于推动中国经济增长发挥了极大的带动作用。这个时期的改革红利、人口红利、房地产红利、入世红利等红利叠加，使中国宏观经济总量迅速跃居全球第二。

在房价快速上涨期，地方政府获得税收增长和城市建设改善、经济增长（包括拉动投资）三重政绩。2016 年，全国土地出让金数量占地方财政一般预算收入 42.94%。2012 年，不计入难以分割或统计的税费，如企业所得税、个人所得税、印花税、城市建设维护税，仅房地产业营业税、土地增值税、契税、耕地占用税、房产税、城镇土地使用税 6 种税收收入占地方财政收入的 22.3%（贾康，2014）。如果将其他税费计入，其占地方财政收入比例将达到 30%。（财政部发布的"2016 年财政收支情况"显示，2016 年 1—12 月累计，全国国有土地使用权出让收入 37457 亿元，同比增长 15.1%）

由此，人们不难推测在分税制制度环境下，地方政府已经和房地产业绑定并以财政收入最大化作为自己的目标之一，进而，采取各种政策和措施来维持既有利益格局，不断助推房地产价格，并不会真正地抑制房地产价格。在房价快速上升期，面临中央调控压力下的地方政府很难采取有效的举措来打压房价；反之，在市场调整期或者下行期，地方政府常常成为最及时和迫切的"救市者"。明显的证据就是 2015 年以来，在房地产去库存和"棚户区改造"等组合政策刺激下，房价轮番出现上涨，有效扭转 2014 年前后房价持续下跌的趋势。中央财经领导小组组长习近平在 2015 年 11 月 10 日上午主持召开的中央财经领导小组会议中指出，要化解房地产库存，促进房地产业持续发展。2015 年 12 月 20 日至 21 日在北京举行的中央城市工作会议上指出，明年经济社会发展五大任务之一就是化解房地产库存。鼓励房地产开发企业顺应市场规律调整营销策略，适当降低商品住房价格。中央经济工作会议话音刚落，已有地方政府开始出台刺激房地产市场发展的措施，房地产去库存正落到实处①。去库存1年多以后，市场发生巨变。至2016年，全国房地产市场开始转向活跃，不少城市开始猛涨，一些城市甚至出现摇号认筹，产生疯狂抢购的局面。对于这种"限房价、竞地价"的地产项目，2017年在南京，2018年在杭州、合肥、成都等地，楼市开盘立即掀起了一轮抢房潮，特别是南京及杭州，居民抢房的现象更是十分空前，1万多人抢购几千套住房，此时政府又陆续调整政策。2016年9月30日晚，北京发布楼市调控新政，购买首套普通自住房的首付款比例不低于35%，为改善居住条件而再次申请商业性个人住房贷款购买二套房的，无论有无贷款记录，首付款比例不低于50%。二套房为非普通自住房的，首付款比例不低于70%。

---

① 安徽芜湖：契税补助50%。日前出台刺激房地产市场发展的措施，市民在市区购买新建商品住房签订购房合同并备案的，凡应交4%契税的购房者，在缴纳契税后由市财政部门给予应缴契税50%的补助。目前，芜湖需要缴纳4%契税的户型一般为144平方米（含）以上户型。因此，这一政策也被认为有利于大户型库存的消解。换句话说，利好有改善性居住需求的市民买房，购房者可节省万元以上成本。

广西北海：按房款总额1%给予财政补贴。2015年12月20日起开始受理购房财政补贴，对2015年11月17日至2016年12月31日，在北海市市区范围内购买新建商品住房（不含垂直分户商品住房）并已缴纳契税的购房人，按所购房屋房款总额的1%给予财政补贴，每套住房限申领一次。

浙江杭州富阳区：最高一次性补贴80万元。而在此之前，浙江省杭州市富阳区在2015年底12月8日推出包含推进保障性住房货币化、购房补贴、人才安居购房补贴、住房金融服务等6项条款的楼市刺激政策。其中，对在富阳区购买新建商品住房的购房者，在取得房屋所有权证后，给予购房款1%的补助。此外，还对6种不同类型的人才规定相应的安居购房补贴优惠政策，最高一次性补贴80万元。

河南：对农民购房给予契税和房款补贴。地处中原的河南早在2015年11月10日就出台了《关于促进农民进城购房扩大住房消费的意见》，鼓励农民进城买房。并提出，各商业银行要积极开展农村居民个人住房贷款业务，扩大业务范围，支持农民进城购房，对农民购房，政府应给予适当的契税补贴、房款补贴以及降低交易手续费等。

数据显示，2014年以来，累计已经有超过50个城市发布了不同力度的购房补贴政策，其中主要为三四线城市。2016年还有哪些措施可以"救楼市"：据观点地产网报道，2016年可能会出现以下八大措施：一是降首套首付：将首套房首付比例从现行的25%下调至20%左右。二是继续精准降息。三是楼市税费补贴类政策进一步落地。同时，首套房贷利率优惠或政府财政直接给予首套房贷支持。四是加强货币补贴：进一步加大棚户区改造力度，补偿政策倾向于给予被拆迁居民金钱补助（货币补贴），而非异地分配住房（实物补贴）。五是调整普通住宅标准。六是鼓励人才购房政策。七是将户籍制度与购买房产直接结合。八是对于特定产品类型楼盘给予契税优惠或减免。"未来，政策储备将从多方面进行。棚户区改造将持续加码，信贷政策继续宽松。同时，将放缓房产税落地，继续释放规划政策红利，直接购房有望减免税费并给予一定补贴。"中原地产首席分析师张大伟表示。凤凰资讯，房地产去库存不是说说！有地方政府补贴80万［EB/OL］．http：//news．ifeng．com/a/20151224/46825165_ 0．shtml#_ zbs_ baidu_ bk。

以北京为风向标的新一轮围绕首付款比例、贷款利率不断提升的楼市调控大幕随即开启。随后，包括上海、广州、深圳等部分房价上涨过快的共计20多个城市密集出台针对房地产市场的限购限贷政策。2017年，房地产政策核心从"去库存"正式转变成"稳房价"，通过金融、供求及土地等层面联动，构建住房市场长效循环机制。一直到中共十九大召开，明确未来"房住不炒"的主基调。2017年贯彻"房住不炒"去投资化主体，全国性购房政策、资金层面收缩，调控严苛化成为新常态。"六限"成为调控重要工具：限购、限贷、限价、限签、限商、限转。

2016年以来，国家采取一系列强硬有力的宏观调控措施，使房价上涨有所缓和，部分城市甚至出现价格下降的现象。2018年9月15日，国家统计局发布2018年8月70个大中城市住宅销售价格统计数据，新建商品住房环比上涨的城市有67个，2个城市房价持平，只有厦门1个城市房价下跌。另外，二手房数据显示厦门和上海环比微跌，锦州、北京环比持平，其他66个城市上涨。从8月数据来分析，受到房地产调控的影响，一线城市房价走势比较平稳。31个二线城市新房和二手房价格涨幅在逐步收窄。而三四线城市涨幅偏大，需要出台进一步调控政策。中国的房地产（住宅）总市值约300万亿元人民币（约合43万亿美元），但伴随家庭资产上升的是债务的迅速上升，这也可能对消费形成挤压。

地方政府的这些行为从其本身来看是符合经济理性的。另外，地方政府对土地的依赖还表现在土地金融领域，即运用土地和政府信用作为抵押获得资金进行城市建设。有学者认为，土地财政的本质是融资而非收益。因为相对于"征税"的方式，通过"出售土地升值"来回收公共服务投入效率是如此之高，以至于城市政府不仅可以为基础设施融资，甚至还可以以补贴的方式，为有持续税收的项目融资。计划经济遗留下来的这一独特的制度，使土地成为中国地方政府巨大且不断增值的信用来源（赵燕菁，2014）。然而，地方政府的过度融资带来的风险也是巨大的，甚至影响了投资和经济增长。

更为严重的是地方债务可能遭遇偿还危机。全国人民代表大会财政经济委员会副主任委员贺铿在2018年5月的一次公开发言中披露了全国的地方债务总体规模大约是40万亿元，这相当于2017年全国一般公共预算收入的两倍多，充分说明目前中国地方债务问题的严峻性。除了显性债务之外，中国还有大量地方债务是借由地方融资平台、政府引导基金、PPP（政府与社会资本合作）、政府变相为企业提供担保等多种方式而形成的隐性债务，所以确切的地方债务总规模很难精确估算。

2017年7月24日召开的中央政治局会议通过的《中共中央国务院关于防范化解地方政府隐性债务风险的意见》明确提出："要积极稳妥化解累积的地方政府债务风险，有效规范地方政府举债融资，坚决遏制隐性债务增量"。2014年以后债务增长速度可谓相当迅速，几乎每年以4万亿元的增速突飞猛进。在过去，地方政府多绕道融资平台向金融机构违规举债，靠卖地还债。地方政府性债务对土地出让收入的依赖程度较高。近年来地方信用违约的事件增多，发生过债券主体信用违约事件较多的省份有江苏、山东、内蒙古、四川等，市场对于地方债关注度和警惕程度也显著提高。2017年内蒙古自爆地方债务危机，江苏、贵州借信托、资管等手段违规举债，一系列地方债务危机已逐渐显露出来，同时也引起中国政府的高度重视。

学界共识的是，GDP、可支配收入、实际利率、人口及家庭构成、汇率、信贷政策、预期等因素构成了房价上升的"基本面"。但不动产市场作为一种具有强烈地域性和垄断性的市场，房地产产品作为具有异质性的物品，使得房地产市场尤其受到地方政府的影响。在我国特别的土地制度环境下，表现尤甚。尤其是地方政府的土地财政动机、财政收支行为及作为支撑机制的土地出让，对房地产市场运行有着内在的巨大影响力。如果不认清地方政府行为及其效应，就难以理解房地产市场的运行规律。有以下两个问题尤其值得关注。

第一，土地出让制度借鉴自中国香港，也被称为"批租制"，是土地国有（或国王拥有）下政府一次性获得若干年土地租金的方式。和许多发达国家和地区不同的是，土地征收制度和土地出让制度挂钩，政府不仅在行使国家最高的征收公权力，而且扮演"低进高出"的经营者角色。在中国香港，有"差饷"等类似财产税的保有税手段和出让金制度予以配合。而中国内地由于缺乏类似手段，难以将房地产增值收归政府，导致强烈依赖土地出让收入，这使得增量市场房地产购买者承担过多责任而存量市场房地产所有者容易不劳而获，这是目前不合理制度安排推动房价上升的一个微观机制。

第二，财政分权下的地方"标尺竞争"。我国经济发展确实得益于"有了正确的激励，把激励做对"，这种激励主要表现为地方政府之间的政绩竞争，地方政府分权程度有所加强，确实可能对经济发展是有利的。但必须注意到这种分权是部分建立在不合理的财政税收尤其是土地财政制度之下的，政府一般会选择补贴工业用地而放任住宅用地价格上涨。作为土地一级市场垄断者的地方政府，还会通过诸如限量供给土地、繁杂冗长审批、搭车收费、规划制约等方式暗中驱动地价上升，试图获得最大化的土地出让金及相关税费收入。这也会驱动房价上升。当然，地方经济发展带动居民收入增长以及加快基础设施建设的行为会使房价的上升具有一部分合理性，这也不容否认。因此，在"财政—土地"特定政策组合下，土地资源配置并没有做到市场化，配置效率不高，导致市场扭曲和福利损失，典型的表现就是工业用地低效使用和房地产用地强度偏高。

因此，本书试图剖析地方政府行为中的土地财政、土地征收、土地分区、土地规划、公共品供给等行为，并发现其中驱动房价上升的微观机制和渠道，这对未来中国规范地方政府行为、构建合理税制、调控和管理房地产市场、维护消费者权益、提高社会幸福感、促进社会公平等具有重要的社会意义。

总之，地方政府的财政行为、手段和土地（房地产）市场行为、手段都有着紧密联系，地方政府的土地和财政等行为都对房地产市场产生显著影响。本书试图对其影响机理和渠道进行理论和实证研究。

中国经济已从高速增长阶段转向高质量发展阶段，开启全面建设社会主义现代化国家的新征程。在高质量发展阶段，不动产制度的改革，必须重点转向打通城乡不动产市场，构建城乡统一的土地制度和住房市场的方向。

第二节　国内外研究现状

房地产是复杂商品，房地产具有耐用消费品和投资品双重属性。房地产市场的波动原因也比较复杂，从供需两个方面都需要进行解释。国外学者试图利用可支配收入、人口、住房存量、建造成本等基本面因素解释房价的上涨（Case 和 Shiller，1999；Quigley，1999 等）。国内学者从收入、信贷、利率、通胀等宏观经济变量和人口、建筑成本、房地产存量等基本面变量研究房价的决定因素。沈悦和刘洪玉（2004）利用我国 14 个城市 1995—2002 年的面板数据，研究发现人均可支配收入、人口、就业和空置率等基本面因素可以部分解释住宅价格水平。孔行等（2010）发现按揭贷款降低购房者的使用成本，从而增加房地产市场的有效需求。且按揭贷款利率对房地产市场需求的影响程度大于按揭乘数。但是很多实证研究表明房地产市场是非有效的，基本面因素只能部分解释房价，考虑到房地产的投资品属性，部分学者将房地产类比于股票市场，用泡沫理论来解释房价上涨（况伟大，2008；朱英姿等，2011）。

地方财政行为一直是公共财政和经济增长研究的热点问题。面临财政分权和垂直政治集中双重激励机制，推动经济发展一直是改革开放以来地方政府的主要任务，而不是收入的再分配（张军，2007）。发展经济对人力资本、物质资本等在内的地方间竞争是不可避免的，构建良好的基础设施有助于吸引并留住FDI。那么随之产生两个效应：一是基础设施的建设不仅要在预算内的财政支出中予以资金考虑，还要运用地方所拥有的其他诸如土地出让金等资源，而后者正在扮演重要的角色。二是良好的基础设施以及其他公共产品的供给不仅会使城市地租上升，还会直接导致房价的上升。前者是因为基础设施改善使城市整体地价水平上升，后者是因为改善的公共服务使人们对房屋的支付意愿上升。类似的研究还有范剑勇（2014）的研究。所以，公共产品供给、供给融资、房价波动之间的关联关系，以及公共财政对房价的影响得到人们广泛的关注。

在国外的研究方面，自蒂伯特1956年在美国《政治经济学杂志》发表《一个关于地方支出的纯理论》，提出居民会根据掌握的税收负担（居住成本）和公共服务水平信息，选择符合自己"收入—支出"偏好的地区居住以来，无数的学者对其理论进行发展。蒂伯特的研究被人们称为蒂伯特模型或蒂伯特理论，其主要观点是讨论财政分权、公共品供给效率、居民的居住选择。直到1969年奥茨的文章发表，该理论才引起人们重视，奥茨认为地方政府之间在税收和支出上的差别对房地产价值有显著影响。实证研究表明，如果社区增加税收并用于改善其学校系统，那么预算支出增加而带来的收益增加将大致抵消较高税率对当地房地产价值所产生的影响。人们确实愿意为生活在一个提供较高质量公共服务项目的社区而缴纳较高的税金。奥茨（1972）在其《财政联邦主义》中探讨了财政分权的作用，在于使政府部门的运作更有效率，实现资源更有效率的配置。分权体制与集权体制相比的优势在于地方政府不仅对当地的情况了若指掌，而且具有对当地公共品产出加以调整以适应当地条件和口味的政治能力。根据蒂伯特的理论，一位效用最大化的消费者能够在来自地方公共服务计划的收益和所承受的赋税义务与成本之间进行权衡，然后选择居住在一个能够为他提供超过成本的最大收益剩余的地区。从这一角度出发，个人的税赋义务成为进入这个社区的价格，即消费当地公共服务产出的价格。从一般均衡的概念，如果以一个社区为例增加其公共服务的产出而提高房地产税税率，那么房地产所有者的纯租金收入并不一定会下降，相反很有可能会增加。

沿着蒂伯特和奥茨的开创性研究，之后的学者进行深入和拓展性的研究。第一个研究重点是关于政府行为方式和地方公共品供给效率。仅有"公共服务—税收"这一对定价组合和"用脚"投票并不能保证达到公共产品供给的有效状态，还需要有其他的机制。Hamilton（1975）的研究引入了定价机制，认为土地限制是必要的，可达成公共品的有效分配。他增加了两个假设：地方政府运行的资金来源仅仅通过比例财产税；每个政府有权分区，要求家庭至少消费一个住房数量。他认为只有分区可将蒂伯特—奥茨体系中的搭便车者排除在外，防止看重公共产品价值的家庭建造低于平均价值水平的住房。在1976年的研究中，他进一步强调土地分区在蒂伯特理论下的重要性。Epple和Zelenitz（1981）认为大量辖区之间的竞争并不足以保证公共部门的效率。无论是通过财产税、销售税、所得税或其组合来征收，该结论都成立。在固定辖区边界的假设下，尽管居民可以"用脚"投票，但是土地是不能流动的。所以政府能侵占一些土地租金来满足私利。增加辖区的数量能限制而不能杜绝政府任意行使权力的能力。政府将发现提高税率有利可图。居民在大量辖区间的流动能防止单个政府利用住房需求弹性，但不能防止其利用住房供给弹性，蒂伯特理论需要政治的参与。但Henderson（1985）持相反的意见，认为从长期看，没有政治也可能有解决办法，这需要社区间土地市场的均衡。"坏"政治环境是指政府试图最大化税收收入和公共服务支出之差。在满足居民通行的效用水平的前提下，政府还试图争夺地租。此时会导致过度供给公共品，是因为供给可由地租获得部分支持，这是一种财政攫取。

第二个研究重点是关于"税收—公共服务"组合的资本化效果（对房价的影响）。除了奥茨的研究之外，Hamilton认为地方政府财产税只是其提供公共服务费用的一个组成部分，而且财产税和地方公共服务支出都是房地产价值的构成部分。当地方政府将更多财政支出用于生产公共产品以使其提供的公共产品数量和质量高于其他地区时，不动产价值会增加。Epple和Zelenitz（1981）认为就资本化而言，支持奥茨的结论。即均衡时，税率和政府服务水平的不同将导致辖区间住房价格的不同。Yinger（1982）认为蒂伯特模型不完美，他没有将地方财政变量考虑进房价，文章解释资本化产生、长期存在的原因，如何与地方政府的效率系统互相作用。将财产税加入蒂伯特模型，将地方公共服务决策的中间人投票理论和家庭对住房市场的投标理论进行结合，地方财政变量确实会资本化入房价。

Yinger（1982）对财产税的资本化程度进行理论和实证检验，发现财产税对房价的资本化率远不是完全的，而只有 20% 左右，并对其原因进行了解释。他注意到公共服务也会资本化入房价，且与房地产税的作用机制和对市场扭曲的方式是不一样的。他还认为住房市场的竞争导致同质的社区，并不意味着完全的同质化，即使有完全的流动性。资本化是长期均衡下的特征，像一个楔子，扭曲了房价，导致地方政府无效率的公共品供给。

Stadelmann（2012）认为财政包（Package）或其差异会资本化入房价，该研究主要贡献是将土地的可得性、住房的需求弹性和供给弹性（用可得建设用地代理）纳入模型，证明土地可得性是住房供给做出反应的必要而不是充分条件。土地供给弹性受到分区、居民反对、财政变量变化不确定性等因素影响。仅从需求端考虑资本化是不够的，供给弹性也很重要，假如土地可得性增强，那么财政变量和税收变量的资本化效应不会显著降低。如果住房供给完全弹性，那么资本化会消失。反之如果土地和住房供给缺乏弹性，那么资本化效应将发生。

Fisher（1992）讨论了蒂伯特模型的局限，蒂伯特假设的公共服务是通过一次性税收来提供资金的，而美国常由财产税来提供，税收数量取决于房屋的价值。为防止搭便车，分区将被使用，能够实现资源的有效配置。本质上讲，蒂伯特模型是一个长期模型，在短期社区住房固定时，可能发生公共服务和税收的资本化。在其他条件不变的情况下，公共服务水平越高或者财产税率越低的社区，其房价越高。竞争扮演了重要角色，在短期住房供给没有弹性，而长期当大都市区域中社区数量具有完全弹性时，资本化不会发生。

第三个研究重点是引入土地分区的考虑，这回到了规划的问题。自 Hamilton 开始，越来越多的学者对分区与财产税、房价资本化之间的关系加以关注，认为这必须理解和深化蒂伯特理论。如果缺乏分区手段，居民和社区的选择行为就不能得到正确的解释。分区作为内生因素影响着房价及其资本化现象，分区在土地市场（供需）、房地产市场、政府公共品供给之间构建紧密联系。

地方财政行为和地方土地利用决策、土地市场是相互关联的，即分区和土地管制对财政有影响，财政行为也要靠分区手段作为支持，这些都会对房价产生影响。Sun（2007）认为地方政府是具有财政分区动机的。实证研究表明，地方依赖于财产税导致房价更高，这种财政激励对当地政府的分区决策有影响。财政分区是郊区排外行为的一个动机。对财产税的属性（受益税、所得税、消费税）存在几种不同的观点。借鉴 White（1975）的研究，认为地方可能采取攫取性财政分区，最终可能导致更大的地块分区，更高的价值住房建设。在这样的社区，高价房供给过度，而低价房供给不足，低价房的土地产生溢价，低价房的价格会上涨。

近年来研究土地管制对房价的文献更多了，如 Gleaser（2006，2008）等的数篇文章讨论了土地分区对住房可负担性的影响。传统的土地自由市场模型并不适用于住房市场，分区和其他土地使用管制对房价上升有很大作用，这是分区导致的成本，相当于一种"分区税"。Bates（1994）研究了住宅发展权（住房供给）与分区、财产价值的关系，认为社区可通过分区有效限制住宅发展权的供给，显示其垄断优势。供给越少，分区政策越严，财产价值越大。

第四个研究重点是关于财产税的性质。根据 Hamilton（1983）的研究结论，地方政府征收的财产税只应看作政府服务费用的一个组成部分，地方财政可以灵活地运用土地使用税及其他一些临时收费作为财产税的补充。蒂伯特理论在郊区比市区更加适合。市中心多公寓，住房消费难以作为排除居民的基础。在蒂伯特和 Hamilton 之前，财产税被认为是一种消费税，对土地征税由地主承担，对改良物征税导致更高房价，由消费者承担。财产税会资本化入房价，转嫁给消费者。但按 Hamilton 的理论，财产税是受益税，不该资本化入房价，因为在同质的社区，财产税等于享受服务的价值。同质性社区在现实中并不合理，所以在扩展的异质的社区里，资本化的方式应该根据给定的财产价值与社区人均税基之间的偏差，或者叫"财政剩余"，对购买者而言是一种受益税。作为一种受益税，财产税相当于使用者付费，没有资本的扭曲效应，跨区间不存在资本化效应。然而，跨区资本化效应却被实证所证实，但有学者认为资本化存在并不能作为反驳或是支持受益论的证据，分区在里面扮演重要角色，受益论的成立与否取决于分区是否相伴。而依据"新论"的观点，财产税是一个资本税，兼具消费税和利润税的效应。但不管财产税本质的争论如何，它们都指出特定环境和一定假设下的税收的效应。三个观点并非不相容，尤其是从一个地方的角度，受益论和新论都预计财产税的增加会落在当地居民头上。Quigley（2008）认为从地方政府的角色看，增加财产税收入以支持公共产品，对财产使用者而言是一种消费税。财产税融资的固有扭曲会导致排外性分区的地方政策，如地方倾向于让新进入者消费高于均价的住房，防止他们消费较少住房以获取财政剩余。列维坦政府理论下，政府会剥夺其居民，以税收方式最大化收入。Fischel（1992）对分区、财产税和资本化之间的关系进行分析，发展了蒂伯特理论，认为一个有效的地方财产税需要财政分区，而财政分区是普遍存在和千变万化的，课征和影响费用可作为财产税的替代收入来源。中间选民可通过投票实施有效的郊区财政分区，经济计量显示郊区的分区被资本化，它降低了未开发土地的价值，但拉升住房的价格，其作用方式不同于税收—支出资本化，这符合受益论的观点。地方官员试图将财产税调整为一种收益税。如果选民选择大幅减少对财产税的依赖，那么它可能转变为一种消费税。他赞同分区的限制性会将财产税转换为受益税。

　　国内的研究方面，多从供求两端解构房价波动的原因，而较少从公共财政的角度开展研究。郝前进和陈杰（2007）认为需求差异是决定长三角地区城市间房屋价格差异的主要因素。其中，城市之间在居民人均收入和非农人口比例的差异又是决定各个城市对住房存在不同需求的主导因素。白彦锋（2012）等认为相对于其他影响房价的变量来说，地方财政支出对房价的解释程度要弱于人均可支配收入、非农业人口以及上期房价。但这种影响程度是不能忽视的，并且与房价呈现着正向的关系。

　　逐渐有学者开始关注地方财政分权、公共产品供给和税收以及对房价的资本化效应等问题。吴福象和刘志彪（2008）在研究城市群和经济增长时发现，在长三角城市化群落中，各地政府均加大了固定资产投资中的更新改造投资的比例，加大了对城市内和城市间的基础设施建设投资的比例，结果不仅降低企业的交通运输成本，而且增强投资需求对经济增长的循环积累作用，促进了经济增长。实证结果支持了蒂伯特（Tiebout）假说，即由于企业或居民偏好通过搬家的"用脚投票"形式来获得自己所需要的公共物品，政府的第一要务是要做好当地的基础设施，但他们并没有考虑税收变量的影响。

　　在财政分权与公共品供给方面，邓可斌和丁菊红（2009）发现分权对"硬"公共品供给有明显加速作用，对"软"公共品供给有明显抑制作用。分权程度变化与政府行政效率间存在显著正相关关系。发展型政府更偏好"硬"公共品供给，因而更偏好高分权。丁菊红（2012）对财政分权、经济增长和服务供给进行研究发现，长三角地区的经济增长有利于公共服务供给的增加，特别是基础建设类的公共品，但对关系到民生福利的公共服务，如教育、卫生等，则在地方政府间的相互竞争中被相对忽视。这可能是因为，这类软性公共服务指标不易进入政府官员考核体系中，从而被放在了相对次要地位，不能形成可持续的发展动力。但地方政府间竞争则与公共服务供给呈负相关关系。张军等（2007）在控制了经济发展水平、金融深化改革以及其他因素之后，认为地方政府之间在招商引资上的标尺竞争和政府治理的转型是解释中国基础设施投资决定的重要因素，这意味着分权、Tiebout竞争、向发展式政府的转型对改进政府基础设施的投资激励是至关重要的。

对一般认为的财政分权有利于地方公共品供给的观点也有不同看法，如傅勇（2010）研究分权背景下的财政体制和政府治理对非经济性公共物品供给的影响。发现财政分权显著且可观地降低了基础教育的质量，也减少了城市公用设施的供给。这支持了中央财政在公共部门中具有发挥更大作用的必要性的结论。

国内同样有不少有关财政对房价资本化影响的研究。周京奎等（2008）将公共投资对地价、房价影响效应差异进行研究。杜雪君（2009）等采用1998—2006年我国31个省（直辖市、自治区）的面板数据分析房地产价格、地方公共支出与房地产税负之间的关系。研究结果证实房地产税负会对房价产生抑制作用，而地方公共支出对房价有明显的促进作用。高凌江（2008）用全部财政支出做解释变量，发现地方财政支出和房地产价值存在高度正相关关系，城市持续高水平的财政支出，经过一段时间的积累，必定通过房地产价值的增加体现出来。从税收到公共服务支出再到房地产价值增加的各个环节中，税收与财政支出的联系并不紧密。这种状况的存在使那些能够自由迁移的投资者、大中城市的高收入阶层，在不增加税收成本的情况下坐享房地产价值增加带来的收益，客观上增加了对大城市、中心城市的房屋需求，从而推动了房地产价格的进一步上涨。朱富强（2012）讨论了土地财政、经济增长、房价之间的关系。梁若冰等（2008）对蒂伯特模型在中国的存在性和地方公共品供给的资本化进行了实证研究，认为35个大中城市在2000—2005年，无论是由地方公共支出强度，还是由地方公共服务主成分变量表示的地方公共品提供水平，都与城市住房的价格水平有着显著的相关关系。郭小东（2009）有类似的研究认为公共服务水平确实与房价有着十分密切的关系，公共服务水平的地区性差异，十分显著地解释了地区间的房价差异。郭晓旸（2010）认为当地方政府将绝大部分土地出让金用于城市基础设施建设和公共服务支出时，将直接提高城市中各类设施的服务质量（如高速轨道交通、现代化医院和学校、公园、体育场馆以及社会保障等广义上的设施），增加城市中各类机会的数量和获得概率（如就业机会和学习机会等），从而抬高住房价格，最终人为地建立一条土地价格影响住房价格的渠道。

有人敏锐地指出了房价资本化受限于土地市场上的供应量或分区管制。邵挺和袁志刚（2010）提出了土地供应量的增加会降低地方公共品供给对房价的资本化速度这一理论假说，并利用2001—2007年全国35个大中城市的面板数据进行实证研究。发现地方公共品提供水平的高低对住宅价格有着显著的影响，另外住宅供地面积的增加会显著地降低地方公共品供给对房价的资本化速度。但他们没有注意到管制的作用。

总之，蒂伯特理论为城市间房价差异和波动提供了一个重要的解释。地方以财产税为融资来源，可提供本地合意的公共产品服务。一般认为房价的上升程度取决于税收与公共服务水平的对比关系，税收低而公共服务水平高，那么房价上升就较快。依据该理论，验证中国是否也存在地方财政行为带来的蒂伯特效应，以及房价是否因为地方财政行为而出现差异具有理论和实践价值。但是，运用该理论必须考虑中国的体制框架。目前国内的研究只关注房地产税、契税、土地增值税等占政府收入比例较小的税收对房价的负向效应，而忽略了土地出让金的作用，这些不足是需要改进的。

我国地方政府的行为具有强烈的财政分区动机，对土地市场的干预是政府现行税制下的最优选择：通过获得大量出让金，推高地价，进而通过其他微观机制的协同，导致房价的上涨。某种程度上讲，出让金甚至不能仅仅视为一种政府收入，而是一种支出。仅仅只考虑房地产税负对房价的负效应和公共产品对房价的正效应，都不能全面概括地方政府行为对房价波动的微观机制。

上述回顾尚未完全归纳全部研究，但有关财政、土地管制、房地产市场、政府行为方面的内在关联研究已经获得了学界的足够重视。传统上仅仅从数据和计量技术进行房地产市场的研究具有局限性，它们往往忽略了一个关键的问题，就是房地产市场经常是不均衡的，且其运行过程和结果都受到"有形的手"强烈干预。

第三节　本书内容和结构

本书共分十二章。

第一章：导论。介绍本书的研究背景、研究目标和研究意义，按研究脉络介绍与本书相关的国内外相关研究进展情况。

第二章：房价波动与地方政府行为：一个理论框架。本章先对目前房地产市场和房地产财政税收现状进行分析。然后提出土地市场、房地产市场、地方政府行为三者之间的微观效应及其作用渠道的描述，为进一步理论分析和实证研究奠定基础。

第三章：地方政府财政行为对房地产市场影响的理论与实证。从地方政府财政收支行为的角度对土地市场和房地产市场宏观层面的相互作用提供理论分析和实证研究。证实土地出让和房地产税收共同对房地产价格起到了推升作用，房地产价格反过来推高两项收入，推高了土地价格。

第四章：地方政府土地市场垄断行为与房地产市场。主要从产业经济学的SCP范式出发，对土地市场结构及政府维持这种市场结构的动机、行为、绩效进行剖析。上游的土地市场必然对下游的房地产市场产生作用。

第五章：土地供应行为对房价波动影响机制及实证。地方政府对土地市场的干预主要表现为土地管制和土地供给，由于土地管制最终作用于土地供给，因此土地供给和房地产价格发生直接联系。通过35个城市的实证研究发现，土地供给弹性和房地产价格涨幅、波动和房价三个变量都呈现显著负相关关系。提高土地供给弹性有助于抑制房地产价格波动。

第六章：土地市场信号对房价波动影响。土地市场信号尤其是土地出让结果对房地产市场上的决策者和参与者产生影响，并最终影响房地产价格。实证研究发现，无论是正向还是负向的土地信号都对房地产价格产生影响，但这种影响是不对称的。

第七章：地方政府结构和规划与房地产价格波动。地方政府结构及其权力分配，对地方政府规划行为有着很大影响，而规划对房地产市场的影响也是十分重要的。本书从理论层面分析政府结构、规划行为与房地产市场的关系。

第八章：地方政府征地行为与房地产价格波动。土地征收是地方政府的重要行为，在此基础上构成土地财政。中国的土地征收制度及其执行，存在一些问题，进而影响到房地产市场运行。改革土地征收制度，构建新的土地市场秩序，有利于房地产市场的平稳运行和健康发展。

第九章：地方政府融资行为与房地产价格波动。地方政府的城市建设融资出现了新的趋势。本书定义了潜在租金和实际租金。前者是城市获得土地租金的潜力，后者是实际发生额且是表征城市投资水平的指标。过度的投资和融资使得二者差距增加，孕育金融风险，并加剧房地产价格波动。

第十章：房地产市场波动与中美住房政策。对美国的房地产市场和住房制度进行介绍，这对我国未来完善相关制度可提供一些有益的借鉴。同时对我国的房地产政策和几个重点问题进行分析。

第十一章：本书的总结及政策性建议。

第四节　可能的创新与不足

可能的创新之处主要表现为两点：第一，借鉴公共经济学中的蒂伯特理论，将地方政府财政行为和土地分区行为、土地市场干预与房价波动紧密联系起来研究。地方政府行为是土地市场和房地产市场联系和作用的重要环节。第二，从地方政府行为模式的微观决策机制出发，解构并定量地方财政行为和土地市场干预行为对房价波动的微观作用机制和效应大小。效应细分为四种并逐一进行理论分析。同时对地方政府的征地、规划等行为的房地产市场效应进行分析。

不足之处在于：在理论模型方面显得薄弱，由于地方政府行为的复杂性，使变量的定义变得多元且困难，这影响模型建构的全面性。尤其是四种效应很难建构在一个统一的理论模型之下，一些计量分析在内生性消除方面有所欠缺。

第二章

房价波动与地方政府行为：一个理论框架

第一节　中国近年来房地产市场波动
与土地财政和税收

1998 年住房制度改革以来，中国人压抑已久的住房需求得以释放，房地产投资、销售面积、销售价格等主要市场指标经历了一个长期的上涨过程。同时房地产供给迅速增加，中国人的住房条件获得了极大的改善，如图 2－1 所示。

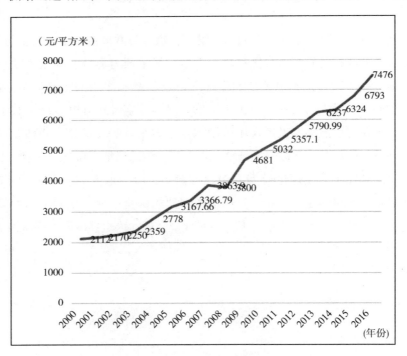

图 2－1　2000—2016 年中国商品房销售价格

资料来源：国家统计局。

从房地产企业这个生产端看，2000—2016 年，房地产投资额增加了 20.58 倍，年均增长速度 20.8%；年购置土地面积增加了 1.3 倍，年均增长速度 1.67%，不可谓不快。土地购置费用到 2016 年增长了 25.6 倍，年均增长速度 22.5%，见表 2-1。

表 2-1　2000—2016 年房地产企业投资额、购置土地面积、土地成交
价款、土地购置费用

年份	房地产投资额（亿元）	购置土地面积（亿元）	土地成交价款	土地购置费用（亿元）
2000	4984	16905.24	/	733.99
2001	6344	23408.99	/	1038.77
2002	7791	31356.78	/	1445.81
2003	10154	35696.48	4888.95	2055.17
2004	13158	39784.66	2888.57	2574.47
2005	15909	38253.73	3269.32	2904.37
2006	19423	36573.57	3318.04	3814.49
2007	25289	40245.85	4573.18	4873.25
2008	31203	39353.43	4831.68	5995.62
2009	36242	31909.45	5150.14	6023.71
2010	48259	39953.10	8206.71	9999.92
2011	61797	44327.44	8894.03	11527.25
2012	71804	35666.8	7409.64	12100.15
2013	86013	38814.38	9918.29	13501.73
2014	95036	33383	10020	17458.53
2015	95979	22810.79	7621.61	17675.44
2016	102581	22025.25	9129.31	18778.68

资料来源：国家统计局（土地成交价款与土地购置面积同口径，可以计算土地的平均购置价格）。

从商品房销售指标看，也保持了快速上升势态。销售额和销售面积 2016 年创下了历史新高，见表 2-2。

表 2 - 2　2000—2016 全国商品房销售面积、金额和均价

年份	商品房销售面积 （万平方米）	销售金额 （亿元）	销售均价 （元/平方米）
2000	18637	3935	2112
2001	22412	4863	2170
2002	26808	6032	2250
2003	33718	7956	2359
2004	38232	10376	2714
2005	55486	17576	3168
2006	61857	20826	3367
2007	77355	29889	3864
2008	65970	25068	3800
2009	94755	44355	4681
2010	104765	52721	5032
2011	109367	58589	5357
2012	111304	64456	5791
2013	130551	81428	6237
2014	120649	76292	6324
2015	128494.97	87281	6793
2016	157348.53	117627	7476

资料来源：国家统计局。

　　但全国数据往往掩盖了主要大中城市房价更快上涨的事实，以 4 个一线城市为例，2002—2016 年，北京增长倍数是 5.6，上海和深圳在 7 倍左右①，见表 2 - 3。

表 2 - 3　2000—2016 年四个一线城市商品房销售均价　单位：元/平方米

年份	北京市	上海市	广州市	深圳市
2000	4919.29	3565.45	4294.09	5718
2001	5061.66	3866.42	4262.34	5818.30

---

　　①　实际上，统计数据不能充分反映城市的真实上涨幅度和市民的亲身感受，这与限价等政策有关。

年份	北京市	上海市	广州市	深圳市
2002	4763.91	4134.13	4200	5802.1
2003	4737	5118	4211	6256
2004	5052.93	5855	4537.02	6756.37
2005	6788.09	6842	5366.08	7582.27
2006	8279.51	7196	6547.92	9385.34
2007	11553.26	8361	8673.07	14049.69
2008	12418	8195	9123	12665
2009	13799	12840	9351	14615
2010	17782	14464	11921	19170
2011	16851.95	14603.24	12103.52	21350.13
2012	17021.63	14061.37	13162.67	19589.82
2013	18553	16420	15330	24402
2014	18833	16420	15719	24723
2015	22633	16787	14612	33942
2016	27497	20949	16384	45146
倍数	5.60	6.94	3.82	7.90
增长速度%	11.40	12.90	8.73	13.80

资料来源：中经网产业数据库、房地产统计年鉴。

在房地产市场的繁荣时期，由于中国城市土地属于国有，并且实行有偿使用的土地制度，以及中央和地方实行分税制财政制度，地方政府通过土地市场上的"招拍挂"手段，获取了大量的土地出让金，并逐渐培育其成为地方主要的收入来源，在财政科目中列为"政府性基金"，它占地方一般预算性收入的比例逐步提升，2010年达到了最高的67%，见表2-4。2015年占比有所下降。土地出让金本质是一种地租收入，可增强地方政府的可用财力并大力推动城市各项建设事业。数量上在2017年达到了惊人的5.19万亿元。

表 2 – 4 1999—2016 年土地出让金占地方一般预算性收入比例

年份	土地出让金（亿元）	地方一般预算性收入（亿元）	占比（%）
1999	514.34	5594.87	9.19
2000	595.58	6406.06	9.30
2001	1376.54	7803.30	17.64
2002	2416.78	8515	28.38
2003	5420.78	9849.98	55.03
2004	6345.62	11893.37	53.35
2005	5910.87	15100.76	39.14
2006	7737.38	18303.58	42.27
2007	12216.8	23572.62	51.83
2008	9736.97	28649.79	33.99
2009	15910.20	32602.59	48.80
2010	27464.48	40609.80	66.76
2011	32126.08	52547.11	61.14
2012	28042.28	61078.29	45.91
2013	43745.30	68969.13	59.83
2014	34377.37	75876.58	45.31
2015	31220.65	83002.04	37.61
2016	37457	87239.35	42.94
2017	51949.94	91469.41	56.79

资料来源：历年《中国国土资源年鉴》、国家统计局。

与此同时，房地产业在房地产开发、持有和流转等环节为地方财政贡献了大量的税收，对地方财政的贡献稳步上升。这些税种包括营业税、土地增值税、耕地占用税、城镇土地使用税、契税、房产税、企业所得税、个人所得税、城市建设维护税、印花税和投资方向调节税（停收）11 种。由于多数税收在统计数据上的难以获得性，如营业税税基很广，不仅仅是由房地产企业缴纳，所以下面列出部分房地产税收数量及其占地方一般预算性收入的比例，见表 2 – 5 和表 2 – 6。表 2 – 5 显示，2012 年，仅 6 种房地产税收总量就有 13596.53 亿元，占地方一般预算性收入的 22.26%，如果纳入建筑业对应税收，其比例更大。

表 2 - 5 　2006—2012 年 6 种房地产税收及其占地方一般预算性收入比例
（不含企业个人所得税、印花税、城市建设维护税）

年份	营业税	土地增值税（亿元）	契税（亿元）	耕地占用税（亿元）	房产税（亿元）	城镇土地使用税（亿元）	占地方一般预算性收入比（%）
2006	1284.38	187.73	867.67	171.12	515.18	176.89	17.50
2007	1791.12	335.36	1206.25	185.04	575.46	385.49	19
2008	1719.33	447.37	1307.53	314.41	680.34	816.90	18.45
2009	2368.80	606.67	1735.05	633.07	803.66	920.98	21.68
2010	3093.94	1106.55	2464.85	888.64	894.07	1004.01	23.27
2011	3590.41	1791.57	2765.73	1075.46	1102.39	1222.26	21.97
2012	3901.16	2286.44	2874.01	1620.71	1372.49	1541.72	22.26

资料来源：贾康，李婕. 房地产税改革总体框架研究 [EB/OL]. 国研网，http://www.drcnet.com.cn/eDRCnet.common.web/docview.aspx? DocID ＝ 3764667&leafid ＝ 932&chnid ＝ 268, 2014.

类似地，我们试图将具有明显房地产特征的 7 种税收：土地增值税、契税、房产税、城镇土地使用税、城市建设维护税、耕地占用税、印花税进行统计，见表 2 - 6。可见其比例在 2012 年为 22.52%。特别注意的是印花税也不全是房地产税收。

表 2 - 6 　2000—2012 年 7 种税收数量及其占地方一般预算性收入比例

年份	地方一般预算性收入（亿元）	7 税加总	比例（%）
2000	6406.06	896.79	14.00
2001	7803.3	952.05	12.20
2002	8515	1214.04	14.26
2003	9849.98	1538.48	15.62
2004	11893.37	2001.14	16.83
2005	15100.76	2543.09	16.84
2006	18303.58	3097.9	16.93
2007	23572.62	4220.64	17.90

续表

年份	地方一般预算性收入（亿元）	7税加总	比例（%）
2008	28649.79	5354.53	18.69
2009	32602.59	6634.69	20.35
2010	40613.04	8778.65	21.62
2011	52547.11	11455.31	21.80
2012	61078.29	13753.99	22.52

资料来源：历年《中国财政年鉴》。

对地方政府而言，无论土地出让金还是房地产税收，都是地方的重要收入来源，它的巨大数量和稳定性关乎地方经济和社会发展，关乎地方收支平衡。不同省份对二者的依赖程度也是不一样的。以江苏省为例，2003—2012年，房地产税收从72.64亿元上升到1337.21亿元，年均增长速度达到38.3%，占地方收入的比例从5.84%上升到30.33%，占地方税收的比例从15.06%上升到32.3%，可谓一个产业做到了"三分天下"。土地出让金从1170.7亿元上升到3071.28亿元，与地方收入比值呈剧烈波动趋势，2012年为0.74，2003年最高可达2.43，见表2-7。这也从侧面说明土地出让金并不适宜作为地方稳定收入来源。

表2-7　2003-2012年江苏省房地产税收和土地出让金及
其占地方一般预算性收入比重　　（单位：亿元，%）

	房地产税收	土地出让金	地方总收入	地方税收收入	房地产税收占地方收入比	房地产税收占地方税收比	地方收入与出让金比
2003	72.64	1170.70	1243.34	482.34	5.84	15.06	2.43
2004	126.04	874.30	1000.34	674.45	12.60	18.69	1.30
2005	170.21	806.40	976.61	833.14	17.43	20.43	0.97
2006	219.96	1010.20	1230.16	1013.89	17.88	21.69	1.00
2007	318.83	1679.50	1998.33	1364.96	15.95	23.36	1.23
2008	340.66	1033.90	1374.56	1658.37	24.78	20.54	0.62
2009	479.54	2546.30	3025.84	1927.52	15.85	24.88	1.32
2010	931.04	3640.00	4571.04	2803.82	20.37	33.21	1.30
2011	1122.34	3550.61	4672.95	3570.46	24.02	31.43	0.99
2012	1337.21	3071.28	4408.49	4140.07	30.33	32.30	0.74

*数据来源：江苏省地税局。

第二节　房价波动与地方政府行为关联理论分析

一、房价波动与地方财政和土地行为

房价波动是多种因素综合作用下的产物，近年来供给端的作用获得了学术界的逐步重视，其中政府扮演了关键角色。规划管制被认为是导致土地供给和房地产供给弹性不足，进而导致房价升高的重要原因，有些学者定义管制指数，发现管制程度越高，房价增长越快。然而，国外和我国的土地、房地产开发制度具有很大的差别。例如，城乡二元土地制度、中国特色的土地征收制度和供给制度与国外大相径庭。中国的政府常常是土地一级市场的唯一供给者并深度参与土地收益分割。在房地产市场上，地方政府也被称为"最大的开发商"。另外，政府在财政收支行为方面和国外亦有着较大区别。

由此，必须基于中国的地方政府财政和土地市场等行为和制度环境，对二者如何作用于房价进行微观层面上的理论梳理。

表2-8和图2-2试图对地方财政行为、土地市场干预行为等因素对房价波动的作用渠道进行框架性分析。我们清楚地看到，土地财政对房价的影响不仅是多渠道的，还受到土地市场干预行为和财政税收制度的制约和影响。我们认为，地方政府行为对房价的效应或机制可分为4种：稀缺效应、资本化效应、成本效应和联动效应。另外，预期效应是因为土地需求属于引致性需求，按照地租是剩余的原理，房价上升反过来会导致地价上升。

表2-8　政府/市场行为和效应类型

效应类型	政府/市场行为类型
稀缺效应	土地供给、规划
资本化效应	人口集聚、产业发展、财政支出、地方债务和城市建设
成本效应	土地出让、税费征收
联动效应	增量市场带动存量市场涨价，存量市场平抑增量市场价格，存量市场缺乏持有税收

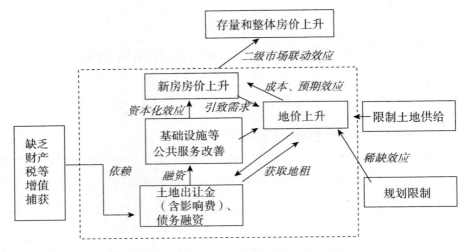

图 2-2　地方财政行为、土地出让对房价的作用机制和渠道

二、地方财政行为是房价波动的直接原因

　　在我国地方政府"政绩锦标赛"和分税制等制度环境下，地方官员为了升迁，在工业招商引资、城市建设方面不遗余力，然而这些都需要地方财力的保障。由于地方财政预算内和转移性收入只能保基本支出（"吃饭财政"），地方政府作为土地所有权的实际代理人，追逐土地租金和房地产税收收入成为理性行为。土地出让金和房地产税收，甚至包括房地产开发过程中众多的税费，在1998年以来旺盛购买力历史背景下，都将以成本的形式转嫁给最终消费者，并不断推高房价。

　　土地出让金是房价的主要构成部分，一般占房价的 20% ~ 60%。它占房价的比例随地块区位不同而不同，一般靠近市中心的地块比例更大。近年来不断出现的单价和总价"地王"，一方面反映了开发商对未来市场的乐观预期，另一方面反映了消费者（或投资者）的旺盛购买力。例如，融创中国以 43.24 亿元的实际成交总价斩获东三环农展馆地块，最终楼面价高达 7.3 万元/平方米，成为 2013 年的全国最贵地王。2014 年 12 月，在住建委给予的预售许可证批复中，北京观澜嘉苑显示的可售房源为 51 套，单价为 16.5023 万元/平方米，而这还仅仅是首期。住宅的最高拟售价达到 190821 元/平方米，而最高总价的一套房源则为 7107 万元。2016 年 8 月 17 日，融信集团经过 1 个多小时的激烈竞争，击败包括万科、融创、世茂等在内的 17 家房企及联合体，成功竞得上海静安区中兴社区 N070202 单元 332 - 01 - A、333 - 01 - A 地块，共 31034.1 平方米（约 46.5 亩），最终成交价格 110.1 亿元（每亩约 2.37 亿元）。据测算，该地块名义楼面价 10 万元/平方米，可售面积楼面价 14.3 万元/平方米，至今仍保持着全国住宅地块最高单价纪录。实际上，高地价并不是开发商而是政府乐见的结果，多数开发商是担心"面粉贵过面包"的。市场毕竟充满风险，消费者是否买单，要依据房地产产品上市期而不是购地期市场走势而定。

　　房地产开发环节税收繁重是目前我国税收制度的特点，存在重复征税、计税手续繁杂等诸多问题。在房地产流转环节，房地产开发企业的契税和印花税税基交叉存在重复征税，房地产产权转让过程中签订的产权转移书据或契约，承受方既要缴纳印花税又要缴纳契税。另外被房地产企业诟病最多的是，对房地产转让行为既要按取得的纯收入征收一定比例的企业所得税，又要按土地增值额计征土地增值税。在房地产保有环节，房产税与城镇土地使用税存在重复征税的问题，因为房屋依土地而建，房价与地价密切相关难以分割，但我国按房产和土地分设税种，对土地从量计税，对房产从价或从租计税，对房产价值中所含地价既按照价值征收房产税，又按照房屋所占土地面积征收土地使用税。

　　在房地产开发费用方面，据贾康等研究，我国的现实情况是涉及房地产的收费五花八门，收费总额难以统计，费大税小已是不争之实。房地产企业成为众多部门和垄断企业争相分割的"唐僧肉"，对此企业苦不堪言。据粗略估计，北京市房地产业涉及的政府收费有 40 种。这些收费出自方方面面，包括很多带有行政职能的事业机构。房地产开发活动的任何一个环节都要面临多种收费，人们很难划清收费的具体针对性。有的收费带有劳务补偿性；有的则带有连带补偿性，这种补偿形式是针对因房地产开发而带来相关利益集团物质利益损失所做出的补偿，如青苗补偿费、建筑物补偿费和单位搬迁费等。拥有收费权利的机构对不缴或少缴费款的企业和个人都有惩治的权利，当然也有变通政策的权利（贾康等，2014）。

　　同时，不容忽视的是在财政支出方面，地方政府将获得的属于政府性基金的土地出让金和税收等可用财力，投入城市基础设施和公共设施建设，这些投入最终改善了城市整体功能，并以资本化的方式驱动土地增值和房地产升值。

　　近年来，土地出让金已经不能满足地方政府的投资"胃口"，不少地方政府开始采用发行地方债、利用城投平台抵押融资、利用国企债务股权融资等方式，获得更为巨量的资金进行投资，这种现象极大地改变了城市的投入—产出循环链条，并对城市房地产市场形成新的影响。

三、地方土地市场行为是财政行为的重要手段并导致房价波动

土地是一种资源，也是一种资产。在经济学上，它还是一种基本生产要素。地方政府"以地生财""经营城市"等财政行为，前提必须基于对土地资源的掌控，并得到合法制度支持，这彰显了中国的特色。这些制度和行为主要包括以下5种。

第一，土地征收制度和行为。没有土地征收，就缺乏增量土地来源；没有低价征收，就没有逐利空间。另外，我国具有世界特色的征收、供给"二合一"体制也为政府提供了逐利空间。在多数西方国家，政府征收私人的土地，并不会产生获利机会。

第二，有偿使用制度和"招拍挂"供给行为。几乎所有建设都要求使用国有土地，而国有土地只能由地方政府进行供给，通过"招拍挂"的方式可以将地租收归财政。地方政府拥有在何时、何地、何量供给土地的绝对控制权，甚至对价格有一定的直接掌控权。例如，近年来不少城市在土地出让环节开始实行"限地价、竞配建"、设置"价格天花板"等方式，防止"地王"产生和市场风险。一旦这些"地王"项目失败，要么超期开发并闲置，造成资源浪费；要么形成"烂尾楼"，导致社会纠纷、银行坏账和不稳定。

第三，规划制度和行为。城市土地受到城市规划的严格限制，政府实际上控制了城市所有土地的发展权。土地出让伴随着土地开发权的出让（容积率为主），这进一步强化了政府对土地市场的垄断，并增加稀缺地租的可获得性。

第四，土地储备制度和行为。土地储备有助于进一步强化政府对土地市场的掌控和垄断，尽管土地储备也有积极效果，如提高土地供给数量、缩短供给时间、增加供给弹性等。

第五，土地和房地产市场管理行为。土地市场运行需要信息充分，政府应该是信息的供给者之一，但有时政府会刻意隐瞒甚至误导信息，如夸大稀缺和增值预期，制造恐慌气氛，以获得土地收入最大化。另外，一些不恰当的行政干预本意是打压房价，但实际效果却是助推房价。最典型的行为就是限价政策。政府强制房企销售价格不得突破某个限值，却导致新房价格大大低于周边二手房价格，造成"买到就是赚到"的客观事实，引诱大量投资性需求疯狂改变购买决策，资金涌入市场，形成股市才有的"中签率"现象，甚至还有人一些转

卖买房权。更荒谬的是买房需要交纳数以百万元的"认筹金"，有时一个楼盘开盘的认筹金高达几十亿元。一边是高风险，一边是非理性的老百姓，这样的市场并不是成熟的和健康的。

四、地方税收和投资融资体制是导致房价波动的财税制度背景

土地的稀缺性、不可移动性、可抵御通货膨胀等特性，使土地可能随着经济社会的发展、人口增长、文化科技进步而不断增值，这种增值的原因是多方面的，但政府的公共设施投入是重要原因之一，地主和业主往往因为公共设施的建设而"不劳而获"（Windfall），这是不合理的。按照孙中山先生"涨价归公"的社会公平思想，应该采取土地税或者土地增值税的方式将其增值分割。保有环节的土地税和流转环节的土地增值税都具有将土地增值的一部分收归政府的功能，进而推动城市建设形成投入产出良好机制，而且对抑制土地投机效果明显。

然而，我国房地产税收在流转和开发环节较多，持有环节的税收很少，且税基狭窄，数量较小，远不足以发挥"涨价归公"的功能，这不利于社会公平和调节社会贫富差距，更不利于抑制房地产投资者的热情和贪婪。

按照蒂伯特理论，房地产税可为地方提供财源，并用于地方合意公共品的供给，税收—公共服务相当于进入社区的一个选择组合，选择他们最喜欢的社区居住。所以很多西方国家都有房地产税并成为地方政府稳定和主要财源，而中国地方政府并没有这样的收入来源（现行的房产税税收总量较少）。这样就可能导致如下的局面：城市的进入者以缴纳高额垄断地租的方式负担所有城市建设投入，购买不动产，获得进入门票；而原有业主除了在最初进入时缴纳地租，之后因为后来者的购买，不动产不断增值却不用被政府将其增值分割，这样的体制有利于资本持有者。但是，一旦房地产市场从增量市场转向存量市场，一旦进入者不足，那么这种机制将被打破，只能实行新的税制。现行税制客观上对抑制投机、抑制投资性需求和筹措财政资源并不有利。

据《中国城市建设统计年鉴（2016）》，地方财政拨款包括省、市财政专项拨款和市级以下财政资金，其他收入包括市政公用设施配套费、市政公用设施有偿使用费、土地出让转让金、资产置换收入及其他财政性资金。城市维护建设资金来源有城市维护建设税、城市公用事业附加、水资源费、国内贷款、利用外资、企事业单位自筹资金、其他收入维护支出7种。从财政性资金收入来源看有城市维护建设税、城市公用事业附加、城市基础设施配套费、国有土地

使用权出让收入、市政公用设施有偿使用费、污水处理费、垃圾处理费7种。

从开支看主要分三类：维护支出、固定资产投资支出（占比最大）、其他支出。固定资产投资包括供水、燃气、集中供热、轨道交通、道路桥梁、排水、园林绿化、市容环境卫生、地下综合管廊、其他污水处理、污泥处置、再生水利用、垃圾处理等。自2006年起，城市维护建设资金支出统计口径仅包括财政性资金，不包括社会融资。城市维护建设资金收入仅包含财政性资金，不包括社会融资。从规模上看，2016年达到1.38万亿元，见表2-9，占地方财政支出的比例有下降趋势，2016年为8.63%。但城市维护建设资金收支水平数据并不能完全刻画地方政府的全部城市建设投入，诸如非市政道路桥梁、变相的城市改造项目等支出数量巨大却并未纳入上述口径计算。巨大的开支表明地方政府在城市建设方面所担负的重要职责。在地方政府积极的作为之下，我国的城市公共服务水平有了极大的提高，见表2-10。这些公共服务如果将教科文卫等纳入，那么投入水平将更高，这些投入将对城市的房地产产生资本化效应。

表2-9 2002—2016年城市建设维护资金、地方财政支出及其占比

年份	城市维护建设资金 （亿元）	地方财政支出 （亿元）	占比 （%）
2002	3178.03	15281.45	0.2080
2003	4247.96	17229.85	0.2465
2004	4661.71	20592.81	0.2264
2005	5275.72	25154.31	0.2097
2006	3349.50	30431.33	0.1101
2007	4247.30	38339.29	0.1108
2008	5008.34	49248.49	0.1017
2009	5927.07	61044.14	0.0971
2010	1344.33	73884.43	0.0182
2011	8739.07	92733.68	0.0942
2012	10198.13	107188.34	0.0951

续表

年份	城市维护建设资金 (亿元)	地方财政支出 (亿元)	占比 (%)
2013	10804. 74	119740. 34	0.0902
2014	10885. 01	129215. 49	0.0842
2015	10885. 01	150335. 62	0.0724
2016	13832. 65	160351. 36	0.0863
AVE	6838. 97	72718. 062	0.1234

数据来源: 历年《中国城市建设维护统计年鉴》。

表2-10　全国历年城市市政公用设施水平

年份	供水普及率 (%)	燃气普及率 (%)	每万人拥有公共交通车辆 (标台)	人均道路面积 (平方米)	污水处理率 (%)	园林绿化			每万人拥有公厕 (座)
						人均公园绿地面积 (平方米)	建成区绿化覆盖率 (%)	建成区绿地率 (%)	
1986	51. 3	15. 2	2. 5	3. 05	/	1. 84	16. 90	/	3. 61
1996	60. 7	38. 2	3. 8	4. 96	23. 62	2. 76	24. 43	19. 05	3. 02
2006	86. 07	79. 11	9. 05	11. 04	55. 67	8. 30	35. 11	30. 92	2. 88
2016	98. 42	95. 75	/	15. 80	93. 44	13. 70	40. 30	36. 43	2. 72

数据来源: 历年《中国城市建设维护统计年鉴》。

另外, 我国地方政府的特点及其横向和纵向关系、竞争和合作关系, 对塑造房地产市场产生了内在的广泛影响。

五、一二级房地产市场联动是房价波动重要联动作用机制

从交易面积看, 我国仍然处于增量房为主的房地产市场阶段。2016年全国商品房销售面积15. 735亿平方米, 约1575万套, 相当于人均1.1平方米。其中住宅和别墅、高档公寓销售套数为1124.8万套(数据来自国家统计局)。而同期城镇住房总存量约为21866万套①, 前者为后者的5.14%。

①　西南财经大学中国家庭金融调查与研究中心. 城镇住房空置率及住房市场发展趋势2014〔R〕. 西南财经大学, 2014.

据禧泰公司统计数据，在2013年8月至2014年7月，全国存量房新增上市挂牌的出售房屋累计2013万套，上市交易的房屋总数达到了3655万套，总面积38亿平方米，上市挂牌拟出售房屋的市场价值高达29.67万亿元，全国的存量房租售供给潜力巨大①，每年意向交易率在9.2%左右。事实上，房地产市场发展相对成熟的国家的二手房市场交易占据较大比例。以美国为例，二手房与新房交易平均为3.22∶1。

从增量和存量住房市场价格关系看，当增量市场价格上升时，存量市场价格一般会滞后上升；当增量房价格下降时，存量市场价格会滞后下降，且波动幅度小于增量房。反之，存量房租金和价格上涨，则迅速带动增量房价格上涨。李进涛（2012）研究发现增量住宅价格周期要短于存量住宅价格周期，增量住宅价格波动也比存量住宅价格波动要频繁。增量与存量住宅价格之间存在着很强的关联性，并且增量住宅价格与存量住宅价格波动保持领先或同步的关系。交叉谱分析的结果与国内一些学者研究的结果有部分相似之处，而与国外存量住宅价格决定增量住宅价格的现象刚好相反。因此，从增量住宅与存量住宅交易量对比来看，交易比例的大小决定两者之间价格波动的领先—滞后关系。在我国，住宅市场结构与国外成熟的住宅市场存在明显的差异，国外成熟的住宅市场普遍以存量为主、增量为辅。例如，根据美国人口调查局、美国住房与城市署公布的统计数据，1990—2006年美国新建独栋住宅交易量仅占存量独栋住宅交易量的16%~18%，2007年和2008年的比例更是分别下降到13.73%、9.87%。而我国住宅市场的增量、存量市场结构与国外成熟市场结构刚好相反，住宅市场交易以增量为主、存量为辅。2002—2009年，武汉市存量与增量住宅交易量比例为1∶2.48~1∶3.57。在国内这种住宅市场结构情形下，出现增量住宅领先存量住宅的现象。

房地产市场的区域性，决定了不同城市的市场处于不同的阶段，具有不同的一二级市场发育程度。例如，昆山市，近年来二手房与新房销售面积占比在40%~50%，属于较高的水平，销售额占比在30%左右，见表2-11和表2-12。而常州市武进区销售面积占比仅在20%左右，金额占比在10%左右。这说明，昆山市房地产市场在结构方面领先于武进区，后者仍处于增量市场主导阶段。但表2-13表明，几个一线城市的存量房交易比例逐步接近并超越50%，其中甚至达到52%。

———————

① 来源：禧泰公司统计，2014-10-23。

表2-11　昆山市商品房一二级市场销售面积、销售额和比值（单位：万平方米，%）

年份	二手房销售面积	商品房销售面积	比值	二手房销售额	新建商品房销售额	比值
2006	80	377.8421	21.20	270580	150.23	18.00
2007	106	588.2007	18.00	324062	260.22	12.50
2008	97	350.5756	27.70	342898	179.67	19.10
2009	233	697.3494	33.40	886113	405.16	21.90
2010	200	387.3206	51.60	923257	291.42	31.70
2011	160	315.6321	50.70	778590	276.62	28.10
2012	177	402.6775	44	961017	323.35	29.70

资料来源：昆山市住建局。

表2-12　常州武进区商品房一二级市场销售面积、销售额和占比（单位：万平方米，%）

年份	二手房销售面积	商品房销售面积	占比	二手房销售额	商品房销售金额	占比
2006	56.60	136	41.60	14.68	50	29.40
2007	40.73	134	30.40	13.01	79	16.50
2008	82.51	116	71.10	28	54	51.80
2009	54.73	259	21.10	17.53	125	14.00
2010	42.04	170	24.70	13.64	95	14.40
2011	24.17	171	14.10	9.74	113	8.60
2012	29.38	172	17.10	12.68	140	9.10

资料来源：武进区住建局。

表2-13　1999—2012年5个大城市二手房交易占总交易量比（单位：%）

年份\城市	1999	2005	2009	2010	2011	2012
北京	7.40	29.30	50	64.40	56.40	50.10
上海	21.30	46.80	48.60	43.90	45.40	48.60
广州	20	40	50.20	56	51.4	37
深圳	20	46.7	65	73.60	65.60	52

表 2 – 14　2016 年全国 18 个重点城市二手房与新增商品住房成交量、
增幅及其比例

城市	新房（万平方米）	同比（%）	二手房（万平方米）	同比（%）	二/新
上海	1392	–7	3089.10	1	2.22
北京	1230	12	2515.74	38	2.05
广州	1598	30	1153.31	66	0.72
深圳	465	–37	745.37	–30	1.60
南京	1586	24	1361.28	60	0.86
天津	2332	72	1181.17	12	0.51
杭州	1867	46	947.62	69	0.51
苏州	903	–23	840.33	17	0.93
郑州	1696	75	750.73	43	0.44
成都	2909	20	739.45	8	0.25
青岛	2041	63	604.93	70	0.30
厦门	273	–22	501.90	34	1.84
东莞	853	–9	546.91	–10	0.64

资料来源：CRIC2017。

　　由于整个市场上新增市场占据主导地位，且交易量只占总存量的很低比例，加之住房供给的调整需要一个过程，所以新增市场价格的变动会传导给存量市场，带动存量市场价格的变动。换言之，增量房价上涨将给所有市场的房子（包括存量房定价）产生价格外溢。而且这种存量房的价格不断上升，对刺激投资者进一步的积极投资行为产生强烈效应。反过来在同一供求圈内，由于二手房享受城市更优质公共服务的溢出而价格上升，加之其在物理和功能方面的折旧使其在整体功能上不如同区域新房，所以新房在定价时一般可参考二手房价格进行加成式定价。于是二手房市场对增量房市场也产生影响。

　　在这两个市场的联动过程中，地方政府的城市建设投融资行为、公共服务供给、税收制度等扮演重要角色。

第三章

地方政府财政行为对房地产市场
影响的理论与实证

第一节　概述

居高不下的房价使很多百姓难圆"安居梦"，探寻高房价的诱因成为学界的热点。除了上涨预期、长期低实际利率、自住和投资需求旺盛等需求端因素之外，人们开始质疑土地要素垄断、政府逐利动机等因素对房价的影响，甚至怀疑房地产业"绑架"了中国经济。在我国房地产业发展历史不长、土地市场逐步建立完善、住房制度在摸索中前进、分税制改革和"财政联邦主义"的大背景下，地方政府官员出于晋升激励和地方财政收支平衡需要，从房地产市场索取大量财政资源。据江苏省的估算，2005—2012 年，全省商品房销售额从1724.9 亿元增加到6067 亿元。与此同时，来自房地产业的所得税、营业税、土地增值税、契税、城市建设维护税、印花税、房产税、城镇土地使用税、耕地占用税等 10 种税总收入同期从 171 亿元稳步增加到 1338 亿元，税收占商品房销售额的比例从 9.91% 逐步上升到 22.1%，即房地产业销售额转化为税收的能力在不断增强。这不仅意味着房地产业的税收负担和贡献率的上升，也意味着这些税负部分必将以成本的方式转嫁给最终的消费者。

由于房地产税收大部分属于地方税收，所以地方财政对房地产税收的"依赖症"在加重。江苏省房地产业税收占地方公共预算收入的比例从 2005 年的20.5% 上升到 2012 年的 32.3%。如果加上来自建筑业的税收、开发中的规费和服务性收费、土地出让金和地方城市建设融资平台的资金，有关税费总量占公共预算收入比例超过 100%，如江苏省土地出让价款与公共预算收入的比值从2005 年的 76% 上升到 2010 年的 94%。无论是预算内还是预算外收入，房地产相关收入对地方政府的财政运转都十分重要。对城市一级政府而言，该比例甚至更高。因此，地方政府具有强化对房地产市场干预的内在的强烈财政动机。

据2015年2月财政部公布的2014年财政收支情况：地方政府性基金收入4.99万亿元，其中国有土地使用权出让收入4.26万亿元，同比增加1340亿元，增长3.2%。地方一般公共财政收入（本级）7.59万亿元，可以看出，地方卖地收入已超过地方公共财政收入的一半。此外，土地及房地产相关的税种还包括地方小税种。财政部数据显示：契税3986亿元，同比增长3.7%；土地增值税3914亿元，同比增长18.8%；耕地占用税2059亿元，同比增长13.8%；城镇土地使用税1993亿元，同比增长15.9%。以上数据相加为11952亿元。另外，房地产营业税5627亿元，房地产企业所得税2961亿元，部分归地方政府。

房价的决定是一个复杂的系统内部和外部作用的结果，市场运行和政府干预始终如影随形。除经济和社会基本面因素之外，政府端的土地和开发管制以及财政行为对房地产市场的影响也不容忽视。尤其是在房价上涨预期和上行通道中，政府追求财政收入的行为也会以成本方式直接影响房价，加剧而非抑制房价波动。本书试图将土地管制、财政行为作为内生变量讨论其对房地产价格的影响。

第二节　国内外研究现状

传统的李嘉图地租理论认为土地需求是引致需求，在短期内地价主要由房价决定。但该观点不断受到挑战和质疑，因为它并未考虑房地产市场上的其他影响因素及其作用机制。由于土地市场和房地产市场有天然的紧密联系，不少学者研究地价和房价之间的互动关系，在理论方面，有学者对李嘉图理论进行发展（Evans，2004；林子钦，2002），认为房价地价的研究错误地套用了李嘉图的谷物与土地关系理论，边际主义模型认为土地和其他生产要素一样，有多种而非一种用途。于是当存在替代用途时，完全可能导致"房价高是因为地价高"。到底是李嘉图理论还是边际主义地价理论是正确的，取决于规划实施的程度。控制越强，土地用途越单一，李嘉图理论越正确，即地价由房价决定。但供给数量和用途单一性必须同时考虑，两者共同起作用。从理论层面学术届已经注意到土地市场上的管制对地价、房价的效应。

在实证研究方面，也有大量成果涌现（Davis，2008；徐小华等，2010；钱忠好等，2008；张红等，2008；高波、毛丰付，2005；宋勃，2007；况伟大，2005；吕光明等，2009；黄静等，2009；吕炜等，2012；严金海，2006）。但在房价和地价关系的研究中，必须加入财政和土地管制两个因素，这两个因素本身就有内在相关。国外研究表明，土地分区的三个主要原因是外部性分区、排外性分区和财政分区，几乎所有的分区都带有财政分区色彩，即地方政府为防止居民少交财产税却享受同等公共服务，通过规定最小地块面积等手段，将一部分居民排除在外。而能进入社区的居民将负担相应的税收，所以分区常常具有财政色彩。

分区及其效应的研究纷纷出现，Grimes 用 IV 和 PLS 方法发现 1% 的地价上升会导致开发成本上升 0.33%，反过来降低住房供给 0.37%。管制如分区限制会影响土地可得性，推升居住地价，降低住房供给并拉升房价。Kahn 等（2010）发现美国海岸区出现房价升高和贵族化趋势，这既反映了供给限制的效应又反映了管制使区域更加宜人而增加需求的效应，但不能分离两种效应。Ball（2010）发现规划限制供给弹性，但历史土地使用模式和地理条件也重要。Glaeser 和 Gyuoko（2002）认为新建筑由于地方政府的大地块、新房数量限制、影响费、冗长许可程序的原因导致变贵。分区和建筑限制相当于对新房施加了税。于是房价由建筑、土地、分区税组成。美国 26 个城市显示了急剧上升的分区税的存在。高房价与管制而非自由市场关系更大。房价的上升不仅由于增长的需求，而且受供给的限制。一些超级明星城市（Superstar Cities）房价很高，至少部分是由土地供给无弹性导致。对如何测度管制、辨别管制的效果、明星城市中的劳动力和家庭结构、价格泡沫、如何解决房价波动和住房可负担性等问题，他们和 Saks 有系列持续的研究成果，且聚焦于房地产市场的土地供给和产品供给端（2005，2006，2008）。Cheshire 认为，英国土地供应的限制导致了住房供应的低弹性。类似研究还有 Fischel，1992；Green，1997；Podzinski，1991；奥沙利文，2008。这些研究大多得出土地管制影响房地产供给弹性并使得其价格上升的结论。

土地分区与政府财政行为紧密联系并深深地影响着房地产市场，地方政府之间的竞争使得向居民提供良好公共服务的同时筹集到足够的财政资源。蒂伯特开辟了财政分权、公共品供给效率、居民居住选择的讨论。奥茨的理论和实证研究以及 Hamilton 引入定价机制的研究，认为土地限制是必要的，可达成公共品的有效分配。仅靠"用脚投票"并不能达到帕累托的公共品最优分配。上述研究引入了土地分区的约束条件，发展了蒂伯特理论。Epple 和 Zelenitz（1981）、Henderson（1985）还从地方选举、过度供给、财政攫取等提出过相异的观点。Sun（2007）认为政府可实施压榨分区（Sqeeze Zoning），使新进入者支付高于其享受服务的成本，政府倾向于较严的分区（更大的地块标准），将从新居民和公司上最大化转嫁其税赋，最终产生排外效应。上述研究逐步揭开地方政府财政动机、分区对房地产价格的共同作用机制。

在解释跨城市间住房价格差异方面，由于数据成本太高和管制指标定量困难等原因，人们很难得出关于土地和房地产市场管制的连续时间序列值，用土地管制指数来对房价进行回归。所以现实的做法是定义一个管制指数，进行横截面上的价格回归，揭示管制对房价的显著影响。Malpezzi（1996）研究了管制对土地和住房市场的效应，总结了七种管制测量指数：Wharton 指数、ULI 指数（Black、Hoben，1985）、State land use 指数（AIP，1976）、将多少比例的土地排除开发指数（Segal）、Rosen's 土地供给指数、地理限制和租金控制指数。结果发现，管制提升房租和价格，降低自有率。房价风险与房地产管制指数实证表明高度相关。Gyouko（2008）讨论了住房市场管制环境和指数的测量，利用问卷方法建立了著名的沃顿指数（WRLSRI），由 11 个指标加总计算。实证研究发现管制越强，该地区财富越多，人口密度越低。Ihlanfeldt（2007）将管制指数作为内生变量，认为管制效应可以依据市场结构而变化，土地管制更多地会增加开发者成本，而非抬升房价。二者呈现二次曲线的相关性。Quigley（2005）还试图建立管制指数，对管制的效应进行实证研究，这种方法为多数学者采用，但管制指数建立的方法有很大差别。他以价租比为被解释变量，以利率、宁适、管制指数为解释变量进行回归，发现宁适导致价租比降低，而管制导致价租比上升。管制越严，房价水平越高。四个著名学者的研究为我们理解房地产市场的政府干预效应提供了独特视角。遗憾的是，国内尚无类似研究。

第三节　财政行为影响房价的理论分析

首先，借用 Glaeser 管制税指数测量的方法，探讨管制与房价的关系。本书定义一个管制税指数（TR），用房价（HP）除以竣工房屋造价（COST），即 TR

＝HP/COST。使用 35 个大中城市的数据，HP 数据来自各城市商品房销售价格，COST 数据来自国家公布的 2005—2010 年竣工房屋平均造价。分别求取每个城市 6 年的平均管制指数，对 2010 年的房价进行回归。发现管制指数越大，房价越高，如图 3 - 1 所示。回归结果符合预期，北京、上海、广州、深圳、南京、宁波、福州、厦门等城市有较高的管制和房价水平，大都位于沿海地区。

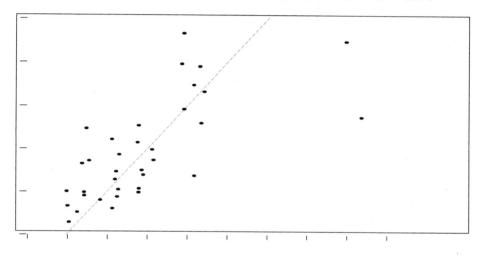

图 3 - 1　房价水平与管制指数回归

　　其次，土地供给实质是财政工具。西方学者一般将土地分区分为外部性分区、财政性分区和排外性分区三类，但所有分区都具有财政分区性质，这一点在我国更加明显。土地作为地方政府有效控制的财政资源，是地方拓展税源的有效工具，这一点几乎没有异议。政府一般是"按需求定时、按计划定量，按规划定点"供地，政府官员常常不认为他们实施了"饥渴供地"。然而土地市场是高度垄断的，供求双方的信息严重不对称，政府的供给时机、地点和企业的经营周期并不同步。土地并不像购买普通商品那样随时可以购买。相对众多开发者的需求，容易发生"时空错位"现象，即特定的地块并不适合特定企业在某期的需求，最终房地产企业依旧觉得供给不足。供给的不足通过预期不断强化，加深了出让金的稀缺地租特性。在我国现阶段城乡土地二元市场分割、土地征收周期长、增量土地供给为主的背景下，地方政府有充分能力控制供给和整个市场价格，甚至可以在招拍挂报价达不到底价时取消交易。另外，有限的城市土地常受到公益事业、交通、工商业多用途的竞争，能用于房地产用途的土地比例在一些大城市只有 32% 左右。由于受到土地财政的强烈激励，政府土地供给是"顺周期"的，即在市场需求旺盛的时候增加供给，反之减少供给。但是住房的供给是滞后 1～3 年的，因此土地供给行为在住房价格波动性加大的情况下，常常会加剧而不是稳住房价的波动。

最后，规划许可和财政税收是政府干预房地产市场的另外两个"常规武器"。房地产企业在从土地开发到销售的冗长环节需要获得各种行政许可，需要缴纳几十种税费，这些费用都是管制税的构成部分并转嫁给消费者。管制税主要有以下几个组成部分：一是相对当地经济基本面较高的楼面地价（楼面地价随地块而异，占房价的 25%～60%）。二是土地增值税、企业所得税、营业税（现在为增值税）、契税、房产税、印花税、城镇土地使用税等十种（用一般所有税负占房价 20% 左右）。三是各种行政部门或企业（如电水气）等收取的费用。由于我国的不少公共事业服务供给者（如供电）属于国有企业，垄断性地位使其收费不尽合理。出让金以政府性基金的形式进入财政收入，主要用于城市建设和专项支出，并改善地方性公共服务；各项税收进入地方公共预算收入，用于本地各项经济社会事业包括教科文卫支出。所以我们认为出让金和税收总量对地价和房价有推动作用。

在我国，城市化发展意味着有新的居民进入城市定居和就业，享受地方政府所提供的公共服务。对新居民而言，他们的进入将给城市带来成本，甚至造成边际成本递增的"拥挤效应"，为此付费是合理的。付费的方式主要有土地租金、房地产税、土地税、使用者付费等方式，这种付费被认为对维持一个城市的持续发展是必须的。目前我国由于尚无房地产税体系，很难对存量住房业主收取税费以分割房地产增值收益，所以在商品房开发、销售、转让环节收取各种税费成为主要获得财政收入的手段，这些税费实际上替代了房地产税的功能。

总之，政府的行为在一定程度上具有追求财政收入最大化的内在倾向。由于在分权和财政联邦主义的制度环境下，地方官员纷纷开展"政绩竞标赛"，追求 GDP 和财政收入的最大化是明显的经济政绩，同时运用以土地出让金为主的"实际可用财力"进行城市建设和工业区投资，以创造社会和经济政绩。二者又是相互促进的，即财政收入越多，财力越强，工业区和城市建设更快，房价越高；反过来经济越活跃、城市功能越完备，土地出让金越多，财政收入越多，如此反复。

为达到上述财政收入最大化目标，政府潜在地会采取三种手段：一是与开发商形成"合谋"，如放任开发商享有垄断性房屋开发权，乐见房价上涨。二是

动用"警察权"，管制土地市场并追逐垄断租金。三是以垄断性服务的方式收取"影响费"。

对政府行为而言，他们通过严格分区从而追求最大化的收入。定义 FST 为财政攫取收入，NTR 为净政府收入，$FST = T \times Q - C \times Q - PCT \times Q$，其中 Q 为全部土地面积，T 为税率，C 为单位土地需要提供的公共服务的直接成本，PCT 是负外部影响补偿，指政府需要为新开发的外部性所收取的对应补偿开支，该补偿将用于扩大治理外部性的费用，一般认为 $PCT > 0$。H 为房屋面积，P_L 为地价，P_H 为房价，如果不考虑住房的外部影响，那么 $FST = NTR$。假设政府可设定开发的最小地块面积为 L，作为土地管制的代理变量，L 越大，管制越强。经验表明，个体房价 P_L 与 L 负相关，即：

$$\partial P_L / \partial L < 0 \qquad\qquad (3-1)$$

设服务总成本 $C_T = a + b \times L$，$b > 0$，那么单位面积服务成本

$C = b + a/L$，

且　　　　　　　　　　　$\partial c / \partial L < 0 \qquad\qquad (3-2)$

简化认为政府开发导致的外部影响为零，即当 $PCT = 0$ 时，并假定住房价值不随 L 而变化，将 FST 对 L 求导，得到：

$$\partial FST / \partial L = t \times (\partial P_L / \partial L) \times Q - (\partial C / \partial L) \times Q \qquad (3-3)$$

所以当 $\partial P_L / \partial L = \partial C / \partial L$ 时，政府获得最大收入。

进一步放松 $P_H \times H$ 不变假设，假定 H 依赖于 L 和 P_L；H 对 L 是正相关的，即 $\partial H / \partial L > 0$；H 对 $P_L < 0$，即 $\partial H / \partial P_L < 0$。$P_H \times H$ 不变时，对 FST 求导得：

$$\partial FST / \partial L = t \times Q \times (\partial P_L / \partial L) - Q \times \partial C / \partial L + t \times P_H \times Q [(\partial H / \partial L) + (\partial H / \partial P_L) \times (\partial P_L / \partial L)] \qquad (3-4)$$

前两项为零，而依据前面假定，第三项中 $\partial H / \partial L > 0$，

且 $(\partial H / \partial P_L) \times (\partial P_L / \partial L) > 0$，那么在均衡下，$L^*$ 将进一步增加，政府可获得更多的收入。

所以我们得出假说：

假说 1：目前政府由于缺乏保有环节的财产税制度，收取开发环节的"类财产税"的方法是在土地出让和开发环节收入更高的管制税，这将推高地价和房价，即政府财政行为是房价地价升高的原因之一。反之房价地价的升高为政府获取管制税提供更大的空间。

假说 2：由于东部地区城市比中西部地区城市具有更高的土地开发密度，即

∂ hEAST/∂ L > ∂ Hwest/∂ L，那么东部城市有实行更严格管制的能力以最大化财政攫取。

第四节　面板数据联立方程模型的设定与变量说明

一、模型设定

之前的研究一般将土地出让金占地方一般预算收入或支出的比例作为"土地财政"的代理变量，并认为晋升激励是地方政府官员的目标函数，二者对推动地方房价上升和经济增长有激励作用。本书认为除了经济增长之外，地方财政行为尤其是追求财政收支最大化是政府官员的目标之一。最近 10 余年以来房地产市场逐渐活跃，地方政府不仅在土地出让环节获取"垄断租金"，而且通过开发权的授予和房地产业所提供的税基扩大，不断从社会上攫取可支配财力，以加快城市建设，获得更多政绩。即房价和地价的上升都起到增加税费收入的效果，必须将地方政府的财政行为纳入模型考虑。而上述行为主要通过土地出让、开发权授予、涉房地产税收（简称涉房税收）、公共产品供给四个环节实行。传统的单方程很难同时对房价、地价和"管制税"、公共产品供给同时进行考虑，因为它们具有很强的内生性。比如，土地出让金和房地产业税收直接受到房价地价的影响。所以需要构建联立方程以刻画包括房价、地价、管制税三者的内在反馈机制。

$$HP_{it} = \alpha_0 + \alpha_1 \times LP_{it} + \alpha_2 \times LL_{it} + \alpha_3 \times INCOME_{it} + \alpha_4 \times LAND_{it}$$
$$+ \alpha_5 \times XKG_{it} \times TEAC_{it} + \mu_{it} \qquad (3-5)$$
$$LP_{it} = \beta_0 + \beta1 \times HP_{it} + \beta_2 \times EAT_{it} + \beta_3 \times TEAC_{it} + \eta_{it} \qquad (3-6)$$
$$LL_{it} = \gamma_0 + \gamma_1 \times HP_{it} + \gamma_2 \times LL_{it} + \gamma_3 \times EAT_{it} + \gamma_4 \times TEAC_{it} + \gamma_5 \times INCOME_{it}$$
$$+ \gamma_6 LAND_{IT} + \gamma_7 BUS_{it} + \xi_{it} \qquad (3-7)$$

二、变量说明

选取全国 35 个大中城市 2001—2010 年的面板数据进行分析，所选择数据库均来自中经网、国研网、国家统计局数据库，数据均取对数。

1. 房价（HP）

选择 35 个城市公布的商品房销售价格。数据源自国家统计局数据库。

2. "管制税"（LL）

管制税也可称为涉房收入，该数据由两部分构成，一是来自历年《中国国土资源年鉴》的土地出让价款数据；二是来自国研网公布的各城市地方预算内支出数据，取 50%。这样做的原因是目前各地在财政分权和财权事权并不匹配的环境下，地方财政对建筑业和房地产业的依赖程度较重，尤其是在地税收入中，土地增值税、营业税、契税、城市土地使用税、耕地占用税、城市建设维护税及附加，以及国税中所得税分成部分源自建筑业和房地产业。上述两项加总作为管制税的代理变量。取 50% 是一种估算，据国家统计局数据，1999—2017 年的 19 年，不含建筑业和房地产业的营业税、增值税和企业所得税，全国省级七项税收数据（含房产税、耕地占用税、城市建设维护税、土地增值税、契税、印花税、城镇土地使用税）平均为 20%。加上数据难以分离开来的营业税、所得税和增值税三税，该数字将接近 50%。

3. 地价（LP）

由于 35 个城市的地价指数数据并不连贯，故选择国土资源部地价动态监测网公布的历年综合用地价格指数，该指数具有连贯性，但全国横向可比性较弱。

4. 新开工量（XKG）

新开工量是各城市每年新开工的房屋面积，该数据是企业获准开发的房屋面积，主要代表政府对房地产开发的一种干预，某种程度也代表企业对市场判断后的开发节奏控制。

5. 企业当年购置土地面积（LAND）

企业当年购置土地面积是企业依据政府供地和对市场的判断做出的购买决策，很大程度上也能代表政府对土地市场的控制。数据和 XKG 一样来自《中国房地产统计年鉴》和国家统计局。

6. 收入（INCOME）

用城市年度工资收入代表，作为控制变量。数据来自中经网。

7. 人均教育和科技支出（EAT）

人均教育和科技支出代表政府对公共产品的供给水平，数据来自中经网。

8. 人均大中小学教师数量（TEAC）

人均大中小学教师数量代表政府对社会性公共产品的供给水平，数据来自中经网。

9. 万人平均城市汽电车数量（BUS）

万人平均城市汽电车数量代表政府对基础设施的供给水平，数据来自中经网。

表3－1为以上变量的描述性统计。

表3－1　变量的描述性统计

	HP	LP	LL	EAT	INCOME	BUS	XKG	LAND	TEAC
样本数	350	350	350	350	350	350	350	350	350
最小值	7.2745	6.4473	1.5809	4.2490	9.1800	1.3863	8.2912	－0.6279	4.2112
最大值	9.8611	9.9444	7.0516	10.2046	11.1834	6.9735	11.6858	3.8431	5.4523
均值	8.1635	7.7182	3.8459	6.4752	10.0709	2.4400	10.0573	2.2784	4.8874
标准误	0.5151	0.7482	1.0272	1.1096	0.4373	0.5421	0.5954	0.7102	

第五节　实证结果与分析

一、全国样本估计

依据联立方程模型识别的阶条件和秩条件，三个方程为过度识别。对于过度识别的联立方程模型，可以采用两阶段最小二乘法（2SLS）或三阶段最小二乘法（3SLS）估算，但3SLS估计量比2SLS估计量更有效。所以本书采用三阶段最小二乘法（3SLS）来估计模型。

据表3－2可知，HP和LP之间存在双向作用关系，房价上涨1%将使地价上涨0.081%；反之，地价上涨1%将使房价上涨0.036%，存在循环累积关系，但二者的弹性都不大，说明还有其他力量对其产生重要影响，如预期因素等。政府的涉房收入受房价影响很大，弹性系数达2.41，令人意外的是地价对政府收入的影响为负，这可能说明升高的地价迫使企业被迫减少土地购置面积和房屋供给数量，使得政府收入反而下降。在HP方程中，涉房收入和房价正相关，符合理论预期。企业购置土地面积和房价负相关，显示政府对土地供给的限制会导致房价上升。但表中三列三个方程中，政府的财政支出和基础设施建设水平等变量都不显著,这可能与公共物品对房价地价的正效应已经被管制税所体现有关系,也有可能与城市间公共服务数据缺乏质量上的可比性有关。一些大城市在公园数量、文化设施档次等方面提供的便利很难体现在统计数据之中。

表 3-2　全国样本的联立方程回归结果

	HP 方程	LP 方程	LL 方程
HP		0.081 *** (0.022)	2.41 *** (0.156)
LP	0.036 *** (0.01)		-0.799 *** (0.148)
LL	0.0495 *** (0.008)		
EAT	0.006 (0.0078)	-0.006 (0.008)	-0.083 (0.08)
INCOME	0.094 *** (0.026)		-0.16 (0.24)
BUS	-0.017 (0.011)		0.029 (0.056)
XKG	-0.0013 (0.013)		
LAND	-0.03 *** (0.0097)		0.144 *** (0.039)
TEAC	0.004 (0.028)	-0.022 (0.027)	0.245 (0.237)
AR (1)	0.84 *** (0.029)	0.97 *** (0.01)	0.859 *** (0.024)
R^2	0.961	0.9839	0.857
调整后 R^2	0.96	0.9837	0.853
DW	2.09	1.88	2.16

二、地区样本估计

表 3 - 3　地区样本的联立方程回归结果

变量	东部 HP	东部 LP	东部 LL	中部 HP	中部 LP	中部 LL	西部 HP	西部 LP	西部 LL
HP		0.094*** (0.034)	0.73*** (0.22)		0.007 (0.03)	1.3*** (0.25)		0.076* (0.046)	5.58*** (0.33)
LP	0.019 (0.016)		0.14 (0.095)	0.007 (0.03)		-0.76 (0.54)	0.057*** (0.02)		-1.32*** (0.29)
LL	0.063** (-0.025)			0.021* (0.012)			0.1*** (0.014)		
INCOME	0.245*** (0.056)		0.279 (0.3)	0.22*** (0.08)		-0.55 (0.56)	0.04 (0.044)		-1.09*** (0.4)
EAT	-0.012 (0.012)	-0.013 (0.012)	0.04 (0.066)	-0.011 (0.021)	0.012 (0.011)	0.38** (0.16)	0.027 (0.022)	0.012 (0.02)	-0.25 (0.19)
TEAC	0.012 (0.06)	0.012 (0.05)	0.28 (0.25)	-0.012 (0.084)	-0.06 (0.05)	0.25 (0.34)	0.03 (0.04)	-0.09* (0.04)	-0.75 (0.57)
LAND	-0.051*** (0.017)		0.21*** (0.247)	-0.046* (0.027)		0.17** (0.07)	-0.033** (0.013)		0.12 (0.095)

续表

变量	东部 HP	东部 LP	东部 LL	中部 HP	中部 LP	中部 LL	西部 HP	西部 LP	西部 LL
XKG	0.03			0.005			-0.013		
	(0.027)			(0.034)			(0.033)		
BUS	-0.005		0.198*	-0.01		-0.038	-0.008		0.08
	(0.024)		(0.118)	(0.018)		(0.06)	(0.02)		(0.3)
AR(1)	0.757***	0.97***	0.62***	0.786***	0.97***	0.91***	0.65***	0.97***	0.71***
	(0.05)	(0.016)	(0.067)	(0.097)	(0.02)	(0.025)	(0.05)	(0.02)	(0.06)
R2	0.964	0.98	0.87	0.91	0.976	0.957	0.927	0.977	0.31
调整后 R2	0.961	0.98	0.86	0.90	0.975	0.952	0.92	0.976	0.25
D－W	2.07	2.03	2.22	2.24	1.98	2.3	1.78	1.56	1.93

　　表3－3结果显示，在东部地区城市，LL每上升1%，导致房价上升0.063%；购置土地面积每下降1%，房价上升0.051%；房价每上升1%，地价上升0.094%，LL上升0.73%；购置面积上升1%，LL上升0.21%。

　　在中部地区，LL每上升1%，导致房价上升0.021%；购置土地面积每下降1%，房价上升0.046%；同时，房价对地价影响并不显著，房价上升1%，LL上升1.3%；购置面积每上升1%，LL上升0.17%。

　　在西部地区，LL每上升1%，导致房价上升0.1%；购置土地面积每下降1%，房价上升0.033%；同时，房价上升1%，地价会上升0.076%，房价每上升1%，LL上升5.56%。

三、结果讨论

　　房地产市场具有区域性，各地政府行为也存在较大差异，东部地区城市政府由于经济发达、税基丰富，可能对涉房收入的依赖性相对较低，房价地价波动对涉房收入的影响程度较中西部低；但东部城市人口多，社会压力大，更可能实行较严格管制行为，使涉房收入更可能以成本的方式进入房价从而加大房价波动程度。而西部地区在分权体制下税基不大，财政缺口大，更迫切希望从房地产市场获得收入。所以我们运用同样的方法对东中西部分别回归后检验这两种效应的区域差异。

　　在东部城市，地价对房价的推动并不太显著。房价推动地价，说明东部城市的房地产市场管制程度较高，土地用途更加单一且供给数量有限，导致房价决定地价，这符合Evans的理论观点。西部地价和房价相互影响并且显著。涉房收入会推高房价，程度上东部大于中部，说明越是人口流入的城市越有条件通过房地产市场获得管制税，这符合理论预期。但西部的弹性大于东部，比较异常，需要进一步的解释。企业购置土地面积和房价负相关，其程度也是东部大于中部和西部，佐证了东部管制更强的假设。

　　人均收入对房价的影响，东中部的计量结果显著为正，而西部不显著但呈正相关关系。这可能与东中部居民收入较高有关。房价对涉房收入的影响，是西部大于中部和东部，显示西部对房地产经济的依赖程度较高，他们更需要通过房地产市场的活跃来弥补地方财政支出的缺口（地方税收总量规模本身较小）。另外，公共服务参数多数对三个内生变量影响不显著，这和全国样本得出的结论是一样的，即加快基础设施建设和加大基本公共服务供给对房地产价格的影响是有限的，这不同于其他学者的研究结论。

如果政府有追求涉房收入最大化的倾向，那么西部城市将更有这种动力去维持房地产市场的活跃，希望房价上涨，他们会小心翼翼地克制对房地产市场的管制，盼望更多的开发量从而获得更多收入。地价有可能是推高房价的重要力量。反观东部地区，他们为了消除城市人口快速增加而带来的负外部性成本，有控制人口、加强管制的倾向，减少土地供给和开发许可，房价更有可能上涨，从而带动地价上涨。房价的上涨将产生"排外效应"，将一部分收入不高和人力资本水平不高的劳动力慢慢"驱离"。

从全国层面看，房价和地价是相互关联的关系，这取决于房地产市场的区域性和地方政府对房地产市场的管制强度等因素，所以难以一概而论说是房价决定地价，或者相反。

第六节　结论和建议

地方官员为追求政绩和为城市公共服务供给融资，利用土地管制和税收等工具，通过房地产市场追求地方政府财政收入的最大化。在缺乏足够和有效的房地产保有税政策工具的情况下，只有保持活跃的房地产市场和不断升高的房价，地方政府才能保持稳定增长的政府性基金和涉房税收收入。在土地要素实际被政府独家垄断供给的制度下，政府不由自主地存在运用土地供给和规划工具来控制房地产市场的倾向。

运用35个大中城市的面板数据构建联立方程对地价、房价和涉房收入三者关系进行研究发现：第一，房价对涉房收入的影响显著为正，而地价对涉房收入的影响为负。第二，中部城市相对缺乏通过制造土地稀缺性获得更高垄断地租的需求条件，他们通过土地供给量的增加而获得更多的涉房收入。东部城市受耕地保护、指标限制等影响，在旺盛的需求下，更有条件通过数量限制或权利授予性规划管制工具获得高额租金及税收。第三，地价和涉房收入对房价的影响为正，房价对地价的影响为正，房价和地价之间存在双向影响。分地区样本看，房价对地价的影响皆为正，而地价对房价的影响只有西部为正，表明二者的关系可能因具体的房地产市场而异。第四，企业购置土地面积与房价显著为负相关关系，表明土地供给限制对房价的助推作用，且这种效果东部大于中部、中部大于西部。

　　通过研究结果发现，房地产市场中政府的土地管制和财政行为构成对房价的显著影响，追求涉房收入最大化的政府存在维持房价稳步上行趋势的激励。所以，在保持房地产市场的健康平稳运行和财政收支平衡两大政策目标的权衡中，必须做出前瞻性的制度设计和政策储备。简单的建议如下：

　　（1）稳步推进房地产税的试点和推广，早日培育其成为地方的重要税源，缓解地方政府对涉房收入依赖性的扩大趋势，防止因房地产市场剧烈波动可能给地方财政和债务造成的巨大压力。逐步将房地产税权下放给地方，让地方接受本地居民监督，承担起收支公开、提供高效率公共服务的责任。

　　（2）对地方政府干预房地产市场进行约束，保持房地产价格平稳性，需要房地产市场政策和财政税收政策紧密配合。不仅需要中央和地方财政体制层面的事权财权分割和明晰，而且需要放松土地市场的管制和减少对房地产市场的利益攫取。只有放松管制才能扩大供给，加强房地产企业的竞争，让政府减少的税收转化为消费者的福利。中央政府在进行房地产市场宏观调控时，不宜过度依赖税收工具，不合时宜地增加税收可能转化为更高的房价。可考虑对家庭第三套起的住房购置暂时课征特别消费税，以消费税替代个人所得税来抑制不合理的投资和投机需求。反之，如果只减税而不扩大供给，在目前的供需形势下只会转化为开发商更高的利润。

　　（3）要切断地方政府加强管制（推动房价上涨、政府收入增加）的利益链条。可行的方法是改善地方预决算立法、实行综合预算、加强地方人大监督、提高资金使用效率、消除地方无限制扩大开支、增加债务和低效使用财税资源的激励。

第四章

地方政府土地市场垄断与房地产市场

第一节 概述

21世纪以来，房价飙升、实体经济不景气等社会经济问题被人们所认识，其中土地要素的垄断难辞其咎。土地的垄断使土地租金变得像一种强制性的税收，而不是一种可自由市场交换的生产要素的对价支付。部分学者认为土地要素远未像资本和劳动力要素那样实现市场化配置，仍然具有计划经济色彩。学界对解除土地市场的垄断供给、允许集体建设用地入市的呼声一直不绝于耳，但迄今并未从制度、政策等方面做出改变。实际上，我国土地市场垄断是不断加强的。20世纪80年代以来，快速发展的工业化、城市化导致耕地在部分年份快速减少，引发粮食安全的担忧，所以国家开始加强对土地市场的管制。20世纪90年代以来，土地市场逐步活跃，土地价值凸显，政府逐渐将城市土地列为重要的财政收入来源，通过用途管制、计划、土地储备、土地征收、招拍挂等手段进一步加强市场控制。土地一级市场的垄断程度并没有出现缓解的迹象。作为房地产必备投入品的土地，对下游的房地产生产和市场具有极大的影响。

在人口增长、快速工业化和城市化时期，耕地的减少是必然的规律，并不能成为无限度加强土地垄断的理由。从理论上看，耕地数量只是粮食安全的基础性条件，耕地质量和生态安全越来越受到学者和社会关注。可喜的是，近年来政府已经认识到耕地质量和综合生产能力对保障粮食安全的更加重要的作用。

以日本的经验为例，1960年有4083万人居住在高密度居住区（DID），2000年为8281万人，占总人口比从43.7%上升到65.2%。2000年DID的面积为12457平方千米，是1960年3865平方千米的3倍，1965—1970年增长速度最快，但增长速度是下降的，1995—2000 年年均增长率只有 1.6%。在占用耕地方面，一方面耕地转换为城市用地，另一方面新的耕地被整理出来，1964—1987 年，后者甚至超过前者 1636.2 平方千米。据此可以预判在 2030 年左右，随着中国人口增速的放缓甚至负增长，以及后工业化社会的深化，对耕地的占用压力将得到彻底缓解。

第二节　研究现状

政府常通过土地市场获取各种收入，垄断是前提条件，其中数量控制是土地市场垄断的主要手段之一。刘红（2009）对土地拍卖定价和实物地租转嫁行为进行分析，认为土地的供应量要少于竞争供给时的供应量，同时供给价格要更高。李勃（2009）对土地市场垄断的行为方式进行归纳：控制土地出让规模、不合理行为、多头供地。但不同行为的效果是不同的。

市场结构研究得到一些学者的重视。垄断的土地市场和不完全竞争的房地产市场形成某种"纵向关系"。曹飞（2013）认为我国当前土地市场是地方政府行政完全垄断，房地产市场是寡头竞争市场，住房市场上的房价实际上经过了一级土地市场完全垄断加价和住房市场寡头垄断加价的双重垄断加价。厉伟等（2007）认为土地市场与房地产产品市场之间还存在着纵向市场关系，在两个市场均为寡头垄断的情况下，则会存在着双重垄断加成的现象。但该模型假定土地市场是寡头市场并不符合现实：由于土地市场的区域性特质，一个城市的土地只有一个垄断的供给者。将古诺模型用于分析土地市场并不合理，至少目前的土地市场还不具备寡头的明显特征，而且政府常直接用数量的方式而不是价格的方式来控制市场。短期而言，土地价格主要由需求决定，更符合土地经济学原理。理论上，"古诺模型考虑企业选择产量而不是价格，无法明确解释价格决定机制"（卡尔顿和佩洛夫，2009）。

政府之所以实行土地市场垄断，除了城市土地国有之外，还与在中央和地方财政体制安排下，地方政府追求预算内外收入最大化有关。现实是，政府对工业用地和住宅商业用地的供给政策差别很大。曹广忠、袁飞和陶然（2007）发现全国财政收入超 GDP 增长的原因与地方政府在现有政绩考核与土地征用、出让体制下，通过低价协议出让土地来吸引投资，发展与土地出让相关的制造业、建筑业以及房地产业，导致这些行业的迅速发展，从而有助于地方政府财政收入迅速增长。左翔和殷醒民（2013）从利益动机上分析，认为地方政府通过非市场化手段获取土地资源，再以市场化的价格出售土地，从而获取高额的"垄断利润"。完整的"土地财政"应该包括"以地生财"和"以地引资增税"两个方面。国有土地出让与地方政府利益紧密地联系在一起，正常的逻辑推演就是，理性的地方政府用激励让土地出让收入最大化，"土地财政"相当于再次征税。

综上，政府对土地市场的垄断是理性的选择，作为一种手段，有利于实现地方收入的最大化，进而有利于地方经济社会发展及官员晋升，但这种市场结构也给社会造成不少的福利损失。本章借鉴产业经济学的结构—行为—绩效（SCP）分析范式，对政府土地市场垄断的行为、市场势力及其绩效进行剖析，并试图探讨如何逐步缓解这种垄断势力。

第三节　土地市场垄断的产业经济学理论分析

一、市场结构

本章所指土地市场特指土地一级市场。城市土地市场是典型的垄断市场结构，政府以获取垄断租金、经济租金为激励，以数量控制方式为主，力图获取最大数量的出让金收入。按目前我国城市土地的制度安排，各地方政府代理并实际行使所有权，并在土地使用权让渡中获取租金或批租化的出让金收入。在相关制度如土地征收制度、土地供给制度（含土地储备制度）、土地规划制度等配合下，地方政府既是管理者又是交易者；既是公共产品的供给者又是经济地租追逐者，使得地方政府类似一个国有企业。在这个市场上，政府除了是管理者之外，还扮演着土地资源资产经营者的角色：一是政府以获取土地出让利润最大化为目标（其本来职能应该是提供公共产品）。二是政府是上游土地产品的制造者，他们获得投入品的方式主要有：对农民集体实行土地征收，价格具有强制性并由政府单方规定；公开市场的方式购买；土地整理并储备等。三是在制造产品的过程中，需要投入资本，典型的方式有土地平整、基础设施建设配套（达到三通一平、五通一平等程度），有时不加任何投资，直接以毛地出让。四是产品销售只能在本地，以"招拍挂"公开出让为主，价高者得。尤其是对经营性土地，对公益事业用地不以获取利润为目的，本书只关注经营性土地产品。五是产品销售时常附加规划和开发进度、开发程度、配套建设等条件，甚至要求进行一定数量的保障性住房建设。六是房地产产品与土地产品有紧密联系，土地是房地产价格主要组成部分，可将房地产产品视为在土地价格之上再投入一定的资本（简化视为销售成本）生产出来的，房地产开发商是下游零售商。

产业组织理论认为，影响市场结构的因素主要有市场集中度、进出壁垒、产品差异度、需求与供给弹性以及市场需求增长率等。对供给者而言，城市土地市场只有一个合法的供给者，这源于我国特定的制度和法律规定，即法律授予了政府的垄断地位，所以市场集中度很高。就产品差别而言，土地天然具有异质性。在进入壁垒方面，在法律的保护下，不断对潜在进入者进行打压，几乎不存在竞争对手。常用勒拿指数 $(P-MC)/P=-1/\varepsilon$ 表示垄断势力的强弱。由公式可知，需求弹性越高，垄断者价格越接近于边际成本，市场势力越弱，反之越强。在房地产价格快速上升期，对土地的需求弹性是较小的，垄断程度较高。因为未来房价的上涨预期提升了开发期土地增值的预期，使开发商的利润有充分的保障，降低经营风险。但现实中需求弹性和勒拿指数都是很难观测和计算的，土地市场尤其如此。

就土地供给曲线看，其短期缺乏弹性，长期可能是边际成本递减、不变和递增的，视具体的市场环境而定，对一些主要靠存量土地收购为主的城市，边际成本递增但弹性较大；对一些主要靠增量农转非土地供给的城市，边际成本不变甚至递减，因为基础设施建设具有规模经济，供给数量越大，边际成本越可能下降。

二、市场行为

（一）追求利润最大化和价格歧视

从利益动机来说，土地出让收入和后续的税收、就业增加等都会构成政府直接和间接的收益。就土地市场而言，由于出让土地收入需要扣减征地拆迁、一级开发等成本，所以政府应该追求利润而不是收入最大化，但有时部门为了政绩可能是收入最大化。如果考虑到政府从土地市场获得的税收等间接收入，其边际收益曲线会右移，这会使供给量有增加的趋势。

在利润最大化激励下，对垄断者而言，确定价格和确定供给数量引致价格，只能选择其一，后者比较符合政府的行为模式。短期内固定供给面积，让需求者通过博弈竞价以获取最大的经济租金。经济租金数量主要取决于需求方竞价的激烈程度。土地市场上的信息不对称和非理性行为也会加剧成交价格的不断上涨。

在价格歧视发生时，需求的弹性（而不是成本）掌控着价格。通过比较价格成本比率而不仅仅是价格，我们总能够判断出可能的价格歧视（谢泼德，2007）。土地市场存在的价格歧视主要表现为对工业用地优惠出让，甚至亏本供给，对房地产用地高价出让。虽然相对不同用途，土地的平均或边际生产成本不变，但不同用途的需求弹性差别很大，尤其是工业用地的弹性很大，加之工业所提供的税收是连续的，不像房地产用地主力税种如营业税、所得税、土地增值税、城建税等具有一次性特征，所以政府出于招商引资或培植地方税源的目的，都会主动对工业用地敞开供给（在有计划指标的前提下）。

（二）降低出让地块面积，防止买方垄断

当整个市场只有一个购买者，那么可能发生买方垄断，买方能向卖方施加反向影响。垄断卖方试图以垄断性数量—价格卖出产品，而卖方试图以竞争性价格买入产品，双方围绕超额利润角力。由于房地产市场的区域性特点，如果出让地块面积过大，那么区域房地产市场将被个别有实力的大型开发商所获得，他们在竞价时可能形成买方垄断，致使竞争性下降，此时，出让土地的单价将显著下降。所以降低地块面积是政府的理性选择。我们选取2004—2012年南京市的房地产公开出让案例进行平均地块面积的统计，如图4-1所示。发现虽然平均地块面积在市场行情较好的年份如2007年、2010年等有上升现象，但是总体趋势是下降的，见图中的虚线所示。

当买方势力较强时，土地出让的单价会下降，垄断价格向竞争性价格移动，净利润水平下降。但政府能获得其他利益，向开发商以合约义务的方式（出让合同附加条款等形式出现）转嫁基础设施建设成本。对有实力的开发商而言，将可能获得部分甚至是全部的买方垄断者利润，但很难说消费者能一定因为双边独占获得好处。

选择南京市2003年12月—2013年2月的654个交易样本，以楼面地价为被解释变量，以溢价率、土地面积为解释变量做OLS回归，为了控制区位对楼面地价的影响，防止距离城市中心越远楼面地价越低的现象，增加了距离变量，回归结果见表4-1。在模型1里，地块面积对楼面地价的影响显著为负，但面

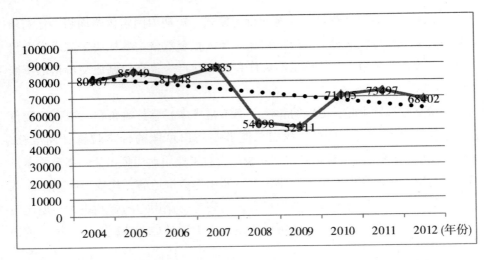

图 4 - 1 2004—2012 年南京市经营性土地出让平均地块规划面积及趋势

资料来源：南京市房产局。

积的二次方变为正。交易时的溢价率影响为正。在模型 2 里，增加了距离市中心变量，发现距离确实对地价影响为负，地块面积的影响依然显著为负但效应减少了。这显示地块面积越大，买方势力越强，楼面地价会显著下降，弹性约为 - 0.86。

表 4 - 1 南京市楼面地价的影响因素回归

Variable	模型 1：系数	标准误	模型 2：系数	标准误
C	14.477***	1.9432	12.17***	1.849
YJL	0.194***	0.0175	0.186***	0.0165
TDMJ	- 1.34***	0.375	- 0.858**	0.357
TDMJ * TDMJ	0.06***	0.018	0.04**	0.0171
LOCATION			- 0.617***	0.068
N	654		654	
R^2	0.175624		0.268316	
DW	0.88		0.97739	

（三）顺周期的供给节奏

一般政府会在房地产市场行情好的时候加大供给，反之减少供给，因为这样可获得较多的收入。这种行为方式符合"随时间调整的垄断行为"的原理，因为垄断者利润最大化条件为：$(P-MC)/P=-1/\varepsilon$，ε 缺乏弹性时（$-1<\varepsilon<0$），垄断者才能有效实施经营获得最大利润，提价 1% 的同时，销售量下降不足 1%，导致收入增加；反之不行。所以，在房地产市场行情好的时候，土地的需求弹性小，此时可在制造"地王"的同时，扩大供给；反之，行情不好的时候，需求弹性较大，供给量不能扩大，因为此时 1% 的数量增加可能使价格下降超过 1%，收入反而会减少。另外为防止土地贱卖，政府常常会设置拍卖或挂牌的"底价"，一旦竞价达不到该价格，宣布本次交易无效。结合图 4-1 和 2004—2012 年的出让总宗地数分别为 42 块、91 块、85 块、118 块、46 块、73 块、67 块、82 块、71 块可知，2007 年的好行情对应的是地块面积和数量的剧增，2008—2009 年的行情对应的是较少的数量和较小的地块面积。

（四）加强进入壁垒，阻止潜在的进入者

地方政府也面临着潜在进入者挑战其地位，那么政府必须不断通过行政手段打压集体土地所有者和使用者，典型的方式有不承认小产权房、冻结宅基地审批、严格规划管制、严禁集体土地用于房地产开发、卫星动态监测执法等。在社会矛盾尖锐的时候，政府也会修正和提高征地补偿标准，降低维稳成本。另外，由于土地二级市场也能提供供给，所以政府还倾向于压制二级市场，当土地使用者试图转让土地时，政府往往会以规划等方式加以扼制，必要的时候甚至行使先买权，以市价购买并加以储备将土地转换为一级市场供给。

（五）双重垄断加成，消费者面临更高的价格

由于土地市场具有垄断性，房地产市场具有寡头垄断性（或垄断竞争性），二者容易构成双重垄断加成，因此可能为政府提供纵向一体化或纵向约束激励。虽然纵向一体化可以给消费者带来好处，但土地、房地产市场上的纵向一体化或纵向的约束很难形成，双重垄断加成成为常态。双重垄断的后果：一是使销售量降低；二是由于销售量降低导致双方总利润下降；三是消费者境况也变差了。如图 4-2 所示，m 是完全竞争价格。土地市场上的政府将价格确定为 P_2，这是下游开发商的边际成本，开发商的边际收益曲线就是土地市场的需求曲线 D_2，开发商会选择 Q_2 的产量最大化利润，此时消费者将面临 P_1 的价格。$P_1>P_2>m$，这构成了双重加成。如果我们交换一下决策顺序，让开发商选择数量，他们会在 Q_2 处最大化利润，此时由于土地价格属于一种剩余的经济特性，D_2 成为政府面临的需求曲线，MR_2 是其边际收益曲线，政府会选择 Q_1 出让土地，最

终成交价格为 P_1，同样构成双重加成。

　　这种后果应该是予以预防的，方法主要有引入下游企业的竞争，即加强房地产企业的竞争性，如将地块切割为几块，防止垄断等；限制开发商的最高售价，但这常常不能长期实施；政府对开发商施加销售数量约束，这是可行的，如政府禁止"捂盘"惜售等行为，公开成交记录，加快推盘节奏等行为。通过以上措施，政府可防止开发商的第二次垄断加价，增加房地产有效供给。这意味着房地产市场从垄断向垄断竞争运动时，消费者的状况会改善，产品价格会下降。

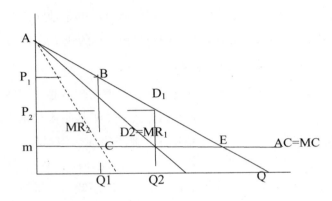

图 4-2　土地和房地产市场上的双重垄断加成

（六）土地市场基本不存在纵向一体化和纵向约束行为

　　为保护垄断利润，当收益超过成本时，企业会选择进行纵向一体化，因为它具有降低交易成本、保证供给、获得市场势力等优点。然而在土地市场，政府并不具有和下游开发企业之间进行一体化的好处。以增加利润而一体化的合理性为例，由于政府土地出让规定了容积率，企业一般都会选择最高的容积率进行生产，这样生产要素之间的替代性消失了，生产函数是固定比例的，上游垄断者（政府）没有进行一体化的激励，无论是否进行一体化都会得到相同的利润（卡尔顿和佩洛夫，2009）。加之政府如果直接从事房地产开发既不合法（除保障性住房之外），也不具有效率（出现X—无效率等）。

　　另外一个选择是政府对开发商实行纵向限制：一是地区限制，这是自然的限制，因为土地的区域性导致房地产产品只能在本地销售，开发商具有排他经营权，下游开发商几乎不需要政府授予他们这样的权利，临近开发商很难侵入，特定区域开发商可以维持他们的超额利润。二是零售价格维持，由于政府一般不直接进行房地产开发，所以不存在对开发商的产品销售建议价格。即使有，也是一种短期的行政性调控措施而不能持久。综上，土地市场和房地产市场基本不存在纵向一体化的激励。

三、市场绩效

市场绩效是指一个市场在为消费者提供利益方面的成功之处（如果市场价格接近生产的边际成本，则市场是运行良好的）。传统的绩效评估包括三个关键因素：效率［内部效率和分配效率（消费者剩余）］、创新和分配公平。土地市场的创新和内部效率评价缺乏意义，其中评估再分配时，超额利润的大小通常代表不公平的程度，多数顾客的购买力下降了，而少数垄断企业所有者获得了大笔财富。

（一）巨额利润以地租的形式被政府获取，消费者剩余和无谓损失数量巨大

政府出让土地收入实质是经济租，是一种超额利润，但官方的称谓是出让金。一般而言越是缺乏弹性的需求（需求曲线越陡，如图4-2），价格偏离边际成本越多。具体到土地市场，土地作为一种特别的生产要素，对其需求是缺乏弹性的，所以价格偏离边际成本很多是正常现象。以南京市为例，2004—2012年平均楼面地价为3048.6元/平方米，平均容积率1.83，得到平均地面地价为5579元/平方米；依据征地补偿标准有关文件，按20万元/亩作为成本估算，价格是成本的18.6倍，价格成本加成约为0.964，接近1，说明垄断程度是很强的。

图4-3中，由于垄断者以MC=MR确定供给数量和价格，最终Pm是垄断价格，Qm是供给数量，而P_0是竞争价格。ABPcPm是垄断者获得的利润。三角形ABC部分约等于垄断造成的无谓损失。在图4-2的情况下，垄断造成的无谓损失为BCE部分，数量是很大的。

土地市场的绩效可适用成本和收益的分析范式。就成本而言，损失的消费者剩余等于垄断利润和净损失之和，社会净损失等于消费者损失减垄断者所得。但不少学者认为社会的真正损失远大于净损失三角，甚至垄断利润的一部分或者全部也是一种效率损失（卡尔顿和佩洛夫，2009），因为垄断者维持自身的地位需要付出寻租的资源和成本，这些资源本可以用于生产性领域。所以社会损失等于DWL（dead weight loss）无谓损失至少加上部分垄断利润。据研究需求弹性越小，利润越大，无谓损失越大。

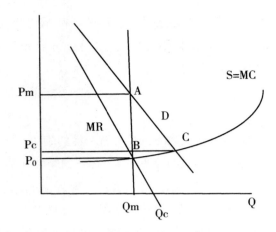

图 4-3　土地市场垄断造成的福利变化

一般在社会经济发展较快的时候，对土地的需求是缺乏弹性的，这加剧了无谓损失。土地市场上的垄断者利润以类似"税"的方式被政府获取，主要用于基础设施等生产性公共产品供给（但使用效率不高）。

垄断可能也有收益。虽然不能像真正的企业那样进行技术创新，但用获得的收入所提供的公共产品确实对地方社会经济发展起到一定的推动作用。当然，如果对收入加以规范并更多用于提供民生性支出，将产生更大的收益。

（二）垄断对土地资源配置产生扭曲

垄断者一般倾向于提供较少的产品数量和较高的价格，这导致用于房地产用途的土地数量偏少，而工业用地价格便宜使其过度使用。同时，由于征地拆迁强制性定价进而确定的边际成本降低，有可能使整体非农用地供给偏多。此外，政府顺周期的供地节奏，使下游企业难以依据市场信号进行购买决策，尤其是下行阶段，供给减少，企业很难买到土地。

（三）其他社会方面的绩效

垄断带来的利润被政府获取，相当于增加了下游产品的成本，加上其他名目繁多的税费，是房价快速上涨的主要原因之一。房价过高产生大量房奴，抑制消费；高昂的房价还导致城市劳动力成本上升，实体经济发展受到抑制，城市竞争力下降；另外房价还具有巨大的财富分配效应，有房者资产快速增加，和无房者之间的贫富差距进一步拉大，社会阶层分裂可能性加大。

政府作为垄断者同样要为维持这种地位付出资源，虽然不需要向自己寻求保护，但必须"向下"进行压榨，即低价征地，不同程度的侵害农民利益。显而易见的成本是每年因为征地拆迁而发生的大量上访、治安刑事案造成的损失，以及巨额的"维稳"支出，加上社会公平感所导致的无形损失，这种代价是惊人的。另外，对潜在进入者的禁止也会造成巨额无谓损失，如集体非农土地用于工商业、用于建设农民工公寓和"打工房"等廉租性住房对降低实体经济发展成本、降低劳动力居住成本、推动经济发展十分有利，目前的禁止导致很大的社会损失。

第四节　结论

运用产业经济的 SCP 范式，对以地方政府垄断者追求利润最大化假设下的土地市场结构、行为和绩效进行分析。土地市场具有垄断特征，集中度很高。政府会采取价格歧视、设置进入壁垒、双重垄断加成、加强下游企业竞争、遏制买方垄断等行为保持自身的垄断利润，但这使得消费者福利下降，社会无谓损失加大，引起经济和社会方面的不利后果。

消除这种垄断带来的不利后果的措施是打破政府的土地市场垄断地位，引入竞争。方法一是政府逐步从市场参与者的角色退出，对经营性用地由需求者和农民集体自主协商价格；只对公益性用地实施征收。二是培育二级市场，增加供给者数量和有效供给。三是政府获取收益的方式要从获取垄断利润（经济租），逐步转向财产税和对房地产的增值税征收，以此为地方提供公共产品供给融资，并接受地方人民监督，不断提高资金使用效率。

因为房地产产品具有异质性，市场可自由进入，此时房地产市场是垄断竞争型市场结构，加之房地产的空间性特征，所以房地产市场可用代表性消费者或空间选址模型来分析，如张伯伦或塞洛普模型。这取决于对产品和消费者偏好的不同假设。这种情况下，土地市场和房地产市场的相互作用将更为复杂，这是今后研究的方向。

第五章

土地供应对房价波动影响机制及实证

第一节　概述

在第四章里，分析了土地市场具有的垄断结构，政府是这个垄断市场结构的维护者和获利者。它是一级市场的唯一供给者，在供给数量、地段和时机方面，具有较大的自由度。同时由于现代社会土地利用的外部性治理和公共产品供给等原因，政府实际上还是城市规划权的掌控者和土地开发权的定义者、分配者。一块土地的出让，实质是土地权利的出让，不仅涵盖土地实体，还涵盖了可以开发和使用的权利。土地供给大致可分为增量供给和存量供给，增量供给主要是通过土地征收的方式将农民所有的土地转换用途和所有权后投入开发市场；存量供给主要是对城市内部建设用地改变用途或强度后投入开发，一般原用途土地会顺应市场规律转换为更有价值和更高强度的使用，变相地增加土地供给，即所谓的"经济供给"。

正因为政府掌控着土地供给权和规划权，土地市场和房地产市场才会深深地受制于政府行为并产生响应。本章主要从供给视角对政府行为的市场反应进行研究。

第二节　国内外研究现状

国外研究方面，大量实证研究针对住房供给弹性估算，但不同时期、地域和不同数据获得的估计值相差较大。发现对同样城市同时期的弹性估计也会随数据而异。美国的全国数据下，弹性是较高的（Muth，1960；Follain，1979）。
Stover（1986）发现 61 个都市区独户住宅供给完全弹性。Rydell（1982）发现租
赁住房的长期弹性是 11.5，而短期介于 0.24~0.83。DiPasquale（1999）认为新
供给或开工弹性在 3.0 和无穷大之间。Blackley（1999）认为长期弹性在 1.6~
3.7。Harter 和 Dreiman（2004）认为全国弹性在 1.4~3.2。新建和存量不同，
Mayer 和 Somerville（2000）发现新开工弹性在 6 左右，而存量弹性就很低，约
为 0.08。Green、Malpezzi 和 Mayo（2005）使用 MSAs 数据发现地区差异大，从
-0.30（迈阿密）到 29.9（达拉斯）都有。Goodman（2005）用 317 个郊区数
据发现中心远不如郊区有弹性。Goodman 和 Thibodeau（2008）发现 95 个 MSAs
区均值是 0.62 且都是正的，最大的是美国东部南卡罗来纳州查尔斯顿的 1.38。
Saiz（2010）发现 2000 年 95 个都市区弹性介于 0.60~5.45，人口权重修正均值
1.75。Malpezzi 和 Maclennan（2001）发现英国"二战"前在 1~4，而"二战"
后在 0~1。Bramley 等（1999）认为英国在 0.31 左右。Meen（2002）报告了 9
个英国地区介于 0~0.84。Mayo、Sheppard（1996）和 Malpezzi、Mayo（1997）
发现韩国弹性小，泰国和美国更有弹性。他们认为规划系统越是严格，弹性越
小，如韩国和马来西亚接近 0。这和 Vermeulen 和 Rouwendal（2007）研究一致，
他发现无论长期还是短期荷兰自有房弹性都接近 0。

什么是影响住房弹性的因素？土地毫无疑问是最重要的因素之一。Muth
（1996）认为这取决于土地、非土地替代要素的相对重要性和可开发土地的弹
性。Saks（2008）发现 20 世纪 70 年代后弹性长期的下降趋势，原因有以下三
个：建造成本、土地可得性和政府管制。Somerville（1999）、Gyourko 和 Saiz
（2006）认为建造成本相对有弹性。Glaeser、Gyourko 和 Saks（2008）认为过去
几十年间建造成本上升并不能解释居住物业建设的整体下降，土地可得性很重
要，自然条件也有一定的作用（地形、水体、地址）。Malpezzi（1996）、Malpe-
zzi 等（1998）、Quigley 和 Raphael（2005）、Green 等（2005）以及 Saks（2008）
证实土地管制和更高房价的强烈相关关系。比较研究发现，国家越强烈地管制
土地或政府越干预房地产市场，越会降低弹性。这些国家包括韩国和马来西亚
（Malpezzi 和 Mayo，1997）、荷兰（Vermeulen 和 Rouwendal，2007）、英国（Ev-
ans 和 Hartwich，2005）。Fu、Zheng 和 Liu 对 85 个中国城市 1998—2004 年的弹
性影响因素研究发现，基础设施完备性、开发成本和收入不平等性而不是人口
密度对弹性有影响。Kim、Malpezzi 和 Kim（2008）计算了 16 座城市财产权和管

制的综合指数，发现和房价之间存在弱的正相关关系。住房存量的耐久性意味着当需求方式正反变化下非对称的供给反应。需求下降并不马上转化为住房存量减少，因为住房折旧慢。

国内研究方面，王松涛和刘洪玉（2009）利用 1998—2006 年 35 个大中城市的相关平行数据和截面数据，重点检验"生产函数渠道"和"供应效率渠道"的有效性。发现土地供应量与住房供给量存在显著的正相关关系，土地供应政策可通过住房供给弹性这一"供应效率渠道"有效影响住房价格变动，紧缩的土地供应政策通过降低供给弹性而往往最终推高住房价格。王斌（2011）利用中国 30 个省市区 1999—2009 年的面板数据分析表明：中国住房供给弹性存在显著的区域差异性，除了中部地区都缺乏弹性。房地产供给量使用住宅新开工面积，因为房屋开工是企业根据房地产市场运行状况做出的决定，代表企业的供给意愿。叶剑平等（2014）基于 Mayo（1981）构建的模型，估算我国 35 个主要大中型城市的新建住宅供给价格弹性。根据流量模型，2000—2007 年我国的新建住宅价格弹性系数在 4~11，2008—2013 年的价格弹性在 5~3。而存量调整模型得到截然不同的估算结果：2008—2013 年我国的新建住宅供给价格弹性在 1~6，更精确地估算出了中国新建住宅供给市场的价格弹性。上述研究多数运用面板数据对房地产供给弹性进行估算，但土地供给弹性方面的研究比较缺乏。

第三节　理论分析

并不是所有土地都会用来建设住房。从表 5-1 可知，据中国国土资源年鉴口径，2006—2015 年，全国土地供给总量为 4920899.4 公顷，年平均为 492089.9 公顷。商住用地总供给 1405806.6 公顷，年均 140580.7 公顷，占比 30%。但据国家统计局口径，全国房地产企业土地购置总面积 363037.84 公顷，年均 36304 公顷。二者的差距较大。依据国土资源年鉴口径，商业和住宅用地占到供给总量的 30%，工矿仓储用地占到 34%，包括公共管理与公共服务、特殊、交通运输、水利水域、其他土地等在内的土地占到 36%。工矿用地占比有下降趋势，而其他用地占比有上升趋势，这显示了随着人民生活水平的逐步提高，对城市环境和城市功能的要求不断提高，一些公共性用地的重要性得到逐步增强。

表5-1　2006—2015年全国土地供应结构

	供应总量（公顷）	商住（公顷）	占比（％）	工矿（公顷）	占比（％）	其他用地（公顷）	占比（％）
2006	306805.90	97278.19	0.32	154635.30	0.50	54892.41	0.18
2007	341974	137925.90	0.40	141723.40	0.41	62324.6	0.18
2008	234184.70	88562.05	0.38	92918.10	0.40	52704.51	0.23
2009	361648.80	109119	0.30	141486.5	0.39	111043.2	0.31
2010	432561.40	154177.70	0.36	153977.60	0.36	124406.10	0.29
2011	593284.60	169082.60	0.28	191314.50	0.32	232887.50	0.39
2012	711281.30	165203.90	0.23	207194.50	0.29	338482.90	0.48
2013	750835.50	209009	0.28	213521	0.28	328305.70	0.44
2014	647995.90	154716.10	0.24	149556	0.23	343723.70	0.53
2015	540327.30	120732.20	0.22	127270	0.24	292325.10	0.54
平均值	492089.94	140580.70	0.30	157359.70	0.34	194109.6	0.36
总值	4920899.4	1405806.60	/	1573596.90	/	1941095.70	/

资料来源：2007—2016中国国土资源年鉴。

从35个大中城市看，也有类似的规律，见表5-2所示，居住用地占比为29%。

表5-2　35个大中城市现状居住用地与城市建设用地面积（单位：平方公里，%）

城市	2001年建成区面积（1）	2015年城市建设用地面积（2）	2015年居住用地面积（3）	占比（3）/（2）
北京	780	1597	417	0.26
天津	424	902	202	0.22
石家庄	114	264	96	0.36
太原	177	331	68	0.21
呼和浩特	120	260	74	0.28
沈阳	238	550	165	0.30
大连	234	383	109	0.28
长春	164	471	144	0.31
哈尔滨	211	428	133	0.31

城市	2001 年建成区面积（1）	2015 年城市建设用地面积（2）	2015 年居住用地面积（3）	占比（3）/（2）
上海	550	2915.60	1058.90	0.36
南京	212	735	204	0.28
杭州	227	459	126	0.27
宁波	74	297	67	0.23
合肥	125	420	115	0.27
福州	97	239	101	0.42
厦门	87	317	86	0.27
南昌	85	268	88	0.33
济南	171	393	106	0.27
青岛	123	470	133	0.28
郑州	142	393	101	0.26
武汉	212	506	154	0.30
长沙	128	331	124	0.37
广州	526	643.52	204	0.32
深圳	147	895	242	0.27
南宁	116	285	86	0.30
海口	34	138	38	0.28
重庆	268	1116	351	0.31
成都	228	604	217	0.36
贵阳	107	274.34	73.28	0.27
昆明	148	656	244	0.37
西安	187	497	119	0.24
兰州	133	214	55	0.26
西宁	61	88	44	0.50
银州	56	167	51	0.31
乌鲁木齐	167	430	24	0.06
平均值				0.29

资料来源：2016 年中国城市建设年鉴。

从国土资源部公布的新增地供给结构数据看，代表性城市中，2007—2015
年，商住用地供给占比为32%左右，2016年度人均建设用地面积为131.94平方
米，见表5-3。

表5-3 35个大中城市新增土地供给2007—2015年平均商住用
地占比及2016年人均建设用地面积（单位：%，平方米）

	建成区人均用地面积	商业、住宅面积占比（%）
北京	77.88	0.44
天津	133.71	0.31
石家庄	100.55	0.34
太原	116.13	0.32
呼和浩特	176.97	0.46
沈阳	123.95	0.28
大连	128.88	0.25
长春	165.29	0.33
哈尔滨	100.35	0.33
上海	79.07	0.31
南京	130.37	0.27
杭州	149.03	0.28
宁波	190.79	0.36
合肥	206.60	0.26
福州	124.98	0.29
厦门	188.19	0.22
南昌	135.52	0.30
济南	165.06	0.34
青岛	118.96	0.34
郑州	101.63	0.32
武汉	84.23	0.30
长沙	106.55	0.29
广州	77.38	0.28
深圳	136.00	0.36

	建成区人均用地面积	商业、住宅面积占比（%）
南宁	127.55	0.16
海口	210.92	0.40
重庆	106.97	0.30
成都	124.85	0.29
贵阳	146.84	0.29
昆明	109.71	0.38
西安	117.72	0.30
兰州	163.38	0.42
西宁	71.18	0.34
银州	154.31	0.27
乌鲁木齐	166.32	0.34
平均值	131.94	0.38

资料来源：2008—2016 年中国国土资源年鉴、中国城市年鉴整理。

现代土地经济学理论认为，短期土地供给是缺乏弹性的，因为土地从非农用途转换为可开发建设用地，要经历转用、征收、一级开发、供地等多个环节，快则半年，慢则数年。然而供给在中长期是具有一定弹性的，因为不仅有大量增量土地走完程序进入某个用途的子市场，而且存量土地也可进入某个用途的子市场。但是短期和中长期的界限是很难划定的。

理论分析认为，土地供给弹性大小与房地产市场价格具有紧密联系，一是房地产市场在走向均衡的过程中，供需不断进行动态调整，如果供给对需求导致的价格上升的反应不够灵敏，那么最终均衡价格将升高。二是按照李嘉图地租经典理论，对土地的需求为一种引致需求，当房地产产品价格升高，从而拉动土地需求增加，由于土地供给反应的时滞性，那么短期可能导致市场均衡结果（房价）以更高价格的方式显现。三是土地市场和房地产市场之间具有相互作用的复杂作用机制，土地市场的结果将通过某种机制反过来对房地产市场产生作用。在这个循环机制中，土地供给弹性与房地产价格及其波动存在相关关系。一般认为，土地供给弹性越大，说明土地供给对市场反应更加灵活，越有助于增加房地产产品供给，增加房地产供给弹性有助于平抑房地产价格波动。

第四节 计量模型和数据来源

一、数据来源

考虑数据可得性，选取 35 个大中城市的土地价格和土地供给数据，先对土地供给弹性进行计算，然后实证检验土地供给弹性和房地产市场指标两者之间的负相关关系。定义 ED 为土地供给弹性，式（5-1）为弧弹性公式。其中 Q 表示当年开发商土地购置面积，数据源自国家统计局和中国城市建设统计年鉴；P 表示地价，数据源自中国地价监测网；t 表示年份，选取 2001—2012 年数据。

$$ED = \frac{(Q_{t2} - Q_{t1})}{(P_{t2} - P_{t1})} * \frac{(P_{t1} + P_{t2})}{(Q_{t1} + Q_{t2})} \qquad (5-1)$$

二、计量模型

计量模型为：$Y = \partial_0 + \partial_1 \times ED + \sum (\partial_i \times X_i) + \mu$，其中 Y 为被解释变量，$X_i$ 为人口和工资等控制变量。ED 为主要的解释变量。HP 为房价数据，分别选取其价格波动标准差，价格涨幅以及 2013 年房价作为被解释变量。

各变量的描述性统计见表 5-4。其中人口数据 2012 年取常住人口数据。由于数据可得性，2011 年取户籍人口统计。其中 HP2013 为 2013 年房价，ZZL 为房价增长，STED 为房价标准差，ED 为土地供给弹性，POPG 为人口增长，SALARY 为 LN（2012 年工资）。

表 5-4 变量描述性统计

变量定义	HP2013	ZZL	STED	ED	POPG	SALARY
样本数	35	35	35	35	35	35
最小值	8.44	1.31	6.83	2.64	-0.063	10.56
最大值	10.1	4.51	8.67	-26.19	6.51	11.35
均值	8.98	2.43	7.55	-0.77	0.54	10.84
标准误	0.415	0.76	0.48	4.55	0.4373	0.5421

三、回归结果及其含义

表5-5　计量分析结果

被解释变量	(1)HP2013	(1)ZZL	(1)STED	(2)HP2013	(2)ZZL	(2)STED	(3)HP2013	(3)ZZL	(3)STED
C	8.958*** (0.067)	2.38*** (0.12)	7.51*** (0.077)	8.84*** (0.057)	2.36*** (0.13)	7.39*** (0.07)	-3.31 (2.37)	-2.2 (7.15)	-6.93** (2.9)
ED	-0.033** (0.015)	-0.065** (0.026)	-0.04** (0.017)	-0.032*** (0.01)	-0.065** (0.026)	-0.039*** (0.014)	-0.024*** (0.009)	-0.062** (0.026)	-0.03*** (0.01)
POPG	—	—	—	0.22*** (0.47)	0.033 (0.11)	0.23*** (0.057)	0.17*** (0.037)	0.014 (0.111)	0.17*** (0.045)
SALARY	—	—	—	—	—	—	1.12*** (0.22)	0.42 (0.66)	1.32*** (0.27)
R2	0.13	0.15	0.15	0.47	0.16	0.42	0.7	0.166	0.66
DW	1.24	1.43	1.36	1.4	1.4	1.35	1.45	1.34	1.34

注：*、**、*** 分别表示在10%、5%和1%的水平上显著，每行中上排数字为系数，下排为标准差全书一致，不再注明。

见表5-5，第二列至第四列为 ED 和三个被解释变量的回归，可见土地供给弹性与其都呈显著负相关关系，这说明提高弹性有助于抑制房价的绝对水平、波动和增长率。第5~7列我们加入了人口增长作为控制变量，提高了模型的解释能力，同时供给弹性依然显著负相关且系数保持稳定。第8~10列继续加入工资水平作为控制变量，发现供给弹性还是显著负相关，系数略有上升。

四、稳健性分析

上述土地供给弹性采取弧弹性的计算方法获得，但因时间段的不同，获得的数值不同。我们采取回归分析的方法重新获得 35 个城市的一组土地供给弹性数据，见表5-6，作为关键解释变量采取类似方法进行回归分析。

表5-6 35个城市2001—2013年土地供给弹性
（从小到大排列）

城市	弹性	城市	弹性
北京市	-0.557	南宁市	0.033
天津市	-0.348	西宁市	0.082
广州市	-0.731	兰州市	0.082
宁波市	-0.458	杭州市	0.114
深圳市	-0.381	乌鲁木齐市	0.152
武汉市	-0.333	石家庄市	0.159
福州市	-0.288	贵阳市	0.195
海口市	-0.261	郑州市	0.207
南昌市	-0.230	哈尔滨市	0.219
青岛市	-0.224	太原市	0.234
西安市	-0.191	合肥市	0.235
上海市	-0.178	沈阳市	0.239
呼和浩特	-0.133	银川市	0.333
长沙市	-0.121	大连市	0.469
济南市	-0.109	长春市	0.525
南京市	-0.108	厦门市	0.766
成都市	-0.053	昆明市	0.905
		重庆市	1.106

表5-6中可见，北京、天津、广州、宁波、深圳位居弹性倒数前五位，一线城市只有上海不在其中。弹性最大的前五个城市为重庆、昆明、厦门、长春和大连，但厦门有较高的房价，大连已经逐渐跌出房价领先行列。35个城市中17个城市弹性为负、18个为正，只有重庆市大于1。略有遗憾的是，只有15个城市的回归系数计算通过显著性检验。弹性值从侧面反映我国土地市场的垄断性和易受政府干预性特点。土地供给并没有按照市场规律显示的那样，价格越高，供给越多，弹性值普遍偏小。各城市绝对房价水平参见表5-7。

表5-7 2014年12月全国房价前60名的城市

	城市	房价（元/平方米）	同比增长（%）		城市	房价（元/平方米）	同比增长（%）		城市	房价（元/平方米）	同比增长（%）
1	北京	34962	-0.067	21	绍兴	9408	-0.103	41	嘉兴	7261	-0.046
2	上海	29322	0.038	22	武汉	8972	0.035	42	漳州	7245	0.063
3	深圳	26482	0.068	23	济南	8958	0.002	43	无锡	7208	-0.068
4	厦门	22786	0.061	24	郑州	8864	0.029	44	乌市	7180	-0.034
5	广州	18734	-0.018	25	莆田	8806	0.032	45	沈阳	7173	-0.048
6	南京	17309	0.015	26	昆明	8755	-0.047	46	廊坊	7142	-0.065
7	温州	16507	-0.129	27	南昌	8712	-0.023	47	宁德	7077	-0.055
8	三亚	16504	-0.043	28	兰州	8204	-0.006	48	哈尔滨	7021	-0.049
9	杭州	16411	-0.084	29	石家庄	7972	0.021	49	汕头	6955	-0.010
10	天津	14312	0.035	30	成都	7960	-0.035	50	重庆	6892	-0.024
11	福州	13328	-0.029	31	南通	7731	-0.068	51	天水	6847	0.006
12	丽水	12900	0.000	32	扬州	7648	-0.003	52	常州	6827	-0.068
13	宁波	11827	-0.097	33	衢州	7641	-0.018	53	南宁	6820	-0.041
14	珠海	11487	0.048	34	湖州	7612	-0.059	54	三明	6777	-0.091
15	舟山	11477	-0.079	35	拉萨	7533	0.223	55	海口	6759	-0.057
16	金华	10689	-0.048	36	龙岩	7497	-0.107	56	佛山	6724	-0.061
17	青岛	10655	-0.022	37	泉州	7475	-0.023	57	镇江	6693	-0.064
18	台州	10314	-0.065	38	太原	7427	0.014	58	柳州	6644	-0.024
19	苏州	10030	-0.012	39	合肥	7386	0.044	59	长春	6641	-0.027
20	大连	9820	-0.067	40	东莞	7333	0.037	60	西安	6557	-0.005

资料来源：银禧数据公司 http://www.creprice.cn/rank/cityforsale.html

表 5-8 计量结果

	(1)HP2013	(1)ZZL	(1)STED	(2)HP2013	(2)ZZL	(2)STED	(3)HP2013	(3)ZZL	(3)STED
C	9.0*** (0.061)	2.46*** (0.12)	7.57*** (0.068)	8.89*** (0.057)	2.46*** (0.13)	7.46*** (0.067)	-2.77 (2.78)	1.01 (4.59)	-5.55* (3.22)
ED	-0.489*** (0.156)	-0.685** (0.3)	-0.63*** (0.17)	-0.378*** (0.13)	-0.69* (0.31)	-0.52*** (0.15)	-0.18** (0.07)	-0.67* (0.34)	-0.3** (0.14)
POPG				0.197*** (0.048)	-0.01 (0.11)	0.19*** (0.056)	0.16*** (0.037)	-0.016 (0.06)	0.16*** (0.047)
SALARY							1.08*** (0.26)	0.13 (0.43)	1.2*** (0.3)
R^2	0.22	0.13	0.28	0.47	0.13	0.46	0.66	0.13	0.63
DW	1.54	0.95	1.51	1.38	0.96	1.16	1.36	0.95	1.1

从表 5 - 8 可见，关键的解释变量土地供给弹性依然呈显著负相关，且系数变小（绝对值变大）。ED 对 2013 年房价、房价波动性、房价涨幅的关系这三个被解释变量呈负相关关系。这验证了模型的稳定性，进一步验证了前述假说。

第五节　结论

本书利用 35 个大中城市土地供给的 2001—2012 年数据计算出土地供给弹性，然后作为解释变量，试图揭示其和房价运动的关联关系，结果发现二者的显著负相关关系，这说明作为土地市场重要特征性参数的土地供给弹性对房地产市场的影响是客观存在的。在 35 个城市中，其中 19 个城市的供给弹性是负数、16 个城市是正数。负数主要是因为房地产企业土地购置量为代理的房地产开发土地供给数量随着地价的上升，反而下降了。这主要源于我国的土地制度：2004 年"831 大限"前后，处于城市土地供给制度的转换期，大量土地以协议等方式获得，加之同期房地产业处于启动阶段，政府迫切需要推动土地市场建设，土地供给量偏大，而后期随着土地出让制度的逐步完善，政府逐步掌握了土地市场的规律，开始随着房地产市场的景气周期，实施土地出让行为，土地供给行为逐步复杂化。这些城市的土地供给曲线向右下倾斜。而另外一些城市的土地供给曲线则呈向右上倾斜的正常趋势。

由于数据期较短且供给数据的代理变量并非最佳，这给估计结果的准确性带来不利影响。供给数据如果能采用各城市政府商住用地出让数据则为最佳。

第六章

土地市场信号对房价波动影响

第一节　概述

在现实生活中细心消费者不难发现，一旦一个地块以高价成交，周边的在售或代售楼盘马上会采取取消折扣、调高价格、暂停销售等方式予以回应。

在房地产市场上，购房者（消费者）已经逐步学习到"楼面地价是房价中的土地成本"，地价高必将带来楼价高；销售者（员工）开始通过采用沟通技巧向购房者进行推销；开发商作为专业的投资者，掌握及时的市场信息，敏锐地做出大量开发和销售决策。

地价是房价成本的主要构成部分，地价增值（波动）是房价增值（波动）的本质原因，已经获得学界认同。近年来房地产价格的快速上涨和土地财政地位的增强，使更多的人思考土地市场和房地产市场的联动关系，土地成本是否成为推高房价的主要原因？

只有地方政府稳赚不赔。未来企业是否亏损，不在政府的考虑之内。当政府债务增加，或者财政开支增加，官员将力图从土地市场获得更多出让金。土地供给数量和价格是重要"武器"。政府将避免土地供给过多可能导致的开发商预期改变，地价下降。同时在土地招拍挂环节，政府还能发出各种信号改变人们预期，如要求估价公司提供更高的评估底价，发出更高的起拍价，诱使开发商非理性行为，推高最终成交价。通过量价的配合，达到最终的增收目的。

第二节　国内外研究现状

　　早期的研究偏重从计量分析解释地价和房价关系，但由于数据期过短等原因，未能取得令人信服的结论。上述研究的最大缺陷在于假定房地产市场是有效的，土地市场和房地产市场之间的作用是市场竞争的结果，忽略了房地产市场具有的垄断性、政府强烈干预性、土地供给缺乏弹性且房地产供给滞后性的特征。由于上述特性，对两个市场互动机制的研究仅采取计量分析的手段是不够的，而应该更多地将政府行为，尤其是政府的强烈干预纳入分析。

　　之后不少学者关注土地供给的内在作用机制。黄静等（2013）利用横截面绝对偏离度（CSAD）方法，从土地交易价格和交易量两个维度，对土地市场本身的行为进行分析。王媛（2012）发现地方政府在城市土地一级市场中的土地供应决策以最大化土地收入为目标的证据。Ooi（2006）运用格兰杰因果分析、误差修正模型讨论高地价是否会导致高房价，或高房价是否会导致高地价。前者依据新古典地租理论，后者依据李嘉图地租理论。实证表明后者成立，即房价影响地价。地价运动不会传递给房价，但这并不表明土地政策是无关紧要的。一些研究表明，供给端的土地供给量对建筑开工量和房价有影响。Eve（1992）发现英格兰在1970—1990年，土地供给导致房价增长35%~40%，而这由广义的规划系统带来，它影响住房开工量然后是房价。Hannah、Kim和Mills（1993）同样认为韩国房价在20世纪80年代的上升源于居住用地的低配。Peng和Wheaton（1994）发现中国香港的土地供给和房价是负相关关系，房价上升与突然的土地稀缺相伴实际上是因更高的土地投资需求（由于预期土地稀缺和更高租金）引起。特别的，中国香港的土地供给限制并没有降低住房产量是由于资本和土地的替代引起的。在理性的市场中，任何更高未来租金的预期（源于未来供给限制信息）都会资本化入更高的现房价格，这会推高居住地价，反过来演化为资本土地在住房生产中的替代。Tse（1998）的研究认为土地供给对房价的影响不是直接的，因为通过住房生产链，一些土地进入企业的土地储备，高房价驱动高地价是因为企业采取剩余法对土地进行价值估算和投标谈判，且中国香港政府卖地采取收入最大化的策略，那么供给将依赖价格，这反过来被房价决定，格兰杰检验并没有发现中国香港的土地供给和房价二者之间存在因果关系。著名土地经济学家埃文斯的理论分析认为地价对房价的影响是间接的，土地供给的增加受到规划影响，很久才能转化为住房，对其价格发生影响。地价房价的关系不仅取决于市场反应是短期还是长期、地块用途的多样性，还取决于规划管控的强弱和地主供给意愿等多种因素，不能简单套用李嘉图地租理论，认定房价决定地价，在有的条件下地价以成本的方式推高房价，甚至决定房价。

近年来，土地信号和预期的重要性被发现。邵新建、巫和懋等（2012）认为如果地方政府理性选择就是通过控制土地供给量推高城市土地价格，而经过房地产开发企业的竞争，高地价将最终传导形成高房价。通过投资者的"预期成本效应"，由竞价市场产生的高地价信号将立即拉高当期房价。考虑到房价与地价之间的均衡关系后，在长期内，地价信号具有显著的信息发现功能，即地价对房价具有动态预测能力。借鉴金融市场的研究方法，Chau（2010）研究表明未预期的土地拍卖结果对整个市场和区域市场房价都有影响。然而，其效应是非对称的。低于预期的信号比高于预期的信号有更强的房价反应，后者几乎没有反应。信号也许表达了一种预期。土地竞价信息包括时间和空间两个方面。时间信号是指开发商对房地产市场上的未来价格进行的判断；而空间信号是指开发商对地块开发潜力的判断，它与未来价格走势无关。未预期的价格反映了开发商独有而未被其他人享有的信息。但市场对负向信号反应更大。任超群等（2013）从"价格发现"的理论视角出发，将土地出让看作一个事件，引入市场形势变量，考察土地出让价格信号对住房市场的影响。发现只有在上涨的市场形势下，正向土地出让价格信号才会推动房价的上涨。郭晓旸（2013）对土地市场和房地产市场的内在作用机制及信号的作用进行了深入研究。研究的主要结论有：第一，微观层面上，住房价格通过引致需求渠道影响土地市场价格和开发时机，土地价格通过价格发现过程影响住房价格和交易概率，价格是两个市场互动机制的重要纽带。第二，土地价格和住房价格的内生关系及其均衡水平依条件成立和变化。第三，"土地财政"对住房市场价格发现过程存在强化影响。第四，北京市土地市场存在显著的垄断结构，住房市场存在显著的垄断竞争结构和非有效性。第五，北京市土地价格和住房价格存在显著的内生关系，"土地财政"进一步推高了住房价格。第六，北京市住房交易概率与周边土地价格正相关，但相关性受空间距离和市场趋势等因素影响。第七，周边住房价格上涨会提高政府的土地出让概率，但政府对土地市场的垄断将延缓土地出让时间。

Wu 和 Deng（2015）认为由于市场的无效率，可得的信息常常不能迅速对市场中所有的房价产生影响。价格信息往往从领先市场向其他滞后市场扩散。还有一些研究者采取代理变量来考虑信息成本，如 Clapp、Doldo 和 Tirtiroglu（1995）采用人口密度作为信息成本变量，认为人口密度越高，房价变化越小。上述研究基本证实了土地信号对房价的冲击效应，但对正向信号冲击房价不显著的结论明显与房地产市场的经验和人们的直觉相悖。

第三节　理论分析

传统古典地租理论从英国谷物价格现象出发得出的谷价决定地价的结论，在当代社会是难以简单适用于"房价决定地价"的。新古典地租理论认为地价也可能决定房价，这取决于一系列的前提和具体环境。在土地出让和房地产企业对土地出价那个时刻，古典地租理论往往成立——房价决定地价；而由于房地产商品的供给滞后性、垄断性等特性，将使开发商在良好的市场环境下获得更大的优势地位和市场力量，采取更加灵活的差别定价策略，最终将地价转嫁给消费者，在土地成交之后，地价以成本的方式推高房价，此时新古典地租理论将成立——地价推高房价。

土地市场是无效率的市场，它的垄断性很强，尤其是在政府的干预下。政府常常以行政化的显性和隐性手段来干预土地和房地产价格。常见的政府干预手段包括土地储备、规划控制、土地供给数量和区位控制、土地出让底价确定、偏爱大型房地产开发商、制造热点区域或者概念规划、信息和计划公开不够、有意打造土地紧缺预期等。近年来，大型房企尤其是 TOP10、TOP50 这样的市场集中度指标越来越高，加之这些企业获得资金的成本相对较低，使其对市场的垄断性加强，对土地的支付能力提高。这样，地价或者土地出让溢价将可能成为一种"信号"，从而影响房地产价格。这种影响机制不是直接对房价产生影响，而是通过一个漫长的"反应链"，通过改变开发商的预期和行为（如开发节奏、企业土地储备、定价策略、销售策略、预售时间等），间接对房地产价格发生作用。

在地价对房价的作用机制方面，不少人认为是土地供给和管制影响房价，

但供给对房价的影响并不简单。下面我们试图用一个理论模型说明政府在土地
供给行为上的逻辑，并最终认为政府在土地供给数量上是灵活的，对地价（尤
其是商住用途）的掌控更加严格。前者通过剩余原理影响地价，后者通过直接
发出土地信号最终影响房价。

假定有任期限制的官员任期 2 年，期初收入为 0，t 为时间，S 为土地供给
量。$S_1 + S_2 = 1$，两期的决策，在短期设 $P_i = \partial - \beta S$，α，$\beta > 0$。β 表示土地的
价格弹性（不同的时刻 β 不一样，但本书简化为它不变），r 是折现率。

假定政府利润函数为：

$$\pi = S_0 P_0 + S_1 P = S_0 (\alpha - \beta S_0) + S_1 (\alpha - \beta S_1) / (1 + r)_1 \qquad (6-1)$$

$$\text{MAX} \qquad \pi, \; st: S_1 + S_0 = 1 \qquad\qquad (6-2)$$

最优化求解得：$\qquad S_0 = (\alpha + \alpha r + 2\beta) / (4\beta + 2\beta r) \qquad (6-3)$

进一步：$\quad \partial S_0 / \partial \beta = - (4\alpha + 4\alpha r + 2r^2 + 4r) / (4\beta + 2\alpha\beta)^2 < 0 \quad (6-4)$

$$\partial S_0 / \partial r = 2\alpha\beta (\beta - 1) (4\beta + 2\alpha\beta)^2 \qquad (6-5)$$

由式（6-5）可见，面临有限任期、追求快速政绩的政府官员在第一期的
土地出让数量取决于土地供给弹性和折现率 r，如果土地的供给弹性大于 1，r
越大，S_0 越小，反之越大。一般认为供给弹性小于 1，此时 S_0 和 r 是正相关关
系。经济含义是：当社会一般利润率较高，市场较好时，S_0 将增加。由式（6-
4）可见，当 P 对 S 的变动更加灵敏，则政府第一期的供给越少。政府的决策模
式将随市场条件而变动。换言之，当房地产（引致土地）需求变得没有弹性，
则 β 变得更小，由此政府将增加土地供给数量。所以市场好，政府会多供地，
地价和房价都会升高，而此时简单地认为土地供给和房价是负相关关系是错误
的，这与我们传统上认为"土地供给越少，房价越高"的直觉相悖。本结论可
通过全国或者城市层面历年土地出让数据获得简单的证实（见表 6-1），在
2007 年、2010 年、2011 年、2013 年、2016 年中无论土地购置面积和金额都比
较大。正确的政府行为逻辑应该是"房地产市场行情越好，土地供给越多，土
地价格越高，进而推动房价升高"。任超群和张娟锋的研究证实了二者的正相关
关系。

总之，在微观机理上，一方面，从开发商的角度，地价反映开发商对房价
的预期以及市场力量大小；另一方面，从政府的角度，地价不仅反映官员对土
地价格的掌控力量，而且反映对不同市场判断下，获取土地财政收益的"渴望"
和努力。两种力量共同决定最终的土地出让结果及其信号强弱。这种信号本身

包含丰富的信息，并将对本期甚至是未来的房价产生影响。但由于房地产是区域性市场，土地信号可能只有区域性的溢出效应，因此提出如下假说：土地出让信号越强，本期本区域房价涨幅越高。

表 6-1　全国房地产开发企业土地成交价款（2004—2016）

年份	2004	2005	2006	2007*	2008	2009	2010*
购置面积（万平方米）	39784.70	38253.70	36573.60	40245.80	39353.40	31909.50	39953
成交价款（亿元）	2888.60	3269.30	3318.00	4573.20	4831.70	5150.10	8206.70

年份	2011*	2012	2013*	2014	2015	2016*	
购置面积（万平方米）	44327.40	35667	38814	33383.03	22810.79	22025.25	
成交价款（亿元）	8894.00	7409.64	9918	22025.25	7621.60	9129.31	

*号显示四个行情较好的年份。

第四节　实证分析

一、数据来源及处理

第一，采集 2003—2013 年南京市公开出让的 735 个成交样本，考虑到公共设施用地（如基层社区）和其他政策性用地（如保障房）交易不具有竞争性，所以这类样本予以剔除，保留经营性用地样本 664 个。它们分布在 2003 年 1 月—2013 年 7 月共 129 个月份。数据源自政府公布的成交地块信息。第二，收集 2005 年 1 月—2013 年 7 月南京市九大地产板块的月度环比增长率数据，我们认为环比数据更能反映土地成交结果对房价的冲击效应。同时地产板块反映一个城市房地产市场的各个子市场，比按行政区统计更能反映实际，二者的地理界线并不吻合。这九大区域分别为浦口、六合、城东、城中、城南、城北、河西、仙林、江宁。数据源自365个地产家居网的内部统计，该数据与南京市房产局的成交备案一致。第三，南京市全市商品房销售价采用月度环比数据，源自365地产家居网数据。第四，为考虑开发商出价时的"适应性预期"，对本期成交数据的前三个月房价同比增幅进行移动平均，数据同样来自国研网和国家统计局月度同比增长率。当月度数据不完整时，采用上季度数据进行替换。第五，在土地信号度量方面，借鉴Chau（2010）的方法，对样本的楼面地价和当月本区域商品房价格相除后取对数作为信号强度值，对全样本强度值第一四分位以下的样本确定为负向信号，命名为NI。对第三四分位以上的样本确定为正向信号，命名为PI。同时将强度值与中位值相减，作为强度大小的度量。即：

$$PI_{it} = 1 \text{ 当 } I_{it} > I_{it,Q3}，否则为零 \tag{6-6}$$

考虑到同一时间内一个区域有多个地块成交，这种情况取其平均值。将所有成交样本的信号按顺序排列，计算出四分位值，定义负向信号为 $NI_{it} = 1$，当 $I_{it} < I_{it,Q1}$，否则为零；正向信号 $PI_{it} = 1$，当 $I_{it} > I_{it,Q3}$，否则为零，这是两个虚拟变量。最后定义 $PI+ = PI_{it} \times (I_{it} - I_{Q2})$，$NI- = NI_{it} \times (I_{it} - IQ2)$。

最后，将样本数据进行配对，将2003—2004年缺乏环比数据的样本剔除，同时合并同期成交的地块，最后获得有效样本351个，表6-2是变量描述性统计。

表6-2　变量描述性统计

变量代码	说明	最大值	最小值	平均值	标准差
Y	区域房价环比增长率	81.64	-35.90	2.26	9.84
PI+	正向信号强度	2.1327	0	0.18	0.36
NI-	负向信号强度	0	-3.018	-0.27	0.55
CM	全市房价环比涨幅	17.70	-5.80	5.54	5.29
EX	过去三个月房价同比涨幅移动平均	17.70	-5.07	5.51	5.16
YJL	土地出让溢价率	1255	0	32.98	86.70
	N = 351				

二、计量模型

与之前的研究不同，虽然借鉴事件研究法的思想，但没有采用地块周围的房价绝对值而采用板块的价格环比变化作为关键被解释变量。假定在土地出让时间点附近，前后三个月的经济基本面保持不变，只有土地信号对区域和全市房价产生冲击，加入过去 3 个月平均房价作为预期因素，将区域和全市房价作为被解释变量，基本模型为：

$$Y_{it} = \beta_0 + \beta \times PI_{it}^+ + \beta_2 \times NI_{it} + \beta_3 \times EX_{it} + \mu_{it} \qquad (6-7)$$

三、结果分析

运用南京市 2005—2013 年的 351 个样本对模型进行检验，对自变量 PI + 和 NI - 做中心变换（变量减去其均值）。同时，为验证土地信号对城市房价波动的冲击，将式（6 - 7）中的被解释变量 Y 替换为城市当月的房价增长率 CM 模型 4 至模型 6，结果见表 6 - 3。模型其他内容不变。与之前研究结论不同，从计量结果可得出以下结论：

（1）正向信号远比负向信号对本区域房价波动有效，这符合人们的一般直觉。模型 1、模型 2、模型 3 都证明了这一点，正向信号的系数大于 6，远大于负向信号系数 - 1.2。二者确实是非对称关系，之前研究认为负向信号比正向信号具有更强的效应，甚至导致"赢者诅咒"。本书认为不存在"赢者诅咒"现象。

（2）如果不定义正负向信号，信号强度 I 值与区域房价增长确是正相关关系，即信号越强，房价涨幅越高（回归结果略）。

（3）滞后房价波动，只有事件后 2 个月的房价涨幅是显著为正的（见附表 6 - 1）。

（4）城市层面，在土地信号对城市房价波动的影响中，正向信号影响为正，但不显著；负向信号影响为负，且通过显著性检验，见模型 4、模型 5、模型 6。这说明土地信号对房价的影响在不同区域层面有不同的作用机制：房地产市场的区域性决定了正向土地信号仅对本区域发生影响，而负向信号不仅影响区域房价波动，而且影响整个城市的房价波动。

（5）负向信号的负相关表明，在较低信号强度区段内的土地出让楼面地价信号具有反向调整机制，未必表示开发商对市场的悲观判断。可能源自以下原因：一是区域不成熟，低地价新项目的进入甚至可以带动区域房地产市场的成熟和基础设施的配套。二是土地市场的不完善，出让方式不够合理，如地块面积大，导致竞争性不足。三是一些低地价项目可能附带有政策性任务，如配套保障性政府建设等，影响开发商的积极性。四是力图进入新的开发区域和市场。所以这些因素使负向土地信号对城市房地产价格的不利影响被削弱了。

（6）适应性预期对城市房价的影响是显著的。对区域市场影响为正，但不显著。说明城市内区域市场的价格变动原因是多样的，如产品上市周期、定价策略、季节因素、产品异质性等。

（7）以适应性预期代表的市场走势对城市房价影响为正，但与正负向信号的交叉项皆不显著，这表明无论市场上行或者下行，土地信号不会借助市场本身而推高或抑制房价，二者相对独立。

表6-3　式（6-7）回归结果

Y/CM	模型1	模型2	模型3	模型4	模型5	模型6
常数	0.836 (0.61)	0.87 (0.6)	0.81 0.713	1.3 *** (0.56)	-0.11 (0.67)	-0.44 (0.75)
PI +	6.083 *** (2.217)	6.08 *** (2.22)	6.93 *** (2.68)	0.81 (1.57)	0.81 (1.07)	2.26 (1.76)
NI -	-1.195 * (0.72)	-1.192 * (0.72)	-0.89 (1.15)	-1.11 * (0.65)	-1.27 * (0.65)	-1.72 * (0.89)
EX		-0.007 (0.1)	0.004 (0.13)		0.25 *** (0.08)	0.3 *** (0.1)
EX * PI +			-0.15 (0.24)			-0.24 (0.31)
EX * NI -			-0.063 (0.21)			0.08 (0.15)
R^2	0.045	0.045	0.046	0.006	0.34	0.037
D. W	1.896	1.896	1.898	0.89	0.92	0.92

土地成交的溢价率被认为是一个反映土地市场是否活跃甚至过热的指标，一向被开发商所关注。一般认为溢价率受到市场走势以及开发商对未来预期的影响，为验证这种设想，我们将溢价率（YJL）作为被解释变量，将其分别与本区域当期房价环比涨幅、城市当期房价环比涨幅、过去三个月房价环比涨幅分别进行回归，见表6-4的模型7至模型10的结果。在模型7和模型10中，区域当期房价涨幅确实能推高溢价率，其他因素影响方向为正相关，但未能通过

显著性检验。且模型的可决系数特别小，说明溢价率取决于更多、更复杂的因素。这初步说明土地竞价行为更多取决于地块本身微观特征及其未来开发和盈利的潜力，而不仅仅是过去和当前的房价变动。

表6−4　溢价率方程回归结果

YJL	模型7	模型8	模型9	模型10
常数	32 *** (4.9)	33.5 *** (4.56)	30.1 *** (4.1)	32.6 *** (4.9)
Y	0.56 *** (0.3)			0.54 * (0.3)
CM		0.32 (0.6)		0.32 (0.66)
EX			0.52 (0.72)	
R^2	0.004	0.007	0.001	0.004
D.W	1.8	1.79	1.78	1.82

第五节　结论和不足

　　本章主要运用城市微观区域而不是城市整体的数据对土地市场和房地产市场的关联进行研究，尤其是采用月度房价环比数据来更好地表达土地信号对市场价格的冲击，而不是采用房价绝对值数据，获得的结论更为可信。正向土地信号明显比负向信号具有更强的房价冲击效应。整体而言，土地信号对房价波动的影响是正相关的，但在过低的出让价格下，房价的负向波动得到抑制。从区域范围而言，正向土地信号对区域市场的冲击明显强于对城市市场的冲击。另外，反过来对土地出让时溢价率的影响因素的研究发现，区域房价走势显著影响溢价率，而城市房价和过去的市场走势对其影响并不大。

　　如果将上述经济层面的研究视为房价波动基本面的因素的话，那么一些未能观测的行为因素，尤其是政府干预（如市场情绪的制造），将可能具有同样的影响力。

政策含义在于：

（1）政府确实有能力在区域层面通过和开发商进行博弈，制造出土地信号，并最终推高房地产价格，反过来实现理想的土地收益。但在城市层面上，这并不理想。政府也有能力和开发商一起合作通过土地市场，发出土地信号，培育一个区域房地产市场热点，实现城市更快扩张和区域的基础设施改善。

（2）无论在市场上升期还是下降期，都应该保持土地供给数量的稳定，放弃片面的对土地收益总量的追求，而更多关注房地产商品的供给量和房价的稳定，不必过于担心较低的土地出让价格对市场的不利影响，市场有自身的调节机制。负向信号的市场冲击毕竟是有限的。不赞成在市场上行期"减少土地供给、避免地王产生"的政策观点，上行期增加供给符合政府和社会的目标，有利于增加供给。

（3）适当允许房地产企业的土地储备行为，减少行政性干预措施。在市场调整期，修改目前土地成交 1 年内必须开工的规定，放宽到 2 年。让土地增值税发挥调节土地收益分配的功能，让企业有更大的经营自由度。

（4）如果需要对过热的区域房地产市场进行调控，那么就必须进一步增加土地供给和减少对土地价格的隐性干预行为，通过"源头"，即打压土地出让成交楼面地价、溢价率来打压房价，而不是采取行政性"限购"或"限价"等措施来管制房价。

研究的不足之处在于对负向信号的负反馈机制（过低的出让楼面价格）反而会提升房价，未能深入揭示其经济机理。地块的微观特征也未能予以考虑。

第七章

地方政府结构和规划与房地产价格波动

第一节　概述

在土地利用和房地产开发领域，规划始终处于核心地位，这一点无论是中国还是西方发达国家皆然。没有一个法治国家不以公权力干预土地利用和房地产开发秩序。现代社会一直处在"保护财产权—国家的合理干预"中，并努力保持着微妙的平衡。这一点从美国的一些经典案如"欧几里得案""凯洛案""诺兰案""多兰案"等判决中可以看出。世界上从来没有绝对的所有权，由于土地利用的外部性等原因，国家形形色色的干预无处不在，即使在号称"民主自由"的美国，对不动产的诸多限制也细致入微。这种限制表面上构成"不自由"，但实际上实实在在地保护业主的实质性权利和自由。权利和义务向来都是同时存在的，难点在于政府如何去描绘这个干预的"界线"，既不能"走得太远"，也不能袖手旁观、放任自流。

由于世界各国奉行不同的发展道路和国家制度设计，使规划深深拥有各国历史文化、政治社会制度等痕迹，导致规划制度大相径庭。不同的规划制度对房地产市场的影响是不同的。

规划是地方性事务，规划权理应是属于本地人民的权利。然而任何地方政府并不能单独存在，必须受到其他层级政府的影响。单个地方政府和其他政府之间的纵横关系，塑造了规划理念、目标、内容、手段、绩效。规划是地方政府为了达成某种公众一致性的愿景制定并实施的公共政策，而不仅仅是技术工具。但在我国，规划具有以下5个特色：第一，规划"自上而下"的色彩浓厚。即一般有国家级别的规划指标控制后，指标层层分解，制订下一级规划，这在土地规划中的耕地保护中表现明显。第二，规划部门分割。同时存在多个规划，但分属不同部门管辖，不同的规划之间存在参数不统一、数据冲突、理念和技术混乱等问题，使得多个规划之间相互掣肘，不能共同发挥功能，达成目标。第三，上级拥有较大规划权力，下级规划必须符合上级规划，规划权和地方政府权力一样，缺乏必要的地方自治精神下的独立权力。第四，技术性规划色彩大于公众参与规划色彩。规划多由政府或部门主导，更多体现政府意志和未来发展战略，公众参与渠道狭窄、机会缺乏、效果不佳，最终使规划的公信力和执行遵从性严重下降。不少地方出现一任市长一个规划，上届书记、市长离任后，下届领导不执行原有规划的常见现象。第五，规划多被认为是政府的行政行为，而不是具有法律效力的立法行为。上述现象和我国的历史文化传统、国家治理体制等有着高度的相关性。国家治理体制深深地影响政府间权力的分配关系，也影响规划作为公共政策工具所能实现的绩效。

走入美国任意一个大中城市，都会发现一个连片的城市化区域，在这个区域中往往有一个核心城市和包围这个核心的数个乃至数十个小城市、镇、村地方政府，且它们相互之间并无隶属关系。由于在地理空间上并无明显分界，不熟悉该都市区的人会误认为这是一个城市。而我国的城市往往是指一个城市核心建成区：由一个最高层级政府和数个较低层级政府构成，相互之间具有隶属关系并构成一个垂直的政府系统。

21世纪以来，我国的城市化进入加速阶段，城市规模迅速扩张，城市化率从2000年的36.22%迅速提高到2016年的57.35%，数亿农民陆续走入城市。城市成为经济增长的中心并以土地扩张的方式容纳了大量的"新移民"。此时，在过去历史时期形成的城市集群，以更为强大的形式构成"城市—乡村"相互促进的经济区，成为人才和资本的汇集地。以省级政府所在城市、地级城市或其他较大城市为核心的城市经济得以迅猛发展。它们在扩张的过程中，为了应对发展空间等资源限制、破除地方主义，或者为了取得更大的GDP及经济规模"名次"等目的，纷纷开展了行政区的改革①，主要是"撤县（区）改市"。行

---

① 中国共产党第十八届中央委员会第三次全体会议通过的《中共中央关于全面深化改革若干重大问题的决定》，提出完善设市标准，严格审批程序，对具备行政区划调整条件的县可有序改市。随后，国务院民政部立即按照《决定》制定新的设市标准。在获知国家撤县设市"解禁"信息后，全国各省、自治区、直辖市纷纷结合各地实际编制本省区的推进新型城镇化规划，制定了各自的行政区划调整方案，从各自辖区内遴选一批具备行政区划调整条件的县市，积极筹备撤县设市、撤县（市）设区工作。2014年统计有138个地方政府试图"县改市""县改区""大镇改市"。

政区的改革，改变地方政府的结构，对促进经济绩效起到作用。规划作为发展工具，如何因应这种结构变化，抑或这种地方政府结构变化如何影响规划，成为一个有意义的话题。

美国的地方政府结构一直是我国学者感兴趣的研究领域。美国的地方自治植根于美国对民主和自由的价值观，他们努力使地方政府保持在较小的规模，努力追求多元化的公民社会，以保障公民对地方政治的参与和对官僚的有效监督。小规模、易控制的政府，更接近人民，因而也更接近联邦主义观念的核心。即使地方政府合并有助于解决棘手问题，人们也必须在民主和效率之间进行艰难的权衡。同时，美国具有自己特殊的城市化（郊区化）历史轨迹和特点，这个社会背景是地方政府结构变化及规划响应的重要前提。陶希东（2010）研究美国"特别区"政府的经验与启示，王旭（2005）认为特别区是美国地方政府体系中的"隐形巨人"，其存在使大都市区管理更复杂化，它们构成又一级政府，其辖区与居民所熟悉的常规性政府的辖区不一定相吻合。

小政府在都市区容易导致碎片化治理或协调难题。空间的碎片化与种族和族群多样性交互作用，给城市治理提出了严峻挑战。20世纪90年代以来，伴随着经济全球化的深入展开，区域竞争力逐渐成为各国城市区域关注的焦点。为了应对大都市区的碎片化问题，提高区域竞争力，在实践的推动和对传统改革派（"传统区域主义"）以及公共选择学派融合发展的基础上，兴起"新区域主义"思潮，认为在解决城市问题上应综合考虑竞争与合作、分权与集权的因素，才能有效实现治理大城市的目的。Ye（2009）认为合并具有优点是因为三个因素：规模经济、专业责任结构和消除重复的服务单位。Rusk（1995）认为，一个统一的政府可以实施政策，促进整个大都市区的更大的种族和经济一体化，市县合并应该取得关键性的目标——统一合并地区的税基，集中大都市地区的规划与分区权力。

规划作为公共政策工具，是应对区域问题的有力工具。Stephen（2002）回顾了区域规划历史上的五个时代：生态区域主义（20世纪初期）、区域科学（20世纪40年代至今）、新马克思主义区域经济地理（20世纪60年代末期至今）、公共选择区域主义、新区域主义（20世纪90年代初期至今）。新区域主义主要思想是将环境和平等置于经济发展同样的位置，关注后现代都市土地景观问题和特定区域，它一般是相对的地方导向、行动导向和规范性的。

在规划的垂直关系方面美国运行良好，赵力（2017）认为州与地方间在规划上的冲突的解决，在维护州的利益的同时，尽可能地尊重地方的自主性，并在解决涉及州的整体利益问题的过程中，充分尊重地方的意见，考虑地方的需要。但是，他的观点忽视了平行的政府间规划存在的问题。地方政府横向关系是学者们关注的领域。Feiock（2004）认为渐进式改革方法将现有政府单位合并或者创建具有控制土地利用和开发权力的地方政府，可以更好地促进经济发展，减少不平等，解决外部性问题。Polmateet（2015）认为鼓励利益相关者之间合作的激励措施似乎是新的城市主义实施的逻辑策略，但新的区域性解决方案必须平衡地方自治的需要和地方承认相互依存的要求。上述研究为中国规划的学习借鉴提供有益信息。

中国逐渐出现了政府间合作需要，这和中国的经济发展模式和国家治理制度契合。Zhang 和 Wu（2006）认为中国行政区划和管辖权吞并的地方政治是建立一个增长机器的基础。兼并加强大都市政府，同时在不同的大都市之间形成激烈的竞争。地方政府之间的传统垂直关系正在破裂，正在形成城市—地区网络，这会促进区域治理的转变，但部分的政府合并存在不充分的问题。罗小龙等（2010）认为中国城市也出现类似于西方国家的地方政府重构，去领域化和再领域化也开始在区域和城市中出现。但中国的规划体系不仅在垂直维度，也在横向维度存在问题，如赵宁（2013）认为中国现行土地利用规划制度由中央政府单一供给，导致规划的决策中心化，地方政府的利益诉求长期被漠视。

从目前的文献看，学者对地方政府结构和行为、大都市区内部合作、规划受到政府干预等主体的研究较多，但对地方政府纵向和横向关系与规划绩效之间关联的研究尚显薄弱，且中美间对比的研究更为薄弱。

第二节　中国的地方政府结构及发展型规划

一、中国地方政府结构和权力分配格局

中国是单一制国家，中央政府、省及省以下市、县（区）、乡镇政府的政府依次呈现上下级别关系。2015 年，中国有省级区划 34 个，地级区划 334 个（地级行政单位即介于省级和县级之间的一级地方行政区域的个数，包括地区、自治州、行政区和盟），县级区划 2850 个，乡镇级区划 39789 个。市是中国城市

化进行的主要区域，分别有省级、副省级、地区级和县级四个层次，共有城市656个，四个层级城市数量分别为4个、15个、276个、361个。从权力角度来看，一般县级市和县的财政独立性和规划独立更强，而区的财政和规划独立性较差。区的权力较小，属于设区市的载体，是设区市集中代管县市财力并重点发展的区域，也是扩大城市建成区并获得更大政绩的主要载体。县和县级市都是不设区城市，但县级市的经济实力比县好点，自主发展的权利比区大，它们都受设区市代管。一般而言，相对于竞争关系，平行的地方政府间合作色彩较少。

二、地方政府间的关系和行为策略

按1982年约翰逊提出的"发展型政府"概念，中国的地方政府一般被认为属于发展型政府，他们有强烈的激励来优先发展地方经济并获得政绩和职位的提升。发展型政府通过有选择的产业政策、支持战略性产业的发展来推动经济。与"发展型政府"相对的是"掠夺型政府""监管型政府"。学者们用"地方国家法团主义"来描述地方政府在经济发展中的作用（Oi，1995），认为基层政府在功能和行为上也越来越类似于公司，具有明确或隐晦的利润导向，以GDP为营业额，以财政收入为利润，或者致力于追求其他具体的经济收益。所以，有研究者把地方政府视作"政权经营者"（杜赞奇，1994）。

从纵向关系看，虽然上级政府有很多手段试图控制下级政府，但下级政府也不是完全服从。在单一制国家体制下，权力向上集中，下级对上级命令或政策常有是否真正执行的选择权。赵树凯（2010）发现上级的政策被选择性地下达，下级的信息被选择性地上报，变通、隐瞒和规避等风气自然形成行政阻塞，使政策无所作为。按照美国政治学家李侃如和奥森伯格最早提出的"碎片化权威"观点，中国的国家制度具有碎片化分层结构特征，政策过程是相互间不衔接的。这种现象的出现主要有三个原因：意识形态淡化、政治结构改变、信息失真。上级政府控制下级政府的主要手段之一是对地方主要官员的任免（部分是建议）权。上下级政府之间是兼具领导和被领导的关系、"命令—服从"关系、讨价还价关系等。其他的控制手段还有法律、财政、税收、规划、督查、纪律检查等。上下级政府间由于缺乏足够的立法规定和司法解释，权力的分配缺乏稳定性。有时上级给予下级较大的权力，但不久出现问题，又缩小下级的权力，但缩小权力也会带来对应的问题，由此出现"放权—收权"的循环怪圈。

从横向关系看，地方政府之间围绕 GDP、财政收入、城市建设等展开的政绩竞赛依然清晰可见，虽然竞争色彩更加浓厚，但也存在合作。跨区域政府间合作的前提是能更好地发展地方经济，在交通、环境和生态保护等领域，地方政府更有可能开展一定的合作。

三、地方政府规划

规划作为政府行为和权力的组成部分，内嵌于地方政府的基本角色和行为策略。自 20 世纪 90 年代中期中国的分税制改革之后，省级以下政府的财政收入捉襟见肘。要维持地方政府的运转，除了转移支付，就必须开辟自身新的收入来源，其中土地出让收入成为一项重要的补充，俗称"土地财政"。但要获得这项重要的收入，除了土地征收、土地所有权等国家法律制度的配合之外，政府还必须牢牢控制一项最重要的权力：规划权。只有控制了规划权，才能决定土地出让的数量、时间、地点和容积率等，并通过房地产开发用地的"招拍挂"出让，达到收入的最大化。所以，规划权一直是地方政府最为重视的一项权力，很多地方的规划委员会的主席由市长亲自担任，如广州。除此之外，规划还是促进地方经济增长的工具，如划定新的工业区和开发区，以充足的土地供给和低廉的土地价格来吸引外来投资，因为地方政府严格意义上（确定税种和税率）没有丝毫税收权力，这和美国截然不同。

规划一般致力于解决区域特定时期紧迫的问题。首先，中国的规划是作为限制工具出现的，如土地规划的首要目的是保护耕地，限制农地非农化。城市规划是城市建设和管理的依据，但限制性色彩也是浓厚的。其次，规划是一种发展工具。规划不是增长的障碍，中国的土地市场和税收分配制度为规划提供必要条件，财政激励地方政府追求土地开发和城市扩张。从中国的经验可以看出，城市之间激烈的竞争需要一个强有力的管制机制来协调发展，降低城市扩张的潜在成本。规划在土地供应方面发挥主动作用，应该通过土地出让市场获取规划价值，而不是依赖于限制土地转化的"规划收益"。

四、中国的地方政府间合作与规划的关联

广义的地方政府间合作主要有两种方式：第一是改变行政区划，实现形式上的整合。典型的方式就是两个行政区合并、县改市、县（市）改区，从而增强核心城市的规模、竞争力和区内协调，一般核心城市的行政级别较高。第二

是经济区协作。往往建立联席会议形式的协作机构，统一协调各方行为。有时，这个协作机构由一个上级政府或经济实力最高的地方政府来主导。两种方式的共性是：都有一个较高级的核心政府来主导合作的过程，其中京津冀由中央来进行领导。

目前，城市群已经成为经济增长的中心。中国有五大国家级城市群，包括长三角城市群、珠三角城市群、京津冀城市群、长江中游城市群和成渝城市群。九个区域性城市群，包括哈长城市群、山东半岛城市群、辽中南城市群、海峡西岸城市群、关中平原城市群、中原城市群等；以及六个地区性城市群。

经济区成立之后，会制定整体性和宏观性发展和规划纲要，协调地方政府行为，这个纲要对地方政府制订其经济社会发展规划和专业规划（如城市规划和土地规划）具有一定的约束力。但地方政府之间的 GDP 竞赛和自利倾向，常常使他们之间的关系在竞争—合作之间摇摆。即使有上级政府的约束，一些合作项目的进行也有可能非常缓慢，甚至几乎没有合作。尤其是那些经济区内核心城市实力相差无几的时候，相互之间的竞争性超越合作。例如，珠三角的广州和深圳几乎没有合作，更多的是对资金技术人才的竞争，暗中展开 GDP、公共财政和公共服务的竞争。反之，长三角由于上海比较强大，所以合作略好。区域内合作多数以基础设施、环境、能源、交通等投资性项目为主，兼有产业布局和城市群发展内容，导向是经济增长，而不是种族、收入差距或服务型公共服务等。大家合作的目标是为了更高的经济增长速度。另外，中国的区域合作也有城市间的协作，如广州和佛山之间的协作，由于实力差距较大，相互需要，二者合作相对较好。

第三节　中美地方政府结构差异及其对规划的影响

一、地方政府规模

美国地方政府的数量，2012 年共 90056 个，一般性政府 38910 个，占比 43.2%〔其中县 3031 个，占比 3.37%；镇 16360 个，占比 18.17%；市 19519 个，占比 21.7%〕；特别区 38266 个，占比 42.5%；独立学区 12880 个，占比 14.3%。即使按 2012 年 38910 个一般目的政府来计算，平均每个单元人口 0.8

万人。对应的，中国 2015 年有 42973 个地方政府单元（包含 34 个省级区），每个平均人口 3.2 万人。如果考虑到中国的乡镇政府极度缺乏财政和税收权力，不把其视为一级政府，那么中国的每个行政区平均人口数量可达 42.7 万人。

在美国，地方政府和都市区内的地方政府"碎片化"和小型化，的确可以增加人民参与政治和规划事务的机会和权利，使政府更接近人民，增加社区多样性和选择性，达到蒂伯特所说的政府和公共品供给效率。但是，从经济学上看，较小的政府规模缺乏规模经济，尽管可以提供符合社区需要的公共品，但跨区域的公共品供给由于需要跨区合作，小政府难以独立完成。在美国大都市区，还须处理种族、贫富差距、民主参与、环境污染、贫困集聚和经济竞争力提升等问题，概括为以下 7 个方面：（1）大都市区呈无限蔓延态势。（2）大都市区居住隔离情况日益严重，主要是种族之间和社会阶层之间。（3）地方政府在财政和服务方面的不均衡。（4）降低了公民的政治参与度。（5）无法实现规模经济和控制外溢性。（6）中心城市和郊区自治体的矛盾不断加深。（7）中心城市的地位和声望受到削弱。

二、政府间合作和合并

横向看，美国地方政府间一般会通过跨区分区或签订合作协议、建立特别区和学区等方式处理单个一般行政区无法解决的问题，也取得了不错的效果。但应对某些棘手问题，尤其是大都市区内的问题，这些传统手段还是不够的，所以开始出现了都市区内地方政府合并的方式。典型的案例有：1962 年的 Nash-ville-Davidson、1967 年的 Jacksonville-Duval、1997 年的 Wyandotte、1969 年的 In-dianapolis-Marion、2003 年的 Louisville-Jefferson。从市县合并的历史实践看，大都市区政府被用来提高公共服务水平，改善投资环境，吸引私人投资，发展地区经济，从而巩固倡导者所属政党在当地的选举地位。然而，大都市区政府却在教育、土地利用规划、住房、收入再分配等涉及社会平等的领域内进展甚微。由于郊区的反对和阻挠，即使是表面上完成了政府合并的大都市地区，在政治上远没有真正统一，财政资源更无法集中，这是改革者无法实现其所主张的城郊间、种族间平等与公正的症结所在。斯杜登斯基也认为合并并不适用于多数都市："对本质上属于大都市范围的问题进行局部处理，不同的政治单位之间存在悬殊极大的税收不平等，并造成管辖权的冲突。各政治单位彼此嫉妒，力图实现真正的独立……在这种情况下采取遍及整个大都市区的行动非常困难。因而要有效解决人们共同关心的市政问题几乎是不可能的。"

从规划的实施主体来看，美国的市、县、镇、村四种一般政府，是主要实施主体。政府之下，还有一定数量的邻里承担一部分规划的职责，尤其是在规划制订和修改阶段。而中国的典型的规划主体（如一个都市），层级有市、区、镇三级。相对而言，层级更为复杂，效率和公民参与度较低。从规划合作性角度看，区和区之间、镇和镇之间的合作是缺乏的，他们都需要共同的上级政府来协调。

中国行政区合并或都市区合作存在弊端，典型的有：（1）中国的城市公共服务向权力集中，越是核心区域服务越好，这种公共服务的不均衡对下属区是不公平的。（2）权力的向上集中抑制了地方的创造力和主动提供本地最需要公共品的能力，使得规划行为更加服从于整体需要，而不是本地居民需要，甚至会造成对本地居民的利益损害（如布局垃圾处理厂）。（3）过大的规划决策单元使公民参与规划制订和决策的机会减少，难度增大。（4）由于政绩竞赛的需要，基层地方政府对发展经济的热情居高不下，迫使他们在规划制订过程中，将竞争置于首要位置，采用院外游说、讨价还价等方式纷纷向上级争取政策优惠、财政支持、规划指标分配和土地利用安排等有利于自己的决策，典型的就是地方政府都不愿意将一些缺乏效益的公共设施如绿地、基本农田、生态保护区等放在本辖区。

三、纵向关系

在上级政府干预方面，中国的区域合作和规划往往是自上而下进行，上级政府甚至中央政府是决策者，对区域政策制定提供技术和政策支持，无论是在政策构建还是实施的时候，中央政府掌握大量人事组织和财政资源，以要求地方政府服从。在省和地方政府层级亦是如此。中国的行政区合并对推进统一规划效果较好；而美国的区域合作和规划则自下而上进行，地方社区主导程序，从政策发起到建立共识，从院外游说到立法批准，从项目设计到政策实施全过程。联邦和州政府只在被要求提供跨政府财政支持时才参与。尽管尊重了选民的意愿，但其绩效未必理想。地方政府合并频率低难度大。新区域主义反对简单的政府合并，倡导政府间自愿合作，但这只适合美国的公民社会和民间组织发育的背景，并不适合中国的社会现状。

在都市区内，既然更宏观的社会经济发展规划合作的难度都比较大，城市群和经济区在城市等专业规划方面的合作则难度更大。与此相反，对第一种类型的行政区合并而言，专业规划基本能实现统一，因为规划的权力，尤其是制订规划的权力被收到最高级政府手中。在中国城市规划和土地规划分离的背景下，可以发现，对一个市及其辖区而言，市对全部城市区域进行规划，区没有城市规划制订权。例如，广州市有城市总体规划，但下属的从化区就没有城市总体规划（2015 年前，从化市有）。对土地规划而言，广州市有土地利用总体规划，海珠区也有土地利用总体规划，但实际上的规划权力完全掌控在上级的手中。

四、规划效果

中国的地方政府结构及其规划，权力配置的垂直性使都市区内规划保持统一性，但效率并不高；同时规划实施更具有规模经济，这一定程度上抵消了政策和规划的低效率。更为重要的是，在解决其他政策目标上，和美国最大的不同在于：美国地方政府单元规模小、数量多不同，中国的地方政府尤其是城市规模大、管辖面积广，使居民试图在工作地周边选择不同税负—公共服务组合的居住地的能力非常低下，所以中国的居住分异或贫富差距问题并不显著，更没有明显的种族问题。在民主参与问题方面，尽管 20 世纪 90 年代以来，政府开始致力于规划过程的公民参与和政治参与，但似乎中国的城市居民目前对经济更为关注，主动的参与激励并不充足，只有当规划对他们的利益形成明显伤害时，他们的民主参与热情才被点燃。美国是分权化社会，通过州的法律及特别区、跨区协议等手段，解决很多跨政府的合作难题，关键的合作领域是土地使用和交通。最后，由于地方政府规模小，可能缺乏规模经济和吸引投资的能力，同时在解决外部性外溢方面是不够理想的。例如，一个地方政府对企业给予优惠政策，那么外部性是外溢的，尤其是新就业人口并不会只属于本辖区。同样的情况也会发生与公共品供给领域。总之，两国的背景不同，目标诉求不同，绩效也不同。

第四节　对房地产市场的影响机制

中国地方政府的特点及其横向和纵向关系、竞争和合作关系，对塑造房地产市场产生内在的广泛影响。

一、等级制地方政府容易导致资源配置的向心化

中国是一个单一制国家而非联邦制国家，政府存在明显的等级关系，下级必须服从上级。省级政府不像联邦制国家下的州政府，事实上缺乏较大的立法权，更缺乏税权。税权包括税种和税率的设定权力，都掌握在中央政府手中。但地方政府可以对不同税种的税源进行选择性培育，从而获得对自己有利的收入安排。在行政性基金或收费方面，地方政府拥有较大的权力，从中攫取较多的收入。因此，省级政府更多从官员任免、财政拨付等手段对下级政府进行控制。还有一个方法是通过部门，如规划、国土等部门制定的文件和规划等控制地方政府，但是随着部分职能部门的双重领导或"垂直管理"，这种控制的效果也开始减弱。

在地方政府层级，尤其是市一级（市下设区的结构），或者有较大权力的县政府（县下设镇街结构），市县政府由于具有较大的权力，从而在资源分配方面或做出对高一级政府有利的安排，甚至会变相剥夺下级的权力并攫取其财政资源。于是在财政开支或规划方面，中心市区或最高级政府所在地区域，一般会获得更多的财政资源，公共服务水平最高，突出的表现就是优质学校和医院、公园、文体设施等大多布局在中心区。而在外围地区，由于缺乏足够的财政资源，只能依靠上级的"统筹安排"，那么公共服务水平和密集度是不如中心区的。以广州为例，优质的学校如广东实验中学、广东广雅中学、广州市执信中学、广州市第二中学位于越秀区，只有华南师范大学附属中学位于天河区，广州市第六中学位于海珠区，而这三个区都是中心市区。优质医院也主要分布于中心区。另外，地铁密度和公交线路密度也是如此。

由于中心区的公共服务水平较高，在溢出效应作用下，中心区的房价一般远远高于周边区域，价格梯度较高。当然近年来，随着交通设施建设速度的加快和一些优质学校在郊区的合作办学或私营化，加之中心区房价已经处于高位使消费者购买力下降，城市周边区域的房价上涨速度加快，一些豪宅在郊区广泛出现，这种现象在广州有所表现。很多价格超过 5 万元/平方米的所谓豪宅楼

盘出现在郊区①。

二、向心化地方政府结构导致权力的集中和对房地产市场的控制

规划是非常重要的地方性事务和权力，甚至也有西方学者认为规划是一种属于地方公民的财产权利。"市—区—镇、街"或"县—镇、街"这样的中国地方政府典型结构，使权力向最高级政府集中。这样的权力配置是明显不同于联邦制国家的，后者的权力更加"下沉"。在中国，因为地方政府实际上掌握土地管理和土地的所有权，以及掌握对土地权利进行干预的规划权和部分收费权，这使地方政府牢牢地控制土地市场，进而控制了房地产市场。总而言之，地方政府主要通过土地市场管理和城市规划（土地规划）手段，控制房地产市场。

在中国，在一个城市里，最高层级政府往往掌握大部分规划权力，他们能熟练地运用规划权力，使天然具有垄断性的土地市场更加具有垄断性，进而房地产市场垄断性加强，在特定的历史阶段，加剧了供给的稀缺性和价格的升高。在房地产市场下行或有下行趋势时，地方政府运用行政权力实施直接或变相的"救市"措施，如2015—2016年的"去库存""棚户区改造"等，和货币政策宽松等因素配合，制造了又一次市场的繁荣。

当然，这种权力的集中对市场的影响是利弊互现的。有利之处在于地方政府可以统筹规划和实施城市基础设施建设，提高供给效率，降低成本，能完成分散化地方政府协调效率低、规划冲突、资金不足、规模不经济等弊端。不利之处在于降低了市场供给弹性，进而推高市场价格。

三、纵向地方政府结构下上下级政府的博弈导致发展型规划和土地财政

从文献研究发现，地方政府经常面临着"财政约束"和"投资激励"。一

---

① 2018年7月，广州番禺洛溪岛的一手房价，可谓是全番禺最贵，东西岛尖各坐落着一个江景豪宅。当中，星河湾半岛目前在售254~682平方米，均价8.5万~9.5万元/平方米。南天名苑在售305平方米，4房平层洋房，带装修5.5万元/平方米，总价为1500万~1600万元/套。亦有约600平独栋别墅单位在售，均价约7.5万元/平方米。番禺金地壹粤府6月10日已正式对外开放，别墅吹风价4000万元/套起，相当于单价超18万/平方米！其中4~23栋低层联排在3月30日已经拿到了预售证，建筑面积为215~280平方米。洋房预计7月中旬推出，单价6万—7万元/平方米。值得注意的是，金地壹粤府所处的地块是在2017年1月出让。金地是经过了129轮竞拍，并以18.7013亿元和22050平方米安置房面积为代价才斩获该地块，单价高达33660元/平，刷新整个番禺最高楼面价。

是20世纪90年代之后确立的分税制使地方政府被迫转向培育地方性税源和对土地财政的依赖。来自房地产业的税收和土地出让金成为地方财政的重要基础，切断这个基础，多数地方政府难以运转，甚至面临破产的危险，如一些地方政府背负着沉重的地方性债务。多数地方政府的城市基础设施建设资金源自房地产市场。二是20世纪80年代以来，发展一直是地方政府的主要任务，引入资本，发展工商业，并运用本地财政支持配套基础设施建设，增加本地税基和财政收入。

于是，在这种纵向地方政府结构下，一些官员为升迁激励而制订有明显发展型的规划，而不是侧重于提供本地居民合意的公共服务供给。第一个表现就是规划缺乏权威性和法定性，容易受到地方领导人更迭的影响，规划须首先服从于经济社会发展，如划定新的工业区或"新城开发"；第二个表现就是鼓励房地产业发展。热点城市通过有限的供给，获得大量稀缺租金；非热点城市则引入大型的著名开发商，进行连片大规模开发，提高当地的地价。无论是土地规划还是城市规划都必须服务于这些产业的发展。

此时，地方政府和中央、省级政府之间存在博弈关系。中央政府除了发展经济，还比较重视耕地保护、生态环境安全等社会性目标，通过对规划的审查、行政审批、指标分配、任务分配、监督检查等要求下级政府服从和配合。然而下级政府有自己的目标函数，当二者不一致时，地方官员倾向于服务地方性目标，在规划制订和实施方面并不例外。例如，地方政府倾向于将发展经济目标优先于耕地保护目标，经常可以发现很多地方政府用地指标不足而发生违法用地行为。一旦规划无法满足经济增长需要，就以较快的速度被修改，这使得规划缺乏权威性。

无论在中国还是欧美国家，规划都具有财政规划性质，即规划要为地方政府的公共服务融资。中国的规划也不例外，规划必须服从于土地财政的需要，因为没有土地财政，无论是政府正常运转还是城市建设，都会面临较大的困难。

四、区域性合作带来房地产市场的一体化

区域性合作主要有两种类型：一是跨行政区的合作，如广佛都市圈、京津冀、珠江三角洲、长江三角洲等地方政府间合作，往往城市之间并无上下级关系，重在产业政策和基础设施建设方面进行合作。这种合作有利于提高区域整体产业集聚度和竞争力，尤其是有利于推动交通、环境、保障性住房等基础设

施的统一规划和建设，这对房地产市场的整合和一体化具有积极意义。例如，上海居民可以在苏州、昆山和南通等地买房，后者当然可以在上海等地买房。这和快速交通的建设有很强的关联性。

第二种合作类型是上下级政府的"合作"。例如，核心城市和周边县区级政府的合作，通过城市规划、土地规划、发展规划等统筹安排，分流不适合在中心区发展的部分工业项目，并将人口分散到周边居住，降低中心区过高的居住密度和交通压力，这会推进房地产市场的一体化。

五、城市房地产市场的"混合性"较强

在西方国家，规划制订的公众参与或权力下沉，经常使规划具有"排外性规划"的特点，即通过直接和变相的规划标准或手段，如 MLS（最小地块面积）等，将一些低收入者排斥在特定社区之外，从而出现居住隔离问题。中国在这方面做得比较好，规划很少带有"排斥性"色彩，不同收入和阶层的市民可以充分地融合和混居。近年来，一些地方政府为了解决中低收入家庭居住困难，甚至在土地出让环节设定条件，强制性要求房地产企业在小区配建廉租房或特定住宅类型，这进一步增强了市场的混合性。

另外，中国的社会发展阶段、文化特质、交通方式和消费偏好等因素使中国人偏好接近商业中心或交通中心，不太介意商住的混合。于是，城市规划和房地产开发时，经常是商住的高度混合，如"底商"在中国十分普遍。这一点和欧美人偏好安静和私密性居住环境有明显不同。但近年来，欧美人也开始注重商住的适度混合。

第五节　结论和建议

中美两国在地方政府结构和规划体系方面存在较大的差异，在一定程度上各具优点和缺点，但都是根据各国的政治、社会制度及价值观的特点而决定的。美国的城市（土地）规划有超过 100 年的历史，而中国的规划历史则只有 40 年左右。两国都认识到尽管面临的问题不同，单个的地方政府无论大小，都有可能会遇到无法解决的共同问题且需要携手合作或改变行政区划，这显示地方政府结构及其改变、政策工具对促进规划政策制订并进而解决迫切社会问题的推动作用。

中美两国所处的社会经济发展阶段不同，所以规划的导向不同。中国的规划具有发展导向，地方政府结构和规划都侧重经济增长，而美国的规划则在目标和愿景方面更加多元化。美国规划值得借鉴的地方是规划作为地方政府权力和地方性事务，应该更多交给更熟悉本地情况的居民参与和决定，而对单个地方政府无法解决的问题，才需要上级政府进行纵向干预和协调。上级政府的意图更多通过财政、经济等工具来影响而不仅仅是通过刚性的行政手段传达。

经济新常态下，经济社会发展将进入中速阶段，速度、效率将逐渐被公平的诉求所替代。土地资源配置和利用亦如此。中国的空间规划体系必须适应这种需要。同时，简化行政审批、提高行政效能将成为本届政府致力的重要方向。"多规融合"成为社会经济发展的必然选择。

一、对规划本质和理念的反思

规划代表了一种公权力。无论什么规划，都是对资源使用的干预，是对不同利益主体间财富和权利的分配过程。过去规划出现制订和实施脱节等问题，产生问题的原因很多，其中忽略土地权利和利益的主体间平衡是规划绩效低下的主要症结所在。土地的多功能特性、土地是重要的财富载体和土地价格受制于规划限定下的用途等特点，要求规划必须和一整套管理规则配合，方能真正获得实施或执行，而后者做得尤其不足。

二、"三规合一"中存在的问题

（一）规划师往往片面注重政府意志的实现，缺乏经济分析

部分规划制订者、执行者和监管者，忽视经济分析，存在计划经济思维模式，没有或者不愿意在规划中做深入的社会经济调查和邀请经济学家参与规划。另外，不同的规划制定部门采用不同的坐标系或设计规程等掣肘规划之间的协调，加大行政成本。

（二）规划需要提供普遍性用地规则

规划总会导致一部分人利益受损和一部分人获益。政府作为规划的制订者，必须明确自身角色定位，应作为权利分配者和冲突协调者、裁判者，而不是市场参与者。政府是整体社会效益最大化的追求者，是公共产品或外部性的制造

者，规划确实在粮食安全、生态保护、城市扩张边界确定等方面发挥了积极作用。但是在一定时期内政府在制订规划时不到位，突出表现在规划片面追求经济增长和城市建设的快速扩张。同时由于政府没有做好权利分配，也会出现诸如规划制订不科学、忽略市场信号、随意改变规划、公众参与不足、社会矛盾和冲突激化、土地财政等问题。

在这方面，中国香港规划理念中的公民导向（Citizen-oriented）值得我们借鉴，以人为本也应该是规划的基本理念。规划之所以具有正当性，其中在土地使用方面，规划提供一种"确定性"，防范了个体利用理性导致的集体无理性；为各方提供了一套行为的规则，防止相互的干扰和负外部性发生。既然如此，规划作为预先的土地使用安排，就应该提供预先的规则，以使人们遵守。

此外，中国台湾的经验也可以借鉴。例如，台北市的待开发土地拥有基本的容积率，每块土地按用途，都有基本容积率和其他使用规定，明示了土地的基本权利。如果需要更多权利，可以依据 2009 年颁布的"都市计划容积转移实施办法"，进行容积率移转。而中国大陆目前的土地普遍缺乏这样的管制规则，只有在土地出让或城市更新等特定时刻才会应急式的给定规划条件，或制订控制性规划。虽然也有部分城市颁布了"法定图则"，但这种由技术官员主导的文件，缺乏统一的普遍性规则。这种现象在农村地区也有体现，导致土地利用普遍缺乏可预期的确定性。

（三）各种规划忽略了我国农村土地集体所有权的基本权利

规划是在权属基础上进行的干预。规划对土地进行了蓝图管理，城市土地的规划是在国有土地的背景下进行的，而更多的规划是基于集体土地所有制的。土地是集体的重要资产和发展基础。然而规划常常对其使用构成限制，一些划定为生态保护区或者基本农田的土地是不能开发的，丧失了大部分价值。一些划定为建设用地范围内的土地则具备较高的开发潜力和可能，从而导致利益分配不均衡。另外，自上而下的规划对开发指标进行分配，这种分配也未必考虑公平，那些禁止开发区居民不仅失去开发机会，而且还被迫承担本该由全体国民承担的公共产品供给责任，且没有获得相应补偿。

公权力对土地资源有最终的干预权，但并不代表这种干预就不受限制，公权力也必须与私权利进行平衡。如果规划对土地用途进行严格限制，有可能构成"准征收"。当规划限制集体或者农民的合理权利（尤其是土地发展权），那么必须进行暗含、实物或货币的相应"相当补偿"，方能符合公平要求，增强被规划者配合规划实施的主动性。比如，我们将一个村划定为基本农田保护区，那么可以在保护区外围的集体土地上给一定数量的经营性或居住性可开发土地予以平衡。

另外，规划应该增加目标指向，目前的规划有时体现为限制导向，如划定生态保护区；有时为发展导向，如划定开发区；但规划却从来不是社区导向的，而且规划对社会目标的关注是不够的，如住房可负担性等。

三、建议

（一）"三规合一"要面向利益共享

利益共享绝不是政府部门间的利益共享，而是规划影响下的众多参与主体间利益共享。相关建议如下：

（1）规划制订中的土地开发权利的初始赋予。应当同时制订普遍性的规划管制规则，充分考虑不同用途土地、不同权属主体的基本权利和平衡。无论城市还是农村土地，都可以制订使用或保护规则，重点解决土地有什么"基本权利"和土地权利增减的"转换规则"。

（2）公众参与。公众参与重在规划制订环节，也在批准环节。应当考虑中央政府、地方政府及民众的相应权力的平衡与协调。

（3）财政转移支付。财政转移支付是规划实施的保障措施，规划应同时考虑对受损者进行补偿，如提高对粮食种植的补贴标准。

（4）公共品供给。农村地区的道路等基础设施近年来有不少的改善，但是诸如水利设施、基层经济和技术服务组织建设、教科文卫设施等还存在供给不足的问题，应该按照城乡统筹的原则进行统一部署和建设。

（5）集体建设用地利用。集体建设用地流转可以选择多种途径，参照国有土地有偿使用规则，也可以直接由集体组织实施出让。

（二）"三规合一"要面向社区建设和发展

在城乡统筹的背景下，在城市化进程基本稳定的背景下，规划要重视农村发展，要通过上述利益的赋予，使社区获得更多的财力支撑，同时通过产业园区规划、集体建设用地入市等规划实施保障策略来为农村筹集更多资金，甚至在未来考虑将农村居民点不动产纳入房产税范围，由社区负责征收和使用，而不是市县财政。

社区获得土地发展权，就有了引入资金创造财富的机会，然后利用这些财富进一步改善社区基础设施，吸引更多资金流入和产业发展。城市国有土地上的规划可不考虑上述原则，但必须考虑管制规则的制定和公示。

（三）统一规划制订权

所谓的部门不协调、规划不协调等表象问题，可通过将规划制订权赋予地方人大的方法解决。取消各个政府部门制订不同规划的权力。政府可以是规划制订的组织者，各个规划编制机构只是规划的起草者。可以在每个地区成立一个规划编制集合统筹机构。最终将规划制订权交给地方人大，地方人大通过听证会等方式广泛听取民意，制订和审议规划。

（四）规划要面向构建城乡统一的土地市场

我国的规划具有管制色彩，和土地政策一起配合构建城乡分割的二元市场，即集体所有土地产权残缺，很难进入房地产市场进行交易。没有规划对产权的合理界定，市场就很难构建。一个成熟的土地市场必须要提高竞争度，降低垄断性，提高消费者剩余，而不是相反。规划是我国比较落后的制度，尤其是理念方面。今后，规划应致力于服务土地市场构建，只要符合规划，不需要实施土地征收就可以进入市场，增加供给。

（五）规划要将维护房地产市场价格稳定或住房可负担性作为政策愿景

土地市场和房地产市场是密不可分的。土地市场垄断性传递到房地产市场，导致房地产市场价格波动过大或者长期远离均衡。因此，可借鉴西方国家的细分管制等规划技术，将符合分区规划的土地进行切割细分，增加市场供给的灵活性和数量，以克服房地产市场垄断性带来的诸多弊端。房地产价格的稳定有利于提高普通居民的住房可负担性。另外，政府可通过规划手段和财政手段收回规划增值，将这些资金用于增加保障性住房的建设和租赁运营等公共服务。

第八章

地方政府征地行为与房地产价格波动

第一节　前言

　　根据中国社科院社会学所近年主编的《社会蓝皮书》得出，1993—2003年，全国每年发生群体性事件的数量从 1 万起增加到 7.4 万起，参与人数从 73万人增加到 376 万人，呈明显上升的趋势，其中因征地诱发的事件占比最高。农民最典型的抗争方式有媒体倾诉、谈判、寻租和机会主义、上访、诉诸法院、暴力抗争等。据 2016 年以来对全国部分地区的实地调查发现，排前三位的农民维权渠道选择分别为：上访、司法、集体阻止施工。这些维权行为给公民、政府都造成难以衡量的经济和社会成本。21 世纪以来，我国的征地制度改革加速。2015 年 2 月全国人大常委会通过决定，授权国务院在北京市大兴区等 33 个地区推进农村"三块地"改革试点，即农村土地征收、集体经营性建设用地入市、宅基地制度改革试点。在以人为本、和谐社会、让老百姓有获得感等理念支撑下，改革不断取得新进展。此试点工作两次得到人大批准延长至 2019 年 12 月31 日，其目的是为土地管理法最新一轮修改积累更多的经验。2019 年 8 月，新的《中华人民共和国土地管理法》修改通过并公布，它在集体建设用地入市、征地制度等方面吸收了试点成果，并做出了较大的修改，取得了巨大进步。

　　征地制度支撑下的中国土地市场，对房地产价格波动产生巨大的影响，塑造不同于欧美国家的房地产供给及市场波动特征。一方面，大规模征地为房地产开发提供了规模化的开发用地和带来规模经济；另一方面，征地后的垄断性出让在一定程度和客观上导致地价的快速上涨，给房地产企业带来较大的成本负担。和一些发达国家和经济体对比，中国的房地产开发企业既"快乐着"，又

"痛苦着"。近20年来房地产市场的繁荣为市场提供了海量住房，从2000—2018年，全国商品房销售总面积169.88亿平方米，年均8.94亿平方米；商品房销售额99.29万亿元，年均5.23万亿元。

第二节　中国土地市场结构特征及其对房地产市场影响

中国的征地制度一方面服务于社会经济发展需要，另一方面服务于土地财政需要，是地方政府汲取财政资源的重要工具。

在本书第四章研究讨论过中国土地市场的垄断性特征，提出："所指土地市场特指一级市场。城市土地市场是典型的垄断市场结构，政府以获取垄断租金、经济租金为激励，以数量控制方式为主，力图获取最大数量的出让金收入。按目前我国城市土地的制度安排，各地方政府代理并实际行使所有权，并在土地使用权让渡中获取租金或批租化的出让金收入。在相关制度如土地征收制度、土地供给制度（含土地储备制度）、土地规划制度等配合下，地方政府既是管理者又是交易者；既是公共产品的供给者又是经济地租追逐者，地方政府类似一个国有企业。在这个市场上，政府除是管理者之外，还扮演着土地资源资产经营者的角色"。土地市场的主要特点如下。

第一，从土地市场交易的标的看。我国的城市土地市场是土地使用权市场，政府是一级市场唯一的供给者。

第二，从土地市场供给端看，政府没有竞争者。这和欧美发达国家形成显著的差异。在私有制之下，任何合法的土地所有权和使用权都是可以交易的，虽然受到区划法等法律的限制，但总体上限制较少。我国通过20世纪80年代以来的立法，以维护土地基本制度、防止耕地破坏、维护土地市场秩序和保护国有资产等名义，对其他供给者，尤其是村集体，进行了"封杀"。实际上，这样的法律是计划经济时代的遗物，也是公有制牢固思想的产物。

于是宅基地只能村内交易，供需双方数量都极少，这不是一个正常的市场。集体建设用地长期以来也不能交易，处于"隐形市场"的状态，这种情况一直到20世纪90年代才逐步在少数地方进行改革并逐渐加以推广。随着2020年1日1日的法律正式实施，集体建设用地将发展为全国性的合法的土地市场。此时，地方政府将不再是唯一的供给者。供给者多，才能构建更具有竞争性的市场，增加消费者剩余，扩大社会总福利并促进土地利用效率的提高。此时，地价才能平稳和理性。

目前，中国宅基地的浪费现象严重，使用效率低。虽然全国开展了改革试点并推行"有偿有序退出"制度，但缺乏资产化和市场化的改革效果如何，尚待观察。

第三，从土地的来源看，现阶段主要源自征收农民集体所有土地为国家所有，然后出让使用权。但土地征收难度越来越大，农民抵制越来越严重，引致的社会成本越来越高。

第四，从土地市场垂直结构看，二级市场不发育。受到规划制度、税费政策、出让年期、产业政策、土地收购储备政策等因素影响，二级市场交易不活跃。单纯的土地交易罕见，多数以房地产交易为主进行土地交易。土地改变用途难度大，抑制了土地市场的活力。

第五，从土地市场管制手段看多重角色为一体的地方政府对土地市场施加多种管制，如价格管制、规划管制、建筑管制、产品管制、强制性义务等。以产品管制为例，开发商买地时，地方政府可能对今后地上建筑物的户型、销售对象等做出规定，不满足上述规定，将很难验收合格并办理产权登记等手续。

第六，从需求端看，很多公民被排斥在土地市场之外。例如，房地产开发，只能以法人为单位进行，除少数情况外，自然人不能在公开的"招拍挂"市场上获得国有土地使用权，从而自主建设房地产产品。

第七，从财政及相关利益方关系看，地方政府的土地财政依赖扭曲了政府、银行和企业的关系。地方政府将经营性用地高价出让给开发商，大量的土地出让收入进入地方财政，部分政府前期投入的基础设施资金得到部分回收。在这个过程中，房地产开发商以高价获得土地资源，然后将土地抵押融资获得进一步开发运营的资本，商品房预售制度则加大了居民的债务杠杆。在这个体系下，银行贷款成为房地产开发的主要资金来源。在房价逐渐上涨的背景下，银行获得安全稳定的利益收入、房地产开发商获得利润、购房者获得房价的增值和住房需求的满足、地方政府获得大量的土地财政收入，构成了一个多方共赢的局面。

作为最大的城市土地开发主体，地方政府和房地产企业、银行组成事实上的利益共同体，然而，这个利益共同体的基础是房地产业的健康、快速发展。一旦房地产市场需求萎缩，就会导致连锁反应，房地产企业、银行和政府的利益都会受到损失。地方政府债务和房地产企业债务，甚至居民家庭债务问题一且集中爆发，就可能影响整个国家的金融安全，进而损害宏观经济。

上述土地市场结构性特征，对房地产市场及其价格造成潜在、深远和广阔的影响。

第一，对开发商有利的方面。容易形成开发商垄断，进而提升开发商定价权。在中心市区，特定时间出让地块十分有限，同时在售楼盘有限，这都有利于开发商依据市场形势以"领导者策略"或"随行就市策略"进行定价，避免来自对手的竞争，并采取"饥饿营销"等策略强化垄断地位，攫取剩余。

第二，对开发商不利的方面。不利于开发商市场决策。虽然垄断型土地市场机构给开发商带来利益，但也会给企业生产决策带来巨大困难。首先，企业经营是有"沉没成本"的，沉没成本是指以往发生的，但与当前决策无关的费用①。在企业的生产中，已投入的设备、人力都是沉没成本，既成事实。房地产业是资本和人力密集型行业，如果在一个城市得不到地，那么就将面临高昂的现实成本。所以，不少城市的土地拍卖市场出现异常火爆的场面，其背后的一些企业有不得已的苦衷。一些地块溢价率非常高，让一些市场人士无法理解②。一旦遭遇不确定的市场或政策因素，项目就会停止。如华侨城这个项目就遭遇了限价政策的影响，即新楼盘在销售备案时，不能高于政府指定的价格。

第三，容易形成开发商合谋。当特定时间某区域内在售楼盘只有2~3家时，开发商容易形成默契，在推盘节奏、定价等方面进行合谋或达成"默契"。

第四，消费者的"羊群行为"。个人理性不等于社会理性，房地产市场中的消费者具有"从众"和攀比心理。只要是市场，就存在风险。房地产市场具有金融市场特性，其价格波动难以做出预测。价格和成交量及其匹配是市场的主要指标。在市场价格和成交量整体上行时，风险较小；但在价格高位，成交量下降阶段，或者量价齐降阶段，风险会放大。房地产市场泡沫的度量在理论和实践上仍然没有得到完美解决。何时破灭，更是不能被事先预测。于是，消费者在投资激励、房企营销策略、其他投资者"赚钱故事"鼓动下，容易陷入

---

① 从决策的角度看，以往发生的费用只是造成当前状态的一个因素，当前决策所要考虑的是未来可能发生的费用及所带来的收益，而不考虑以往发生的费用。我们把这些已经发生不可收回的支出，如时间、金钱、精力等称为"沉没成本"（Sunk Cost）。在经济学和商业决策制定过程中会用到"沉没成本"的概念，代指已经付出且不可收回的成本。沉没成本常用来和可变成本做比较，可变成本可以被改变，而沉没成本则不能被改变。

② 2015年11月拍下地块整整两周年之际，华侨城正式从北京丰台地王项目退出。该地王楼面地价5.6万元/平方米，至今未开盘。

"羊群行为"，进行非理性投资，无视风险的存在。2018 年以来，中国面临人口老龄化、生育意愿下降、住房存量上升、空置率上升、房地产流动性下降等不利因素，房地产市场风险逐渐被不少房地产企业、银行和家庭所认知，但永远不缺激进的投资者不断涌入投资市场①。在垄断型市场结构下，市场各方信息不对称，这也会加剧投资者的非理性行为。非理性行为会逐渐累积市场风险，造成房地产价格的剧烈波动。

第五，不利于政府回收土地增值。客观上讲，目前的土地"招拍挂"和土地财政格局，最大的优点在于能在出让环节收回这些地块的增值，即政府之前发生的和今后的城市建设耗费的巨资筹集资金，这也是中国的城市扩张和发展速度快、基础设施水平较高的成功秘诀之一。然而，存量土地和房地产却很难对增值进行回收，其中的重要原因是缺乏持有环节的房地产税。而房地产税还具有抑制投资尤其是投机的功能。对市场的影响就是，部分投资者持有过多住房，持有成本低，加剧了投机激励，而不是反向抑制投机。在强大的投资和投机推动下，房地产市场在自我实现的预期下，价格涨速快，风险累计快。

第三节　征地行为特征

征地是房地产开发用地的主要来源，一些大型开发商的大型楼盘土地基本上都源自征地。有关中国征地制度的文献较多，本书只将其主要特征进行总结。

1. 中国的征地数量多，对被征地者的影响大

表 8－1　中国历年土地征收和建设用地供给数量

年份	土地征收（公顷）	建地供给（公顷）	占比
2003	286026	286436.66	1.00
2004	195655.36	257919.7	0.76

---

① 2018 年 9 月，万科喊出"活下去"的口号。万科董事会主席郁亮在南方区域 9 月月度例会上的讲话充满了危机感，也让我们从房地产企业的现状了解当前国内的经济形势和现状。郁亮强调，在当前的局势下，万科要做四件事——战略检讨、业务梳理、组织重建、事人匹配。他说："集团要做的第一件事情，就是进行战略检讨，落实到事业部是三年事业计划书的检讨，落实到我们具体的业务操作是'收敛'和'聚焦'，以'活下去'为最终目标。"

年份	土地征收	建地供给	占比
2005	296931.29	244269.47	1.22
2006	341643.6	306805.89	1.11
2007	301937.28	341973.95	0.88
2008	304010.74	234184.68	1.30
2009	451025.72	361648.75	1.25
2010	459246	432561.42	1.06
2011	568740.5	593284.57	0.96
2012	517764.3	711281.31	0.73
2013	453070.75	750835.48	0.60
2014	389607.91	647996.14	0.60
2015	373202.76	540327.28	0.69
2016	328164.81	398808.09	0.82
总计	5267027.02	6108333.39	/

资料来源：中国国土资源年鉴。

表8-2 历年土地征收和补偿安置

年份	土地征收面积（公顷）	其中农用地（公顷）	其中耕地（公顷）	征地总费用（亿元）	安置农业人口（人）	补偿水平（万元/公顷）
2005	296931.29	233369.62	161315.41	/	/	/
2006	341643.60	253781.04	169706.21	/	/	/
2007	301937.28	223116.05	148241.15	/	/	/
2008	304010.74	223206.05	149112.21	/	/	/
2009	451025.72	351173.64	216762.98	/	/	/
2010	459246.10	345188.10	228662.20	/	/	
2011	568740.50	395843.60	261756.50	49979312.50	5919340	87.88
2012	517764.00	388474.08	246282.95	41396878.98	5809107	79.95
2013	453070.75	337575.45	206905.94	/	/	
2014	389607.91	291955.50	181205.98	/	4242764	

年份	土地征收面积（公顷）	其中农用地（公顷）	其中耕地（公顷）	征地总费用（亿元）	安置农业人口（人）	补偿水平（万元/公顷）
2015	373202.76	298589.76	177663.07	33636651.02	4288329	90.13
2016	328164.81	256135.79	155511.30	27303349.51	2954109	83.20
平均值	398778.79	299867.39	191927.16	38079048.00	4642729.8	85.29

* 数据来源：中国国土资源年鉴。

表 8-1 为中国历年土地征收和建设用地供给数量，据表 8-2，不完全数据统计，有数据的五年年均安置人口 464.27 万人。虽然统计数据并未说明这些被安置的人口是不是全部失去土地，因为有时征地并未征收一个家庭的全部土地，但该家庭仍然获得劳动力安置补偿。但该数字至少说明有 464 万多人受到征地影响，每年有 598.17 万亩土地被征收。

2. 补偿水平不高

根据历年《中国国土资源年鉴》，其中 2011 年、2012 年、2015 年、2016 年平均为 85.29 万元/公顷（不到 6 万元/亩）。2009 年的补偿不完全统计数据为国务院征收的土地，每公顷补偿标准为 49 万元，每亩为 3.27 万元。虽然这些数据可能被低估，但是从侧面说明补偿标准并不高。2003 年补偿水平为 3.89 万元/公顷，更早的年份补偿水平应该更低。

3. 征地补偿标准原则上按照农用地价值补偿

我国缺乏农用地市场，农用地没有市场价格，也没有法定的地价，这使征地不能按照市场价格标准进行补偿。我国一直主要采取年产值倍数法进行核算，依据农业生产价值的原则核算补偿，后来又出于公正公平和社会稳定的考虑加入了社会保障和"保持被征地居民生活水平不下降"等多元化的补偿方式，部分地区还制定了区片补偿价格。这些补偿标准的主要弊端在于都是政府单方制定的，并没有考虑农民的参与和意见表达；它们不管是否合理，都很难被挑战，只能采用一些"软性"的"协调、裁决"，但效果不佳；它们多数依据地方政府的财力和经济发达程度制定，不能反映土地的真正价值；它们很难体现土地对农民具有的生存价值、就业价值、精神价值等。

4. 征地公益前提执行欠缺

第五章的表 5-1 统计了 2006—2015 年全国土地供应结构的商住用地和工矿用

地占比为64%，而这些用途在多数情况下，明显缺乏征地所需要的全球共识：公共利益或公共用途前提。由于2019年之前中国法律规定一般性建设用地都需要使用国有土地，那么增量的国有土地来自如果集体土地，后者必须被征收。另外，法律既没有明确界定哪些用途属于公共用途或公共利益，也没有在程序上赋予公民诉讼权利，这使公共利益前提事实上被抛弃，但宪法又明文规定只有公共利益才能征收土地（根据《中华人民共和国宪法》第十三条：国家为了公共利益的需要，可以依照法律规定对公民的私有财产实行征收或者征用并给予补偿）。《中华人民共和国物权法》第四十二条规定："为了公共利益的需要，依照法律规定的权限和程序可以征收集体所有的土地和单位、个人的房屋及其他不动产。"

5. 征地纠纷多发诱发社会矛盾多

征地不规范的一个表现就是违法用地，表8－3为历年土地违法数量。违法原因主要有：买卖或非法转让、破坏耕地、非法占地、非法批地、低价出让土地、其他。其中非法批地和低价出让土地多与地方政府行为不规范有关。这些违法行为多数因为补偿政策执行差、补偿不到位等原因，容易诱发社会矛盾。

表8－3　历年土地违法数量

年份	本年发现（宗）	涉及土地面积（公顷）
1998	117483	34628.30
1999	166042	28674.80
2000	188072	31687.20
2001	130903	27756.10
2002	138383	31562.10
2003	178654	68373.90
2004	114526	80759
2005	111723	52192.80
2006	131077	92237.40
2007	123343	99069
2008	100266	57660
2009	72940	20963.40
2010	66373	45124.30
2011	70212	50073.60

年份	本年发现（宗）	涉及土地面积（公顷）
2012	61821	32062. 20
2013	83978	41197. 40
2014	81420	40915
2015	89373	34441. 70
2016	74055	26941. 71

资料来源：历年《中国国土资源年鉴》。

社会矛盾或冲突多数诱因源于"对稀缺资源的争夺"，根源于利益的对立，表现为对资源控制权的争夺。由于土地的特殊性及其对农民生计的重要性，使围绕土地的利益冲突、控制及反控制斗争十分剧烈。从被征地者看，不可否认少数农民因为征地拆迁而获得实际利益，生活获得改善，但多数农民并非获利者。也有不少群众对地方政府存在不信任心理，但多数群众还是理解征地，希望社会经济发展加快速度，以提高家庭收入，获得就业机会，改善基础设施条件。

地方政府苦衷也不少。一些地方财政状况不佳，财力不够，因为公共设施用地使用缺乏经济效益，无法对此类征地提高补偿水平；一些地方急于发展房地产和工业，对工业投资的资本极尽优惠政策，甚至不惜"零地价"；对大型房地产开发商的进入非常支持。

第四节　中国的征地制度改革

一、征地改革的必要性和渐进性

党的十八届三中全会对"三块地"的改革提出了具体方向。2014 年 12 月 2 日，习近平主持中央全面深化改革领导小组第七次会议，会议审议了《关于农村土地征收、集体经营性建设用地入市、宅基地制度改革试点工作的意见》，意见指出土地制度是国家的基础性制度。要求始终把维护好、实现好、发展好农民权益作为出发点和落脚点，坚持土地公有制性质不改变、耕地红线不突破、农民利益不受损三条底线，在试点基础上有序推进。本次会议为征地制度改革确定了未来数年的基调和方向。党的十九大虽然没有特意提到"三块地"改革，但在乡村振兴方面，提出要深化农村土地制度改革。

改革具有必要性。中国现行的征地制度在提高建设用地供给速度、发挥集聚经济和规模经济优势、将土地增值收归地方政府、有效实施城市规划、加快城市建设等方面具有不可比拟的优势，总体是有效率的，但在公平、权利和财富分配等方面亟待改进。近30年来，与征地伴随的高速增长的社会成本，如各地的社会冲突直接损失和维稳相关成本，以及地方政府权威的流失，都对改革提出迫切要求。

公共利益、正当程序、公正补偿是征地的三个必备要件和世界主流做法，但这三大要件在法律和实践层面日益凸显制度弊端：不合理的法律规定导致超过30%的征地缺乏公益性前提；缺乏农地市场使被迫采用年产值倍数法计算补偿、缺乏独立第三方估价和裁定导致农民利益容易受损；程序不完善、救济不充分导致被征地农民缺乏知情权、参与权和救济性权利。

改革具有渐进性。任何一个国家的制度都和该国所处的社会经济发展阶段有关，并不断演进，政府和公民的权利意识转变、公民的抗争压力和国家的制度回应之间互动等因素，不断塑造着制度的变迁；试图超越社会阶段，盲目向发达国家借鉴，追求一步到位是很难成功的。以美国为参照系来看，征收在19世纪是重要的经济发展工具，它重新分配经济和政治权力与财富。同期，"经济繁荣"的"公共利益"考量超越个人权利，通过土地征收大力推进运河、私营工厂和铁路等建设，从而构建国家经济不断增长的基础设施。美国政府通过鼓励私人开发商最大限度利用土地来"释放能量"。换言之，美国的早期并不如今日这般重视对财产权的保护。

中国所处的社会经济发展阶段决定了目前只能在提高补偿标准、合理界定公共利益、完善正当程序等方面做出渐进改革。同时，民众的意识转变需要过程，对公共利益（个人利益、公权力、私权利）之间需要全社会慢慢寻找动态的平衡点。

二、征地改革的复杂性和艰巨性

经济新常态、社会公平诉求、人民分享社会发展成果理念、征地矛盾等都是促进征地制度改革的积极力量。来自基层的改革一直在进行，这将呼唤在国家层面对土地管理法和土地制度做出必要修改。但改革具有复杂性和艰巨性，不能单兵推进，需要考虑现有土地制度、社会经济发展阶段、社会一般观念、政府管理思维转变、财政税收体制、制度路径依赖等因素。

第一，我国的基本土地制度是独特的，甚至在全世界独一无二。独特性包括土地集体所有制和国家所有制并存、地方政府征收与出让之间存在巨大盈利空间、地方财政过分依赖卖地、规划制度实际剥夺了集体土地所有的开发权利、没有农地产权市场（承包地流转只是承包权的有限市场而不是所有权市场）。中国的土地一级市场高度垄断、缺乏效率，且政府具有一定的逐利动机从而有失公平。尽管有一些国家或经济体通过整体（区片）征收的方式来进行园区开发或消除衰败区，但主要目的并非是获得利润。独特制度既是中国经济增长的动力，同时也是社会矛盾产生的源头。内嵌其中的制度性缺陷被管理者和公民所认识并改造，需要一个较长的历史过程。

第二，社会意识处于转型期。长期以来，社会主流意识是社会利益高于个人利益，这使财产权的行使经常要服从公共需要。当"发展是硬道理"得到全社会认可的时候，推动经济发展成为优先目标，容易使对财产权的侵犯获得社会一定程度的"容忍"。同时，"涨价归公"思想影响，使管理层和不少公众认为农地补偿只能按农业用途补偿，所有非农转换用途后的增值是社会和城市建设带来的，不应该被农民获得。另外，不少公众对"钉子户"和城市拆迁后一夜暴富的原住民是不满的。公平历来是中国人非常重视的社会价值观。因此，不同社会主体间利益分配格局、个人权利和公共利益的关系，都需要全社会不断去寻找共识。

第三，社会经济处于关键转型期。一方面，人口增长即将步入拐点，老龄化社会压力增大，城市化质量有待提高，社会管理模式也有待改变。另一方面，传统粗放型经济模式正在向追求质量、环保、技术和结构调整方面转型。经济新常态下，过剩产能要消化，新的经济增长点要培育，供给侧改革在路上，这需要足够长的时间逐步完成。无论是传统制造业还是商业等产业，都面临着较大的转型压力乃至危机。在这个阶段，老百姓渴望经济发展的愿望依旧强烈，地方财政压力依然不小，所以很难大幅度提高征地补偿标准或过分严格限制征地范围，改革难度大。

三、征地改革中的几个关键技术问题

政府一直是地方征地制度性探索和修法的积极推动者。《中华人民共和国土地管理法》自 1986 年颁布后，共修改 3 次，在 1998 年进行过一次重大修订，2009 年、2010 年、2012 年连续 3 年进入当年人大立法的修改计划中。2017 年国土资源部在立法工作计划提出"研究形成《土地管理法》（修正案草案），提请国务院审议"。由于包括改革试点在内的形势发生重大变化，推测至少需要等到 2018 年地方土改试点结束后，总结试点成功经验，国务院才有可能再次启动法律的修改。未来的制度改革，有几个关键技术性难题必须面对和解决。

第一，征地紧密相关的规划问题。在一定程度上，土地规划存在的问题比土地征收还多，认识误区更加严重。现行的规划制度是计划经济时代的产物，"名义上是用途管制，实际上是一套与市场经济背道而驰的、政府起决定性作用的、典型的土地资源行政——计划配置制度"①，它只是政府管控土地的工具，而严重忽略对土地所有者和使用者基本权利的赋权和保护，突出的表现是管制规则过严（如土地的用途可选择一种）、缺乏基本发展权利（如农地只能农用）、政府自由裁量权过大、公民实际参与渠道和权利缺乏、权利救济渠道缺失、土地交易权薄弱等。最终的结果就是：在严格的规划下，土地市场几乎只在城市存在。集体所有土地即使被规划划定为建设用地区，仍然不可以自由转换为非农用途。于是在此规划制度之下，农民集体组织和农民很难参与决定规划制订过程，也无法了解他们除了继续"种地"之外，应该还有什么样的土地权利。现代社会逐渐不认同土地的所有价值权利被国家拿走。

第二，和规划相关的补偿标准问题。补偿标准和利益分享相关。该问题实际上是和我国的土地财政和税收制度环境有关的，因为目前我国尚无真正意义上的财产税制度，这使政府急于直接控制土地交易，在出让土地环节就攫取全部土地增值收益。

传统的征地补偿理论认为农地只具有农业使用价值，只能按农业用途补偿；农地是一种生产资料或资源，不是资产，不需按市价进行补偿。至于未来的预期或规划增值，更是和农民无关，这是不符合马克思的绝对地租理论的。依据绝对地租理论，"土地所有权本身已经产生地租""在绝对地租场合，土地所有权本身就是引起农产品价格上涨的原因。土地私有权的垄断，乃是形成绝对地租的原因"。

---

① 上海财经大学高等研究院. 关于改革现行土地用途管制制度的建议 ［J］. 政策研究报告，2015（5）.

中国宪法承认农民的土地集体所有制和承包经营权，此时土地依然具有绝对地租产生的土地所有权前提，马克思地租理论仍然具有强大生命力。对一块城市周围被征收农地而言，它是较优的农用土地，具有级差地租；但相对城市而言是边际土地，如果转为城市用途，农民有权要求按照城市土地的绝对地租标准来核算补偿，且这个绝对地租高于农业级差地租。农民放弃土地所有权本身就值得获得公平的补偿，因此对集体土地所有权人，可以以建设用地的绝对地租为基础进行补偿。

以城市绝对地租为基线来确定农民补偿标准，给长期以来保守争论的土地增值分配提供了一个理论依据，即我们应该按照规划下的城市土地用途而不是农业用途来制定补偿标准，才是公平的。这并不是说完全按照城市土地价值来补偿农民，因为此时在数量上土地的绝对地租低于城市土地级差地租。

第三，市场建设问题。市价补偿是目前世界上的主流做法。如果集体所有土地有交易市场价格，那当然为制定补偿标准提供宝贵的参考，但这个市场在未来很长时间内看不到建立的可能性。这里会出现两个问题：（1）市场需要权利定义清晰，权利主要被规划所定义。即使集体土地所有权有市场，也会遭遇规划管制的问题，这个权利有什么样的"权利束"，尤其是土地发展权，仍然需要法律依据社会发展阶段给出答案。（2）可以按照城市土地"两权分离"的思路构建农地市场。集体土地所有权现在已经拥有农地承包权、宅基地使用权、建设用地使用权等使用权形式，即使不建立所有权市场，也完全能在理论上和评估技术上做到先建立使用权市场，然后按照使用权市场价格倒推所有权价格，再确定补偿标准。

这需要我们放松管制、建立土地使用规则、尊重集体土地权利、加速培育农地市场，市场的构建将为征地补偿改革尤其是确定补偿标准带来全新的思路。抛弃倍数法补偿思维并不可怕。另外，未来中国土地市场和管理的方向一定是在尊重土地产权基础上对城乡统一管理。

第四，综合改革配套问题。过去十几年来，我国在征地补偿方面做出了不少的改革探索，如区片地价、留用地安置、社会保险安置、最低保护价等，甚至极少数地方还实践了土地出让金和税收分成。由上述分析可知，土地征收制度改革和社会理念（尤其是对权利的保护理念）、土地规划制度、土地市场制度、土地财政税收制度有关，所以，这四项改革应该力争同步进行制度设计。例如，如果没有建立财产税制度，就很难立马放开集体建设用地市场，因为这样很难为这些土地的配套基础设施建设筹集到足够的资金并有效回收土地增值，地方政府也很难逐步摆脱对土地财政的依赖。

四、改革述评和政策建议

（一）改革述评

目前的改革试点在缩小征地范围，规范征地程序，建立合理、规范、多元保障机制，建立土地征收中兼顾国家、集体、个人的土地增值收益分配机制、协同宅基地和入市改革等方面，既有中国特色，又符合世界主流做法，但不足之处在于技术和思想层面。

第一，试点改革是政府的权力自我约束，是在既定制度框架下完成的尝试，还未提升到最深层次的制度约束层面。土地征收制度的改革，需要公权力进行自我约束和收缩，政府逐渐退出关键要素市场并回归公共服务提供者本位。虽然多数试点地区都制定了征地目录，缩减了征地范围，但还有不少地方仍然将城市建设用地范围内实施城市规划的建设用地纳入征收范围，如晋江、湟源等地。而此范围内明显包含有不符合公共利益要求的商住用地。很明显，改革没有为此类用地需求提出根本性的"出路"。在程序方面，无论制定得多么详细，如果没有对地方政府进行有效监督和权力制约，这些程序的实施效果难以让人信服。在公正补偿方面，标准的制定权和实施权还是完全在政府手中，既缺乏市场化的客观标准，又缺乏第三方的标准评估机制，还缺乏被征收者挑战标准的救济渠道，农民还是被动的接受者。一旦地方政府财力薄弱，何以保证补偿的公正性？从全国多地的调研看，不少征地纠纷源自地方财力有限而导致的拖欠征地款、不兑现征地承诺等。

第二，"三块地"改革相互结合有困难。宅基地和集体建设用地制度（以下简称集建）改革比较类似，本质是放松土地的用途管制，使其进入并完善居住（特定目的，如保障性住房租赁）和工商业土地市场，从而减少征地数量，且变相隔断地方政府的征地冲动，使之构成土地市场的替代关系。核心问题在于非公益的商住用地这块。从改革进展看，一方面，集建入市尚未明确能为商住用地提供供给，也未明确新增集建能否替代征地，从而采取将征地目录之外的用地采取只转不征的方式，真正地做到"同地同权"和建立"城乡统一的土地市场"，摈弃对集体土地的产权歧视。而实际上，从经济增长和保障地方收支平衡的角度，的确需要继续保障房地产业用地供给。另一方面，宅基地改革的初衷主要是防止闲置浪费并通过有偿退出和土地整理，使之置换为建设用地指标和供给，但区位分布零散且数量上并不能满足企业需求。这导致宅基地改革对征地改革的支撑不够。

第三，增值收益分配测算困难是共性问题。试点要求确保农民和集体通过土地征收获得的土地增值收益与通过集建入市获得的土地增值收益大体相当，方向正确，但实施起来却很难。集建入市一般能让农民获得较高的增值收益分割比例，同时过去的多元化安置补偿手段尤其是留用地政策也能让农民参与收益分割。除政策外，分割比例还受制于多种因素：由于各微观土地区位和市场条件不同，不同用途的增值幅度千差万别；真正符合征地目录的公益用地出让本身几乎没有增值，甚至还亏本，那么补偿资金从何而来？因此，就特定用途和特定地块而言，无法计算合理分配比例，而只能从整体市场打通考虑。安达县提出的"公共利益征地由政府'反哺'集体和农民，集建入市由集体和农民'反馈'国家"的思路非常正确。分用途提高集建收益调解金征收标准和提高对公益用地的补偿标准可以并行。

第四，增值分割的一个核心问题是缺乏明确和科学的技术路线。公益用地和非公益用地、不同用途土地的增值分割标准可以不一致。现有的思路是等待土地出让后，核算发生的征地成本，计算增值并依据历史数据确定分割比率。但这种做法必然导致政府的主导性、主观性发生"时间差"的问题：征地实施前必须补偿，而增值分配必须等到土地出让后。因此，不能按照实际出让价格计算增值，而应该按征地时的基准地价或评估价倒推增值。同时，现行的补偿思路是不承认土地的规划用途之权利部分属于农民，这并不符合让农民分享增值的政策导向。承认农民有部分土地发展权是增值分配的学理和法理基础。只要大部分或合理比例土地增值能收归政府，也是符合"涨价归公"的社会主义公平公正理念的。长垣县提出的"远期阶段，建立完全的城乡统一土地市场体系后，以入市价格与政府收取调节金之差为基准，设置土地征收补偿标准"的观点比较合理。

（二）政策建议

从目前学术界研究和政界的管理理念等来看，中国正处于征地制度改革的共识凝聚期，推动改革的理论和思想条件尚未成熟，急于推动法律的修改可能并不会成功。应该在全社会参与讨论的基础上，进一步让社会各界表达意见，增进共识。

"三块地"改革需要对传统的规划制度、财政税收制度、土地市场制度等进行较大步伐乃至全新的制度设计。具体建议如下：

第一，除了列举征地目录之外，对有争议的工业用地、旧城旧村改造等用途，因具有一定的公益性，在集建土地不能满足需求的情况下，可在原住民征集签名同意和举行公益性听证会的基础上，动用征收权力。

第二，适时在征地程序中增加协议收购环节。既可对所有用途土地征收前予以收购，能收购就不征收；也可对非公益用途土地，只要符合计划指标和规划条件，由需求者协议收购，只转不征，政府收取调节金，以集建方式入市，为此类土地需求找出路。只有如此，才能确保不随意扩大征地目录。

第三，可考虑部分承认农民的土地发展权，货币和权利补偿并行。按规划用途下的国有或集体土地基准地价计算价值，扣除政府基础设施成本和收益分配后，制定补偿标准。同时，待法律出台后对持有环节的土地征收房地产税，逐步替代土地财政。对公益用地补偿，可以征地区片为测算单元，每个等级区片内征收后的土地不论按何用途出让，被征地群众均按规定标准和金额分享增值收益。增值分配方式不一定是货币，也可以是留地安置。

第四，在构建征地公益性目的挑战、补偿标准挑战、第三方地价评估、纠纷调处和征地后的司法救济程序等方面做出革命性的改革，对抗少数地方政府公权力滥用和过度征地。当然，在完善以上制度后，有必要建立快速征地程序，将补偿费、社会保障费等暂存于有关机构，先行用地，促进经济社会发展，并保留被征地者继续申述的权利，有效遏制少数人攫取垄断地租。

第五，结合宅基地和集建入市改革，借鉴发达国家成功的市场化规划手段和方法，对农村地区整理出来的建设用地采用细分管制或细部规划手段，保障工商业发展乃至政策性住房开发，收取的规费既能保障公共设施投资所需资金，又能助力经济稳增长，还可以吸引资本下乡，推动乡村振兴战略实施。如此，多元化的土地供给和多主体的住房供给，尤其是后者，符合党的十九大提出的"加快建立多主体供给、多渠道保障、租购并举的住房制度"思想和要求。

第五节 结论

中国的征地制度对于目前的土地财政和城市建设、经济增长发挥了历史性的贡献，并塑造了具有中国特色的土地市场和房地产市场。但这样的不动产市场和征地制度存在缺陷，在新的社会经济发展形势下，已经逐渐不能满足需要，而需要逐步加以改进。未来的改进方向主要是以下几个方面：构建城乡统一的土地市场和房地产市场、提高征地补偿标准、完善征地程序、缩小征地范围等。

　　随着征地制度改革的推进，房地产市场将在土地供给主体增加、竞争性增强、用地方式多元等方面发生缓慢的变化。

第九章

地方政府融资行为与房地产价格波动

第一节 概述

传统上认为房地产属于虚拟经济，作为支柱产业，对推动中国经济增长发挥了巨大作用。经过多年的房价上涨，尤其是 2016 年，房地产已经在一定程度上透支了居民的消费。与上述内需不足形成强烈对比的是房地产市场暗流涌动，房价呈跃跃欲试之态。消费者在明显的风险之前，仍然有较高的投资意愿，加杠杆出现常态化趋势。而地方政府为了推动地方发展，在投资方面也在加杠杆。在经济新常态下，"脱虚向实"是目前我国的主要经济政策，但实施起来并不容易，对虚拟经济的抑制有可能导致系统性金融风险和地方政府的财政缺口，并进而影响地方社会的平稳运行。

房地产业的繁荣与地方社会经济发展休戚相关。招商引资、城市建设的超常规发展都不能离开房地产市场的支持。自土地的"招拍挂"制度正式实行以来，地方政府已经逐渐不再满足于用土地出让金收入来拉动投资，逐渐改为采用发行地方债务或地方城投平台融资等来促进发展。换言之，地方政府不仅在使用土地当期收入，还在使用其未来预期收入。运用债务手段推动地方建设地方基础设施或公益性项目建设，尽管客观上有利于地方发展，但一旦出现债务违约，不仅会造成银行坏账，还会发生链式反应产生金融风险，将对地方政府信用和社会稳定造成极为恶劣的影响。

2018 年 6 月 21 日，财政部部长刘昆在 2017 年中央决算报告中指出，要继续依法加强限额内地方政府债务管理，着力防控地方政府隐性债务风险。截至 2017 年年末，地方政府债务余额合计 165099.8 亿元。但这只是最窄的、最公开的地方债务统计口径。据新浪财经人物栏目估算，包括地方政府债和城投债在内，中国债市总量当前达到 76.01 万亿元，其中地方债券规模已达 22.22 万亿元。按 4% 利率还息，每年约 3 万亿元的地方政府收入来还债。而全国每年 4 万亿元左右的土地出让金收入并非纯收入，实际纯收入在 2 万亿元以下。如此说来，仅靠土地出让金还债已经不可能。一旦房地产市场迅速下行，地方财政将入不敷出、难以为继，进而导致地方政府信用下降，金融风险必然马上暴露。

从投入产出的视角看，地方政府所做的负债式城市投资，是期待能在未来通过做大城市经济"蛋糕"予以回收。在房地产市场平稳或者上升趋势下，投资资本化为房地产价值和税收的上升，这种预期可以实现并确保现金流的收支平衡。反之，如果投资效率低、缺乏增值回收工具且市场下行，那么投资将难以回收，现金流出现断裂。因此，地方政府投资回收潜在能力和实际能力之间的关系值得进行研究。这种能力差距和债务风险存在联系[1]。

第二节　国内外研究现状

投机效应研究方面，汤玉刚等（2015）对地租和投资资本化问题、对投资资本化及其价值捕获与投资公共服务类型之间的关系进行刻画，认为凡是在土地出让之前能够资本化到地价中去的公共产品（如基础设施），地方政府（或开发商）就有足够的激励去提供；反之公共产品供给不足。关于税收—公共服务组合的资本化效果（对房价的影响），国外学者除了奥茨之外，汉密尔顿认为地方政府财产税只是其提供公共服务费用的一个组成部分，当地方政府将更多财政支出用于生产公共产品以使其提供的公共产品数量和质量高于其他地区时，不动产价值会增加。Epple 和 Zelenitz（1981）认为就资本化而言，在均衡时，税率和政府服务水平的不同将导致辖区间住房价格的不同。Yinger（1982）发现财产税对房价的资本化率远不是完全的，而只有 20% 左右，并对其原因进行解释。资本化是长期均衡下的特征，像一个楔子，扭曲了房价，导致地方政府无效率的公共品供给。

---

①　这种差距与市场有增值回收能力、房地产市场结构（新增和存量比例）、城市自然环境有关。

方文全（2014）分析土地出让金的本质及其与基础设施投资的关系，深刻揭露了地租的分割和生产链条。认为出让金实质上是国有递延资产的多年租金贴现；来源主要依靠政府公共基础设施投入引致的土地效率梯次提高产生级差地租，土地财政是对居民的财产性赋税。梅冬州等（2018）认为地方政府的土地出让行为联结了房价变动与地方政府的收入，而地方政府在基础设施投资上的偏向和金融加速器效应放大了房价对投资和整个经济的影响。在"GDP锦标赛"的激励下，财政支出有很大一部分投向了需要资本和土地的基础设施建设，这些已经侧面刻画了政府的行为偏好。

文雁兵（2015）强调了土地出让收入的"援助"可能性，司海平等（2016）认为依靠对土地一级交易市场的垄断，地方政府利用土地资源资本化拓展预算外资金的行为形成了中国特定制度环境下的土地财政现象。雷根强和钱日帆（2014）发现地方财力的土地出让金依赖程度对房地产开发投资具有显著的正向影响，但对房价的影响并不显著。左翔和殷醒民（2013）发现地方政府垄断更多国有土地转让会显著增加经济性公共品的供给，非经济性公共品的供给则会显著下降。土地资源是一种生产要素，其边际收益的增加需要进一步投资才能实现。

在口径研究方面，土地财政问题多年来一直受到学者热烈讨论。大家逐步达成共识，土地财政只包含土地出让金是过窄的，但对土地抵押融资是否纳入存有争议。杜金华等（2018）定义了窄、中、宽三个口径，宽口径含土地利用收入，并对土地抵押贷款收入进行测算，总体上看，地方政府对土地财政存在过度依赖，2014年宽口径土地财政规模已经占到同期地方预算内财政收入的240.62%，保守估计的土地财政规模已经达到18.26万亿元。此外讨论了土地收入效应和引资效应的关系。陈英楠等（2017）定义了中国土地财政的概念性框架并进行规模再估算。土地财政包括土地有偿使用、土地税收、土地费用收入（如耕地开垦费和闲置费）。房地产业营业税金及附加、建筑业企业所得税和房地产业企业所得税的地方政府分成部分，应该纳入土地财政范畴。张传勇和巩腾（2016）认为以土地使用权或未来收益为抵押，在银行、信托等金融机构融通的资金，严格来说属于"土地金融"的范畴，不属于土地财政。不可否认的是，土地及其相关收入，成为地方财政运行的关键。蒋省三等（2007）发现土地及其相关收入已成为地方政府财政收入的重要来源，在中国东南城市，政府大举投资城市基础设施的数百亿资金中，仅约10%来自财政投入，而有30%来自土地出让金，更有60%来自土地融资。而在土地出让金收入有限的西部地区，其基础投资中占70%~80%份额的银行贷款，也大多是依靠土地抵押获得的。该研究是10多年前的，但是之后的地方政府并未改变行为模式。张曾莲和严秋斯（2018）指出土地财政与预算软约束均与地方政府债务规模显著正相关；预算软约束在土地财政与地方政府债务规模间存在显著的中介效应。

在行为激励研究方面，经典研究认为土地财政源于财政压力和政绩冲动。更多的学者发现政绩和土地行为关联度更大。张传勇和巩腾（2016）认为地方政府受"政绩考核"的激励要远大于自身的"财政压力"。张莉等（2013）分析了土地出让和本地晋升的官员之间的关联，认为地方政府领导和政治、经济精英的联系、互惠会影响土地市场。余靖雯等（2015）分析了政治周期性和土地出让的关联关系。范子英（2015）认为土地财政的真实原因是投资冲动，而不是财政压力①。但投资的主要目的还是为了政绩。

总体上，投资冲动才是土地财政核心，但并不能否认财政压力的作用。的确是财政压力构成了地方官员行为的约束条件，迫使他们投入土地财政，投资冲动逐渐演化为土地财政的主要动机。

其他方面，刘守英（2018）宏观上分析了土地制度和我国经济增长之间的关系，提出中国独特的土地制度安排与政府以地谋发展模式、土地资本化程度不断提高为结构转变创造了巨额资本。微观上，中国城市化的模式从依赖"招拍挂"的土地出让转向依赖土地抵押融资。邵朝对等（2016）认为不断高企的房价和"高烧不退"的土地财政构成中国式城市发展的重要内容。

上述研究从土地财政、投资、债务、财政支出等不同侧面对地方政府行为及其效应进行分析，但是对出让金和政府投资关系还缺乏理论和数理化的分析，对出让金本质和经济学来源的认识也不够深入。

第三节　理论分析

20世纪90年代以来，随着土地市场的培育和房地产市场的繁荣周期到来，

---

① 在国家明文规定中，土地出让收入不是用于基本公共服务的支出，而主要用于征地和拆迁补偿支出、土地开发支出、支农支出和城市建设支出四大类。

土地出让金成为一种地方主要收入来源。但21世纪初期，地方政府发现它并不能满足投资需求，"加杠杆"、发行地方债、运用城投债和国企债务等变相融资手段成为加快地方建设的主流做法。此时的出让金，与其说是收入，不如说是投资及其融资工具，大部分出让金转变为城市建设和土地开发投入。融资获得的资金，提前进行了投资，对本届地方政府而言，是一种切切实实的收入，它进一步推升了基础设施投资规模。而融资获得的资金则直接用于基础设施投资："地方政府债券一般用于交通、通信、住宅、教育、医院和污水处理系统等地方性公共设施的建设。地方政府债券一般也是以当地政府的税收能力作为还本付息的担保"。由此看来，土地出让金既是政府收入，又是政府的投资的体现。

既然出让金和债务融资用于城建投资，那么就会发生投资溢出效应。政府一般性公共支出或投资，会对周边乃至整个城市的不动产价值构成利好。因为局部土地的投资会显著改变周边公共设施和服务水平，并溢出到周边土地（如优质学区）。有的投资（如地铁）和城市基础设施会对更大区域的不动产施加影响。政府的土地政策和投融资政策，尤其是后者，不仅惠及一般物业的价值，而且会对工商业构成利好，并以税收的方式在中长期回收部分投资，但这种影响的机制是复杂的。

从财政工具视角看，投资必然需要回收。中国的回收方式主要有两种：土地出让金和房地产税收，前者在出让环节收取，后者主要在开发环节收取，而持有环节征收工具不足。土地出让金和房价和地方债具有内在的紧密关系：地方债以投资公共服务的方式提升城市的品质，但其投资的资本化效应作用于土地，致使土地升值，而且只有极少数升值可以通过出让土地回收，很多外溢性效果被存量土地捕获。土地升值促使开发商购买，继而导致房价上升并在特定市场结构下被消费者买单。这样政府投资、房地产市场和出让金之间就构建了联系。此时，投资支出和投资回收之间就在理论上存在差距。在新的历史阶段，与这些相反，潜在土地增值数量是投资回收能力的表征，而出让金及相关支出是投资支出的表征，出让金却不是投资回收的表征。

租隙（Rent Gap）的概念最先由斯密提出，它的基本定义为："潜在地租水准与在现行土地使用下实际资本化地租的差异。"潜在地租指的是土地在"最高及最佳使用"下资本化的总和，而资本化地租则为现行土地使用下实际总量。租隙即二者之间的差值，租隙的产生是土地利用随时间变动而发生的增值现象。但该理论仅适用于特定地块，通俗的解释就是一个地块在历经一段时间之后，其潜在租金和现状用途租金之间出现了差异。

就整体市场看，也存在潜在租金和实际租金差异的现象。这里提出两个定义：第一，潜在土地租金（理论上）。是产品价格减去各项投入或成本之后的剩余，本质是经济租。地方政府依赖商住用地获得土地出让金，工业用地不直接提供潜在租金（或数量很少），其地租以所得税、城镇土地使用税等方式进入地方财政；公共设施用地更不直接提供潜在租金，其财政贡献也应该被忽略。第二，实际租金。是政府在出让土地时获得的租金，实质是契约租，体现了土地市场提供给地方政府获得收入和投资回报的实际水平，它具有波动性。再次定义租金差（RG）＝潜在租金（PR）－实际租金（CR）。

RG发生的原因与稀缺性、投资的集聚效应、溢出效应、债务规模、补贴工业等有关，可正可负。产生色值的原因有：一是投资效率较低；对工业用地的价格和配套建设等变相补贴高，但经济效益低下，使潜在租金收回不理想。二是投资规模过大，却不能反映市场的需求，过多的投资带来效率低下，难以收回投资。此类城市有天津、呼和浩特、大连、长春、哈尔滨、宁波、济南、重庆、昆明，其中7个属于北方城市，1个西部城市，只有宁波属于东部城市。三是由于出让金的投资效应引起，即无论是否追求租金最大化，城市都需要最基本的基础设施投资，服务于工商业发展，出让金并不是纯收益，部分功能相当于投资或投资抵押品。RG较大的原因主要源于越是热点城市，越是带来稀缺租金，从而导致潜在地租高；越是投资效率高，潜在地租越高，但由于经济外溢效应，城市功能提升明显，居民收入和税收提高显著，这些反过来推高潜在租金水平，这样的城市并不依赖对土地出让金的直接回收，其占财政收入的比值反而较低。在此提出以下假说。

假说1：房地产投资水平和地价水平越高，差距越大。这两个变量代表了地方房地产市场的活跃和稀缺租金创造潜力。

假说2：地方债务水平越高，越多的土地增值没有得以回收，所以降低潜在租金水平，倒逼提高出让金，减少差距。

假说3：人均城市建设用地面积越大，说明城市土地供给较多，不利于制造稀缺租金，使差距减少。

第四节 研究设计及实证分析

本研究采用 35 个大中城市数据，认为城市更能验证地租理论，数据具有获得性，但考虑到部分数据如负债率等只有 1 年数据，故本书没有采用面板数据结构。各数据源自历年统计年鉴和国家统计局数据库。

一、潜在（影子）租金估算

依据地租理论，PR = HP − CC − OC − CP，其中 PR 代表潜在租金；HP 是商住房地产售价；CC 是开发成本；OC 是其他相关开发成本；CP 表示土地的补偿费用，代表机会成本部分。依据新古典地租理论，减去各项成本之后是潜在租金。各项费用受数据限制，皆采用 2002—2015 年的加总或平均数字。由于补偿费用缺乏数据，且征地发生时间和补偿时间存在时差，难以获得准确补偿实际水平，本书采用工业地价水平的 30% 做估算。开发成本数据来自中国建设工程造价信息网 http：//www. cecn. gov. cn/index. asp。OC 取不动产售价的 25% 估算，包括各种税费约占 12%，销售费用率 1%，利润率取 10%，财务成本占 2%。OC 的取值标准比较粗略，这将直接影响潜在和实际租金的差值额。

二、实际租金

采用各城市历年土地出让金数据，见表 9 − 1。

表 9 − 1   2002—2015 年 35 个城市潜在租金和实际租金及其差额（单位：亿元）

城市	实际地租	潜在地租	差额
上海	10225. 20	19582. 80	9357. 60
广州	4786. 23	11469. 36	6683. 13
深圳	2737. 51	8634. 66	5897. 15
北京	16056. 22	19373. 23	3317. 01
成都	5711. 92	7144. 47	1432. 55
厦门	2458. 33	3782. 46	1324. 13
西安	1778. 15	2765. 49	987. 34

城市	实际地租	潜在地租	差额
福州	3053.70	3871.87	818.17
武汉	4244.36	4985.60	741.24
合肥	2705.19	3255.95	550.76
长沙	2470.86	3018.40	547.54
郑州	2793.53	3269.82	476.29
贵阳	1016.22	1442.95	426.73
南宁	1352.17	1734.14	381.97
海口	327.76	641.95	314.19
乌鲁木齐	455.50	641.27	185.77
杭州	8050.74	8173.53	122.79
银川	541.64	487.85	-53.79
南昌	1747.73	1676.39	-71.34
西宁	288.29	201.07	-87.22
兰州	530.70	372.50	-158.20
石家庄	1468.90	1149.34	-319.56
呼和浩特	705.02	372.10	-332.92
长春	1901.44	1515.32	-386.12
太原	890.34	492.56	-397.78
沈阳	4382.22	3831.27	-550.95
昆明	2710.59	2021.88	-688.71
南京	5244.10	4526.38	-717.72
哈尔滨	2921.28	2171.52	-749.76
青岛	3853.68	2769.79	-1083.89
大连	4530.80	3090.09	-1440.71
济南	2916.93	1456.87	-1460.06
宁波	4607.39	3077.06	-1530.33
重庆	9027.37	6983.92	-2043.45
天津	7956.05	4804.65	-3151.40

城市	实际地租	潜在地租	差额
总计	126448.06	144788.53	18340.47

资料来源：中国国土资源年鉴。

三、差额及其影响因素

依据以上假说，考虑数据可得性，本书选取 35 个城市 2002—2015 年的截面数据，将房地产投资额、地价水平、建成区人均土地面积、负债率作为解释变量，工资和地方公共预算支出作为控制变量，进行回归分析。债务率数据源自鹏元评级的研究报告进行整理；地价水平数据来自中国地价监测网；建成区人均土地面积数据来自历年中国城市年鉴，见表 9 - 2。

表 9 - 2　变量及其统计分析

变量	定义	代号	平均值	最大值	最小值	标准差
V1	差距	RG	524	9357.60	- 3151.40	2390.20
V2	地方公共预算支出	BUD	794.30	3956.80	103.20	861.60
V3	房地产投资额	INV	647.50	2401	96.50	495
V4	居民工资	WAG	47768.70	78326	36331.80	9712.90
V5	出让金	CRJ	3612.80	16056	288.30	3284.50
V6	地价水平	LPR	5646	21358	830	5741
V7	建成区人均用地面积	CLP	138.40	218	41.30	41
V8	负债率	DEB	228.30	573	19	132
V9	非商住用地比例	PLD	0.684	0.839	0.54	0.058

回归方程如下：$\ln RG_i = C(1) + C(2) \times \ln BUD_i + C(3) \times \ln INV_i + C(4) \times \ln WAG_i + C(5) \times \ln CRJ_i + C(6) \times \ln LPR_i + C(7) \times CLP_i + C(8) \times \ln DEB_i$

其中 i 代表不同的城市。

表 9 - 3　租金差距及其影响因素

被解释度量	系数	标准差
C	30	21.6
BUD	- 1.61 *	0.8

续表

被解释度量	系数	标准差
INV	2.21＊＊	0.85
WAG	−1.27	2.16
CRJ	−1.12	0.73
LPR	0.91＊	0.46
CLP	−1.42＊	0.77
DEB	−0.63＊	0.31

注：R^2：0.46 DW：1.74 F：3.29

＊、＊＊分别表示在5%和10%水平上显著。

表9-4 影响潜在租金和出让金的因素

被解释变量	潜在租金		出让金	
	系数	标准差	系数	标准差
C	0.869	3.15	0.1	5.41
BUD	0.355＊＊＊	0.11	0.5＊＊	0.22
INV	0.617＊＊＊	0.097	0.69＊＊＊	0.196
WAG	−0.188	0.315	−0.20	0.524
LPR	0.418＊＊＊	0.066	0.13	0.091
CLP	0.07	0.109	0.296＊	0.162
PLD	1.719＊＊＊	0.385	0.935＊＊	0.384
DEB	0.033	0.046	0.053	0.084
R_2：0.97 DW：1.6 F：146.5			R_2：0.92 DW：1.71 F：81	

注：＊、＊＊、＊＊＊分别表示在10%、5%、1%水平上显著。

在表9-2、表9-3、表9-4中，从回归结果看，房地产投资水平、地价水平显著正相关，说明二者的确能提高潜在租金水平和差距，符合假说。建成区人均用地面积和差距显著呈负相关关系，人均用地面积越小，差值越大，这说明土地的稀缺性，符合假说。地方债务水平也会显著降低差距水平（甚至是负值），即暗示债务水平严重影响对投资的回收能力，符合假说。控制变量中的地方公共预算支出显著负相关，工资水平是正相关关系，这说明地方的公共服务水平支出水平越高，但二者差距未必拉大，它对于潜在租金和实际租金的效应是同时发生的，甚至更可能带来实际租金的迅速增加；而工资水平的上升对于提高房地产有效需求的效果非常明显并将带来潜在租金的增加。

这些变量同样会对潜在租金和出让金产生影响，分别以潜在租金和实际出让金为被解释变量进行回归。发现预算支出和房地产投资都对二者显著正相关；地价水平对出让金是显著正相关；建成区人均用地面积对二者显著正相关。两个被解释变量对变量的关系呈现一致性，说明二者的内在特性具有相似性。

第五节　结论和政策含义

本章用土地出让金和潜在租金作为地方政府能力和行为的代理变量，土地出让金视为地方对地方城市建设支出水平的指标，而潜在租金视为地方从房地产市场获得投资回收的能力指标。研究发现，一线城市潜在租金远超出让金，说明这些城市具有较强的土地增值回收能力和良好市场条件；反之，不少城市出让金远低于潜在租金，说明他们在回收增值能力方面存在欠缺。且不少地方的债务融资所进行的建设投资，使二者可能发生偏离。但天津、重庆、宁波、大连、青岛等城市出现的巨额偏离，除了用债务因素和工业用地占比较大来解释外，还需要其他的深入研究，这也可能暗示着上述城市房价在未来进一步上涨的压力较大。

一个间接的政策含义是，在房地产热点城市，地方政府的城市建设融资具有较强的投资回收能力并确保债务的风险控制，反之当房地产市场出现诸如成交量徘徊、土地出让冷清的局面，不仅地方政府回收投资的能力下降，而且债务风险会加剧。

第十章

房地产市场波动与中美住房政策

美国具有特殊的政府间纵向和横向关系，具有独特的国情和房地产市场制度。它的制度和文化背景表现在：一是分权化和联邦制；二是对私有财产尤其是不动产权利有较为完善的保护制度和传统；三是地多人少，资源丰富，农地资源多。总的来说，美国地方政府对规划有很大的自治权，公民更容易参与规划过程并通过立法和司法过程获得权利保护，规划权力分布在行政、立法和司法机构之间。但同时可能产生规划跨区协调和碎片化的弊端。"规划—分区—细分—官方地图"，构建了美国多数地方政府对土地管理的基本框架。美国的房地产市场制度，土地利用制度和规划制度高度相关。中美国家制度的巨大差异不应该成为美国分区规划不值得中国借鉴的理由，其规划中的某些思想和技术值得借鉴。这并不是先验性的假定美国的"正确性"。国情不同，当然应该采用不同的房地产制度和政策，但某些规划等技术却不应该以国家制度差异为由而拒绝借鉴。在美国多数地方政府，没有单独的土地管理或房地产管理机构，规划机构如有关专门的规划委员会以及立法、司法部门等行使实际房地产管理职能。

同时，本章将中国的住房政策进行了国际对比视角的回顾。住房政策是房地产政策的主要组成部分。

第一节　房地产市场波动与住房制度和政策的关联

一、房地产市场制度与住房制度

住房市场是房地产市场的社会关注焦点和主要研究领域，与住房市场紧密联系的是一个国家的住房制度政策。合理的住房制度和政策是健康房地产市场运行的核心和关键。回顾中国的住房制度和政策，并对比国外发达国家的制度和政策，重点发现和分析哪些制度设计有助于构建和培育健康的房地产市场或住房政策，具有重要的研究价值，也能从国际视角发现一些经验和教训，从而有利于推动房地产制度改革。

房地产市场制度是一系列制度构成的，包括房地产开发制度、不动产产权制度、房地产交易制度、房地产开发制度、房地产管理制度（包括规划管理和项目管理）、房地产金融和税收制度、住房制度（含保障性住房制度、住房公积金制度等）、房地产中介制度、物业管理制度等。广义的看，可以将土地制度和房屋拆迁制度纳入。高波（2010）指出："具体来说，房地产制度指围绕着土地资源与房地产产品的开发、交易和分配而确立的关于人们相互作用发生的一系列规则。从内容上看，房地产制度主要包括土地产权制度和土地管理制度、房地产开发投资制度、房地产经营制度、住房供应制度、住房分配制度、住房社会保障制度和房地产税收制度、房地产管理制度等多个方面。在一系列房地产制度中，土地产权制度和住房制度对于资源配置及人们的利益影响最大，是通常要研究的基本制度。""住房制度，是国家在解决居民住房问题方面实行的基本政策和方式方法。其主要内容是：住房建设投资方式、住房供应方式、住房分配方式、住房经营方式、住房保障方式和住房管理方式等方面，包括有关住房问题的方针、政策、目标、方法等，这些方面的总和就是住房制度。"其中，住房制度是核心制度和老百姓最为关注的制度。自 1998 年住房制度市场化以来，我国住房投资、销售和价格都保持较快的增长速度，但随之而来的是价租比、房价收入比等市场指标不断上升，居民对住房的可支付性在热点城市不断下降，从而导致一系列社会问题。

二、住房制度与房地产市场波动

2017 年中央经济工作会议提出"加快建立多主体供应、多渠道保障、租购并举的住房制度"，要完善促进房地产市场平稳健康发展的根本举措。一个适应时代要求的住房制度和住房政策不仅依赖于房地产市场的总基调和总特征，反过来也将有利于房地产市场的稳定运行和健康发展。

可以认为，上述中央政策指出未来一个历史时期（但非永久）中国住房制度改革的目标和方向，是切合目前的房地产市场特征的。问题在于如何达到或实现这个目标，房地产市场波动和市场特征提供了住房制度改革和住房政策改革的宏观经济背景。从基本的房地产经济学理论看，一个良好的住房制度需要稳定的房地产市场运行和合理的价格作为基础。一方面，要充分增加供给，尤其是热点区域的市场供给，增加新增和总存量的住房，即利用一二手市场的联动和互补效应，这样才能平抑市场价格波动和提供可负担的住房。另一方面，充分利用产权和租赁住房两个市场的联动和互补规律，增加租赁房供给、加强租赁房市场培育和规范，这样才能分流部分消费者先进入租赁房市场，以达到平抑市场价格波动和提供"住有所居"住房的目标。所以，围绕这些科学的目标进行政策设计和执行，是政府的应有之义。

从国际对比的视角看，中国的多主体供给做得并不好。中国既没有很多国家居民享有的自建房权利（农民除外），也缺乏一些国家鼓励的住房合作社等非营利组织方式，房地产开发商成为商品房供给的唯一主体，地方政府是保障性住房的主要供给主体。这是非常单一的。广大人民和一些单位、集体由于政策和规划等限制，事实上失去了供给的资格。从历史和现实看，不少城市的城中村和郊区村，大量的"违建房"或"小产权房"在代行着部分的供给功能。如果未来能适度并在规划的约束下赋予个人和集体一定的开发权，将大大释放市场活力，公民将自发提供大量住房供给，居民将有更多的住房选择和产品选择。

租赁房市场和房地产市场的关联性也非常强烈。一方面，租赁价格平稳将抑制房地产价格；另一方面，房地产价格平稳将有利于租赁价格稳定，反之租金水平有强烈上涨压力。而且，房价的稳定有利于近年来出现的长租公寓的发展，因为过高的房价和过低的静态投资回报率不利于长租公寓的投资、运营和风险管理。从一二手房市场关联性看，一手房进入市场马上就变成二手房，较好的二手房随着时间的变化将变差并"过滤"给较低收入的需求者使用。

所以一二手房地产市场、产权和租赁市场的多源供给和联动效应，对于培育一个健康稳定的房地产市场十分关键。

调控房地产市场是过去十几年的主基调，但由于缺乏连贯性、通盘考虑性等问题，效果并不理想，经常出现政策朝令夕改、反市场规律等问题。2016年9月30日之后北京等16个热点城市推出楼市新政，调控全面转向，紧缩力度空前。"限购、限贷、限售、限价、限土拍、限商改住"六限推进，房地产融资全面收紧。棚改、大都市圈外溢、产业人口转移和农民工返乡购房等推动多年水涨的三四线城市"逆袭"，开发商库存转化成居民库存。2016年、2017年棚改货币化对全国住宅销售的拉动效应明显。作为棚改主战场的三四线城市销售大幅反弹，2017 年年底住宅成交面积占全国成交面积的 67%，市场局部出现失灵。限购迅速冰封市场，但未解决大都市圈一体化的问题。环京区域全面限购，市场瞬间降温，而从北京疏解到环京的人，却暂时没有购房资格，供需承接不上。前期部分热点城市阶段性地采取限价政策，对于快速降温有其必要性，但也带来新房二手房价格倒挂、百姓抢购新房、高价房无法网签等问题，后期还要逐步完善。限价造成精装房改成毛坯销售，使建筑品质出现倒退。①

人们看到，这种限制性、管制性的调控并不能改变市场扭曲的本源性问题，问题在于热点城市供给不足或供给不足的强烈预期。尤其是限价政策，极度地扭曲真实的供给价格和需求意愿，在江浙、深圳等地区带来大量的抢购，因为售价低于市场价。这也导致一些房地产企业经营困难以及刺激一些消费者的套利而非真实消费行为。同时，一些城市如广州大面积出现"双合同"现象，即房价受到了限制，但强迫消费者签订另外一份装修合同，变相提高房价，这导致部分刚需消费者的合理需求被打压。此外还导致地方房价统计数据严重失真，影响了政府形象。要从根本上解决市场问题，还需要转向更本源性的土地供给和开发制度上来。

世纪之交中国城市住房制度改革已经取得突破性进展，房地产业快速增长，房地产市场出现了相对繁荣的格局。由于对国民经济和社会发展的积极推动作用和事关全体国民的生活福祉，住房一直是人们关注的焦点问题。改革开放 40 年来，尽管居住条件获得了巨大改善，但是受我国所处特定的历史发展阶段及住房市场调整较慢等自身特点决定，供给相对于人们对住房的各种需求显得不足，导致诸如价格快速上涨、收入差距扩大、住房可负担性下降、社会不满、实体经济受到影响等问题的产生。住房制度和住房问题具有很强的时代和动态特征，这就要求人们立足现状，放眼全球，以发展的眼光审视目前和未来的制度改革方向。

---

① 夏磊，任泽平. 本轮房地产调控的回顾、反思和展望（2014—2018）［R］. 恒大研究院，2018.

第二节　美国的住房及其房地产制度

一、美国的住房

（一）住房类型

表 10 - 1　美国不同住房形式数量及占比

单元结构	数量（套）	占比（%）
总量	133351840	1
1 单元独立	82191994	61.6
1 单元共墙	7759217	5.8
2 单元	4971562	3.7
3 ~ 4 单元	5912247	4.4
5 ~ 9 单元	6376769	4.8
10 ~ 19 单元	6001085	4.5
大于 20	11549570	8.7
移动屋	8478334	6.4
船、RV、商务车	111062	0.1

资料来源：美国社会调查（ACS，American Community Survey2015），笔者整理。

（二）主要居住条件及空置率

依据 2015 年美国社会调查数据，全美有存量住房 133351840 套，空置率为 12.3%，见表 10 - 2。

表 10 - 2　美国住房使用情况

存量住房	数量（套）	占比（%）
总数量	133351840	/
使用单元	116926305	87.7
空置单元	16425535	12.3

资料来源：American Community Survey 2015。

每套住房拥有的房间数量为 1～9 个，主要集中在 4～7 个，中位数为 5.5 个。这意味着美国的居住条件较好，见表 10-3。

表 10-3　美国住房单元拥有房间数量及其占比

房间数（间）	总量（套）	占比（%）
/	133351840	100
1	2710874	2
2	3352655	2.5
3	12145729	9.1
4	22082400	16.6
5	27114074	20.3
6	23988832	18
7	16297702	12.2
8	11309920	8.5
9	14349654	10.8
中位数	5.5	X

资料来源：American Community Survey 2015。

（三）住房产权及价值

在使用中的 116926306 套住房中，自有比例为 63.9%，36.1% 为租赁住房。美国的自有率低于中国，见表 10-4。

表 10-4　自有和租赁住房占比

	数量（套）	占比（%）
使用房屋	116926305	1
自有	74712091	63.9
租赁	42214214	36.1

资料来源：American Community Survey 2015。

就住房价值看，中位数为 17.86 万美元，多数集中在 5 万～49.99 万美元，合计占 80.3%，其中 20 万～29.99 万美元的比率最高，占 18.3%。低于 20 万美元的住房占比为 55.3%，超过一半，见表 10-5。

表 10 - 5　美国住房价值

自有住房价值（美元）	数量（套）	占比（%）
全部	74712091	100
< 50000	6768763	9.1
50000 ~ 99999	11461501	15.3
100000 ~ 149999	11804066	15.8
150000 ~ 199999	11244363	15.1
200000 ~ 299999	**13637664**	**18.3**
300000 ~ 499999	11822996	15.8
500000 ~ 999999	6302238	8.4
> 1000000	1670499	2.2
中位数	178600	/

资料来源：American Community Survey。

（四）住房融资、租金及房租收入比

在 74712091 套自有住房中，有抵押贷款的比例为 64.8%，见表 10 - 6。

表 10 - 6　住房抵押占比

抵押情况	数量（套）	占比（%）
自有住房	74712091	100
有抵押	48414291	64.8
无抵押	26297800	35.2

资料来源：American Community Survey。

租赁住房租金中位数为 928 美元/月，44.7% 的住房租金分布在 500 ~ 999 美元/月，见表 10 - 7。

表 10 - 7　租赁住房租金分布

租金（美元/月）	占比（%）
< 500	11.8
500 ~ 999	44.7
1000 ~ 1499	27.1

租金（美元/月）	占比（%）
1500～1999	10
2000～2499	3.7
2500～2999	1.4
3000＋	1.3
中位数	928

资料来源：American Community Survey。

在 39015936 套租赁住房样本中，租金与租客收入占比分布平均，但占比超过 35% 的家庭占比为 42.7%，见表 10-8。

表 10-8　房租与收入比

房租与收入比（排除了 GRAPI 无法计算的单元）	占比（%）
<15	12
15～19.9	12.2
20～24.9	12.5
25～29.9	11.5
30～34.9	9.1
35 以上	42.7
总套数	39015936

资料来源：American Community Survey 2015。

二、房地产市场管理制度

作为一个奉行自由市场经济和联邦制国家，美国整体对房地产市场干预不多，其主要特点包括以下 4 方面。

（一）地方政府拥有较大权力

房地产市场具有区域性，加之美国将住房主要视为一种地方性事务，那么对房地产市场的适度干预就属于地方政府的事务。由于房地产的不可移动性、外部性等特性，各国普遍对其实施不同程度的干预。但美国是土地私有制国家，房地产市场按市场规律运作，故政府对其干预较少。地方政府管理房地产，一是靠一般法律。二是靠规划。通过规划管理每一块土地的用途、建筑类型、高度、密度等。对房地产从业人员（主要是房地产经纪人和销售人员）通过实行考试发牌制度规范其行为。三是靠税收和利率等经济工具，但这些工具可能并非专门指向房地产市场调控。例如，房地产税主要目的是为地方政府公共服务融资，利率主要指向宏观经济和投资等宏观问题。

在土地市场和规划方面，联邦政府将国家警察权力下放到各州，由各州自行管理本州公共行政事务。因此美国联邦政府不同部门虽然制定了很多土地管理政策，但并没有统一的联邦土地管理法令。各州因地制宜，根据各州实际情况制定土地管理法案。而这一系列法规政策统称为美国土地管制法（U. S. Land Use Control Laws），其中包括《土地分区使用管制法》（Zoning Law），《房地产开发管理条例》（The Regulation the of Development of Real Estate），以及《城市规划法》（Urban Planning）等。

此外，整个美国具有权力分散化的特点，公民民主参与地方事务的机会较多。美国公民社会（Civil Society）发达，美国行政管理机构就利用公民社会的力量，将一部分管理私有土地及其附属物的权力下放给社区，由社区组织自己的管理委员会。他们根据一些联邦或者地方土地管理法对本社区的土地利用、房屋管理、社区规划等事务性工作进行管理，邻里拥有很多的管理权力。

各地实施土地使用标准和对私有土地管理不完全相同，如得克萨斯州休斯敦市就没有执行美国商务部制定的《土地分区使用管制法》。但是由于各州必须遵从联邦最高法院的判决，这些判例成为各州实施土地管理的标准判例。即使各地在管理细节上可能稍微不同，但是总的管理原则和法律基础是一致的（雷少华，2010）。

但是要特别说明的是，虽然美国的土地利用和房地产同样受到较多的管制，但不意味着他们不注意对产权的保护；实际上，产权的保护理念是根深蒂固的。即使出现对产权的损害，在一个法治国家，通过准司法或司法渠道一般都能获得满意的解决。

（二）较高的市场化程度，具有更高的竞争性

美国国土辽阔，且适合利用的土地很多，可谓人少地多，优越的自然条件为其独特住房资源和类型提供了坚实的资源基础。美国人更加关注生态环境问题，而不是耕地保护，虽然耕地保护在部分州依然得到重视，但保护耕地已然不是出于粮食生产的目的了。这使美国人可以广泛地拥有"独立式别墅"这种

分离式独户住宅。

美国的城市形态也比较独特。例如，一些城市的市区和郊区的界限并不清晰；都市区呈现"碎片化"和扁平化，即一个都市区可能包含数以十计，甚至一百多个地方政府构成①；居住分散化——独户住房一般在都市的中间或外围；多户住宅或公寓一般位于市中心等。这种城市形态的一个重要影响表现在优质公共服务并非集中在市中心，那么人们不需要挤在一个小区域之内，这变相扩大了居住的空间范围，人们有更多的居住选择，包括居住的地段、公共服务或建筑类型。

同时美国很少征地，多数房地产项目通过购买土地直接进行，只要后续执行申请建筑许可或细分许可等规划方面的程序。这使房地产开发用地选址更具有灵活性和市场化的特点。只要符合分区法，开发商可自主研判地块周边市场，决定是否和如何开发土地。土地市场的充分竞争性进而导致房地产市场的竞争性加强，开发商在整个城市层面的垄断地位较弱。这和中国的地方政府垄断土地一级市场供给形成鲜明的对比。

但是，这样也不是没有弊端。由于私有产权保护以及城市拆迁困难，这导致很多房地产开发项目规模并不大，利润不高，规模经济缺乏，房企利润率低，风险大。一个失败的开发项目有可能导致一个企业破产。

个人拥有建房权，也是房地产市场竞争性增强的原因之一。个人可以购买土地，自己聘请建筑公司建房和装修，这样也会抑制开发商的垄断地位。

（三）规划和市场手段结合的市场管理手段

多数地方政府没有专门的土地或房地产市场管理机构，州法律和地方政府颁布的分区、规划和建筑系列专门法令、条例发挥着主要的市场管理功能。规划委员会、地方议会、规划上诉委员会、法院等机构都分别掌握一定的规划起草、制定、修改、实施、解释和裁判权力，并构成一个相互制约的有机整体。甚至社区机构和普通公民都是规划的参与者和监督者。这使市场在规划的引领下，得以顺利地执行，秩序得以维持。一旦违法，成本高且被追究的概率增大。

在市场失灵的时候，地方政府不会缺席，如在社会住房方面。

① 芝加哥市，面积为237平方英里，人口269.56万人。但芝加哥都市统计区包含348个地方政府，面积10856平方英里，在2010年的人口数量为555.25万人。类似的都市区还有底特律、匹茨堡、圣路易斯、印第安纳波利斯、克利夫兰等。

联邦政府并不是不干预房地产市场。税收、利率、抵押贷款支持、财政手段都是可用工具。比如，联邦政府可以使用转移支付手段对地方政府和地方房地产市场实施干预。对保障性住房建设联邦可以实施干预，但多数情况下，地方政府的总体规划制定时，公共住房作为一项重要的公共政策，一般都会纳入该规划。

著名经济学家爱德华·格莱泽认为，长期以来联邦政府一直在住房市场中扮演着重要角色，表面上旨在限制住房价格。而地方政府则在住房建设规划中扮演着重要的角色。不过，很显然有些地方政府并没有为减轻居民住房负担而努力。虽然住房抵押贷款的过度发放和错误定价，是最近住房市场繁荣和衰退的关键因素，但是要了解住房市场周期的特殊性，就不能忽略需求管理政策和供给限制在其中发挥的作用。债务低廉化政策，特别是低收入者的债务，显然加剧了住房价格的上涨。住房价格上升促使政府资助型企业更加积极发放贷款，这进一步推动价格上扬。而随后房利美和房地美倒逼，导致整个住房市场下挫。需求管理政策会加剧住房价格波动，而提高供给弹性的管理政策则会降低住房价格的波动性。

格莱泽同时强调了地方政府对房地产市场具有更大的影响力。认为大多数城市都经历了上一轮住房市场繁荣，而其中供给管制较严的沿海城市，住房价格上涨幅度相对大得多。这表明，除了与收入和抵押债券市场相关的需求条件以外，住房供给状况也是造成住房市场繁荣和衰退的一个重要因素。相反，一系列越来越严格的地方政府土地法规，导致很难在这些高成本地区新建住房。"邻避主义"哲学思想适合于地方政府，但对整个国家住房政策则不然。联邦政府的正确做法应当是阻止地方政府抵制建设新项目。

他认为地方政策，而不是国家政策，确实能影响非贫困人口的住房负担能力。抵押贷款利息和政府资助的"两房"［联邦国民抵押贷款协会（房利美））和联邦住宅贷款抵押公司（房地美）］的作用比较明显。这些针对中产阶级的需求管理政策覆盖面很广，它引致人们放弃原来的购房计划，转而购买价格更高的住宅。但是，这些资产并没有提高住房的可支付性，即便没有它们，也不会产生支付能力危机。

基本的经济学知识和历史告诉我们，在美国全国范围内实行统一的住房政策是不明智的。美国是一个拥有多样化住房市场的大国，其中很多市场并不存在住房可支付性问题。供给方政策应该限定在住房价格高并且供给受限的地区。

住房市场呈现上述特征的有 8 个州，主要集中在加利福尼亚州、马萨诸塞州、新泽西州和纽约州。

（四）政府管制手段对房地产市场具有良性和扭曲双面效果

格莱泽认为美国当前的住房政策包括价格和数量管制。历史上，房租管制曾经是住房市场上最重要的干预政策手段之一。数量管制方式一是建筑法（Building Codes）。新建筑物相关管制可以分为两部分：土地使用条例（The Rules Regarding Land Use）和建筑规范法（The Rules Regarding Building Codes）。数量管制方式二是土地使用限制，如最小地块面积等。价格和数量联合管制、包容性分区。

在住房管制政策中，质量和数量管制已经取代了价格控制。建筑法规变得更加烦琐。土地使用管制和相关法规的扩张对住房价格上涨有着更大的影响，数量和质量管制会大幅提高住房市场价格。可将地方土地条例看作一种政府制造的市场失灵。住房市场其他干预政策还有税收和补贴政策。税收法规包括对自有房户的补贴、政府赞助型房地产企业、各种隐性补贴、租房券。

另外，美国的住房制度和土地制度、开发制度等有紧密关系。第一，美国的土地除有 40% 左右属于联邦和州政府所有外（这些土地很多是国家公园等生态保护区），一般的土地为私有的，并不存在年限的问题。第二，住房建设可以自建，也可以购买开发商开发的成套房屋。第三，保障性住房和中国一样，是地方政府的一项重要职责，常常纳入城市总体规划予以实现。第四，美国的住房较少以中国式的小区形式出现，也有一些公寓组成的社区，但开放性较强。第五，有发达的房地产税管理信息系统，公民可自由地在网上实现几乎全部住房的征税情况查询。

第三节　与住房关联的美国规划和开发制度简介

一、规划体系

美国的地方政府有县、市、村、镇四种类型，其中县、村是未整合区（Unincorporated），市、镇是整合区（Incorporated），拥有一般规划权（市并不一定比县、镇有更大的权力）。其他社区规划组织由区域规划委员会和数百个特别目的政府单元（如学区、住房机构、卫生区和都市排水区）组成。但这些机构之间缺乏合作，会对规划程序提出巨大的挑战。州和地方政府并无层层递进的规划隶属关系，但州的法典具有法律约束力。规划是国家拥有的警察权运用的一种方式。警察权在美国源于联邦宪法授权，是国家主权的固有属性之一，是州和地方政府运行的关键权力之一。

大体有四种最重要最常用的规划：综合规划、分区、细分管制和特殊规划，它们分别扮演不同角色。并不是所有层次政府都有分区，不少地方没有自己的分区法。州有综合规划法，但可能并没有综合规划，州的功能主要是法律的规制。在 2010 年威斯康星 1822 个地方政府单元中，有 1489 个颁布规划，占比 81%；正在进行的 144 个，占比 7.5%；没有规划和不知道的有 204 个，占比 11.5%。其他主要的法律（如分区法、细分管制和特殊规划）都是如此。

分区和细分管制之间没有隶属关系，在特定地区可以既有分区又有细分，也可以无分区有细分或者有分区无细分。它们都是管理城市、管理土地使用的主要规划工具和政策工具。

二、分区制度

多数分区属于一般分区，它在社区内产生不同的使用区。每一个区必须有一系列允许用途，是期望的用途。每一个区也含有特别使用目录，有时称之为特别例外或条件用途，即在一定环境下，需要被地方审查后许可。其他所有用途是禁止的，一般不列出。地图和文本是组成部分，分区图展示了区域边界何在，文本则描述每个类型能做什么。

区域设定不同类型的用途。在每一类型中，常常有几个允许使用的强度。典型的分区区域可能包括居住用途、商业用途、工业用途和农业用途、政府和设施用途、休闲用途、自然保护地和农业用途。分区有弹性和调整机制以允许土地使用规则去适应和依据特殊问题或独特环境而变化。

特别目的分区解决特别的关注或特别的地理区，诸如围绕机场的土地和沿河沿湖土地。这些分区比一般分区依照不同的法律和程序要求来管理。一般分区是地方政府可选工具，而有时特别分区却是州法律强制实施的。

三、细分管制制度

细分管制或土地分割提供一个程序和标准将大的土地切分为更小的地块，

使其变得更加容易销售和开发。和分区一起，细分管制是实施社区规划的土地使用控制工具。细分是和分区同样重要的工具，管理的主要是地块外的公共设施，如街道宽度、设计、风貌、排水等内容，而分区更多是控制密度和地块本身。细分要符合综合规划和分区法。有时政府的特别规划允许部分地段可以细分，增加密度或者改变用途，但并不是全部地段都可以获得细分批准。

更为重要的是，细分相当于创设一个私人的土地市场，担负供给土地功能，因为在私有制下，政府一般很难也很少征收土地，需要在规划上给私有土地供给市场提供方便。开发商和地主可以要求细分，即使政府批准细分申请，未必都能交易成功，因为市场供给可能较多，市场需求可能不强烈，或者错判了市场形势，如区位选择失败等。如果细分项目失败，可能导致开发商破产。但大块土地细分后才适合出售或以更高价格出售，可能 10～30 年内出售完毕，这要依据市场来定。

细分最初目的是为了保护农地，通过设定一种限制，防止把土地分得太小，从而转换为非农用途，目前的细分功能发生较大改变。细分申请可能伴随条件，如捐地、捐钱、提供基础设施用地或建设费等，另外细分伴随测量（Survey）等费用发生，所以细分申请者要斟酌。

然而，细分和分区管制的规则在两个主要领域是不同的。第一，分区管制的意图是去控制财产的使用，而细分管制则解决开发的质量问题。第二，威州法律对管制细分程序和要求不同于分区的法律要求。然而，分区和细分管制的界限并不清晰，如两种都能设定地块面积，都能处理地块的开发适合性问题，土地使用控制并无层级，分区并不优于细分程序，反之亦然。开发许可必须沿着两条轨道进行：分区许可和细分许可。诸如农村集聚开发需要使用分区法令和细分法令同时运用。

第四节　麦迪逊分区法[①]

2016 年 10 月最新版全市的法典有 42 章，非常繁杂，多达 2383 页，其中与规划高度相关的法律有四个，分别是总体规划、影响费法、分区法、建筑法，

---

　① 有关麦迪逊的分区详细介绍可见附录：麦迪逊分区法。

其中第 28 章分区法最长，有 343 页，也是所有法律中内容最多的。有关的法律还有 9 部，如公共排水系统法、公共供水系统法、历史性保护和上诉等。

分区法分为 15 节：条款简介、分区划区和地图、居住区、混合使用和商业区、市中心区、就业区、特殊区、重叠区、一般管制、补充管制、建筑形态、程序、非遵从、管理和实施、建筑规则和定义。

以居住区为例，规则为四个：P、C、P/C 和 Y，分别表示允许、条件允许、依据情况决定许可或条件许可和特别条件要求（补充管制）。区域两大类为郊区、传统居住区，再增加"一致性"或变化等参数细分为 15 个子区，这可视为横坐标，不同区有不同的用途和管制规则，皆非常确定。虽然是居住区，用途可能包括：家庭生活居住、集体生活居住、市民和机构、零售服务业娱乐和其他、设施、农业、附属用途和建筑 7 大类。还有 85 小类，这可视为纵坐标。以移动杂货店为例，在 15 个子区中全部被允许，但受到附加管制。非营利少儿戏剧艺术学校只在传统居住一致 1 区被许可，其他 14 个区是禁止的。这意味着在居住区中，管制规则和用途类型都被极度细分，不同的用途适用不同的规则，展现一定的灵活性和兼容性。见表 10 - 9。进一步的，即使被允许，更不必说条件允许，将还需要符合另外的管制规则，但这些规则都详细另外列出。

表 10 - 9　居住分区规则示意（未列出的可能用途默认为禁止用途）

可能用途/用途子区	SR - C1	SR - C2	SR - V1	SR - V2	TR - C1	TR - V1	……	补充管制
用途 1	—	—	—	P/C	—	P	—	Y
子用途 1	P	C	—	—	P/C	—	—	Y
子用途 2	—	—	P/C	—	—	—	—	Y
用途 2	—	P/C	—	—	—	P/C	—	Y
……	P	C	P/C	—	—	P	—	

麦迪逊分区法以城市为主，但设定特殊区域，同样有允许、条件、允许/条件、特别要求 4 种规则，区域分农业、城市农业、保护、公园和娱乐、机场五大类，可能的用途有农业和资源、市民和机构、家庭生活居住、受限生产加工和储藏、公共设施和公共服务、交通、医疗设施、零售和服务、食品和饮料、商业娱乐休闲和旅馆、汽车服务、停车和仓储设施、附属用途和建筑 13 大类，

诸多子类。例如，家庭居住在农业区被允许。虽然被允许，但是有进一步的"准入"门槛，如居住用途要求以下条件：地块最小面积 10 英亩、宽度 300 英尺、前院退后 30 英尺、侧院退后 80 英尺、后院退后 100 英尺、最大高度 2 层/35 英尺、建蔽率 5%，共 7 个条件。特别要注意的是，农业区内并不是禁止一切非农业用途的，居住、农产品零售、商业娱乐、公共设施、交通、停车和附属性建筑等诸多用途都是在满足附加条件后可能被许可的。

第五节　美国房地产开发案例介绍

麦迪逊市是位于美国五大湖西部威斯康星州的首府，是政治中心而非经济中心。围绕该市分布着数个城市型地方政府并在空间上构成一个中小型都市区。本章介绍的开发案例简称"秋湖案"，位于麦迪逊市南部约 4 千米阿尔德曼尼克区。属于中国意义上的"城乡接合部"。本章翻译其 2004 年分区申请（Zoning Application）。该项目是一个细分项目，规模并不大，开发多年，一直到 2017 年1 月笔者前去考察，仍在进行开发，由于市场不景气，工程时间太长，项目开发处于亏损状态。

一、秋湖社区开发案基本情况

于 2004 年开始进行第一期公众设施改良工程。整个社区将分阶段开发，耗时 5～10 年。项目的初始阶段预计将从秋季湖公园路、从费尔兰路延伸到城镇中心开始。第一阶段将包括湖泊设施和示范中心住宅的潜在开发。总土地约 285英亩。土地利用现状：农村住宅；农业、保护区。现有的分区是 PUD：GDP①（颁布于 2003 年 12 月 2 日）。

北部：基地北部地区是住宅、商业和矿物开采用途的混合体，位于麦迪逊市和伯克镇。大多数商业和住宅用途都集中在伯克车站周围，这是一个历史悠久的火车站，是一个混合用途的村庄。威斯康星和南方铁路线位于地块北部，很少使用。然而，它已被讨论设计为未来高速地区铁路和当地通勤使用的可能

---

① PUD 是规划开发单元，GDP 是一般开发规划。

路线。该区域预计将继续现状使用，并进行一些额外的开发，将其作为费兰德社区规划的一部分，如图 10 - 1 和图 10 - 3 所示。

图 10 - 1　秋湖地块从北看的景观

图 10 - 2　秋湖地块从西看的景观/
相邻的土地利用

东部：农村住宅、农业和矿物开采的用途都位于场地的东部，以及沿着公路的前沿。麦迪逊破碎和砾石作业位于场地的东部，预计将继续进行，在其土地的南部进行有限的挖掘。

图 10 - 3　秋湖地块从北看的景观

图 10 - 4　秋湖地块从费兰德/
列恩路看的景观

这一地区的大部分可开发面积被预测为用于近期和长期发展，作为费尔兰街区规划的一部分，如图 10 - 5 所示。

图 10 - 5　秋湖地块从南看的景观

南部：农村住宅和农业用途位于 Lien Road 以南。将菲兰公路以东的路延伸至驯鹿/斯普拉彻走廊需要在实施前进行更多讨论和财产收购。这一地区预计将在费尔兰街区计划内进行住宅和商业/办公的混合开发。

西部：联合制砖公司和科巴特公司是西部边界沿线用作商业和制造用途而建立的公司，90/94 号州际公路就位于这些地点的正西。这些财产的北部路段，即铁路南部，已被确定为区域雨水管理设施的潜在地点。城市景观公路预计将跨越铁路从 High Crossings 社区附近经过，最终连接到公路，州际公路的东部。Lien Road 继续在州际公路下面连接着社区和东镇地区。这一地区预计将开发办公/商业和雨水管理，作为费兰德社区计划的一部分，如图 10 - 6 所示。

图 10 - 6　秋湖地块从西看的景观

二、目的声明

秋湖附近的乡村是一个多功能的传统社区，旨在提供各种住房类型、活动方式选择，以及各种街区开放空间设施和社区目的地的零售点（Price-points）。附近的特色主要有一个 15 英亩的湖泊和一个市中心。这个社区将为人们提供的不仅仅是一个居住的地方。相反，它提供一种社区和邻里集体感，居民将自豪地称之为家。整个社区旨在借鉴农村小乡村、铁路停靠中心和湖区社区的历史发展模式。这些有机发展风格和模式的结合创造了一个基于行人聚集环境的社区，同时承认并满足现代需求。

该社区的住宅组成包括单户住宅、联排别墅和多户住宅，整体住宅组合旨在为居民提供全方位的住房配置、在租赁和房屋所有权安排上的价格选择。住房类型的范围将是居民可以负担得起，实现首次、上移和豪华住房的组合，从而创造和促进社区内可持续的住房融合。

商业和市民用途完善了社区的已开发部分，为居民提供日常服务与民用目的的融合，包括小学校址、小规模零售店、潜在的社区中心，以及有可能建立社区农业市场的现有谷仓。

秋湖的建立重点突出附近的开放空间和保护组成部分。作为社区的焦点（Focal Point），它旨在为居民提供钓鱼，划独木舟或沿着岸边散步的场所。湖泊设施的完善是对口袋公园、社区公园、徒步小径和保护区的完美体现；在整个开发过程中提供被动和主动休闲区的混合物，并位于居民的步行距离内。

街道设计和社区内的整体连通性旨在关注行人的需求，同时尊重汽车的需求。根据目的地和周围的土地使用，这些设施的规模和使用范围具有战略意义。这可以鼓励适当的交通速度，同时在整个社区提供多种交通选择。

通过这些元素的精心组合，秋湖附近的村建立在历史街区最佳方面的基础上，并提供一个独特的地方称之为家。该项目延续了麦迪逊市内创造可持续和充满活力社区的传统。

三、分区

以下地区详细介绍了社区内区域的用途和院子要求。区域要求摘要表包含在本书的附录中。注意：本书包含的图形仅供参考，不取代文本信息。最终的地块编号基于 2004 年 5 月 26 日的最终地块提交，可能会有所变更。

1. C2：社区商业

最终地块批号：369。

概述：费兰德商业地块旨在促进现有谷仓的修复和保护。作为建筑物修复的一部分，将进一步发展农民市场或提高社区市场使用的潜力。允许使用和场地要求：由麦迪逊市 C2 区划给出。

2. R2T 独户住宅（街道进入）

最终地块编号：2~9，134~146，148~152，166~182，184~215，227~232，234~250，252~257，261~283，347~368，370~412，428~444，473~487，505~517。

概述：此区街道接入独户住宅。特征是从街道进入车库，减少退后，按比例建筑装饰和行人聚焦街道景观。最终地块宽度分配将作为最终地图申请材料部分提交。下面的地块规格是近似的且可随着地块而变化，只要符合最小地块标准。地块 361 包括现有的农场屋，将保留为独户住宅。

大致地块规格：45′*85′51′*100′69′*100′79′*100′。允许用途为独户住宅、独户附属车库、次级单元（见一般开发条件章节）。地块条件要符合麦迪逊 R2T 分区。

3. R2Y：独户住宅（有小巷通行）

最终地块编号：10，14，17~24，28~36，44~54，58~75，81~85，104~108，111~112，119~130，162~165，219~223，288~306，310~313，317~318，321~326，328~337，339，344~346，413~427，452~454，460~472，488~500。

概述：本区的住宅提供独户住宅，配备有车库入径，减少台阶的数量，提供成比例的建筑点缀以及行人穿行的街景。该地段的最终分区的地块宽度将作为最终地块的申请材料部分之一。以下地块的格局是相似的，而且这些配置会随着地块的改变而改变，要求在最小的地块要求框架内进行改变。

大致地块规格：45′*95′59′*90′69′*100′79′*100′。

允许用途：单户的独立式住宅；独户及附属车库；次级单位（见一般开发部分的条文）。

地块要求：按照麦迪逊市 R2Y 分区。

4. R2Z：独户家庭住宅（有巷子接入）

最终地块编号：11~13，15~16，25~27，40~43，55~57，76~80，86~

88，92～96，100～102，109～110，113～118，131～132，153～161，218，224，307～309，314～316，319～320，327，338，340～343，445～451，455～459，501～504。

概述：这一地区包括密度较高的单家庭住宅，有小巷出入车库，减少退后，按比例进行建筑点缀和构建行人集中的街道。这个地区内的地块宽度的最终分配将被确定为最终提交申请的一部分。

近似地块配置：45′＊80′37′＊95′。

允许用途：单家庭独立住房；独立的、连接的车库；次级单位（见一般开发要求一节）。

院子要求：按麦迪逊市的 R2Z 分区。

5. 保护区：公园和空地

最终地块号：OL 4，9～10，12～14，16～21，23，25，28，32，34，35，37～38，40～41。

概述：这个村庄位于秋湖附近，有各种各样的开放空间和户外娱乐设施。这些空间包括被动（passive）步道、活跃的公园区域、树林保护区和 15 英亩的湖泊，都在附近居民的步行距离之内。秋湖本身将构成雨水处理和娱乐设施的新模式。15 英亩的湖泊设施将起到暴雨储存的作用，同时帮助保护斯塔克气候小溪源头。通过与"国家，城市和斯塔克气候小溪的朋友"这支慎重的团队努力，这个设计方案已经被仔细讨论和修改。秋湖将成为该地区雨水处理系统的典范，同时也是该地区的便利休憩设施。最终的湖泊设计将被确定为最终提交申请的一个组成部分。

除了湖泊，社区内的开放空间还包括为口袋（pocket）公园和社区公园预留的区域，为每个家庭提供各种休憩地，且这些区相距很近。这些空间与整个开发区的完整路网和保护区相连。这个网络提供沿着铁路线的通勤小道、沿着河流系统的连接和邻里间的步行路径的机会。

6. 公园和开放空间构成

最终地块编号：OL 16，邻近的公园：邻近的公园位于费兰德路，紧邻学校站点，允许共享使用和修建资金选择。该公园将作为邻里和周边地区的活跃使用设施。

7. 口袋公园

最终地块编号：OL 4，9，21，25，32。

邻里的口袋公园遍布整个社区，距离每个住宅都只有几步之遥。这些公园为居民提供被动使用区域和独特的户外休闲机会，而无须穿越主要街道。

8. 保护/雨水管理

最终地块编号：OL 10，12～14，31，35，38，41。

附近的开放空间系统通过综合小径和开放空间保护系统连接。该系统保存了树木繁茂的山坡和沟壑的独特性，同时容纳被动使用（Passive Use）和雨水管理。

9. 秋水湖

最终地块编号：OL 18～20。

秋水湖形成了开发的核心，定位整个社区的角色也奠定了整个社区的感情。这个 15 英亩的湖泊，被设计用作雨水管理设施、娱乐便利设施以及社区的焦点。湖泊的雨水管理旨在雨水流入斯塔克维尔河流域前处理它的数量和质量。湖泊及其周围的娱乐休闲机会已包含在湖泊的设计中，突出整个湖泊的独特性和水质。

10. 河系

最终地块编号：OL 10，12，13。

一条间歇性河流将社区一分为二，突出了社区的开放空间的特点。虽然有植被缓冲区、河流整修和河流的积极利用的措施，但是该河系仍将被重点保护。这一河系将会通过扩大在费伦道以东的沟壑区来进行更进一步保护。

11. 小学

最终地块编号：OL 17。

秋水湖小学遗址所在的村落是通过和森普雷利学区进行探讨而发展起来的。它将为附近的居民提供和保持学校点的机会。这个学校点还和人烟稀少的社区公园进行合作，提供交叉使用公园设施和分担设施潜在成本的机会。

四、PUD：GDP 分区文本

最终的地块编号：1，37～39，89～91，103，133，147，183，216～217，225，226，233，251，258～260，284～287，518～519。

以下地区详细描述对庭院的要求和所处地块的特征对规划开发单元的要求：一般开发规划（PUD：GDP）中关于社区发展的部分（General Development Plan）。

区域三　　　双拼住宅（Twin Homes）

区域四　　　附属性豪宅

区域五　　　联排别墅

区域六　　　多户住宅

区域七　　　混合使用

1. 专业术语和定义

家庭：家庭的定义是章节 28.03（2）中的概述定义。麦迪逊一般条例规定，每个 R3 区域只能供给两个单位的地块，每个 R4 区域只能供给一个多户型住宅的地块。

允许侵占土地的地物：前廊、阳台、门廊、开放式门廊和有盖走道只允许侵入前院台阶最多 6 英尺。后院甲板和露台最多只能侵占后院台阶 10 英尺（不包括胡同通道）。前院台阶大于 20 英尺的房子的门廊必须达到 6~8 英尺。拐角处的门廊和飘窗不能侵占视觉三角。屋檐和悬挑可能会建在任何台阶长度达到 24 英尺的地方。屋檐和悬梁不能超出建筑红线的范围。花园的围墙或围栏应根据单独的围栏管理指南进行监管，并且需要通过建筑控制委员会的批准才能建造。位于视觉三角内的超过 30 英尺；位于小于 20 英尺的侧院内和毗邻建筑物（桥梁建筑物分隔）之间的围栏要垂直于建筑红线，并且必须要有一个 46 英尺宽的防火通道。这样的围栏可以跨越有设置地役权的地界线。

辅助建筑规模：安装的植物或栅栏不得阻挡工地排水或妨碍通往建筑物侧面或后院的消防通道。

建筑高度：住宅体量将提供各种以行人为中心的街道环境，并将在社区内有所不同。临街车库不得超过单户住宅、复式住宅结构宽度的 50%。在带有车库配置的街角地段的房屋，如房屋的主入口面向一条街，而车库面向交叉街道（独立立面），则不受本条款的约束。

街边停车：两个离街停车场（每单位）要求建设，社区内每一个毗连住宅都需要。对联排豪华住宅、联排、多户住宅、混合使用建设的停车要求将作为"特别实施计划"的一部分。

中心区的建筑布局将会受到严格的规范，以鼓励行人的环境，并通过地界退后和停车场布局相结合来加强街道边缘。楼宇的位置亦须严格管制，以维持行人街道景观及有屏障的停车场。附属大厦住宅、联排别墅、多户住宅和混合用途区内的附属用途将根据具体实施计划的提交情况逐个确定。

容积率：邻近地区的复式单位高度不得超过 35 英尺。在小区内设置附楼、联排别墅、多户、多用途容积率，作为具体实施方案的组成部分。

建蔽率：所有区域的建蔽率标准将由专门实施规划设定。

可用户外开放空间要求：所有区域的开放空间标准将专门实施计划设定。

视觉三角形定义是：转角处路缘的交点，以及从角落沿着每个路沿退后 30 英尺的点。

消防通道：在该开发项目内应提供多户建筑物的消防部门通道，并可包括火灾入口驱动器，减少阻碍，限制路内/街外停车区和灭火系统，详细的访问将作为具体实施计划审查和批准的一部分。附属大厦、联排别墅、多户住宅和多用途建筑的停车要求将作为具体实施计划的组成部分。各分区的楼面面积比率将会作为具体实施计划的一部分。各地区的防渗面比将作为具体实施方案的组成部分。所有地区的户外开放空间使用要求将作为具体实施计划的组成部分。

示范中心：临时示范中心可能位于附近，包括临时销售办事处，在销售正在进行的时间段内，在单一家庭区内允许使用此用途，在社区内完成销售后，这些用途将恢复为单户住宅。

2. 分区 3：双子住宅

最终宗地号：37～39，89～91。

双子住宅居住区的特点是巷道装载（Loaded）单位、减少退后、行人集中街道景观元素和独户家庭风格的建筑。这些地块可能会被分割，形成零地块线的共有公寓单元，沿着共同的墙壁分割。未来的地块分割将需要额外的申请提交，但允许在这个地区内的地块进行，只要不产生额外的单元。

可比分区：无。

允许用途：双户住宅；零地块线联排住宅；独立车库。

最小地块面积：每单位 3000 平方英尺。

院子标准：

最小地块宽度（两个单位地块）	60 英尺
最小地块宽度（零地块线）	30 英尺
最小拐角地块宽度	65 英尺
最小拐角地块宽度（零地块线）	32.5 英尺
最小前院退后	16 英尺
前院最大退后	25 英尺

最小侧院退后   5 英尺

最小侧院退后（零地块线）   0 英尺

注意：零地块线要求对联排的额外消防墙进行评级，这是在申请建筑许可证时已决定的。

最小角落处地块侧院退后   离马路右侧 10 英尺

最小建筑间隔   相邻地块之间 10 英尺

最小巷道车库后院退后   2 英尺

最小巷道车库侧院子退后   3 英尺

场外停车和装货   每个单位有两个临街停车位

3. 分区 4：联排豪宅（Attached Mansion Homes）

最终地块编号：103，287。

描述：联排豪宅小区由三栋和四栋单体建筑组成出租或公寓。这些单位将利用前面和巷子进入车库的格局。

近似地块规格：90′x100′

允许用途：三、四单元住宅；独立、联排、地下停车场。

地块标准：

最小的地块面积   9000 英尺

最小的地块宽度   85 英尺

最小拐角地块宽度   95 英尺

最小前院退后   10 英尺

最小侧院退后   8 英尺

最小转角地块退后   离马路通行权 10 英尺

侧院退后的总和   16 英尺

最小建筑间隔   10 英尺

最小车库后院退后   2 英尺

最小铺设面退后   变化（将在 SIP 中设置）

最大建筑高度   45 英尺

最大不透水表面比   可变（将在 SIP 中设置）

最大建筑面积比   变化（将在 SIP 中设置）

场外停车和装货   变化（将在 SIP 中设置）

4. 分区 5：联排住宅

最终地块编号：1、97、98、99、133、258、28、5、28、65、185、19。

描述：城镇住宅区形成一个中等密度的联排住房选项，具有小巷和街道访问车库。这个区域内的单元旨在提供各种版式，每种版式特别设计，以适合周围用途和住房类型。

大致地块规格：22′×80′   22′×95′。

允许用途：城市住宅；独立、联排及地下停车场。

地块标准：

最小地块面积　　　　　　变化（将在 SIP 中设置）

最小地块宽度　　　　　　变化（将在 SIP 中设置）

最小转角宽度　　　　　　变化（将在 SIP 中设置）

最小前院退缩尺度　　　　10 英尺

最小侧院退缩尺度　　　　变化（将在 SIP 中设置）

最小转角退缩尺度　　　　街边右侧 10 英尺

侧院退缩尺度总和　　　　变化（将在 SIP 中设置）

最小的建筑物分离距离　　变化（将在 SIP 中设置）

最小车库后院退缩尺度　　2 英尺

最小铺设表面退缩尺度　　变化（将在 SIP 中设置）

最大建筑高度　　　　　　45 英尺

最大不透水面率　　　　　变化（将在 SIP 中设置）

最大容积率　　　　　　　变化（将在 SIP 中设置）

路边停车和装载　　　　　变化（将在 SIP 中设置）

5. 分区 6：多户住宅

最终地块编号：147，216，217，225，226，23，251，284。

描述：多户住宅区完成邻里内的规格选择，包括各种风格、密度和联排住房选择的规格。该区域内的住房密度将从独立的单户公寓到市中心的多户住宅，并将为邻里居民以及公寓和出租单元提供广泛的住房选择。

允许用途：多户住宅；独立、联排及地下停车场。

地块标准：

最小地块面积　　　　　　变化（将在 SIP 中设置）

最小地块宽度　　　　　　变化（将在 SIP 中设置）

最小转角宽度　　　　　　变化（将在 SIP 中设置）

最小前院退缩尺度　　　　　　0 英尺

最小侧院退缩尺度　　　　　　0 英尺

侧院退缩尺度总和　　　　　　0 英尺

最小的建筑物分离距离　　　　建筑物间距 0 英尺

最小铺设表面退缩尺度　　　　0 英尺

最大建筑高度　　　　　　　　45 英尺

最大不透水面率　　　　　　　变化（将在 SIP 中设置）

最大楼面面积比　　　　　　　变化（将在 SIP 中设置）

路边停车和装载　　　　　　　变化（将在 SIP 中设置）

6. 分区 7：混合用途

最终地块编号：183，259，260。

概述：混合用途区形成城市中心的商业和住宅部分，容纳上层的住宅和具有商业机会的底层商业。最大办公/零售面积为 60000 平方英尺。

允许用途：多户住宅；附属用途，如 C – 1 分区所界定；古玩店；艺术供应和美术馆；银行及金融机构；理发店；美容院；住宿及早餐设施；自行车的销售、租赁和服务；书籍、杂志和文具店；糖果和冰激凌店；儿童日托设施；硬币及集邮商店；药店；干洗店和洗衣店；玩具店；花店；食品店；礼品店；业余爱好者商店；市属和经营的图书馆；医疗、牙科和光学诊所；办公室、企业和专业公司；摄影工作室及用品店；邮局；公共事业和公共服务；娱乐休闲建筑和社区中心；餐厅包括户外饮食区；鞋帽修理店；高级日间护理；裁缝店；影像租赁；服装店。

地块标准：

最小地块面积　　　　　　　　变化（将在 SIP 中设置）

最小地块宽度　　　　　　　　变化（将在 SIP 中设置）

最小转角宽度　　　　　　　　变化（将在 SIP 中设置）

最小前院退缩尺度　　　　　　0 英尺

最小侧院退缩尺度　　　　　　0 英尺

侧院退缩尺度总和　　　　　　最小 0 英尺

最小的建筑物分离距离　　　　建筑物间距 0 英尺

最小铺设表面退缩尺度　　　　0 英尺

最大建筑高度　　　　　　　　45 英尺

最大不透水面率	变化（将在 SIP 中设置）
最大容积率	变化（将在 SIP 中设置）
路边停车和装载	变化（将在 SIP 中设置）

7. 一般的开发要求

改变和修正：未经城市规划委员会批准，不得改变或者修改规划开发单元 PUD，但分区委员会可颁发经规划发展署署长及区议员批准，并符合规划委员会批准的基本发展大纲所述概念的轻微改动或增补。

业主协会：本分区图则所述的所有地块，均需受记录所述业主协会的行为管制。

建筑审查委员会：为确保持续在整个社区发展高质素的设计、建筑风格和建筑物，本署将成立建筑审查委员会及《公约及限制条例》。秋湖村内任何地点的建筑和景观规划，应在签发建筑许可证或进行任何场地改良之前，提交建筑审查委员会审查批准。委员会将检查所有提交的规划书，以确保在开发项目内延续独特的建筑特色和景观特点。本署将根据契约、限制及各分区的标准所订明的设计指引下，审查有关规划书。委员会将审查任何未来的改造计划，这些计划将改变秋湖村内任何结构的外观。委员会将不会检查任何在原有景观规划实施后超过一年的重建景观规划。委员会有权执行契约及限制、设计指引及分区图在内的所有设计指引及标准。委员会还保留对设计指导方针和标准的例外权利，这是基于考虑其特殊设计的价值，而不符合准则和标准技术要求，但一般都能达到上述文件的基本原则和目的。委员会也可能会对单独的地块情境问题进行逐个评估，从而抑制这些指导方针和标准的实际执行。

建筑审查委员会最初由开发商指定，而本分区图则所提述的建筑审查委员会，指在发展商仍是建筑审查委员会唯一成员的期间内，发展商须符合协会章程的规定。只要开发商是建筑审查委员会的唯一成员，开发商可独自行使根据本分区计划大纲文本及附例授予建筑审查委员会的所有权利及权力。当开发商不再是建筑审查委员会的唯一成员，此后建筑审查委员会应由依照细则选出的人员组成。

包括在 GDP 分区文本中的法规和标准将由城市实施，对分区文本的修改将需要城市的批准。完整的协会章程将作为附件和秋湖村具体实施计划提交，并将在该项目获得全面批准之前供审查和评论。

院子标准：单户住宅的庭院面积要求将在拟议的麦迪逊分区内提供。作为提交具体实施计划的一部分，附属住宅、多户住宅和混合用途用地将需要提交详细的庭院要求。

景观美化：场地绿化将作为具体实施计划的一部分提供。

照明：现场照明将作为具体实施计划的组成部分提供。

概念性坡度规划：场地坡度将作为最终提交方案的一部分提供。

标识：标识将作为具体实施计划的组成部分提交。

费兰德路树木保护：为了保护费兰德路的乡村特色，在费兰德路现有的树木繁茂的临街区域内增加一个缓冲区。虽然一些树木会因道路连接而被移走，但位于费兰德路附近的街道外的树木将被评估为保护的对象，以保护尽可能多的树木。地块评级将与保育规划策略协调，以确保大部分地区保持原状。

私人开放空间保养：该项目将由业主协会管理，业主协会将是一个非营利的会员公司，其目的是维护、改善和保护项目中的某些财产。在某种程度上，威斯康星州第779.70条规定对项目中所有财产实行维修留置权。在赡养费留置权法规定的程序内，业主协会可向每批土地征收公共区域和公共休憩用地的维修费。根据《规约》规定的程序，这些费用如不支付，可成为留置权，留置权可由强制或直接对财产所有人采取行动，依法追缴。如果麦迪逊市希望进一步保证支付这些款项，我们建议将该城市列为业主协会规定的留置权的第三方受益人。此外，在工程项目内的所有土地上都应有一项盟约声明。该声明将阐述上述赡养费留置权的规定，并规定城市作为第三方受益人行使这些权利。我们建议在执行前发出30天的书面通知，准许业主或协会进行所需的维修。如不做更正，城市可直接进行维修或保养，并向个别地段业主或工程项目内的若干地段收取维修或保养的费用作为评估。报关员及其受让人应明确免除市政府可能征收的维护或维修税或摊款的通知和抗辩，这一点非常重要。

街道照明：项目范围内的街道照明应具有行人尺度和与周边环境相适应的风格。街道照明设施将受麦迪逊市第16.23（9）（d）条第8款的土地细分规定的约束。街道照明平面图将与城市工作人员一起制定，并作为细分改进协议提交的组成部分提交。

人行道：除城市工程部门和自行车、行人、机动车管理委员会规定的例外情况外，所有街道两侧均应设置人行道。沿公众街道的所有行人路，将由毗邻地段的业主维修。

行道树：行道树种植应放在任何公共街道两侧，并应遵守麦迪逊市第16.23

（9）（d）条第 7 条的土地细分规则。街道树木将被放置在位于人行道边缘和街道边缘之间的景观区域，除非排除公用设施的放置需要，露台宽度和设施布局的设计和开发将与之协调，以保持树木种植的长期生存能力。人行道外可以种植额外的树木，但将使用种植地役权或协调式土地景观的方式，在逐个街区的基础上进行协调。

现有树木：应尽量保护现有树木，并将其纳入每个地块的场地布局和景观设计中。

围栏建造指南：邻里之间的围栏应受位置、式样和高度的限制。这些限制将在围栏建造指南包中详细说明，并由秋湖村建筑控制委员会批准和管理。根据《麦迪逊一般条例》第 28.04（12）条，围栏不得损害车道和拐角的视野净空要求。

交通措施：该项目及地图区内的数条街道包括特别交通岛及公共路权范围内的交通稳定措施。秋湖村业主协会应负责该等实际交通措施的维护和保养，费用由协会承担。除麦迪逊市延伸要求外，该等维护和保养应由协会酌情决定，并应包括景观美化。如果园林绿化得不到维护，市政府将通知秋湖业主协会的村庄，说明其未维护。如果协会在 60 天内不回复通知，则路面将被铺上沥青。秋湖村的业主协会和参与维护特别交通措施的人员应赔偿麦迪逊市及其理事会，并使其免受损害，包括委员会和官员、代理人、雇员，在维护期间免除所有的索赔、诉求、任何类型或性质的任何可能的伤害带来的责任损失。

次级单元：建议在细分区内为某些独户家庭地块提供次级单元（是可用于通常位于车库上方的非家庭成员租用的附加单元）。这些地块（如附录 F 所示）的业主，可获准在地段内兴建最多一个额外的出租单位。有关这些地块的管制，将在兴建任何次级单元前，与委员会进一步商讨拟订。

第六节　中国的住房政策与国际经验

一、概述

中国住房政策和制度改革历经多个阶段。自 20 世纪 80 年代住房制度改革启动以来，随着国家经济实力的增长，伴随着对市场经济规律认识的逐步加深，改革的基本方向逐步明确，"即从住房福利制度改变为以产权私有为主的制度，市场机制在住房市场发挥了重要的资源配置作用，符合市场经济改革的方向"（天则研究所，2011），2017年中央经济工作会议，将租购并举的住房制度，作为房地产市场的长效机制。加快建立多主体供应、多渠道保障、租购并举的住房制度。习近平同志在党的十九大报告中提出，坚持房子是用来住的，不是用来炒的定位，加快建立多主体供给、多渠道保障、租购并举的住房制度，让全体人民住有所居。这标志着中国的住房制度和政策逐渐明朗。上述精神是房地产政策和住房政策的混合。其中"多渠道保障""住有所居""租购并举"属于住房政策，而"多主体供应"则更多带有房地产市场政策的色彩。过去的很长时间，我国房地产政策多数以房地产市场调控为主，住房政策的导向和目标不明。在党的十九大后，我国的住房制度和政策已经有了明确的目标和思路。住房政策由于涉及住房市场、住房消费、市场调控、住房保障、宏观经济和国民福利等诸多方面而具有复杂性。因此，还不能说明住房制度和政策已经成熟，或者说不需要因时而变了。

住房目标和住房模式还存在着较多的争议。杨继瑞（2011）认为"人人有房住"不能演绎为"人人有住房"。中国社会科学院财经战略研究院课题组和倪鹏飞等（2012）认为虽然住房兼具消费和投资的属性，住房发展具有促进经济发展和社会发展的双重作用，但其最本质的属性是基本生活必需品。因此住房发展的合意目标首先应该是保障"住有所居"，再是促进经济增长。

陈杰（2009）讨论过住房模式问题，认为住房模式包括供应模式、消费模式、公共政策对住房供需的调节组成。一个国家或者地区的模式依据经济发展阶段、公共财政能力等决定。高中低不同收入阶层人群客观存在的社会背景下，国家的政策不仅要考虑效率，还要更加注重公平。

住房产权选择和住房保障是住房政策的重要内容。一般学术界对高收入阶层应该通过市场解决住房问题，同时不应该享受到有关国家税收等优惠措施，并不存在争议。有争议的地方主要在于对中等收入阶层（或者说中产阶级）和中低收入以下阶层的住房保障问题。虽然目前我国对中等收入阶层采取市场供给的政策，并对部分所谓"夹心层"采取限价房手段予以解决，但与发达国家采取的所得税缴纳时抵押贷款利息减免等自有住房政策支持相比，鼓励力度还是不够的，而鼓励住房自有率被认为是具有社会价值的。

二、国际经验

从国际经验看，提高住房自有率在一定经济发展阶段值得鼓励。美国的
Green（1997）认为应该支持自有住房，是因为业主对其家庭、社区和国家有更
大的责任，且为孩子提供更好的环境。政府应鼓励低收入家庭成为业主。施瓦
茨（2008）在美国的住房政策中，回顾了凯茨等在20世纪30年代提出的住房
政策的目标：廉价性（Affordability）和物质性能（Physical adequacy），其他还
有保护和扩大优质住房供给、使现有住房更廉价更容易获得、提供社区居民在
种族和收入分配上的多样性、帮助家庭积累财富、巩固家庭、使居民能获得基
本的配套服务设施、促进大都市的平衡发展。自有房和收入融合是目前住房政
策最重要的两个主题。其中，自有房一直是美国住房政策的中心。联邦税法为
促进自有率而提供的税务优惠位列所有资助政策之首。自有房受追捧的原因很
多，它被广泛地认为是集聚财富的一个极佳手段。它还可以促进社区稳定、市
民市政参与性、个人满足感和对自身环境的控制感。近期的研究把自有房与儿
童的健康发展联系在一起。更大众化的理由是，自有房被广泛地认为是实现
"美国梦"的核心。

日本的平山洋介（2012）介绍日本的住房政策的经验和教训指出，日本尽
管和美国文化不同，却也是一个鼓励住房自有的国家。自有房产家庭通过住房
的私有行为体现自身为主流中的成员。存在住房的所有者尊重社会秩序，重视
家庭，志向于勤勉和自立这一模式假设，而拥有住宅意味着拥有主流的成员关
系。一方面，使社会权利停留在低水准。另一方面，依存于经济增长和中间阶
层拥有住宅，重视社会整合，是日本的福利国家的特性的体现。日本集中支援
中间阶层取得自有房产，轻视住宅保障的政策，其住房政策被称为"摇晃之
柱"。同时，利用家庭、企业这种中间组织形成保守主义的住宅体系的特征，这
促进自有房产社会和"普通人生"模式的形成。但从20世纪80年代之后，新
自由主义者更加积极地要求缩小福利国家，和英美国家政策转变一样，从而影
响了传统的住宅政策。

容乐（2012）在评价中国香港住房政策时认为，对政府来说，居屋能够带
来家庭凝聚力，加深人们对中国香港的认同感和责任感。同时，它能够促进社
会稳定，培养归属感，以及帮助家庭拥有长期保障的家庭财产。虽然人们都有
追求公平的诉求，但所有的住房体制在某种意义上都是不公平的：完全公平的

住房政策在过去和现在都不存在。这可能不令人惊奇，考虑到公平不是制定政策的唯一因素，只是做决定时所要考虑的众多因素之一，它可能因追求其他目标而做出让步。从长远来看，政府应该确保中产阶级负担得起自置居所，而不是直接资助自置居所。如果他们能负担自置居所，将不会有帮助中等收入家庭实现以"补砖头"和房屋贷款形式的自置居所需要。总的来说，需求角度的政策比供给角度的政策更需要谨慎和周密的执行与管理，同时该政策很有可能造成大量浪费，甚至诱导欺诈和腐败行为。其相对优点取决于每个市场住房供给的宽松度和灵活度。

艾克豪夫（2012）对德国的经验进行介绍，认为政府的主要责任是"有目标的"社会保障。社会保障必须是针对"真实"贫困的个人或群体的，不是针对所有住房或者租房需求者，也不应该干预租金的市场定价。所有的贫困群体成员都有"权力"获得福利支持，这个权力必须被动态检查，形成政府问责制，政策透明，便于群众的监督。德国社会以及政党有着基本共识，就是低收入者也应该拥有与"人类尊严"相符的居住条件，因此支付"基本"住房条件的资金应该有保障，政府应通过"租赁补助"或者"社会福利金"对贫困群体予以支持。

近年来，大量研究集中于对中低收入人群的住房保障政策问题，这大大开拓了过去人们片面认为保障房政策就是多建保障房（补砖头）的思维。Glaeser（2002）认为住房可负担性危机意味的是房价远离了其生产成本，而不是我们的贫困。应区分房价和收入分配的区别。建设的障碍使住房价格和建造成本之间发生巨大的断裂。Glaeser等（2012）在分析住房市场及其市场波动的原因时，认为住房抵押贷款的过度发放和错误定价，是最近住房市场放任和衰退的关键因素，但是要了解住房市场周期的特殊性，就不能忽略需求管理政策和供给限制在其中发挥的作用。需求管理政策会加剧住房价格波动，而提高供给弹性的管理政策则会降低住房价格的波动性。正是政府行为导致住房的不可支付，是越来越严格的地方政府土地法规导致很难在这些高成本地区新建住房。联邦政策应让住房更廉价，并不需要再建立可能增加纳税人负担的新管理机构。以下几个方面需要注意：认识到真正的可支付性应该来自于改善供给而不是补贴需求方；要阻止地方政府抵制建设新项目；认识到资助穷人的政策的最佳途径应当是直接向他们发放现金或租房券，而不是开发商选定的某一区域的住房；认识到住房市场的多样性，适用于一个市场的政策在另一个市场不一定可行。

　　高房价的测量不应该与收入挂钩，而应该根据住房市场的基本因素来衡量，特别是建造成本。只有当住房市场无法为人们提供的价格接近或低于建造成本的住房时，才能考虑实施直接的干预措施。购买不起低价格住房的人并不能成为实施干预的理由，不论是试图通过刺激供给，还是改变需求的方式。解决贫困问题的正确方式应当是向穷人提供资助，而不是干预住房市场。鼓励为穷人建造住房的供给方政策不仅存在概念上的错误，而且会带来严重的执行问题。由于新建住房的建造成本不太可能还保持在过去的低成本上，所以如果我们试图提供更多低成本住房的话，就不应该采用兴建更多新住房的形式。

　　虽然高昂的价格需要政府增加相应的援助，但这并不意味着一定要干预当地的住房市场，除非有充分的证据证明存在某种市场失灵。住房政策存在的最后理由是可以把住房补贴当作一种实物进行再分配。一般来说，相对于实物再分配，经济学家更喜欢收入再分配。毕竟，实物相对于现金限制了选择。

　　房地产市场是政府干预最严重的领域，这凸显防止政府失灵的重要性，同时将住房市场失灵与收入分配问题分离是必要的。换言之，不能将中低收入者的收入问题误认为是住房市场失灵问题，从而采取错误的政府干预。比如，当今的住房价格快速上涨可能不全是住房市场的问题。即使房价有所降低，中低收入者依然难以负担得起商品住房而需要政府通过收入再分配予以支持。

　　Sullivan（2003）从住房作为再分配的一个工具、与交易成本的相关性和垄断等市场失灵三个方面肯定了政府对住房的供给和管理管治架构。但同时认为，市场失灵是政府干预的理由，不等于政府需要直接供给住房。政府住房市场的手段有管制、税、直接生产商品和服务。最主要的市场失灵源于三种外部性：与健康有关的直接外部性、与住房维护相关的交互性影响、代际外部性。干预的最佳原因是认为住房是一种"有益品"，即社会认为的价值高于个人的评价。社会住房供给的强烈政治原因从来就不是效率，而是一个直接的和有效的再分配工具并确保最低的住房标准。关于收入补贴方式的利益比较，他认为补贴的形式会影响公私部门对未来供给的能力。收入补贴比供给补贴更有效用是因为它对个人有更多的选择。分析表明，达成社会目标不一定需要公共和社会性的产权。如果不考虑目前不适当的限制，那么将发现地方政府和住房联合会更有提供安全的、长期的补贴性居所的比较优势。21世纪不应该强调社会住房本身，应更多关注管理市场，确保足够的投资和不同类型的供给者围绕成本和质量展开竞争。遗憾的是，很多国家的住房政策依然具有"膝反射"的特点，屈从于政治压力。

各国政府的市场干预具有负面效应。Glaeser 等（2012）认为市场干预的原因是：市场存在一些低效率；全社会认为一部分人应该获得实物形式的再分配。在美国，为房屋所有者提供优惠可以刺激房屋需求量增长。同时，补贴政策的实行是建立在巨大财政成本即税式支出牺牲的基础上。赞同现金补贴比实物方式更可取，但如果政府的目的是为贫困群体提供住房补贴的话，提供租房券比其他任何方式都更为合适。政府要采取强有力的政策来改善住房可支付问题。要解决中等收入阶层的住房可支付问题，就需要向市场提供充足的住房供给，要增加供给就需要具体地解决住房市场失灵问题。同时，价格居高不下原因也在于市场失灵。解决的办法应该是增加受限制地区的住房供给。

从上述几个发达国家或地区的理论研究和政策分析可见，尽管不同的国家有不同的文化和国情，但仍然不难发现几个共同点：一是多数是鼓励住房自有的，但是鼓励的力度和方式存在差异，认为住房自有具有额外的社会价值；二是要治理市场失灵，只有失灵发生时，才需要住房的公共供给，不能将收入分配混同于市场失灵问题；三是即使要实行住房保障，也是有限目标的，还要判断何种方式最为有效并做出政策选择。这些经验对中国这个市场经济还不完善的国家而言是具有巨大借鉴价值的。中国已经确立"住有所居"的目标，但是如何实现目标却值得认真讨论。

三、我国住房政策的理论之辩

目前学术界并不认同鼓励住房自有率，认为超越了经济发展阶段，甚至有的认为中国的自有率已经达到较高的水平。中国的住房自有率虽然在世界上已经处于较高的水平，而且经济发展水平和自有率之间并没有直接的联系，但是鼓励自有率仍然具有不可忽视的潜在的巨大的社会收益。住房是房地产的主要构成部分，且与居民利益休戚相关，下面将对住房问题的几个最根本的问题进行讨论。

20 世纪 90 年代以市场化为取向的住房制度改革，历时 20 余年，对加速住房投资和建设、改善人均居住水平，所取得的成绩是不容忽视的。但我国市场经济的发展在走过一段时期的辉煌后，面临着诸多深层次的问题，如管制程度高、生产要素市场化程度低、资源价格被政府控制和扭曲从而导致效率不高等问题，这在房地产市场发展中表现得尤为明显。同时，市场尤其不能解决诸如收入分配这样的公平问题，房地产价格的快速上涨在某种程度上扩大了家庭之间的财富差距，使很多的中低收入者难以通过市场获得需要的住房商品，对泡沫的担忧和社会的不满情绪有所增强。在高昂的房价之下，开发商、银行和地方政府形成利益共同体，通过税费和高额利润等渠道占有社会财富，而成本则转嫁给消费者承担。而即使市场崩溃，最终买单的还是普通公民，而不是银行和开发商。

（一）住房政策的目标取向

保持房地产业快速发展、房地产投资稳步增长、房地产价格稳定、人民住有所居、不断提高自有率水平、保障低收入者基本居住条件应该是现阶段住房政策的基本取向。在房地产调控长效机制构建背景下，应该充分认识和尊重房地产市场和房地产经济运行的基本规律，以市场化为基本取向，保持住房的消费品特征，适度抑制投资品特征。在财政税收体制上，要将收入分配嵌入住房政策中，建立和维持社会公共品投资和融资良性的投入产出循环链，通过合理税制抑制财富的两极分化，充分顾及社会的公平。房地产业不适于继续作为推动经济增长的手段。在过去的十几年间，房地产投资占 GDP 的比例一直在稳步上升，从 1995 年的 4% 上升到 2014 年的 14.76%，高于国际一般水平（2005 年美国房地产繁荣期居住性投资占 GDP 比例高达 6.3%），这使风险不断积累，少数地区甚至开始发生泡沫破裂，这与住房政策目标是相悖的。房地产投资占固定资产投资的比值不断攀升，2013 年最高达 19.27%。房地产业的过快发展对实体经济的发展也会构成不利影响，见表 10 – 10

表 10 – 10　房地产投资、固定资产投资和国内生产总值

及其占比 （2000—2017 年）

年份	房地产投资 （亿元）（1）	固定资产投资 （亿元）（2）	GDP （亿元）（3）	（1）／（2） （%）	（1）／（3） （%）
2000	4984.10	32917.73	100280.10	0.1514	0.0497
2001	6344.11	37213.49	110863.10	0.1705	0.0572
2002	7790.92	43499.91	121717.40	0.1791	0.0640
2003	10153.80	55566.61	137422	0.1827	0.0739

续表

年份	房地产投资 （亿元）（1）	固定资产投资 （亿元）（2）	GDP （亿元）（3）	（1）／（2） （％）	（1）／（3） （％）
2004	13158.25	70477.40	161840.20	0.1867	0.0813
2005	15909.25	88773.62	187318.90	0.1792	0.0849
2006	19422.92	109998.20	219438.50	0.1766	0.0885
2007	25288.84	137323.94	270232.30	0.1842	0.0936
2008	31203.19	172828.40	319515.50	0.1805	0.0977
2009	36241.81	224598.77	349081.40	0.1614	0.1038
2010	48259.40	251683.77	413030.30	0.1917	0.1168
2011	61796.89	311485.13	489300.60	0.1984	0.1263
2012	71803.79	374694.74	540367.40	0.1916	0.1329
2013	86013.38	446294.09	595244.40	0.1927	0.1445
2014	95035.61	512020.65	643974	0.1856	0.1476
2015	95978.85	561999.83	689052.10	0.1708	0.1393
2016	102580.61	606465.66	743585.50	0.1691	0.1380
2017	109798.53	641238.39	827121.70	0.1712	0.1327

资料来源：国家统计局。

（二）住房可负担性

住房可负担性问题主要针对的群体是中等收入及以下社会群体。我们测算
2006—2016 年的房价平均增长速度和职工工资平均增长速度之比。在不考虑家
庭财富水平和信贷条件的前提下，该比值越大，表明房价易超越收入增长水平，
可负担性越差。从表 10-11 可明显看到，35 个城市平均值为 0.699，即工资比
房价增长速度快，这说明整体上我国的住房可负担性较好。只有深圳、南京、
厦门 3 个城市比值大于 1，且全部位于东部经济发达地区。排倒数后 3 位的城市
分别是西安、成都、银川，说明这 3 个城市的房价较为合理。但统计数据往往
会掩盖收入分配不平衡的问题。例如，收入在中下水平的居民住房可负担性较
差，而住房可能被收入高的购买，甚至进行多套投资性购房。换言之，大部分
城市的住房问题可能不是源于房价水平，而是源于收入分配等问题。如果我们
假定一个城市平均工资代表中等收入阶层的话，可以判断只有少数城市的该阶

层面临可负担性问题。当然对低收入者而言,可负担性远远低于中等收入者,需要引起政府的高度重视。

表 10 –11 35 个大中城市 2006—2016 年房价平均增长速度和

职工工资平均增长速度之比

城市	工资增速	房价增速	房价工资速度比
深圳	0.0891	0.1241	1.3929
南京	0.0974	0.1077	1.1064
厦门	0.0949	0.1006	1.0603
上海	0.1025	0.0976	0.9516
北京	0.1070	0.1013	0.9470
海口	0.1017	0.0894	0.8797
广州	0.0838	0.0723	0.8629
杭州	0.0929	0.0740	0.7962
石家庄	0.1240	0.0973	0.7843
合肥	0.1129	0.0876	0.7760
呼和浩特	0.0849	0.0642	0.7560
乌鲁木齐	0.1081	0.0786	0.7269
郑州	0.1128	0.0818	0.7252
天津	0.1071	0.0754	0.7046
平均值	0.1085	0.0746	0.6990
西宁	0.1018	0.0701	0.6884
福州	0.1138	0.0758	0.6660
武汉	0.1203	0.0757	0.6294
长沙	0.1103	0.0687	0.6229
南昌	0.1129	0.0684	0.6055
宁波	0.1013	0.0613	0.6050
南宁	0.1153	0.0691	0.5994
昆明	0.1142	0.0678	0.5941
哈尔滨	0.1156	0.0686	0.5934
太原	0.1059	0.0622	0.5876
济南	0.1192	0.0686	0.5755

城市	工资增速	房价增速	房价工资速度比
长春	0.1186	0.0676	0.5703
沈阳	0.1011	0.0561	0.5553
重庆	0.1208	0.0670	0.5548
兰州	0.1209	0.0661	0.5470
贵阳	0.1293	0.0683	0.5286
大连	0.1065	0.0559	0.5251
青岛	0.1136	0.0596	0.5246
银川	0.1067	0.0521	0.4882
成都	0.1146	0.0547	0.4776
西安	0.1177	0.0536	0.4558

资料来源：国家统计局。因 2006 年前工资数据缺失，故选择 2006—2016 年。

　　住房市场由购买、租赁、保障性住房等构成。在中低收入者面临可负担性困难时，培育租赁市场是必要的。在法律方面，恰当的权衡住房出租者和租赁者的权利保障关系，有助于稳定人们利用租赁市场解决住有所居问题，有助于合理的劳动力流动和人口格局的自然演化。防止人们对购买住房的焦虑和恐慌心态，还有利于抑制房地产价格泡沫和市场的正常发展。

　　另外要特别注意的是，租赁市场和住房产权市场是高度关联的，具有高度联动性。租赁市场的充分供给不仅仅是建设租赁性住房，如公租房，更加重要的是充分增加产权住房供给，然后运用住房的自然老化折旧规律和"住房过滤"理论，将二手房作为最重要的租赁市场房源。2018 年以来，我国一些热点城市出现房租猛涨的现象①，一些媒体将责任归结为住房中介的垄断行为，但从根本上看，租赁房供给不足是最重要的原因。在三四线城市或以下城市，中介不可能构建垄断型的租赁市场。

　　（三）社会群体差异化和因城施策政策

　　虽然中国的住房自有率在世界上已经处于较高的水平，但是鼓励自有率仍然具有不可忽视的潜在的巨大的社会收益。适度鼓励住房自有率是符合我国历

---

　　①　谁在操纵北京房租上涨？房产中介高价抢收房源［EB/OL］. ttp：//news. sina. com. cn/o/2018－08－20/doc－ihhxaafy9294491. shtml，2008.

史和文化特点的，日本、美国、新加坡的经验值得我们借鉴。日本一直鼓励普通家庭通过购买自住住宅而走上正常的"人生阶梯"；美国通过所得税的利息减免和房产税的减除并通过贷款担保等措施鼓励自有；虽然新加坡多数人居住在组屋，但是80%的住户已经逐渐购买该房屋。

而我国政府对普通老百姓的自住的第一套和改善型第二套住宅贷款条件一直处于变化之中，缺乏明确和稳定的鼓励导向。这些变化的行政措施常用来作为调控房地产市场和防范金融风险的工具，却不利于合理住房需求的满足。如2008年12月市场行情不好的时候，《国务院办公厅关于促进房地产市场健康发展的若干意见》国办发〔2008〕131号文出台鼓励性措施："在落实居民首次贷款购买普通自住房，享受贷款利率和首付款比例优惠政策的同时，对已贷款购买一套住房，但人均住房面积低于当地平均水平，再申请贷款购买第二套用于改善居住条件的普通自住房的居民，可比照执行首次贷款购买普通自住房的优惠政策"。这本来是一项可以长期坚持的政策，但出于调控的需要，2010年后陆续取消这些政策，而且贷款条件变得越来越严格了。国务院出台具体措施，要求对贷款购买第二套住房的家庭，贷款首付款不得低于50%，贷款利率不得低于基准利率的1.1倍。对购买首套住房且套型建筑面积在90平方米以上的家庭，贷款首付款比例不得低于30%。

2014年以后，房地产政策开始一个新的调控轮回周期，过于频繁和矛盾的调控政策几乎无视市场的自身规律。据泽平宏观观点①，2014年的调控分为两个阶段，第一阶段限购全面放开，但市场反应平淡；第二阶段以"930新政"为起点，中央祭出重拳开启全面刺激。

调控第一阶段：限购密集放开，市场反应平淡。上半年仍有部分热点城市继续收紧调控，下半年地方才意识到高库存的严重性，密集放开限购，同时辅以各类救市措施。6月呼和浩特是第一个正式发文全面放开限购的城市，此后限购取消呈"多米诺骨牌效应"，截至9月底仅有北上广深和三亚5个城市未取消。除放开限购外，各地还出台房贷优惠、公积金异地使用、落户放宽等其他优惠政策，非一线城市的紧急救市全面展开。

调控第二阶段："930新政"重启全国性宽松大幕。市场对限购取消反应平

---

① 泽平宏观. 本轮房地产调控的回顾、反思和展望（2014—2018）〔EB/OL〕. http://www.sohu.com/a/235117479_467568, 2018.

淡，房地产销售和库存累积有进一步恶化的风险，2014 年 9 月 30 日中国人民银行（以下简称央行）和中国银行业监督管理委员会（以下简称银监会）发布《关于进一步做好住房金融服务工作的通知》（"930 新政"），提出二套房认定标准由"认房又认贷"改为"认贷不认房"；商贷首套房最低首付比例 30%，利率下限为基准利率的 0.7 倍；支持房企在银行间市场进行债务融资，开展 REITs 试点等。"930 新政"是重要的调控转折点，标志着在稳增长和去库存的压力下，强有力的全国性刺激重回历史舞台。

2015 年，超预期的"3·30 新政"开启救市风暴。3 月 30 日，央行、中华人民共和国住房和城乡建设部（以下简称住建部）和银监会发布通知，降低商贷二套房首付比例至 40%；同时财政部、国家税务总局也宣布房屋对外销售的营业税免征年限由 5 年缩短至 2 年。"五部委"联合救市，力度超市场预期。"330"后的主要救市措施金融政策方面的有：放松限贷，连续降息降准。

（1）继"3·30 新政"降低二套房首付比例至 40% 后，8 月 31 日住建部、财政部与央行联合发布通知，规定对拥有 1 套住房并已结清相应购房贷款的居民家庭，公积金贷款最低首付款比例降至 20%。

（2）"330 新政"至"930 新政"，央行累计降息 3 次，全面降准 2 次，释放大量流动性。房地产短期看金融，首付比例和贷款利率直接决定购房意愿和购买力，货币宽松叠加低首付比和低利率，购房需求迅速释放。"930 新政"后金融调控再度跟进。一是限贷再放松：2016 年 2 月央行、银监会发文将非限购城市首套商贷首付比例至 20%、二套商贷首付比例至 30%（二套认定"认贷不认房"）。二是央行降息降准继续推进，2016 年 10 月央行再度降息降准各一次，中长期贷款基准利率下降至 4.9% 的历史低位。低首付叠加低利率，信贷处于空前宽松状态。

2016 年货币宽松政策随着房地产市场的逆转开始掉头。房贷收紧主要开始于一线城市。9 月 30 日北京提高首套房首付比例至 35%，二套房首付比例至 50%［2017 年 3 月 17 日起二套房（贷款已结清）提高到 60%，未结清提高到 80%］，此后深圳、广州、厦门、杭州、南京等城市跟进。目前主要一二线城市首套房首付比例 30%～35%，二套房首付比例 40%～80%，利率折扣基本全部取消，首套房基准利率上浮 1.1 倍左右，二套房基准利率上浮 1.2 倍左右。除了金融方面限贷政策外，还有行政方面的"五限"：限购、限售、限价、限土拍、限商改住升级。各个城市的限贷措施见表 10－12。

表 10 - 12   2016 年 "930 新政" 后调整限贷的城市

	城市	首套房（%）	二套房（%）		调整时间
			贷款结清	未结清	
统一规定	不限购城市	20	20	30	2016/2/2
	限购城市	30	30	40	
个别调整	上海	35	50	50	2016/11/29
	深圳	30	50	70	2016/10/4
	北京	35	60	80	2017/3/17
	广州	30	30	70	2016/10/4
	厦门	30	30	60	2016/10/5
	杭州	30	40	60	2016/11/10
	南京	30	50	80	2016/10/5
	成都	30	30	60	2017/4/12
	天津	30	60	60	2017/3/31

资料来源：公开新闻，恒大研究院。

在住房自有率方面，Fisher 和 Jaffe（2003）对世界各国影响自有率的因素进行回归，认为大量的制度扮演重要角色，法律、经济、政治、文化制度都是影响因素。目前我国缺乏一个权威的住房自有率数据，但将城镇住房自有率（不含农村）目标设在 60% ~ 70% 是合理的，见表 10 - 13。

表 10 - 13   世界部分国家住房自有率水平

国家（地区）	自有率（%）	报告期（年）
较高的五个国家：		
柬埔寨	95.3	1998
立陶宛	93.6	1999
亚美尼亚	90.6	1998
新加坡	90.2	1996
保加利亚	89.8	1992

国家（地区）	自有率（%）	报告期（年）
较低的五个国家：		
卡塔尔	21.9	1986
拉脱维亚	27	1992
瑞士	31.3	1990
捷克	38.4	1991
瑞典	40	2002
欧洲：		
法国	54.4	1990
德国	37.6	1989
英国	71	2002
挪威	78.2	1990
北美：		
美国	66.2	2000
加拿大	62.6	1990
亚洲：		
日本	61.2	1990
韩国	50.1	1992
香港	42.6	1991
印度	83.5	1981
新西兰	72.7	1991

资料来源：Fisher 和 Jaffe（2003），按照家庭户数计算。

（四）政府对房地产市场的干预和调控

1. 对市场运行规律的认识

全社会需要认识和理解房地产市场本身的运行规律，并形成基本共识。首先要认清我国目前所处的历史阶段：一是所处城市化的中期阶段，到 2030 年城市化率将从 2018 年的 59% 左右不断上升至 70% 左右，并需要不断提高城镇化的质量；经济发展从工业化中后期转向后工业化阶段，人民收入水平不断上升，住房需求尤其是改善型需求将保持旺盛状态。在房价快速上涨的背景下，投资性需求更加强烈。二是经济地理格局调整下的人口分布的动态调整。改革开放40 多年来，中国的经济地理格局发生巨大的变化，沿海地区尤其是以长江三角洲城市群、珠江三角洲、环渤海经济区三大城市群集聚大量的经济资源。与此同时，人口呈现出中西部流向沿海、乡村流向城市、中小城市流向大城市的特点，而且这种趋势还将延续一段时间。而经济和人口的分布对部分大城市房价的推动作用伴随着收入的增长的价格效应，其力量是巨大的。同时，以大城市为核心的都市圈也将容纳大量的就业和人口。三是在我国收入分配差距较大、投资性需求旺盛的背景下，新建的住房可能主要被高中收入阶层这些支付意愿和融资能力较高的人群买走，大城市房价涨幅长期高于中小城市的特点还将延续相当长的一段时间。四是由于土地等因素市场的垄断，加之房地产企业的垄断，导致政府"暗税"高昂、企业超额利润较高，这导致房地产供给弹性不足，不断助推房价。

2. 干预和调控的目标

对房地产市场的干预和调控要围绕国家的住房制度和政策目标来进行。一是要将房地产业发展和宏观经济发展、市场培育进程进行协调。房地产业发展由于其巨大的产业关联效应、对经济增长速度的推动力量、对居民财富效应显现而拉动普通消费品需求被政府所看重，同时由于其"土地财政"效应而被地方政府强烈依赖。所以，破除政府为自身利益而放任房地产价格非正常上升是首要任务。二是鼓励自住性和改善性合理需求，鼓励提高住房自有率但不追求高自有率，加强住房租赁市场培育。最大限度满足人民群众对住房的合理需求而不是需要，是政府住房政策的重要目标。三是保持房地产市场长期稳定健康发展。其中，房地产价格同居民的可支配收入或工资增长速度的协调是重要任务。同时，我们不认为将保障性住房列为房地产市场调控的主要目标，保障性住房有效果但难以起到显著控制房价的功能。

3. 干预和调控的手段

需求端干预一般采取市场手段。一是金融手段。对合理购房需求要允许金融机构依据信贷市场供求形势和风险，有更大自由度灵活调整首付比例和利率，甚至成立融资担保机构支持中等收入者购房，降低交易成本。在金融衍生品方面，适度推出有关产品。二是税收手段。可适时推出以家庭为单位的个人所得税征收措施，对贷款利息实行有限的税前收入减除或退税。对购买第二套改善型住房的家庭，出售第一套住房的，可实行所得税等退税。对有多套住房在不足 5 年内交易的实施上限征税；对具有保障性的存量住房交易，增值部分征收增值税。加快实施房地产税，可在一定程度上起到抑制投机、为公共产品筹资、调节收入分配的积极作用。三是财政手段。地方政府主要负责本辖区内公共服务均等化供给职责，合理运用财政资金投资基础设施建设，引导城市科学发展，影响居民居住决策，防止将公共服务尤其是优质教育资源集中在少数区域，大力推动公共服务均等化。四是减少行政手段的使用，如限户型、限购等政策有巨大负面效果，且不具有稳定性。

在供给端的干预主要采取行政手段，尤其要防止政府失灵的发生，加大土地供给的数量是目前迫切需要的。要重新检讨"18 亿亩红线"政策。住房建设用地占土地供给的比例很多城市不到 20%，它不是耕地减少的罪魁祸首。反而是要正视我们目前所处的历史阶段，采取城乡建设用地挂钩等灵活的措施，在全力避免占用耕地的同时，构建城乡统一的土地市场，鼓励农民移居城市，将原农村地区的建设用地复垦后指标用于城市发展，加大住房用地的投放量。不断降低地方政府土地财政激励。同时依据市场走势，在土地供给和规划审批等环节提高效率，稳定开发商的合理预期，尤其是保持土地价格的稳定。对市场本身变动要及时反应，对非正常变化要通过公开信息、运用行政手段（如打击囤地等）等，防止市场人为炒作，防范老百姓的非理性预期或盲从等"羊群行为"发生。

另外，我国的住房市场所处阶段已经或将从一手房交易为主转向二手房交易为主。利用市场的"过滤"，将高、中、低级二手房鼓励向下过滤，引导人们先购买符合标准的二手房，待收入提高后再购买住房改善居住条件，也将是培育人们合理住房消费观念的组成部分。

（五）保障性住房政策

住房政策不能脱离国家所处的特定历史阶段和社会经济发展特征，包括城市化阶段、收入分配差距、产业结构、经济增长速度、财政状况、社会保障水平、人口总量及结构等。在该领域，存在着不少的理论和政策误区。

从表 10 - 14 可以看出，1998 年以来，我国经济适用房销售面积平均增长速度为 5.13%，住房销售面积平均增长速度为 24%，前者只有后者的 21.3%。但是占总住房销售面积的比例从 1998 年的 15% 下降到 2010 年的 3%，但新的住房保障方式如公租房、廉租房的出现在一定程度上弥补了经济适用房建设的放慢。应该说，经济适用房由于其分配中存在的资格审查、非货币资源政府投入成本高、无限需求、横向和纵向不公平、管理成本高等问题饱受学术界质疑，在保障性住房存量逐步增加的情况下，建设数量及其占比的减少是一个合理的趋势。同时，廉租房和公租房建设的加速代表一个正确的方向，今后的任务将主要围绕投资来源、放宽对外来务工人员准入限制、良好管理等方面，进行不断的完善。

表10-14　1998—2010年中国住房及经济适用房销售面积

年份	1998	1999	2000	2001	2002	2003
经济适用房面积	1666.50	2701.31	3760.07	4021.47	4003.61	4018.87
住房总面积	10827.10	12997.87	16570.28	19938.75	23702.31	29778.85
占比	0.15	0.21	0.23	0.20	0.17	0.13
年份	2004	2005	2006	2007	2008	2009	2010
经济适用房面积	3261.80	3205.01	3336.97	3507.52	3627.25	3058.85	2748.87
住房总面积	33819.89	49587.83	55422.95	70135.88	59280.35	86184.89	93376.60
占比	0.10	0.06	0.06	0.05	0.06	0.04	0.03

数据来源：国家统计局2011年统计年鉴。

保障性住房如公租房和廉租房，不一定要由政府来拥有住房产权，一些社会组织也能供给。即使政府有必要直接"补砖头"，也要进行成本效益分析，将各种机会成本考虑在内，提高资源配置效率，还要量力而行，把握供给节奏，防止对地方政府造成过大财政压力。其实政府没有必要全部承担投资建设保障房，在中国目前的经济发展阶段和房地产市场强烈管制环境下，只需要放松管制，引入民间资本即可大大增加住房供给总量。一方面，老百姓的投资渠道不通畅，大量资金缺乏安全而有保障的用途，放开管制，可以满足人们旺盛的投资需求，盘活民间资本。另一方面，要实行规划引导，并按照使用者付费的原则收取建房的"影响费"，将配套建设的城市基础设施成本内部化到有关土地开发行为，避免加大全体纳税人负担，体现税赋和收益相符的公平原则。

四、结语和未来住房政策的演进

房地产财富是大多数人们家庭财富的主要组成部分，住房政策关系每一个人切身利益而受到社会高度关注。我国住房政策是一个由目标到手段再到结果的内在统一整体，这个整体深深地嵌入整个社会和经济发展背景之中。中国人的住房水平已经获得极大提高并将在居住质量和居住面积等方面进一步提升，这是社会发展和人民收入水平提高的必然结果。虽然目前房地产市场和政策遇到一些问题，但总体的市场化和社会化方向的正确性是不容置疑的。

目前住房政策要走出几个误区：将住房政策目标与社会发展分割；将房地产市场问题同收入分配问题混淆；对房地产市场的干预混同于对价格的调控。从对市场的极度崇拜转向对市场适度的怀疑固然有理，然而更重要的是对政府干预和体制层面的检讨。有关保障性住房政策的讨论建立在保障性住房充分性和必要性的前提假设下，却缺乏对其合理的质疑，很容易走向保障房建设的"大跃进"，难以常态化和制度化。假如我们把收入分为低、中低、中等、中高、高 5 个阶层的话，市场完全可以提供足够的面向中等收入以上阶层的自有或者租赁住房。对于不属于市场或者市场不能解决的问题，需要政府采取最具有成本效率的方式解决。

遵循市场的规律，用市场的手段而不是行政的干预来解决同时具有效率和公平、消费品和投资品特性的住房问题，不仅需要学术界的进一步理论研究，更需要决策者了解居民的切身需求和理论界的见解。

第七节　结论及其借鉴价值

本章从房地产市场波动和住房制度、住房政策之间的关系入手，对二者的关联性进行理论分析，并对住房政策进行理论辨析，对未来中国的住房政策进行展望。本章还主要介绍美国规划制度和房地产市场及开发制度的特点。由于截然不同的政治、社会、经济、文化、资源等制度和国情背景，很难说美国的制度可以直接借鉴到中国。美国丰富而优美的自然条件以及适度的人口数量，和中国的人多地少形成鲜明对比。在有限的资源基础上，中国形成自己特殊的社会理念和价值观，如粮食安全和"十分珍惜、合理利用土地和切实保护耕地"国策，这些理念甚至上升到意识形态的高度。当然，随着社会的发展和科技进步，一些过去的基本国策如"计划生育"可能由于不适应时代而被抛弃。未来若干年中国将恪守保护耕地的基本原则。总之，一国的经济制度必须嵌入本国的国情、历史、文化和理念背景中。房地产市场、住房政策、规划制度、房地产开发制度等构成一个相互作用的社会经济制度体系的组成部分，并自我运行着。

但并不能说由于国情不同，美国的部分制度就不值得借鉴或不能借鉴。土地制度和房地产制度既是一种重要的社会制度，更是一种经济制度。既然是经济制度，就遵循经济内在规律，如稀缺性导致价格上升、供求双方决定价格等。

在不动产领域，无论是土地还是房地产市场的健康运行，不外乎需要几个基本的前提条件或充分条件：一是定义良好的产权；二是设计巧妙的制度规则；三是充足公开的市场信息和社会服务。从美国经验看，其土地产权的定义是良好的，尤其是土地发展权的归属是明晰的；设计巧妙的规划制度让土地和房地产市场允许有规可依，权利得到充分的保障，政府的自由裁量权并不大，权利和权力是均衡的。这会大大降低交易成本从而促进市场效率的提高。很多人容易忽视规划制度在不动产领域的强大作用而重视所谓的政府干预和"宏观调控"，这恰恰是南辕北辙。

通过对美国房地产市场和住房制度、土地管制和规划体系的简单介绍，本章认为以下两点值得思考和借鉴。

1. 规划对产权的界定、赋予和保护是政府干预房地产市场和土地市场的基础

研究发现美国的规划法是一系列规则的组合，是权利和义务的组合。任何市场主体或产权主体都必须按照这个规则来行动。明确的规则消除了制度和规则的模糊地带，限制了政府的自由裁量权并保证了社会主体的各项权利（如诉权）。各主体对未来成本收益、行为后果、行为方式等方面都有明确的预判。于是，产权的交易、使用等有章可循并按照立法者的意图有序运行。

美国最需要借鉴的领域是其精神内核：虽然任何土地都受到不同程度的管制，但它们依然拥有某种基本的权利，不是"0－1"的权利模式：要么获得任意的发展权，要么只能保持现状。在明确的规则下，为了公共利益，在警察权之下政府完全有权适度的管制和规划土地使用，但同时对产权保持基本的尊重，虽然产权担负社会义务。美国规划制度的最大优点是在公共权力与财产权之间达到相对平衡，虽然从"权利束"中拿走了一些权利，但是明确地规定土地受到何种类型和程度的管制，以及相应的权利。如果权利受到损害，还有哪些挑战或救济的渠道。如果想争取权利，如何去获得修改、再分区或特许。同时司法对行政的制衡是有效的。每个分区区域，都规定哪些用途是允许的，哪些是有条件的，哪些是禁止的，甚至对如何使用的细节都做出详细规定，如建筑退

后、高度、建蔽率、车库宽度等。这类似而不同于中国的控制性和修建性详细规划。但在中国，修建性详细规划一般是不会提前制订和公布的。即使控制性详细规划，往往也不够具体，而且并不能假定已然公布的控规就是赋予土地使用者该种权利。在美国分区可以认为是赋予土地所有者此种权利。

土地管制和规划要取得预期的效果，还必须尊重公民的各项土地权利，包括参与性、程序性、救济性、交易性等权利。必须看到，规划只是整个土地制度的最主要的组成部分，是为社会经济目标服务的，即不能为了管制而管制，如过度的强调耕地保护。应该从包括土地所有权制度、土地市场制度、土地财政税收制度、土地征收制度等内容更宏观的土地制度整体视角来设计规划制度，即规划和管制制度要和其他制度契合。规划应更多面向社区、面向公民、面向权利、面向有限的权力。中美两国土地管制和规划制度的最大差异在于：公权力是将土地"权利束"中的权利分支拿走关键部分，还是保留基本合理部分。如果我们将拿走的这些权利视为一种可交换的"商品（资源）"的话，这种基本制度框架本质是这些资源由政府还是市场来进行配置。抛开资源效率不谈，其公平性差异是客观存在的。

2. 规划制度创设了土地和房地产市场并为市场服务

在中国，规划也为市场服务，如每次出让土地之前，都必须出具土地规划条件，但是企业拿到地之后，还要继续申请建设用地规划许可证和建筑工程规划许可证，方能完成规划程序。换言之，在获得土地的时刻，规划条件还具有很大的不确定性。更为严重的是，在一些规划（尤其是控制性详细规划）没有覆盖的地区、一些农村地区，规划即使有，也是限制性的甚至禁止性的。加之过去我国土地管理法有关"建设用地必须使用国有土地"的不合理规定，使土地市场严重受限，同样的思维和情形也表现在房地产市场。

从根本上看，中国的土地市场和房地产市场尚未完成充分的市场化培育，更难言成熟。计划经济或者说市场受到（资源使用）过多的干预，尤其是在土地的"入口"。而在美国，只要分区许可，加上细分管制程序，就可以将一块土地通过购买，而不是征收的方式带入房地产市场（美国极少征地是因为土地主要通过购买获得）。分区和细分扮演了关键的不动产市场辅助工具。甚至可以说，是规划法创设土地和房地产市场并对其运行进行规制，在其中也有建筑许可、规划许可等程序，但是是法律而不是地方政府及其机构在市场运行中扮演基础性角色，地方政府是执法者而不是管制者。

正是规划引领下的土地市场和房地产市场培育，使市场结构更具有竞争性，更具有市场绩效，消费者能获得更多的剩余和福利。土地供给较为充分，房地产企业和产品的竞争性较强，房企实际上还面临着居民家庭自建住宅的竞争。突出的表现就是美国的非热点都市区，房地产市场价格稳定，住房可支付性较好。即使是在热点都市区如洛杉矶地区，如果按建筑面积计算，房价水平并未高于我国的"北上广深"。例如，2014 年洛杉矶房价中位数为 45.38 万美元①，按汇率 6.8 计算，合人民币 308.6 万元，但问题在于美国的住房单套面积多数都超过 200 平方米。

最后的几点建议：第一，所有土地都应该赋予一定的基本权利和受到明确的管制规则管理。第二，除了更加尊重财产权保护之外，土地规划还需要和城市规划合并，向详细规划方向演变。原有的土地规划对土地数量的控制可交由综合规划完成，形成一个上下配合的规划体系。第三，规划需要全域覆盖，城乡一体。第四，规划需要逐渐向地方赋权，成为一种地方性事务。原有的命令性规划目标（如保护耕地）可交由法律完成。第五，在任何一种用途下，尤其是建设用地用途下，必须给予多种用途选项，这既是权利本身的需要，也是规划弹性的需要。因为规划者不可能预测未来的最佳用途，在符合公共利益的前提下，如果有这种用途选项，再施加一定的额外条件或"特许"，社区可能准许这种用途转换，而不是频繁修改规划，频繁修改规划显示出规划的水平较低和不合理。换言之，需要破除规划万能论，适度的弹性选项是维护规划权威的应有之义。

当前的《中华人民共和国土地管理法》特点是重视土地征收，2019 年的修法做出了大量修改，尤其是对土地征收补偿的内容的修改。但本书认为《中华人民共和国土地管理法》的修改必须加强土地规划制度修改。土地征收和土地管制是相辅相成的关系。在一定程度上，土地管制存在的问题比土地征收还多，认识误区更加严重。或者说，土地管制解决不好，土地征收也不能获得最终的解决。

---

① 2010—2014 年，洛杉矶总计 493869 个业主自有住宅单位中位数价值为 453800 美元，全加利福尼亚州对应数据为 371400 美元，全美为 175700 美元。该地区从 2000 年以来房价上升了 104.78%，而全州数据为 75.60%，全国数据为 46.91%。住房中位数建设年代是 1960 年，早于全州的 1974 年和全国的 1976 年。资料来自网站：http://www.usa.com。

第十一章

结论

　　土地市场和房地产市场具有强烈的地方特性，是区域性市场。在中国的制度环境下，城市土地是政府实际所有并控制的。房地产市场作为一种最容易受到干预的市场，亦不能幸免被地方政府所控制（中西只是控制程度不同而已）。由此，探索地方政府行为对两个市场的影响途径、作用机制、作用工具，是了解房地产市场及其价格运动规律的不二选择。

　　由于土地具有不可移动性、不可藏匿性、稀缺性（从而带来不劳而获的稀缺租）、征税成本低、必需品特性等，历来被政府所青睐并受到干预，成为攫取土地增值和财政收入的工具。毫无疑问，地方政府对土地和房地产市场的掌控是具有利益动机的。在收入方面，土地稀缺租金和房地产税收是地方政府主要财政收入来源，并大大增强其可支配财力；在支出方面，城市建设、招商引资、补贴工业以及以债务方式跨期使用资金进行投资可为政府官员带来有效政绩。所以，无论是从中央政府力图推动经济增长还是从地方政府官员追逐升迁的角度，房地产业、房地产市场都成为过去 20 年中国各级政府关注的产业和领域。毕竟，房地产市场与地方政府的利益息息相关。

　　在先前许多学者对地方政府财政行为、土地供给、土地管制等行为研究的基础上，本书试图在土地市场和房地产市场之间提出问题：政府通过哪些具体的工具和手段来对两个市场施加影响力并导致房地产市场价格波动？这些作用的渠道是什么？

　　本书认为政府的工具或手段包括以下几种：财政收支、土地（规划）管制、土地供给，相关的还包括土地征收等行为。这些行为给房地产市场带来四种效应：稀缺效应、资本化效应、成本效应、联动效应。第一，稀缺效应是指由于土地和城市规划的管制，不断强化开发商和人们的土地稀缺预期，加之土地供给的垄断，土地稀缺租不断上升，表现为地价在符合李嘉图模型下（土地租本质是一种剩余）的逐步上升趋势。第二，政府利用获得的土地租以及房地产税收、各种收费，用于基础设施建设、改善城市功能、吸引投资、发展经济、提高居民可支配收入等，这些财政支出客观上将以资本化的方式推高地价和房地产价格。第三，土地租和税费作为房地产价格的重要组成部分，将会以成本效应的方式进入房价，尤其是在土地垄断市场结构和土地多用途竞争性使用背景下。第四，房地产市场的增量和存量市场的联动效应将房地产开发中的成本从增量市场传播到整个存量市场。因为在缺乏持有环节税制环境下，房地产开发的各种成本以"消费税"的方式转嫁给新房消费者，然后传播到整个市场。同时，土地征收制度强化了地方政府的逐利行为的制度性保障，不合理的征地制度必须改革；现行地方政府结构下的土地规划制度，强化了地方政府的权力和对市场的垄断，塑造出具有中国特色的房地产市场，加剧了房地产市场价格的波动。另外，土地市场上的信号作用机制有助于上述四种效应的显现和发挥。本书还讨论了土地征收、土地融资、土地财政对房地产市场的影响问题。最后，本书从国际对比的视角，介绍美国的规划制度，并指出规划制度和土地市场、房地产市场的紧密关联。良好的规划制度对于房地产市场的培育极其关键。总之，地方政府的行为是土地市场、房地产市场及其相互作用和表现的重要影响因素，这一点得到实证结果的验证。另外，本书还对中国的住房政策做出理论分析，住房政策和房地产市场的良性互动对于构建未来供给侧住房政策和进一步培育完善房地产市场具有积极意义。

本书的政策含义在于以下 7 点。

第一，目前中国的土地制度和房地产制度是特定历史阶段的产物，有利有弊，对推动经济增长、城市建设、拉动内需、解决居住问题等都起到巨大的历史作用。然而，随着整个社会财富的积累，分配公平逐步得到关注，住房作为基本民生问题也应得到高度重视。在国家层面，应逐步推动国家基本制度，包括土地制度和房地产制度的改革，主要是改革土地征收制度，逐步破除土地市场垄断，让更多人分享社会发展成果。同时要明确房地产市场管理和住房政策目标，保障土地供给，扩大房地产投资和生产，确保市场的平稳运行，防止大起大落和风险积累。

第二，土地管制作为政府土地财政工具之一，为政府拓展财源和构建城市建设的良性投入产出机制起到关键性保障作用，但是土地管制的财富分配后果以及制造的土地稀缺和供给不足应该得到警惕。解决办法就是政府要尽快退出土地经营角色，只承担监管者的角色，这样才能防止土地规划和管制权力过度异化成为财政工具和财富攫取手段。

第三，土地市场对房地产市场的平稳运行具有基础性作用。打破垄断，提高土地供给弹性和规划灵活性、确保供给计划透明公开性、稳定社会预期等都是一个土地市场健康运行的必要不充分条件。政府不能既做房地产市场问题的制造者，又是房地产市场的超脱调控者。必须从土地市场中抽身，非如此，一个健康的房地产市场将是空中楼阁。必须抓紧构建城乡统一的土地市场，允许在规划约束和房地产税反向激励下，使宅基地和存量建设用地走入住房市场，甚至允许增量土地进入租赁房市场乃至最终进入交易市场。

第四，房地产税制的完善迫在眉睫。可以预见，随着房地产需求的逐步满足，存量房数量快速扩大以及人口形势的逆转，过度依赖土地财政和房地产开发税收将不可持续。以房地产税为标志的新税制本意并不是房地产市场调控，而是为地方政府提供稳定税源，缓和其土地市场逐利动机，并对社会财富分配起到积极作用。房地产税将整合土地税种，还能起到将土地增值收归国有"涨价归公"的必不可少的效果。

第五，加紧彻底检讨和改革规划制度。建立"多规合一"的规划体系，不仅要立足公共政策导向，鼓励公民参与；而且要在理念中树立权利意识，赋予土地明确的权利；还要在技术上细化规划规则，让用地者有明确的预期和行为规范。规划和市场的配合将对维护房地产市场长期健康运行至关重要。

第六，规范地方政府融资行为。地方政府融资进行过度的投资，已经孕育巨大的金融风险，使房地产市场成为地方政府融资的工具，而远离住房制度的本来目标。因此，有必要建立出让金基金制度，公开收支，将基金总量稳定性作为官员政绩考核指标，同时作为相关债务性融资的基准或"锚"，不得突破一定的倍数进行过度融资，不得将地方预算收入作为融资的基准。

第七，"住有所居""房子是用来住的，不是用来炒的"等住房政策对房地产市场健康运行起着重要作用。合理的住房政策目标和手段，有助于房地产市场培育和成熟。然而，房地产市场会对住房政策的制定和执行等产生巨大的影响。例如，快速上涨的房地产价格严重不利于租赁市场的发育，也不利于租赁市场的投资行为，最终难以实现住有所居的目标。所以，要达成理想的住房政策目标，必须重视对房地产市场本身的治理，这种治理必须在土地、规划、开发等基本社会经济制度方面做出实质性的深化改革。

附录

威斯康星州麦迪逊市分区法部分条文

威斯康星麦迪逊市法律

第 28 章

分区法令（Zoning Code）

第 28 章由 ORD – 12 – 00134 修订

2012 年 10 月 16 日通过，2013 年 1 月 1 日生效

第 28 章由 ORD – 11 – 00061 废除和重新创建

2011 年 3 月 29 日通过，2013 年 1 月 1 日生效

由麦迪逊市议会的指示出版，

根据威州宪法 § 66.0103。

概略目录（加粗的是列入本书的章节，其他章节限于篇幅未列入）

详细目录

第 28A 分节：介绍性条款

28.001　标题

28.002　意图和目的

28.003　与综合规划的关系

28.004　解释

28.005　附属土地分区

28.006　条例的范围

28.007　可分割性

28.008　过渡规则

28.009　废除相互抵触的条例及生效日期

第 28B 分节：区域划分和地图

28.021　建立分区

28.022　纳入（Incorporation）分区区域地图

第 28C 分节：住宅区

28.031　住宅区的一般规定

28.032　住宅区用途

28.033　居住区建筑形式

28.034　郊区住宅一致区（中低密度）

28.035　SR－C1 区

28.036　SR－C2 区

28.037　SR－C3 区

28.038　郊区住宅及可变地区

28.039　SR－V1 区

28.040　SR－V2 区

28.041　传统住宅——一致地区

28.042　TR－C1 区

28.043　TR－C2 区

28.044　TR－C3 区

28.045　TR－C4 区

28.046　传统住宅——可变区域

28.047　TR－V1 区

28.048　TR－V2 区

28.049　传统住宅——城市地区

28.050　TR－U1 区

28.051　TR－U2 区

28.052　传统住宅——RUSTICE（TR－R）区

28.053　传统住宅——计划（TR－P）区

第 28D 分节：混合用途和商业区

28.060　混合用途和商业区的一般规定

28.061　混合用途和商业区用途

28.062　混合用途及商业区建筑形式

28.063　有限混合用途区

28.064　邻里混合用途区

28.065　传统购物街区（TSS）

28.066　混合用途中心区（MXC）

28.067　商业走廊——过渡区

28.068　商业中心区

第 28E 分节：市区和城市地区

28.071　市区和城市地区的一般规定

28.072　中心市区用途

28.073　中心市区建筑形式

28.074　市中心核心区

28.075　城市写字楼——住宅区

28.076　城市混合用途区

28.077　市区住宅小区

28.078　市中心住宅 1 区

28.079　市中心住宅 2 区

第 28F 分节：就业区

28.081　就业区

28.082　就业区用途

28.083　就业区建筑形式

28.084　传统就业区

28.085　郊区就业区

28.086　郊区就业中心区

28.087　就业园区

28.088　工业——限制区

28.089　工业——一般区

第 28G 分节：特殊区域

28.091　特殊区域用途

28.092　农业区

28.093　城市农业区

28.094　保护区

28.095　公园和休闲区

28.096　机场区

28.097　校园——机构区

28.098　规划发展区

28.099　规划移动房屋泊车（Park）区

第 28H 分节：重叠区

28.101　适用性

28.102　井口保护区

28.103　湿地重叠区

28.104　面向交通的开发叠加区

28.105　社区保护覆盖区

28.121　洪泛平原覆盖区

28.122　F1 泄洪区

28.123　F2 洪水边缘区

28.124　F3 一般洪泛区

28.125　F4 洪水储存区

28.126　非遵从

28.127　酒精重叠区

第 28I 分节：一般规定

28.131　用于住宅和混合用途的地块上附属建筑和结构

28.132　加入退后区域

28.133　环境保护标准

28.134　高度和体量规定

28.135　地块划分，创建和访问

28.136　拖车和集装箱的使用

28.137　分区和规划的多用途地点

28.138　湖滨开发

28.139　与公共公园相邻的开发

28.140　可用的开放空间

28.141　停车和装载标准

28.142　景观和遮蔽要求

28.143　移动塔选址管制

28.144　与地标或地标地段相邻的开发项目

28.145　分裂地块

28.146　历史悠久的区域后缀街区

28.147　禁止违反公共政策的负面使用限制

28.148　无线电广播服务设施管制

28.149　风能系统的管制

28.150　住宅开发

第 28J 分节：补充管制

28.151　适用性

第 28K 分节：建筑形式标准

28.171　一般规定

28.172　住宅建筑形式

28.173　混合用途及非住宅建筑形式

第 28L 分节：程序

28.181　一般情况

28.182　文本和地图修正案

28.183　条件性用途

28.184　特许

28.185　批准拆除（夷为平地）和清除

28.186　场地和建筑规划审查

第 28M 分节：非遵从

28.190　目的表述

28.191　非遵从用途

28.192　非遵从建筑物或构筑物

28.193　非遵从地块

28.194　非遵从建筑物或结构的修复

28.195　非遵从使用证书

第 28N 分节：管理和执行

28.201　一般规定

28.202　分区管理办公室

28.203　议会

28.204　规划委员会

28.205　分区上诉委员会

28.206 费用

28.207 惩罚

第28 O分节：建筑的定义和规则

28.210 建筑规则

28.211 定义

28A 介绍性条款

28.001 标题

本条法令应称为《麦迪逊分区法》，或"本条例"。就本条而言，"本条例"一词指《麦迪逊普通法》（MGO）的本章或根据本章所施加的任何条件。

28.002 意图和目的

本条例用作以下用途：

（a）促进符合市区整体规划及已颁布法律的社区、走廊或特别地区规划的土地用途和开发模式。

（b）促进和保护城市的公共卫生、安全和一般福利。

（c）确保安全，免受火灾、水灾、污染和其他危险。

（d）维持和促进行人及车辆的安全流通。

（e）通过管制路边停车、机动、装载和广告牌，尽量减少道路阻塞的情况。

（f）确保为采光、空气、消防安全及娱乐活动提供足够的空地。

（g）保护环境脆弱地区的环境。

（h）处理和减轻气候变化带来的影响。

（i）消除障碍、鼓励节约能源和使用可再生能源。

（j）促进和恢复对历史资源的保护、修复和增进。

（k）促进充分、高效和具有成本效益地提供基础设施、其他公共服务和公共设施。

（l）保护城市的自然风光，并提升环境和建筑物设计的美感。

（m）鼓励对已建立的城市社区进行再投资，同时保护它们的独特特性。

（n）稳定、保护和提高财产价值。

（o）保护农业用地并为当地粮食生产提供机会。

（p）鼓励在城市内进行创新项目的设计，包括混合用途项目的开发。

（q）鼓励艺术的创作、推广、销售和享受。

（r）创造一种场所意识。

（s）鼓励以行人为本的开发。

（t）促进城市有序发展和经济活力。

（u）提供种类多样的住宅和商业建筑风格，以满足城市的社会和经济目标。

28.003 与综合规划的关系

麦迪逊综合规划确立了作为分区法规基础的目标和战略。根据本条例通过的所有规例或修订，一般应与已通过及经修订或更新的综合规划一致。

28.004 解释

本条例适用于威斯康星州麦迪逊市管辖范围内的所有土地和土地开发。

（1）本条例应被解释为一项对分区做许可说明的条例，即本条例只适用于条例中明确列举的结构及其主要和附属用途。在不存在变化或特殊例外的情况下，禁止任何未被特别允许的结构及其用途适用于本条例。

（2）在本条例的解释和应用中，其规定应被视为是促进和保护公众健康、安全、道德和一般福利的最低要求。

（3）若本条例所规定的条件比其他任何法律、条例、法令、决议或任何种类的规则所规定的类似条件的限制性更高或限制性更小，则以限制性更高或更高的要求标准为准，本条例另有规定除外。

（4）本条例并非旨在废除任何地役权、契约或其他私人协议。但若本条例比地役权、契约或其他私人协议有更多限制或有更高的标准或要求，则本条例适用。

（5）在本条例或其后的任何法令修订通过时，合法存在的任何建筑物、结构、地块及其相关用途，若服从第28N章关于不符合本条例的情况的相关规定，则仍合法存在。

（6）参照本章法令颁布时为违法的建筑物、结构及其相关用途，不因参照本章而合法。违法建筑物、结构及其相关用途与本章规定相抵触的，按照本章的规定，该建筑物、结构及其相关用途仍为违法。

（7）在解释和应用本条例时，本条例的规定应被宽泛地解释为有利于本市，不得视为限制或废除威斯康星州法规所授予的任何其他权力。当本条例的规定被要求遵从威斯康星行政法典第116章或第117章的标准，或是本条例的规定不明确时，应根据威斯康星行政法典通过之日或最近修订之日起生效的第116章或第117章的标准解释该规定。

28.005　附属土地分区

（1）根据威斯康星§66.0217（8），所有属于麦迪逊市并且之前未根据本条例分区的财产，特此声明属于临时分区，直至本条例另行修改为止。在发布新建筑许可证之前，必须根据本条例的第28.182条的规定获得永久分区的分类。以下要求同样适用于附属土地：

（a）对附属于麦迪逊市土地生效日期的戴恩县洪泛区分区规定应继续有效，并应对所有附属土地实施，并适用于所有附属土地，直至市采纳并执行符合NR 116要求的条例、威斯康星Adm. Code和国家洪水保险计划为止。为了管理这一分区，将戴恩县洪泛区的规定以参考方式纳入，并存档在区域管理局办公室。

（b）在1982年5月7日之前受《戴恩县海岸带区划条例》管辖而之后被并入麦迪逊市的所有土地，须受下列条例管辖，这些条例取代了MGO第28章中任何与之冲突的章节：

1. 除第2条规定外，任何建筑物与普通高水位线的建设距离不得低于50英尺。

2. 在低于标准差的海岸退后区域内建造或安置主要建筑物。如满足以下条件之一则允许：

a. 主要建筑物建造或放置在一块或多块土地上，这些毗邻土地包含主要建筑物的一块或多块土地。

b. 主建筑物的建造或放置距离等于主建筑物在相邻地块上的平均缩进距离，或距离普通高水位标35英尺。以上两者取距离较大者为准。

3. 拥有含有植被的岸地财产的人必须将该植被保持在沿着整个海岸线的缓冲区内，并从通航水域的普通高水位线向内陆延伸三十五英尺。除了节3. a。

a. 如植物缓冲区内含有入侵物种或死亡或患病的植物，海岸物业的业主可将植物移走，但如业主将植物缓冲区内的所有植物移走，则属例外，业主应建立一个植被缓冲区和新的植被。

4. 被要求在节3下维持或建立植被缓冲区的人，可以将该地区的所有植被全部移除，以便建立观看或进入的走廊，该走廊对于每100英尺的海岸线正面不超过30英尺宽，并且从普通高水位向内延伸不超过35英尺。

5. 就本条而言，"主要建筑物"指单一地块或一块土地上的主要建筑物或构筑物，包括任何附属车库或附属门廊。

6. 如果排水沟、池塘或蓄水池没有与天然的可通航水体连接，则本条例不适用于与人工建造的排水沟、池塘或雨水池保持相邻的土地。

28.006 条例的范围

以下所建建筑物、所有使用土地或建筑物、所有现存建筑物之结构改变或搬迁，以及所有现存建筑物之扩建或增建，须遵守本条例适用于该等建筑物、用途或土地所在分区的所有规例（见下文过渡规则）。

（1）除在本条例生效前已发出并仍然有效的建筑许可证外，所有新建建筑工地均应符合本条例的规定；如果建筑工程在生效日起九十天内开工，并认真进行到完工，那么该建筑可能：

（a）根据签发建筑许可证所依据的核准图则完成。

（b）完工后，可由建筑许可证按照原先指定的用途予以占用。

（2）分区管理人依照本条例的规定发布分区批准书的，该批准书无效，除非在批准书发出之日起六个月内实质性进行。

（3）对现有用途的以下变更不应要求整个场地符合要求：

（a）增加建筑法规规定的行人和/或无障碍设施。

（b）提供新的/额外的自行车停放处。

（c）提供新的/附加的垃圾围护区。

（d）重新铺设/重建、维护布局、流通或出入口不变的停车设施。

（e）以新的或不同的树木或灌木取代已死/不受欢迎的或不能发挥作用的园林绿化。

（f）在行政上批准时，取消停车位以增加景观美化。

（g）分阶段开发计划中的多用途场地。

（h）因征收行动而发生的场地变化。

28.007 可分割性

（1）如有司法管辖权的法院宣布或判决本条例的任何条文无效或违宪，则该判决不得以任何方式影响本条例的其他条文。而该等条文完全有效，就如同该条或该等条文原本并非本条例的一部分一样。

（2）如任何具司法管辖权的法院裁定本条例的任何条文对某一特定财产、建筑物或构筑物的适用无效，则该判决不影响该条文适用于该判决中没有特别包括的任何其他财产、建筑物或构筑物。

28.008　过渡规则

本节述及本法令颁布的新的实质性标准适用于截止本法令生效之日待决或正在发生的活动、行动和其他事项。

（1）任何已向规划及社区及经济发展部或建筑物检验处提交并已决定在本条例生效日期前由该市完成批准的申请，须受提交时已订立的条例及守则的条款及条件所规管。然而，所有行政程序和处罚都应遵循本条例规定的程序和处罚。

（2）除另有说明外，任何已提交并已决定由城市在本条例生效日期前完全完成的分区地图修订申请，须按照提交时已订立的条例及守则的条款及条件，继续进行至完成为止。

（3）在本条例通过时生效的规划发展区，须继续按照现有规划发展区的标准加以管制，除非由市议会重新划定。不过，批准或修订已通过的最终发展图则、地块、经核证的测量地图或地盘图则的程序，须依循本条例的程序。

（4）分区计划地区、适用于先前批准的文件的使用清单及定义，包括重划区、规划发展区、地役权、契约限制及类似协议，均须继续有效，但由分区行政长官解释，以符合本条例的规则、定义及其他条文。

（5）任何向分区委员会提出的申请，或任何已向规划及议会及经济发展或视察部提交并在本条例生效日期前已全部完成的申请，均须按照提交时已订立的本条例的条款及条件，继续进行有关的程序。

28.009　废除互相抵触的条例及生效日期

凡与分区条例抵触或不符合本章规定的所有条例或部分条例，在必要时予以废除，以充分发挥本章的效力。本章自分区地图生效之日起生效。

28B　区域划分和地图

28.021　建立分区

为了执行本法令的目的和规定，特此设立以下分区：

（1）住宅区 * 。

（a）SR－C1 郊区住宅——一致的区域 1（Consistent）

（b）SR－C2 郊区住宅——一致的区域 2

（c）SR－C3 郊区住宅——一致的区域 3

（d）SR－V1 郊区住宅——可变区域 1（Varied）

（e）SR－V2 郊区住宅——可变区域 2

（f）TR－C1 传统住宅——一致的区域 1

（g）TR－C2 传统住宅——一致的区域 2

（h）TR－C3 传统住宅——一致的区域 3

（i）TR－C4 传统住宅——一致的区域 4

（j）TR－V1 传统住宅——可变区域 1

（k）TR－V2 传统住宅——可变区域 2

（l）TR－U1 传统住宅——市区 1

（m）TR－U2 传统住宅——市区 2

（n）TR－R 传统住宅——乡村区域

（o）TR－P 传统住宅——规划区域（Planned）

＊当麦迪逊一般条例的其他章节涉及住宅区时，应包括市区住宅区 DR1 和 DR2（Am. by ORD－13－00007，1－15－13）。

（2）混合（Mixed－use）用途和商业区。

（a）LMX 有限混合使用

（b）NMX 邻里混合用途区

（c）TSS 传统购物街区

（d）MXC 综合用途中心区

（e）CC－T 商业走廊——过渡区

（f）CC 商业中心区

（3）就业区。

（a）TE 传统就业区

（b）SE 郊区就业区

（c）SEC 郊区就业中心区

（d）ECE 就业园区（ECEmployment Campus）

（e）IL 工业——有限区

（f）IG 工业———一般区

（4）城镇和市区。

（a）DC 市中心核心

（b）UOR 城市办公住宅

（c）UMX 城市综合体

（d）DR1 市中心住宅 1

（e）DR2 市中心住宅 2

（5）特区。

（a）A 农业区

（b）UA 城市农业区

（c）CN 保护区

（d）PR 保护区

（e）AP 机场区

（f）CI 园区机构区（Campus Institutional）

（g）PD 规划开发区

（h）PMHP 规划移动房屋停泊区

（6）叠加区。

（a）WP 井口叠加区

（b）W 湿地叠加区

（c）TOD 公交导向发展叠加区

（d）NC 邻里保护叠加区

（e）F1 洪泛区（Floodway）

（f）F2 洪水边缘区

（g）F3 洪水泛区总区

（h）F4 洪水储存区

28.022　纳入（Incorporation）分区区域地图

特此设立分区的地点和边界，如分区管理员办公室档案中标题为"分区地图"的地图所示，包括名为"威斯康星湿地清单地图"的官方湿地分区地图。分区图，连同其上显示的所有信息及其所有修正，均属本法令的一部分，如同本条例已全面列明及描述一样。

（1）区界的位置。

以下规则适用于分区地图上所示分区的界线：

（a）如下所示，或大致在街道、小巷或铁路之后的边界，须解释为遵循该地物的中心线。

（b）如下所示的边界线，或大致在其后的地块线、勘测或其他财产线或市政边界，须解释为遵循该线或边界。

（c）在分区地图上显示的，以及之前腾空或将来可能空出的街道或小巷，须解释为与毗邻两边的地段，条形地或宗地在同一分区内。涉及的街道或小巷。如果在所述街道或小巷空出之前，毗邻街道或小巷两侧的地块、条形地或宗地位于不同的分区，则该空出的街道或小巷的中心线应为各分区的边界线。

（d）如分区地界线的确切位置存在任何不确定性，分区上诉委员会经书面申请后，须决定该地界线的位置。

（2）湿地图。

（a）湿地分区覆盖区包括威斯康星湿地库存地图上显示的所有湿地，超过两英亩已被采纳并成为该条例的一部分。

（b）可航行及普通高水位线的确定最初应由分区管理员做出。如有问题，分区管理员应联系自然资源部南区办事处，以确定可航行或普通高水位线。

（c）当官方湿地分区地图上显示的湿地区边界与地图通过时的实际现场条件之间存在明显差异时，分区管理员应联系自然资源部南部地区办事处以确定映射的湿地区边界是错误的。如果部门工作人员同意区划管理员认为特定区域被错误地划为湿地，则分区署署长应负责在合理期限内进行湿地图修订。

（3）洪泛平原图。

（a）泛滥平原地图。分洪河道的位置和边界、洪水边缘，和一般泛滥平原地区建立在由联邦保险管理局的美国联邦应急管理签署的洪水灾害地图上所示，连同其他补充地图，包括修订后的洪水灾害地图，由联邦紧急事务管理局提供，并显示在地图面板：

有效的 01/02/2009：

55025C0267G，55025C0379G，55025C0383G，55025C0389G，

55025C0390G，55025C0393G，55025C0394G，55025C0401G，

55025C0403G，55025C0404G，55025C0407G，55025C0408G，

55025C0409G，55025C0413G，55025C0416G，55025C0417G，

55025C0418G，55025C0419G，55025C0428G，55025C0433G，

55025C0436G，55025C0437G，55025C0438G，55025C0439G，

55025C0441G，55025c042g，55025C0557G，55025C0576G

有效的 09/17/2014：

55025C0242H，55025C0243H，55025C0244H，55025C0261H，

55025C0262H，55025C0263H，55025C0264H，

55025C0268H，55025C0269H，55025C0288H，55025C0426H，

55025C0427H，55025C0429H，55025C0431H，55025C0432H，

55025C0434H，55025C0443H，55025C0444H，55025C0451H，

55025 c0453h，55025 c0461h，55025 c0463h

（b）上述地图显示的所有信息，连同联邦保险管理局为威斯康星州麦迪逊的洪水灾害研究，编号 55025 cv001d，55025 cv002d，55025 cv003d，和 55025 cv004d，于 2016 年 6 月 16 日生效，在泄洪道表示数据和洪水资料，和所有修改等泛滥平原地图应作为本条例的一部分获得充分阐述和描述（Am. ord‐16‐00062，6‐29‐16）。

（c）基于其他研究的地图，包括由自然资源部编制并批准的戴恩县洪水清单地图，编号为 3、18 和 20，于 2014 年 9 月 17 日生效（Am. ord‐16‐00062，6‐29‐16）。

（d）任何改变基地洪水海拔（BFE）描绘洪涝频发，或任何更改泛滥平原的边界或分洪河道洪水灾害研究（FIS）或洪水灾害地图（FIRM），必须得到自然资源和联邦应急管理署（FEMA）部门的审查和批准，须通过地图变化信函程序，方能生效。除非得到自然资源部的批准，否则非联邦应急管理局地图上的区域标高（FRE）的任何更改均不生效。如果引用多个地图或其修订版，则应使用最具限制性的信息。

（4）定位洪泛区边界。

官方洪泛区划图上的边界与实际现场条件之间的差异应由分区管理员使用如下细分（a）中或（b）中的标准进行。如果存在显著差异，则应按照 28.182 节对分区图修改建立的程序修改地图。无论是否需要修改地图，分区管理员都可以依照从剖面高程中获得的边界来授予或拒绝土地使用许可。区划署署长负责记录实际发展前的实地情况，以及确定地区界线的基础，并且启动本项目所要求的任何地图修正。区划署署长与申请人就区界线位置发生的争议，须按照

本条例第28.205（5）条及下文（a）及（b）的准则的申诉程序解决。如果洪水剖面基于公司确定的基础洪水高程，美国联邦应急管理署必须批准任何地图修订或调整，并使用第28.182条中对分区图修改建立的程序进行修订。

（a）如果现有洪水剖面，地图比例尺和剖面图应确定区域边界线。如果地图与实际现场条件之间存在差异，则应以区域或基准洪水高程为准。无论是否需要修改地图，分区管理员都有权根据区域洪水高程产生的地区边界批准或拒绝土地使用许可。

（b）如果不存在洪水剖面，则区域边界线的位置应由地图比例确定。如果地图与实际现场条件之间存在显著差异，则应修改地图。如果地图修订已获得麦迪逊市、威斯康星州自然资源部和联邦紧急事务管理局的批准，则区域管理员有权批准或拒绝土地使用许可（Am. by ORD－14－00146，9－12－14）。

（5）建立洪水储存地图。特此建立洪水储存区的位置和边界，如2009年1月2日 Dane County 洪水储存地图的第2、第4和第5小组，以及6月16日戴恩县 County 洪水储存地图的第19小组所示。（Am. by ORD－16－00062，6－29－16）

28C 住宅区

28.031 住宅区的一般规定

（1）平均退后，前面退后。

任何地块的前部至少有50%由主结构建造占据，新构筑物的前院最小退缩角应是该街区现有主体结构的平均退后或该地区正常的退后要求，以较小但不少于十英尺为准。湖岸地段的平均退后情况如第28.138条所述，计算平均退后：

（a）如果现有结构的退后大于所要求的退后，则应使用所要求的退后。

（b）平均退后只使用前院退后，侧院和反向转角侧院不应包括在内（Reverse Corner Side Yards）。

（c）对退后的投影（Projection）不应包括在内。

（d）不应包括因特许或特殊例外情况而导致的退后削减。

（e）如果砌块面（Block Face）至少建成75%，则不得包括砌块面上的空置地段。

（2）侧壁抵消（Offset）。

主楼的侧壁最高可达40英尺，可设置在最小的侧壁退后处。为避免街道上长且完整的建筑物以及与物业相连的建筑物出现单调的外观，任何位于侧地段线18英尺以内、深度超过40英尺的建筑侧壁部分，深度超过40英尺的每1英尺，应从侧地段线向后再多退2英寸。

（a）在 TR–P 区、TR–C3 区和 TR–C4 区，巷载住宅建筑不受这一要求的限制，因为它适用于内部侧院内的建筑侧墙。

（b）任何住宅建筑都必须提供窗户、门以及其他建筑特征，以明确立面的外观。

（3）附属车库退后。

在本规范生效日期后建造的新建筑中，为了避免由车库门主导的立面单调和不雅的外观，任何面向街道的有车库门的墙，其宽度不得超过该建筑物立面宽度的50%（按等级计算）。

包含车库门的这部分立面，必须在后面至少两英尺处凹陷。由于在湖滨地段等受限制的情况下，使得计划不可能遵守，因此规划委员会可能会减少或取消这一规定，作为有条件使用过程的一部分。

（4）停车场：住宅用地。

对于新的、独户住宅、联排住宅、小的多户住宅、大的多户住宅和庭院多户建筑形式，或超过原建筑面积100%以上的附加物，停车场应位于每栋大楼的后面、旁边、下面，或是在街区内部的一个公共停车场。

如位于建筑物侧院内，则地面或结构停车位应占主毗邻街道临街面面积的25%以下。

（5）停车场：非住宅用地。

住宅小区内新建的非住宅建筑，或者超过原建筑面积100%以上，或在本分区法规生效以后建造的，不得在建筑物正面与相邻街道之间停车。

（6）《麦迪逊总则》其他章节涉及住宅区时，应包括市区住宅区 DR1 和 DR2。

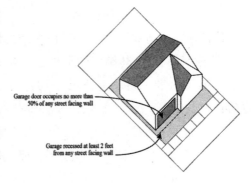

图 28C–1

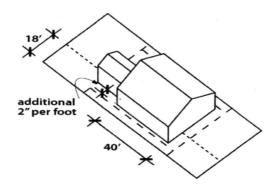

图 28C – 2

28.032 住宅区用途

表 28C – 1 列出了住宅区的所有许可和有条件用途。

（a）"P"是指在指定地区允许的用途。

（b）"C"指按照所有适用标准允许在指定地区作为有条件用途。

（c）"P/C"指允许的或有条件的，视补充管制第 28J 节的具体要求而定。

（d）"Y"是指与使用相关的第 28J 节中的具体要求。

（e）"SR – C1"是指郊区住宅一致的 1 区。

（f）"SR – C2"是指郊区住宅一致的 2 区。

（g）"SR – C3"是指郊区住宅一致的 3 区。

（h）"SR – V1"是指郊区住宅——可变用途（Varied）的 1 区。

（i）"SR – V2"是指郊区住宅——可变用途的 2 区。

（j）"TR – C1"是指传统住宅一致的 1 区。

（k）"TR – C2"是指传统住宅一致的 2 区。

（l）"TR – C3"是指传统住宅一致的 3 区。

（m）"TR – C4"是指传统住宅一致的 4 区。

（n）"TR – V1"指的是传统住宅可变用途的 1 区。

（o）"TR – V2"指的是传统住宅可变用途的 2 区。

（p）"TR – U1"是指传统的居住城市 1 区。

（q）"TR – U2"是指传统的居住城市 2 区。

（r）"TR – R"是指传统的居住——农村地区。

（s）"TR – P"是指传统的居住——规划区。

表 28C-1　居住区分区

	居住区															补充管制
	SR-C1	SR-C2	SR-C3	SR-V1	SR-V2	TR-C1	TR-C2	TR-C3	TR-C4	TR-V1	TR-V2	TR-U1	TR-U2	TR-R	TR-P	
住宅——家庭生活																
在单一家庭住宅中增加住宅单元								C								
多户住宅（4个住宅单位）			P	P	P				P	P	P	P	P			P
多户住宅（5~8个住宅单位）			C	P	P					C	C	P	P			P
多户住宅（>8个住宅单位）			C	C	C					C	C	C	C			P
住宅建筑群			C	C	C					C	C	C	C	C		Y
单户连栋住宅（3~8个住宅单位）			C	P	P				P	C	P	P	P			P
单户连栋住宅（>8个住宅单位）			P	P	P	P	P	P	P	P	C	C	C	P	P	
单户独立住宅	P	P	P	P	P	P	P	P	P	P	P	C	C	P	P	P
三户住宅——三个单元	P	P	P	P	P	P	P	P	P	P	P	P	P	P	P	P

续表

	SR-C1	SR-C2	SR-C3	SR-V1	SR-V2	TR-C1	TR-C2	TR-C3	TR-C4	TR-V1	TR-V2	TR-U1	TR-U2	TR-R	TR-P	补充管制
双家庭住宅	P	P	P	P	P				P	P	C	P	C	P	P	Y
两家庭住宅——两个单元	P	P	P	P	P				P	P	C	P	C	P	P	
居住——集体生活																
成人家庭之家	P	P	P	P	P	P	P	P	P	P	P	P	P	P	P	Y
辅助生活设施,集合护理设施,熟练护理设施				C	C					C	C	C	C			Y
公共住宅社区	P/C	P/C	P/C	P/C	P/C	P/C	P/C	P/C	P/C	P/C	P/C	P/C	P/C	P/C	P/C	Y
社区生活安排(最多8人)	P	P	P	P	P	P	P	P	P	P	P	P	P	P	P	Y
社区生活安排(9~15名居民)	C	C	C	P	P	C	C	C	P	P	P	P	P	P	P	Y
社区生活安排(>15个居民)	C	C	C	C	C	C	C	C	C	C	C	C	C	C	C	Y
日间庇护所												C	C	C	Y	
旅社											P/C	C	C	C		
住房合作社			P/C	P/C	P/C	P/C	P/C	P/C	P/C	P/C	P/C	P/C	P/C	Y	Y	Y
住宿兄弟会或联谊会												C	C	Y	Y	Y

续表

	SR-C1	SR-C2	SR-C3	SR-V1	SR-V2	TR-C1	TR-C2	TR-C3	TR-C4	TR-V1	TR-V2	TR-U1	TR-U2	TR-R	TR-P	补充管制
宣教屋	P	P	P	P	P	P	P	P	P	P	P				Y	
同侪暂顾服务	P	P	P	P	P	P	P	P	P	P	P	P	P	P	P	Y
公民和机构																
墓地	C	C	C	C	C	C	C	C	C	C	C	C	C	C	C	
高等学校												C	C			
社区活动	P/C	P/C	PC	P/C	P/C	P/C	P/C	P/C	P/C	P/C	P/C	P/C	P/C	P/C	P/C	Y
学校或礼拜场所的日托中心	P	P	P	P	P	P	P	P	P	P	P	P	P	C	P	
日托中心	C	C	C	C	C	C	C	C	C	C	C	C	C	C	C	
宿舍					C										Y	
图书馆、博物馆	C	C	C	C	C	C	C	C	C	C	C	C	C	C	Y	Y
公园和游乐场	P	P	P	P	P	P	P	P	P	P	P	P	P	P	P	

28.032（1）

续表

住宅区

	SR-C1	SR-C2	SR-C3	SR-V1	SR-V2	TR-C1	TR-C2	TR-C3	TR-C4	TR-V1	TR-V2	TR-U1	TR-U2	TR-R	TR-P	补充管制
宗教场所	P/C	P/C	P/C	P/C	P/C	P/C	P/C	P/C	P/C	P/C	P/C	P/C	P/C	P/C	P/C	Y
公共安全或服务设施	P	P	P	P	P	P	P	P	P	P	P	P	P	P	P	P

续表

	SR-C1	SR-C2	SR-C3	SR-V1	SR-V2	TR-C1	TR-C2	TR-C3	TR-C4	TR-V1	TR-V2	TR-U1	TR-U2	TR-R	TR-P	补充管制
公共学校、市政建筑或礼拜场所的再利用	P/C	P/C	P/C	P/C	P/C	P/C	P/C	P/C	P/C	P/C	P/C	P/C	P/C	P/C	P/C	Y
公立和私立学校	C	C	C	C	C	C	C	C	C	C	C	C	C	C	C	Y
非营利的儿童戏剧艺术学校						P										
零售、服务、娱乐和其他用途																
住宿及早餐设施	C	C	C	C	C	C	C	C	C	C	C	C	C	C	C	Y
自行车共享设施	P	P	P	P	P	P	P	P	P	P	P	P	P	P	P	Y
建筑面积超过10000平方千米的建筑物或构筑物。建筑面积英尺	C	C	C	C	C	C	C	C	C	C		C	C	C	C	Y
咨询和社区服务				C							C					
农贸市场	C	C	C	C	C	C	C	C	C	C	C	C	C	C	C	Y
高尔夫球场	C	C	C	C	C	C	C	C	C	C	C	C	C	C	C	Y
零售用途有限地点或建筑物性地点或建筑物	C	C	C	C	C	C	C	C	C	C	C	C	C	C	C	Y
移动杂货店	P	P	P	P	P	P	P	P	P	P	P	P	P	P	P	Y
人类服务项目办公室	C	C	C	C	C	C	C	C	C	C	C	C	C	C	C	Y

205

续表

用途	SR-C1	SR-C2	SR-C3	SR-V1	SR-V2	TR-C1	TR-C2	TR-C3	TR-C4	TR-V1	TR-V2	TR-U1	TR-U2	TR-R	TR-P	补充管制
户外休闲	C	C	C	C	C	C	C	C	C	C	C	C	C	C	C	Y
停车场设施,非附属	C	C	C	C	C	C	C	C	C	C	C	C	C	C	C	Y
娱乐、社区和社区中心	C	C	C	C	C	C	C	C	C	C	C	C	C	C	C	
旅游公寓	P	P	P	P	P	P	P	P	P	P	P	P	P	P	P	Y
实用用途																
第二类搭配	P	P	P	P	P	P	P	P	P	P	P	P	P	P	P	
电力生产和/或加热和冷却装置	C	C	C	C	C	C	C	C	C	C	C	C	C	C	C	
变电站	C	C	C	C	C	C	C	C	C	C	C	C	C	C	C	Y
气体调节站,混合站和溢口站	C	C	C	C	C	C	C	C	C	C	C	C	C	C	C	Y
无线电广播服务设施	P	P	P	P	P	P	P	P	P	P	P	P	P	P	P	P
铁路通行权	C	C	C	C	C	C	C	C	C	C	C	C	C	C	C	C
污水处理系统升降机站	P	P	P	P	P	P	P	P	P	P	P	P	P	P	P	Y
1级配置电信塔和传输设备建筑物	P	P	P	P	P	P	P	P	P	P	P	P	P	P	P	P

206

续表

用途	SR-C1	SR-C2	SR-C3	SR-V1	SR-V2	TR-C1	TR-C2	TR-C3	TR-C4	TR-V1	TR-V2	TR-U1	TR-U2	TR-R	TR-P	补充管制
农业																
抽水站水库	C	C	C	C	C	C	C	C	C	C	C	C	C	C	C	
社区花园	P	P	P	P	P	P	P	P	P	P	P	P	P	P	P	
蔬菜农场	C	C	C	C	C	C	C	C	C	C	C	C	C	C	C	Y
住宅区																
附属用途及结构物	在所有地区有条件地使用															
附属建筑物或构筑物	P/C	P/C	P/C	P/C	P/C	P/C	P/C	P/C	P/C	P/C	P/C	P/C	P/C	P/C	P/C	Y
附属住所单位	P	P	P	P	P	P	P	P	P	P	P	P	P	P	P	Y
附属传教室	P	P	P	P	P	P	P	P	P	P	P	P	P	P	P	Y
临时的住所	P	P	P	P	P	P	P	P	P	P	P	P	P	P	P	Y
堆肥	P	P	P	P	P	P	P	P	P	P	P	P	P	P	P	Y
修道院或类似修道院的住宅群	C	C	C	C	C	C	C	C	C	C	C	C	C	C	C	Y
家庭托儿所	P/C	P/C	P/C	P/C	P/C	P/C	P/C	P/C	P/C	P/C	P/C	P/C	P/C	P/C	P/C	Y
依赖生活安排	P	P	P	P	P	P	P	P	P	P	P	P	P	P	P	Y

续表

	SR-C1	SR-C2	SR-C3	SR-V1	SR-V2	TR-C1	TR-C2	TR-C3	TR-C4	TR-V1	TR-V2	TR-U1	TR-U2	TR-R	TR-P	补充管制
应急发电机	P	P	P	P	P	P	P	P	P	P	P	P	P	P	P	Y
住宅占用	P/C	P/C	P/C	P/C	P/C	P/C	P/C	P/C	P/C	P/C	P/C	P/C	P/C	P/C	P/C	Y
养鸡	P	P	P	P	P	P	P	P	P	P	P	P	P	P	P	Y
养蜂	P	P	P	P	P	P	P	P	P	P	P	P	P	P	P	Y
为非住宅用途租用非街道停车设施附件给主要用途的非使用者	C	C	C	C	C	C	C	C	C	C	C	C	C	C	C	Y
将路边泊车设施附属设施租给非住宅户作住宅用途	P	P	P	P	P	P	P	P	P	P	P	P	P	P	P	Y
管理办公室、餐厅，有限零售、多家庭大楼内的娱乐设施					C							C		C		Y
户外烹饪	P/C	P/C	P/C	P/C	P/C	P/C	P/C	P/C	P/C	P/C	P/C	P/C	P/C	P/C	P/C	Y
便携式住房	C	C	C	C	C	C	C	C	C	C	C	C	C	C	C	Y
便携式存储装置	P	P	P	P	P	P	P	P	P	P	P	P	P	P	P	Y
房地产销售处	P	P	P	P	P	P	P	P	P	P	P	P	P	P	P	Y
太阳能系统	P	P	P	P	P	P	P	P	P	P	P	P	P	P	P	Y

续表

	SR-C1	SR-C2	SR-C3	SR-V1	SR-V2	TR-C1	TR-C2	TR-C3	TR-C4	TR-V1	TR-V2	TR-U1	TR-U2	TR-R	TR-P	补充管制
地面停车场超过最低要求停车	C	C	C	C	C	C	C	C	C	C	C	C	C	C	C	
存放建筑材料和设备临时建筑物	P	P	P	P	P	P	P	P	P	P	P	P	P	P	P	Y
临时户外活动	P/C	P/C	P/C	P/C	P/C	P/C	P/C	P/C	P/C	P/C	P/C	P/C	P/C	P/C	P/C	Y
风力发电系统	C	C	C	C	C	C	C	C	C	C	C	C	C	C	C	Y
庭院销售	P	P	P	P	P	P	P	P	P	P	P	P	P	P	P	Y

(Am. by ORD – 13 – 00007, 1 – 15 – 13; ORD – 13 – 00054, 4 – 24 – 13; ORD – 13 – 00134, 8 – 14 – 13; ORD – 13 – 0017 ORD – 1300178, 10 – 23 – 13; ORD – 13 – 00185, 11 – 5 – 13; ORD – 13 – 00189, 11 – 26 – 13; ORD – 14 – 00015, 1 – 29 – 14; ORD – 14 – 00028, 2 – 1814; ORD – 14 – 00115, 7 – 11 – 14; ORD – 15 – 00008 & ORD – 15 – 0015, 1 – 28 – 15; ORD – 15 – 00079 & ORD – 15 – 00081, 8 – 1215; ORD – 16 – 00049, 5 – 25 – 16; ORD – 16 – 00069, 8 – 13 – 16) Sec. 28.033

28.033　居住区建筑形式

建筑的形式	SR－C1	SR－C2	SR－C3	SR－V1	SR－V2	TR－C1	TR－C2	TR－C3	TR－C4	TR－V1	TR－V2	TR－U1	TR－U2	TR－R	TR－P
独栋独立的建筑	∨	∨	∨	∨	∨	∨	∨	∨	∨	∨	∨	∨		∨	∨
公民/市政建设	∨	∨	∨	∨	∨	∨	∨	∨	∨	∨	∨	∨		∨	∨
二—家庭，两—单位			∨	∨	∨				∨	∨	∨	∨			∨
二—家庭—双拼单位			∨	∨	∨				∨	∨	∨	∨			∨
三—单元楼				∨	∨				∨	∨	∨		∨		
单身家庭				∨	∨						∨	∨	∨		∨
小型多家庭建筑				∨							∨	∨	∨		∨
大型多家庭建筑					∨						∨	∨	∨		∨
院式多家庭建筑					∨						∨	∨	∨		∨
裙楼												∨	∨		∨

（Am. by ORD－14－00028，2－18－14）

210

28.034　郊区住宅——一致区（中低密度）

（1）目的声明。

设立 SR - C 区是为了稳定和保护一般位于城市外围地区的中低密度住宅区，并促进和鼓励适合家庭生活的环境，同时容纳各种生命周期住房。这些地区还打算：

（a）确保新建筑物和现有建筑物的添加物在下述方面对其敏感：建筑布置、立面宽度、高度和比例、车库和车道布置、景观美化和类似的设计特征。

（b）维护和改善现有各类住房的生存能力，同时以对环境敏感的方式对旧住房进行更新。

（c）保持或增加住宅和其他允许用途之间的兼容性，以及保持在允许的情况下不同住房类型之间的兼容性，方法是保持一致的建筑物方向和停车位置以及遮蔽。

（d）促进综合规划及采用规划的邻里、走廊或特别地区计划的保存、发展或重建目标。

（e）在新的开发项目中，SR - C1 区连同其他住宅区的使用应限于确保各种住房类型的混合，或由于与地形、雨水管理或其他环境因素有关的原因。

28.035　SR - C1 区

（1）允许和条件用途。

住宅小区内允许使用的完整清单见表 28C - 2。

（2）尺寸要求，允许和有条件的用途。

除非另有说明，要求表示最小值，尺寸均以英尺为单位。

表 28C - 2

SR - C1 区		
	独户家庭	非住宅的
地块面积（平方英尺）	8000	8000
地块宽度	60	60
前院退后	30	30
边院退后	单层：6 /两层楼：7	一层楼：6

	独户家庭	非住宅的
倒角侧车场退后	15	30
后院退后	地块深度的30%或35之小的。见下面的（a）	等于建筑高度但至少35。见下文（a）
最大高度	2层/35	35
最大地块覆盖率	50%	60%
最大建筑覆盖率	n/a	50%
可用开敞空间（每平方英尺平方英尺）	1300	n/a

（a）后院退后。

如果现有的主要结构及其任何增加，占地块的20%或更少，后院的退后可减少25%。

28.036　SR - C2 区

（1）允许和有条件的用途。

有关住宅区内允许使用的完整列表，请参阅表28C - 3。

（2）尺寸要求，允许和有条件的用途。

除非另有说明，要求代表最低要求，尺寸均以英尺为单位。

（a）后院退后。如果现有的主要结构及其任何增加，覆盖地块的20%或更少，后院的退后可减少25%。

表 28C - 3

SR - C2 区		
	独居家庭	非住宅的
地块面积（平方英尺）	6000	6000
地块宽度	50	50
前院退后	30	30
边院退后	单层：6/两层楼：7	一层楼：6
倒角侧院退后	15	30

续表

	独户家庭	非住宅的
后院退后	地块深度30%或35之小的见下面的（a）	等于建筑高度但至少35。见下文（a）
最大高度	2层/35	35
最大地块覆盖	50%	60%
最大建筑覆盖率	n/a	50%
可用开敞空间（每平方英尺平方英尺）	1000	n/a

28.037　SR - C3 区

（1）允许和使用条件。

住宅小区内允许使用的完整清单见表28C - 4。

（2）尺寸要求，允许和有条件的使用。

除非另有说明，要求表示最小值，否则尺寸均以英尺为单位。

（a）住房分散。除非得到有条件使用的批准，否则不得在包含另一个有双重用途的地块的300英尺范围内建造或改建任何两户住宅。

（b）后院退缩尺度。如果现有的主要结构和任何补充，包括20%或更少的地段面积，后院退后可能减少25%。

表28C - 4

SR - C3 区			
	独户住宅连接	两户家庭两个单元	两个家庭 TWIN	非居住的
地块面积（平方英尺）	6000	8000	8000	6000
地块宽度	50	50	50	50
前院缩退尺度	25	25	25	25
侧院缩退尺度	单层：5 双层：6	双层：6	单层：5 双层：6 （只有一侧）	单层：5 双层或更多：6
反转角侧院退后	15	15	15	25

	独户住宅连接	两户家庭两个单元	两个家庭 TWIN	非居住的
后院缩退尺度	30% 的地块深度或 35 之小，请参阅下面的（b）	30% 地块深度或 35 之小，请参阅下面的（b）	30% 的地段深度或 35 之小，请参阅下面的（b）	等于建筑高度但至少是 35，请参阅下面的（b）
最大高度	2 层/35	2 层/35	2 层/35	35
最大覆盖率	60%	60%	60%	60%
最大建筑覆盖率	n/a	n/a	n/a	50%
可用空间（每平方英尺）	750	750	750	n/a

（Am. by ORD – 13 – 00007，1 – 15 – 13；ORD – 14 – 00133，8 – 13 – 14）

28.038　郊区住宅及可变地区

（1）目的声明。

设立 SR – V 区是为了稳定和保护不同密度和住房类型的住宅区的基本特征，这些住宅区通常位于城市的边远地区，并在容纳各种生命周期住房的同时促进和鼓励适宜家庭生活的环境。这些地区还打算：

确保新建筑和对现有建筑的设计补充在建筑布局、立面宽度、高度和比例、车库和车道布局、景观和类似的设计特征等方面对其环境敏感。

维持和改善所有类型的现有住房的生存能力，同时鼓励以环境敏感的方式更新旧住房。

保持或增加住宅和其他准许用途之间的相容性，以及在准许的情况下保持建筑物朝向一致、停车位置和遮蔽，以增加不同类型住宅之间的相容性。

促进综合规划和已通过的社区、走廊（corridor）或特别地区规划的保存、开发或再开发目标。

28.039　SR – V1 区

（1）允许和有条件的用途。

住宅区内可做的用途详情，请参阅表 28C – 5 和表 28C – 6。

（2）尺寸要求，允许和有条件的用途。

除非另有说明，需求代表最小值，尺寸均以英尺为单位。（a）住宅的分散：从每个分区开始，在任何其他两户双人住宅、三单元住宅或多户住宅的三百英尺范围内，不得建造两户双人住宅，三单元住宅或多户住宅，除非有条件用途。

表 28C－5

SR－V1 区：允许用途				
	单户家庭	两户家庭 两个单元	两套居住房	三四个单元
地块面积 （平方英尺）	6000	8000	8000	8000
地块宽度	50	50	50	60
前院缩退尺度	25	25	25	25
边院缩退尺度	单层：5 双层：6	双层：6	单层：5 双层：6	6/15 总计
反转角边 围场退后	12	12	12	12
后院	25% 的深度或 30 之小	25% 的深度或 30 之小	25% 的深度或 30 之小	25% 的深度或 30 之小
最大高度	2 层/35	2 层/35	2 层/35	3 层/40
最大覆盖率	60%	60%	60%	60%
可用空间 （每平方英尺）	750	750	750	500

表 28C－6

SR－V1 区：有条件和非住宅用途			
	单户住宅 （最多八个单位）	多个家庭住宅 （最多八个单位）	非住宅
地块面积 （平方英尺）	2000/d. u. ①	2000/d. u.	6000
地块宽度	20/d. u.	60	50

① d. u. 是指一个居住单元。下文类同，不再标注。

续表

	单户住宅 （最多八个单位）	多个家庭住宅 （最多八个单位）	非住宅
前院退后	25	25	25
边院退后	6（只有一边）	10	一层：6 两层 或更多：7
反转角边院退后	12	12	25
后院	25%的深度或30 之小	25%的深度或30 之小	与建筑高度相等但 至少30
最大高度	3层/40	3层/40	40
最大覆盖率	60%	60%	60%
最大建筑覆盖率	n/a	n/a	50%
可用的开放空间 （每平方英尺）	500	500	n/a

28.040 SR – V2 区

（1）允许和有条件用途。

有关住宅区内允许使用的完整列表，请参阅表28C－7和表28C－8。

（2）尺寸要求，允许和有条件用途。

除非另有说明，要求代表最低要求，尺寸均以英尺为单位。

表 28C－7

SR－V2区：允许用途					
	单个家庭	两户家庭 两个单元	两户家庭 并墙	三个单元	单户家庭 附属 （最多八个 单元）	多户家庭
地块面积 （平方英尺）	6000	6000	4000 （2 lots）	8000	2000/d. u.	2000/d. u.

续表

	单个家庭	两户家庭两个单元	两户家庭并墙	三个单元	单户家庭附属（最多八个单元）	多户家庭
地块宽度	50	50	25/d. u.	60	20/d. u.	60
前院退后	25	25	25	25	25	25
边院退后	一层：5 两层：6	两层：6	一层：5 两层：6	6	10（结束单位）	10
反转角边围场退后	12	12	12	12	12	12
后院	25% 的深度或 30 之小	25% 的深度或 30 之小	25% 的深度或 30 之小	25% 的深度或 30 之小	25% 的深度或 30 之小	25% 的深度或 30 之小
最大高度	2 层/35	2 层/35	2 层/35	3 层/40	3 层/40	3 层/40
最大覆盖率	60%	60%	60%	60%	60%	60%
可用开放空间（每平方英尺）	500	500	500	500	500	500

表 28C－8

SR－V2 区：有条件和非住宅用途			
	单户家庭	多户家庭	非住宅
地块面积（平方英尺）	2000/d. u.	2000/d. u.	6000
地块宽度	20/d. u.	60	50
地块缩退	25	25	25
边院缩退	6（结束单位）	10	一层：6 两层或更多：7
反转角边院退后	12	12	25
后院	25% 的深度或 30 之小	25% 的深度或 30 之小	与建筑高度相同但至少 30
最大高度	3 层/40	4 层/52	35
最大覆盖率	60%	60%	60%
最大建筑密度	n/a	n/a	50%
可用开放空间（每平方英尺）	500	500	n/a

28.041 传统住宅——一致地区

（1）目的声明。

TR－C 区的建立是为了稳定、保护和鼓励整个城市居住区的基本特征，这些住宅区通常位于城市附近的东部和西部附近的地峡，并促进和鼓励适合家庭生活的环境。同时容纳全方位的生命周期住房。这些地区还旨在：

（a）以符合其独特形式和住宅特色的方式促进传统居民区的保护、开发和重建。

（b）确保新建筑物和现有建筑物的附加设计在建筑物放置、立面宽度、高度和比例、车库和车道布局，以及景观美化和类似设计特征方面的设计敏感。

（c）维持和改善现有各类住房的可行性，同时以对环境敏感的方式更新旧住房。

（d）通过保持一致的建筑方向和停车位置和遮获，维持或增加住宅和其他允许用途之间的兼容性，以及允许的不同住房类型之间的兼容性。

（e）促进综合计划的保护、开发或再开发目标，以及颁布的社区、走廊或特别区域规划。

28.042 TR－C1 区

（1）允许和有条件用途。

有关住宅区内允许使用的完整列表，请参阅表 28C－9。

（2）尺寸要求，允许和有条件用途。

除非另有说明，要求代表最低要求，尺寸均以英尺为单位。

后院缩退。如果现有的主要结构及其任何增加，占地块的 20% 或更少，后院的缩退可减少 25%。

表 28C－9

TR－C1 区		
	单户家庭	非住宅的
地块面积（每平方英尺）	6000	6000
地块宽度	50	50

	单户家庭	非住宅的
前院缩退	20	20
前院缩退最大值	比平均值高30英尺或20%	n/a
后院缩退	单层：6 两层：7	10
后院缩退最大值	15	15
后院缩退	30%的深度或35 见下面（a）之小	和建筑高度相同但至少35 看下面（a）
最大高度	2层/35	35
最大覆盖率	50%	65%
可用开放空间（每平方英尺）	1000	n/a
最大建筑覆盖率	n/a	50%

（Am. by ORD－15－00099，9－11－15）

28.043 TR－C2 区

（1）允许和有条件用途。

有关住宅区内允许使用的完整列表，请参阅表28C－10。

（2）尺寸要求，允许和有条件使用。

除非另有说明，要求代表最低要求，尺寸均以英尺为单位。

后院缩退。在本条例生效日期存在的单户独立式住宅，宽度小于50英尺地段，其最小侧缩退应为地块宽度的10%。

表 28C－10

TR－C2 区		
	单户家庭	非住宅
地块面积（每平方英尺）	4000	4800
地块宽度	40	40
前院缩退	20	20
最大前院缩退	低于30%的深度或35 见下面（a）	n/a

	单户家庭	非住宅的
后院缩退	单层：5 双层：6 见下面（a）	10
反转角边院退后	12	20
后庭院	低于 30% 的深度或 35	与建筑高度相等但至少 30
最大高度	2 层/35	35
最大覆盖率	65%	65%
可用开放空间（每平方英尺）	750	n/a
最大建筑覆盖率	n/a	50%

（Am. by ORD – 15 – 00099，9 – 11 – 15）

28.044　TR – C3 区

（1）许可和条件用途。

有关住宅区内允许使用的完整列表，请参阅表 28C – 11。

（2）尺寸要求，允许和条件用途。

除非另有说明要求表示最小值，尺寸均以英尺为单位。

（a）侧院退缩尺度。住宅建筑地块存在于本条例有效日期内并且有很多宽度小于 50 英尺本应具有最小侧院退后尺度减少 10% 的地块宽度。

（b）后院退缩尺度。只有一层，用于车库目的的小巷附近的车库投影可能有至少两英尺的后院退后。

表 28C – 11

TR – C3 区		
	独立单户类	非住宅类
地块面积（平方英尺）	3000	4000
地块宽度	30	40
前院建筑退缩尺度	15	15
最大前院建筑退缩尺度	比平均值大 30 英尺 或高达 20% 的	n/a

续表

	独立单户类	非住宅类
边院建筑退缩尺度	5 院子宽度 < 50：10% 院子宽度	单层：5 两层或更多：6
反角侧院建筑退缩尺度	8（10 车库）	15
后院	20 可进胡同：2 见下文（b）	等于建筑高度但至少 20
最大高度	2 层/35	35
最大院子覆盖率	75%	75%
最大建筑覆盖率	n/a	65%
可用的开放空间 （平方英尺每 d. u.）	500	n/a

（Am. by ORD － 15 － 00099，9 － 11 － 15）

28.045　TR － C4 区

（1）许可和条件用途。

请参阅表 28C － 1 的住宅小区内不允许使用的完整列表。

（2）尺寸要求，允许和条件用途。

除非另有说明，要求表示最小值，尺寸均以英尺为单位。

（a）侧院（a）退缩尺度。住宅建筑地段存在于本条例有效日期内并且有很多宽度小于 50 英尺本应具有最小侧院退后尺度减少 10% 的地块宽度（Am. by ORD － 13 － 00007，1 － 15 － 13）。

（b）住宅的分散。在一个包含另外双家庭建筑（twin）的分区地块三百英尺范围内，不得建造或改建双家庭住宅，按每个分区地块的周长测量，除非批准有条件用途。（Cr. by ORD － 14 － 00028，2 － 18 － 14）。

表 28C － 12

TR － C4 区					
	独门独户	两个家庭 － 两个单元	两个家庭 － 两户	三单元	非住宅类
地块面积 （平方英尺）	4000	4000	4000	6000	4800
地块宽度	40	40	40	40	40

	独门独户	两个家庭 两个单元	两个家庭-两户	三单元	非住宅类
前院退后尺度	20	20	20	20	20
最大前院退后尺度	比平均值高30英尺或高达20%	比平均值高30英尺或高达20%	比平均值高30英尺或高达20%	比平均值高30英尺或高达20%	n/a
侧院退后尺度	一层楼：5 两层楼：6 见下文（a）	两层楼：6 见下文（a）	两层楼：6 见下文（a）	6 见下文（a）	一层楼：5 两层楼或更多：6
反角侧院退后尺度	12	12	12	12	20
后院	较小的30%地段深度或者30	较小的30%地段深度或者30	较小的30%地段深度或者30	较小的30%地段深度或者30	等于建筑高度但至少30
最大高度	2层/35	2层/35	2层/35	2层/35	35
最大地块覆盖率	65%	65%	65%	65%	65%
最大建筑覆盖率	n/a	n/a	n/a	n/a	50%
可用的开放空间（平方英尺每d.u.）	750	750	750	750	n/a

（Am. by ORD－14－00028，2－18－14；ORD－15－00099，9－11－15）

28.046　传统住宅——可变区域

（1）目的声明。

TR－V区的建立是为了稳定、保护和鼓励整个城市成熟住宅区的基本特征，并提供全方位的生命周期住房，同时鼓励适合家庭生活的环境。这些地区还旨在：

（a）以符合其独特形式和住宅特色的方式促进传统居民区的保护、开发和再开发。

（b）确保新建筑物和现有建筑物的附加设计在建筑物布置、立面宽度、高度和比例、车库和车道布局、景观美化，以及类似设计特征方面对其背景敏感。

（c）维持和改善现有各类住房的生存性，同时以环境敏感的方式更新旧住房。

（d）通过保持一致的建筑方向和停车位置和遮蔽，维持或增加住宅和其他允许用途之间以及不同住房类型之间的兼容性（如果允许）。

（e）促进综合计划的保护、开发或再开发目标以及采用的邻里、走廊或特殊区域计划。

28.047 TR－V1 区

（1）许可和条件用途。

请参阅表28C－13允许使用的住宅小区内的完整列表。

（2）尺寸要求，允许和条件用途。

除非另有说明，要求表示最小值，尺寸均以英尺为单位。

（a）分散要求。任何其他两户双人住宅/三单元住宅或多户住宅的300英尺范围内，不得建造双户住宅、三单元住宅或多户住宅，每个住宅的周长均为分区地块，除非有条件使用。

（b）侧院退后尺度。两户、三单元和四单元地块存在于本条例有效日期内并且有很多宽度小于50英尺本应具有最小侧院退后尺度减少20%的地块宽度。

表 28C－13

TR－V1 区：准许用途					
	独门独户	两个家庭 两个单元	两家两户	三单元	四单元
地段面积 （平方英尺）	3000	4000	6000.	6000	8000
地块宽度	30	40	50	50	50
前院退后尺度	20	20	20	20	20
最大前院退后尺度	比地块平均值高30英尺或高达20%	比地块平均值高30英尺或高达20%	比地块平均值高30英尺或高达20%	比地块平均值高30英尺或高达20%	比地块平均值高30英尺或高达20%
侧院退后尺度	一层楼：5 两层楼：6 地段宽度＜50：10%地块宽度	两层楼：6 见下文（b）	一层楼：5 两层楼：6 （仅限一面） 见下文（b）	一层楼：5 两层楼或更多：6 见下文（b）	一层楼5 两层楼或更多：6 见下文（b）
反角侧院退后	12	12	12	12	12

续表

TR – V1 区：准许用途					
	独门独户	两个家庭 两个单元	两家两户	三单元	四单元
后院	低于 25% 地块 深度或 25	低于 25% 地块 深度或 25	低于 25% 地块 深度或 25	低于 25% 地块 深度或 25	低于 25% 地块 深度或 25
最大高度	2 层/35	2 层/35	2 层/35	3 层/40	3 层/40
最大地块覆盖率	70%	70%	70%	70%	70%
可用的开放空间 （平方英尺 每 d. u.）	500	500	500	500	500

（Am. by ORD – 15 – 00099，9 – 11 – 15）

表 28C – 14

TR – V1：非住宅（允许或有条件）	
	非住宅类
地块面积（平方英尺）	6000
地块宽度	50
前院退后尺度	20
侧院退后尺度	一层楼：5 两层或更多：6
反角侧院退后尺度	20
后院	等于建筑高度但至少 30
最大高度	35
最大地块覆盖率	65%
最大建筑覆盖率	50%

28.048　TR – V2 区

（1）许可和条件用途。

请参阅表 28C – 15 的住宅小区内允许使用的完整列表。

（2）尺寸要求，允许和条件用途。

除非另有说明，要求表示最小值，尺寸均以英尺为单位。

（a）侧院退缩尺度。二、三或四单元住宅地块在本条例有效日期内并且有很多宽度小于 50 英尺本应具有最小侧院退后尺度减少 10% 的地块宽度。

表 28C – 15

	独门独户	两家两单元	两家两户	三单元	四单元
	TR – V2 区：准许用途				
地块面积（平方英尺）	3000	4000	6000	6000	8000
地块宽度	30	40	40	50	50
前院退后尺度	20	20	20	20	20
最大前院退后尺度	比地块平均值高30英尺或高达20%	比地块平均值高30英尺或高达20%	比地块平均值高30英尺或高达20%	比地块平均值高30英尺或高达20%	比地块平均值高30英尺或高达20%
侧院退后尺度	一层楼：5 两层楼：6 地块宽度<50：10%的地段宽度	两层楼：6 见下文（a）	一层楼：5 两层楼：6（仅限一边）见下文（a）	一层楼：5 两层楼：6 见下文（a）	一层楼：5 两层或更多：6 见下文（a）
反转角边院退后尺度	12	12	12	12	12
后院	低于25%地块深度或25	较低于25%地块深度或25	低于25%地块深度或25	低于25%地块深度或25	低于25%地块深度或25
最大高度	2 层/35	2 层/35	2 层/35	3 层/40	3 层/40
最大地块覆盖率	70%	70%	70%	70%	70%
可用的开放空间（平方英尺每 d. u.）	500	500	500	500	500

（Am. by ORD – 15 – 00099，9 – 11 – 15）

表 28C – 16

	单户住宅（最多8个单位）	多户	非住宅类
	TR – V2 区：有条件和非住宅用途		
地块面积（平方英尺）	2000/d. u.	2000/d. u.	6000
地块宽度	20/d. u.	60	50
前院退后尺度	20	20	20

	单户住宅（最多 8 个单位）	多户	非住宅类
最大前院退后尺度	比地块平均值高30 英尺或高达 20%	比地块平均值高30 英尺或高达 20%	比地块平均值高30 英尺或高达 20%
侧院退后尺度	两层楼：6	10	一层楼：6两层或更多：7
反角侧院退后尺度	12	12	20
后院	低于 25% 地段深度或 25	低于 25% 地段深度或 25	等于建筑高度但至少 30
最大高度	3 层/40	3 层/40	40
最大地块覆盖率	70%	70%	65%
最大建筑覆盖率	n/a	n/a	50%
可用的开放空间（平方英尺每 d. u.）	500	500	n/a

（Am. by ORD – 15 –00099，9 – 11 – 15）

28. 049　传统住宅——城市地区

（1）目的陈述。

TR – U 区的建立是为了稳定、保护和鼓励高密度住宅区的基本特征，并提供全方位的生命周期住房。这些地区还旨在：

（a）确保新建筑物和现有建筑物的附加设计在建筑物布置、立面宽度、高度和比例、车库和车道布局、景观美化，以及类似设计特征方面对其背景敏感。

（b）促进保护高密度住房内或附近的历史建筑物和区域。

（c）维持和改善现有各类住房的存在性（viability），同时以对环境敏感的方式更新旧住房。

（d）鼓励恢复以前转为多户住房的单户住宅回到单户或双户住房。

（Am. by ORD – 15 –00099，9 – 11 – 15）

（e）通过保持一致的建筑方向、停车位置和遮蔽，维持或增加住宅和其他允许用途之间的兼容性，以及允许的不同住房类型之间的兼容性。

（f）促进综合规划的保护、发展或再开发目标，以及通过的邻里、走廊或特别区域规划。

28.050 TR－U1 区

（1）允许和条件用途。

请参阅表28C－17允许使用的住宅小区内的完整列表。

（2）规模要求、允许和条件用途。

除非另有说明，要求表示最小值，尺寸均以英尺为单位。

（a）侧院退后尺度。两户二单元、三单元或四单元住宅地块，其存在于本条例有效日期内，并且有地块宽度小于50英尺本应具有最小侧院退后地块减少百分之十的地块宽度。

（b）可用的开放空间。高达75%的所需可用开放空间可能位于阳台或者屋顶甲板满足第28节140页的标准。

（c）超过最大值的高度可以通过有条件使用批准。

（d）可用的开放空间。高达75%的所需可用开放空间可能位于阳台或屋顶甲板满足第28节140页上的标准。

表28C－17

TR－U1 区：使用许可						
	独门独户	两家两单元	两家两户	三四单元	单户住宅（最多8个单位）	多户（5~8个单位）
地块面积（平方英尺）	3000	4000	4000	4000	1000/d. u.	1000/d. u. ＋ 300 每间卧室 >2
地块宽度	30	40	40	50	20/d. u.	50
前院退后尺度	15	15	15	15	15	15
最大前院后尺度	比地块平均值高30英尺或高达20%	比地块平均值高30英尺或高达20%	比地块平均值高30英尺或高达20%	比地块平均值高30英尺或高达20%	比地块平均值高30英尺或高达20%	比地块平均值高30英尺或高达20%
侧院退后尺度	一层楼：5 两层楼：6 地段宽度<50：10%的地块宽度	两层楼：6 见下文（a）	一层楼：5 两层楼：6	6 见下文（a）	8（终端单元）	10

227

续表

	独门独户	两家两单元	两家两户	三四单元	单户住宅（最多8个单位）	多户（5~8个单位）
反转角边院退后尺度	12	12	12	12	12	12
后院	较小的25%地块深度或30	较小的25%地块深度或20	较小的25%地块深度或20	较小的25%地块深度或20	较小的25%地块深度或20	较小的25%地块深度或20
最大高度	2层/35	2层/35	2层/35	3层/40	3层/40	3层/40
最大地块覆盖率	75%	75%	75%	75%	75%	75%
可用开放空间（平方英尺每d. u.）	320见下文（b）	320见下文（b）	320见下文（b）	320见下文（b）	320见下文（b）	320见下文（b）

（Am. by ORD – 15 – 00099，9 – 11 – 15）

表 28C – 18

TR – U1 区：有条件和非住宅用途			
	单户住宅（> 8 个单位）	多户（> 8 个单位）	非住宅类
地块面积（平方英尺）	1000/d. u.	1000/d. u. + 300 每个卧室 >2	6000
地块宽度	20/d. u.	50	50
前院退后尺度	15 或平均值	15 或平均值	15 或平均值
最大前院退后尺度	比地块平均值高30英尺或高达20%	比地块平均值高30英尺或高达20%	n/a
侧院退后尺度	8（终端单位）	10	一层楼：5 两层或更多：6
反角侧院退后尺度	12	12	15
后院	较小的25%地块深度或25	较小的25%地块深度或25	等于建筑高度但至少30
最大高度	3层/40见下文（c）	5层/65见下文（c）	40
最大地块覆盖率	75%	75%	70%

TR – U1 区：有条件和非住宅用途			
	单户住宅 （＞8个单位）	多户 （＞8个单位）	非住宅类
最大建筑覆盖率	n/a	n/a	50%
可用的开放空间 （平方英尺每 du.）	320 见下文（d）	320 见下文（d）	n/a 见下文（d）

28.051　TR – U2 区

（1）允许和条件用途。

有关住宅区内允许使用的完整列表，请参阅表28C – 19 和表28C – 20。

（2）尺寸要求，允许和有条件的用途。

注：除非另有说明，要求代表最低要求，尺寸均以英尺为单位。

（a）边院退后。在本条例生效日期存在三个或四个单位住宅并且宽度小于 50 英尺的地块，侧院应最少退后50%的地块宽度。

（b）可用的开放空间。高达75%的所需可用开放空间可能位于符合第 28.140 节标准的阳台或屋顶甲板上。

表 28C – 19

TR – U2 区：允许使用			
	3 ~ 4 单元	附属式单户住宅 （大多于 8 个单元）	多户住宅 （5 ~ 8 单元）
地块面积 （平方英尺）	4000	800/d. u.	500/d. u. ＋ 250 每间卧室 ＞2
地块宽度	50	20/d. u.	50
前院退后	15	15	15
最大前院退后	比地块平均值高 30 英尺或高达 20%	比地块平均值高 30 英尺或高达 20%	比地块平均值高 30 英尺或高达 20%
边院退后	一层：5 两层：6 见下文（a）	8（终端单位）	10
反转角边院退后	12	12	12

续表

	3~4 单元	附属式单户住宅 （大多于 8 个单元）	多户住宅 （5~8 单元）
后院	较小的 25% 地块深度或 20	较小的 25% 地块深度或 20	较小的 25% 地块深度或 20
最大高度	3 层/40	3 层/40	4 层/52
最大地块覆盖率	75%	75%	75%
可用的开放空间 （sq. ft. per d. u.）	140	140	140

（Am. by ORD – 13 – 00122, 7 – 10 – 13；ORD – 15 – 00099, 9 – 11 – 15）

（c）侧院退后。在本条例生效日期存在的两户住宅，宽度小于 50 英尺的地块应有最小的侧面围场。

（d）有条件使用批准可允许超过最大值的高度。

（e）可用的休憩用地。高达 75% 的所需可用开放空间可能位于符合 Sec1。标准的阳台或屋顶甲板上。

表 28C – 20

TR – U2 分区：有条件和非住宅用途						
	结合式 单户住宅 （多于 8 个 单元）	分离式 单户住宅	双户住宅 两个单位	双户住宅 同胞式	多户住宅 （多于 8 个 单元）	非住宅
地块面积 （平方英尺）	800/d. u.	3000	4000	4000	500/d. u. + 250 每间卧室 >2	6000
地块宽度	20/d. u.	30	40	40	50	50
前院退后	15	15	15	15	15	15
最大前院退后	比地块平均值 高 30 英尺或 高达 20%	比地块平均值 高 30 英尺或 高达 20%	比地块平均值 高 30 英尺或 高达 20%	比地块平均值 高 30 英尺或 高达 20%	比地块平均值 高 30 英尺或 高达 20%	n/a
边院退后	8 （终端单位）	一层：5 两层：6 地块宽度 <50：10% 地块宽度	一层：6 见下文（a）	一层：5 两层：6 见下文（a）	10	一层：5 两层或者 更多：6

续表

	结合式 单户住宅 （多于8个 单元）	分离式 单户住宅	双户住宅 两个单位	双户住宅 同胞式	多户住宅 （多于8个 单元）	非住宅
反转角边 院退后	12	12	12	12	12	15
后院	较小的25% 地块深度 或20	较小的25% 地块深度 或20	较小的25% 地块深度 或20	较小的25% 地块深度 或20	较小的25% 地块深度 或20	等于建筑高 度但至少30
最大高度	3层/40	3层/40 见下文（d）	2层/35 见下文（d）	2层/35 见下文（d）	6层/78 见下文（d）	40
最大地 块覆盖率	75%	75%	75%	75%	80%	75%
最大建筑 覆盖率	n/a	n/a	n/a	n/a	n/a	50%
可用开放 空间（sq. ft. per d. u.）	140/d. u.	320 见下文（e）	320 见下文（e）	320 见下文（e）	140/d. u.	n/a

（Am. by ORD－13－00122，7－10－13；ORD－15－00099，9－11－15）

28.052　传统住宅——RUSTICE（TR－R）区

（1）目的陈述。

TR－R区的建立是为了稳定和保护某些树木繁茂的低密度住宅区的自然美景、历史特色和公园般的环境。该区还旨在促进邻里的历史建筑、树木覆盖和景观规划的保护。该区域不适用于新开发。

（2）允许和有条件的用途。

有关住宅区内允许使用的完整列表，请参阅表28C－21。

（3）规模要求，允许和有条件的用途。

注：除非另有说明，要求代表最低要求，尺寸均以英尺为单位。

（a）独立车库更换。不允许使用新的独立车库。自1989年1月1日起存在的独立车库可以用不大于800平方英尺或主要建筑物尺寸的结构代替，以较小者为准。

表 28C－21

TR－R 区：允许和有条件的使用		
	分离式单户住宅	非住宅
地块面积（平方英尺）	0.6 英亩（26136 平方英尺）	0.6 英亩（26136 平方英尺）
地块宽度	65	65
前院退后	50	50
边院退后	30	30
反转角边院退后	30	30
后院	40	40
最大高度	3 层/40	40
最大地块覆盖率	15%	15%
最大建筑覆盖率	800 平方英尺 见下文（a）	通过有条件使用确定

28.053　传统住宅——规划（TR－P）区

（1）目的陈述。

TR－P 区的建立是为了鼓励在城市的近处或外围地区开发新的传统社区，其中包含现有传统社区的特征。功能包括各种批量和集成的住房类型、独立或胡同装载的车库、传统的建筑功能，如门廊、相互连接的街道系统和创建高品质的公共领域。

将通过总体规划过程设计大规模的 TR－P 开发。TR－P 区与现有或规划的混合用途或更高密度区域（如邻里混合用途区、传统购物街区或传统住宅区）一起开发或接近开发的区域。TR－P 区也旨在实现威斯康星州和戴恩县建立的传统社区发展目标。这些目标包括以下内容：

（a）通过更有效地利用基础设施来降低公共成本。

（b）通过减少土地消耗、保护现场环境特征和减少开车旅行来保护环境。

（c）通过街道设计增加公共安全和福利，以达到驾驶员驶速减慢、事故和伤亡人数减少的效果。

（d）促进对现有发达地区的再投资。

（e）通过有吸引力的街道和公共空间培养社区，为相遇和聚会创造机会。

（2）允许和有条件的用途。

有关住宅区内允许使用的完整列表，请参阅表 28C – 22 表表 28C – 23。

（3）住宅用途的必要混合。

在本条例生效之日后，TR – P 区内规划 10 英亩或包括 50 个或更多住宅单元的开发场地或项目应符合以下标准：

（a）场地内应包括以下类别中的至少 3 种住宅建筑类型：

1. 单户独立式住宅，设有通往街道的车库。

2. 带独立车库的单户独立式住宅。

3. 两个家庭和单户住宅。

4. 附属住宅单元。

5. 多户住宅（3 个或更多单元），包括高级住房。

6. 特殊需要住房，如社区生活安排和辅助生活设施。

（b）现场至少 10% 的单元为双户。

（c）对于填充开发，所需的住宅用途组合可以通过半径四分之一英里内的现有相邻住宅用途来满足。

（d）所有住宅地块应位于现有或规划的公共或公共休憩用地的四分之一英里范围内。

（4）规模标准，允许和有条件的使用。

注：除非另有说明，要求代表最低要求，尺寸均以英尺为单位。

（a）有条件使用批准可允许超过最大值的高度。

表 28C – 22

			TR – P 区：允许用途			
	分离式 单户住宅	结合式 单户住宅	双户住宅 两个单位	同胞式 双户住宅	单户住宅 单元	多户住宅， 住宅楼 除外
地块面积 （sq. ft.）	3500	2000/d. u.	2500/d. u.	2500/d. u.	5000 （per lot）	600/d. u. + 300 per bedroom > 2
地块宽度	37	20	40	25/d. u.	50	50

续表

	分离式 单户住宅	结合式 单户住宅	双户住宅 两个单位	同胞式 双户住宅	单户住宅 单元	多户住宅， 住宅楼 除外
前院	15	15	15	15	n/a	15
最大前院 退后	30 英尺 或比平均 地块高20%	30 英尺 或比平均 地块高20%	30 英尺 或比平均 地块高20%	30 英尺 或比平均 地块高20%	30 英尺 或比平均 地块高20%	30 英尺 或比平均 地块高20%
边院退后	5	8 （终端单位）	5	5	5	10
反转角边 院退后	8（车库10）	8（车库10）	8（车库10）	8（车库10）	8（车库10）	12（车库10）
后院	街道通行： 20 个 小巷通行：2	街道通行： 20 个 小巷通行：2	街道通行： 20 个 小巷通行：2	街道通行： 20 个 小巷通行：2	街道通行： 20 个 小巷通行：2	街道通行： 20 个 小巷通行：2
最大高度	3 层/35	3 层/40	3 层/35	3 层/35	2 层，不超过 主要结构体 的高度	4 层/52
最大覆 盖率	75%	75%	75%	75%	80% （每地块）	75%
可用开放 空间（sq. ft. per du.）	500	320	500	500	800 （每地块）	140

（Am. by ORD－13－00134，8－14－13；ORD－15－00099，9－11－15）

（b）有条件使用批准可允许超过最大值的高度。

（5）场地设计标准。

（a）开放空间。该地区的居民可以使用休憩用地做休闲用途或类似的福利。除非设计为满足居民需要的开放空间，否则不得将用于雨水管理和其他所需场地改良的土地用于此要求。

1. 开放空间的设计应满足公园、游乐场、运动场和其他娱乐设施可行的区域和周边居民的需求。

2. TR－P 区内应提供多样化的开放空间，包括但不限于社区公园、邻里广场和公共场所以及游乐场。

3. 细分所包含的开放空间应分散在整个开发区内，并可从细分区内的大部分区域步行。

4. 为城市接受的任何公共目的而捐赠的土地，可由议会酌情决定记入开放空间要求。

（b）街道布局。TR－P 场地开发计划应保持现有的街道网格，并恢复已经中断的街道网格。在新开发的区域，街道的设计应最大化连通性，除非环境或物理限制使其不可行。所有街道应在其他街道、公共土地或环境敏感区域终止，当它们有可能连入其他街道，在未来的阶段的开发或毗连开发。

（c）街道设计。在 TR－P 区内可以允许灵活的街道设计，以便为居民创造一个安全舒适的环境，强调行人和自行车的交通。

（d）非住宅用途。非住宅用地，包括但不限于位于划分为 TR－P 的分区内的学校、宗教场所和社区服务商业用途，应以紧凑的方式设计并反映总体计划内的其他用途的设计、发展。用于此类用途的停车场应位于侧面或后院，并应进行良好遮蔽，以保持公共区域的连续性。

（6）提交要求

（a）在本条例生效之日后，所有建议规模为 10 英亩或更大的 TR－P 项目或将包括 50 个住宅单元或更多的 TR－P 项目都需要一个总体规划。所有 TR－P 总体规划应包括以下要素：

1. 拟议开发的地图，确定拟议开发项目中包含的所有地块和外部地块（Outlots），并包含第二部分中初步项目所需的所有信息。16.23（7）　（a），MGO。地图应标明以下各项：

a. 每个地块或外地的使用，包括专用于公众的任何空间。

b. 每地块提供的住宅单位数量。

c. 地块内所有建筑物的楼层数量——最小和最大。

d. 与所有街道相关的建筑物的方向。

e. 每个可开发地块的建筑物退后和院子。

f. 雨水管理，包括在地块、街区和细分层面的拟议处理。

2. 实施总体规划发展的分阶段计划。

3. 在细分的契约、条件和限制中记录的拟议开发的建筑设计标准应包括：

a. 结构的质量和构成、窗户和入口的方向；门和门面的其他元素，以及主立面材料和颜色。

b. 通过建筑审查委员会或类似的审查机构申请此类建筑设计标准的过程。

4. 项目的详细意向书，概述了总体规划开发的具体目标和特定目标。

（b）批准总体规划的标准。

1. 拟议的 TR - P 总体规划应符合综合规划的建议和任何已通过的社区规划，包括在综合规划中为传统社区发展制订的目标。

2. 拟议的 TR - P 总体规划应包含高度连通性的交通模式，并应有利于多种形式的运输。

3. 拟议的总体规划开发应包括各种综合住宅单元类型。应避免住宅单元类型的划分。

4. 拟议的 TR - P 总体规划应与本节的目的陈述一致。

5. TR - P 总体规划还应符合第 16. 23（5）（c）条麦迪逊一般条例中对初步规划的所有要求。

（7）审查程序

对于 TR - P 区总体规划将会以区划图的修订和细分地块的一部分进行审查。

（8）变更总体规划

除非得到规划委员会的批准，否则不得更改已批准的总体规划，但分区机构可在该区域的市政官意见予以考虑之后，发出由规划和社区、经济发展主任批准的小规模改变的许可证，以及符合市议会批准的概念。如果变更或增加构成对原规划的重大变更，则以第 2 节中的程序为准。28.052（7）和（8）是必需的。

表 28C - 23

TR - P 区：有条件和非住宅用途		
	住宅建筑群	非住宅
地块面积（sq. ft.）	600/d. u. + 300 每间卧室 >2	5000
地块宽度	50	50
前院退后	15	15
最大前院退后	30 英尺或比平均地块高20%	30 英尺或比平均地块高20%
边院退后	10	5
反转角边院退后	12（10 用于车库）	15
后院	街道访问：20 胡同访问：2	等于建筑高度，但至少20
最大高度	4 层/52 见下文（b）	3 层/40

续表

	住宅建筑群	非住宅
最大地块覆盖率	75%	70%
可用开放空间 （sq. ft. per d. u.）	140	n/a

（Am. by ORD - 13 - 00134，8 - 14 - 13；ORD - 15 - 00099，9 - 11 - 15）

28G　特殊区域

28.091　特殊区域用途

（1）表28G - 1列出特殊区域内所有允许和有条件的用途，但校园机构区内允许的用途在28.097中单独列出。

（a）"P"指在指定地区允许的。

（b）"C"表示根据所有适用标准，在指定的地区允许作为有条件使用。

（c）"P／C"指允许或有条件的，取决于补充规则第28J章的具体要求。

（d）"Y"表示第28J章中与使用相关的具体要求。

（e）"A"指农业区。

（f）"UA"指都市农业区。

（g）"CN"指保护区。

（h）"PR"指公园及康乐区。

（i）"AP"指机场区。

表 28G - 1

	A	AU	CN	PR	AP	补充规定
农业和资源利用						
农业—畜牧业	P	C	C		Y	
农业—种植	P	P/C	C	P		Y
农业—密集型	C					Y

续表

	A	AU	CN	PR	AP	补充规定
动物寄宿设施、犬舍、动物庇护所	P					Y
清晰的切割线	C	C	C		C	Y
社区花园	P	P	C	P		
马术中心/区，马厩	P			C		
蜜蜂饲养	P	P	P		P	Y
市场花园	P	P	C	C		Y
木材择伐	P	P	P	P	P	Y
公民和机构的使用						
植物园				P		
市政礼堂综合体				C		
社区中心				C		
社区活动	P/C	P/C	P/C	P/C	P/C	Y
惩教设施						Y
水土保持			P	P		Y
公园和游乐场	P	P	P	P		
公共安全或服务设施	P		C	C	P	
公立学校、市政建筑物或礼拜场所的再利用	P/C		P/C	P/C		Y
学校、艺术、技术或贸易	C	C		C	C	Y
学校、公共和私人				C		Y
训练设施、军事或公共安全					P	
动物园				P		

	A	UA	CN	PR	AP	补充规定
住宅 - 家庭生活						
单户独立式住宅	P					

有限的生产、加工和储存						
工匠工作坊	C					
回收收集中心、下车地点	C					
公用事业和公共服务用途						
2级搭配 collocation	P	P	P	P	P	
变电站	C	C	C	C	C	Y
加热和/或冷却设备	C	C	C	C	C	
气体调节站、混合站和门站	C	C	C	C	C	Y
无线电广播服务设施	P	P	P	P	P	
铁路通行权	C	C	C	C	C	
下水道系统升降站	P	C	C	P	P	Y
电信塔、等级配置和传输设备建筑物	P	P	P	P	P	
水泵站、水库	P	C	C	C	P	Y
运输用途						
机场跑道、机库和相关设施					P	
机场航站楼及相关设施					P	
中转站或站	P	P	P	P	P	
医疗设施						
兽医诊所	C					Y
零售销售和服务						
自动取款机				P	P	
农贸市场	C	C		P		Y
花园中心	C					Y
温室、苗圃	C	C				Y
移动杂货店	P	P	P	P		Y

食品和饮料						
啤酒吧					P	Y
夜店					P/C	Y
餐厅				C	P	Y
餐厅、夜总会					P/C	Y
餐厅、酒馆				C	P	Y
酒馆					P	Y

	A	UA	CN	PR	AP	补充规定
商业娱乐、娱乐和住宿						
住宿和早餐	P					Y
高尔夫球场	C			C		Y
小屋、私人俱乐部、接待大厅				C		Y
户外休闲	C		C	P		Y
体育场、礼堂、竞技场				C		
旅游房屋	P				P	Y
汽车服务						
汽车租赁					P	Y
停车和存储设施						
停车设施、私人					C	
停车设施、公共					P	
停车场（地面）超过最大停车位	C	C	C	C	C	
附属用途和结构						
附属建筑或结构	P	P/C	P	P		Y
附属住宅单元						Y
附属零售酒精销售				P	P	
看守人的住所	P	P	C	P		Y
餐饮				P	P	
咖啡厅、茶馆				C	P	
堆肥	P	P	P	P	P	

续表

	A	AU	CN	PR	AP	补充规定
日托家庭	P/C					Y
应急发电机	P	C	C	C	P	Y
一般零售	P				P	
健康/体育俱乐部					P/C	
居家职业	P/C					Y
酒店、旅馆、汽车旅馆、旅馆					P/C	
养鸡	P	P	P	P	P	Y
现场农业零售、农场摊位	P	P	C	C		Y
户外烹饪操作	P/C	P/C	P/C	P/C	P/C	Y
与食品和饮料相关的户外用餐区				C		Y
户外销售活动	C	C		P/C		Y
户外存储	P	P/C	P/C		P	Y
停车设施、公共			P	P		
便携式存储单元	P					Y
专业办公室、一般办公室					P	

	A	UA	CN	PR	AP	补充规定
临时离街停车场	P		C	C	C	
太阳能系统	P	P	P	P	P	Y
卡车和重型设备的储存	P	P/C	P/C	P/C	P	
风能系统	C	C	C	C	C	Y

（Am. by ORD－13－00054，4－24－13；ORD－13－00147，9－11－13；ORD－13－00178，10－23－13；ORD－13－00185，11－5－13；ORD－13－00189，11－26－13；ORD－14－00015，1－29－14；ORD－14－00083，4－16－14；ORD－14－00119，7－11－14；ORD－15－00079 & ORD－15－00080，8－12－15；ORD－16－00074，9－16－15）

28.092 农业区

（1）目的陈述

综合规划中指定的农村农业区域超出目前的城市规划发展范围。这些区域位于中央城市服务区之外，目前没有市政卫生下水道和供水服务。它们的特点是积极的农业活动和相关的田地、草地、林地和其他自然特征。农业和其他农村土地用途在用于城市用途的许多规划但尚未开发的区域内也继续占主导地位。这些可能包括在通过的城市规划中建议继续用于长期农业用途的相对较大的区域，而城市区域在其周围生长。

　　该地区的目的是支持边远农业区内农业和农村特色的延续。此外，A 区旨在通过鼓励城市范围内的社区和市场花园以及其他小规模农业经营来支持当地粮食生产和社区健康。

　　（2）允许和有条件的用途。

　　有关农业区内允许使用的完整列表，请参阅表 28G－2。

　　（3）尺寸要求，允许和有条件的用途。

　　除非另有说明，要求代表最低要求，尺寸均以英尺为单位。

表 28G－2

	农业区	
	农业用途	所有其他用途
地块面积	5 英亩	10 英亩
地块宽度	300	300
前院退后	30	30
边院退后	80	80
后院退后	100	100
最大高度	无	2 层/35
最大地块覆盖	n/a	5%

28.093　城市农业区

　　（1）目的陈述。

　　该区的目的是确保城市花园和农场地区得到适当的定位和保护，以满足当地粮食生产的需要，并加强社区健康、社区教育，以及与园林相关的就业培训、自然资源保护、绿地保护和社区享受。由于城市农业通常靠近住宅和其他用途，因此将关注确保用途之间的兼容性。

　　（2）允许和有条件的用途。

　　有关城市农业区内允许用途的完整清单，请参阅表 28G－3。

（3）尺寸要求，允许和有条件的用途。

除非另有说明，要求代表最低要求，尺寸均以英尺为单位。

（a）可以允许小于15000平方英尺的地块面积作为有条件使用。

表28G－3

城市农业区	
地块面积平方英尺	15000 见下面（a）
地块宽度	50
前院退后（结构）	15 或相邻区域的退后，以较大者为准
侧庭院退后（结构）	6 或相邻区域的退后，以较大者为准
后院退后（结构）	20 或相邻区域的退后，以较大者为准
最大高度	25
最大地块覆盖率（建筑物和铺砌面积）	15%（不包括温室和箍房）

28.094　保护区

（1）目的陈述。

建立保护区是为了识别和保护某些自然和非集约型休闲区的自然功能，包括大型城市和县公园、威斯康星大学植物园和雨水管理区。该区内的开发是有限的，以保护自然排水道和保水区，以及植物和动物生活的自然栖息地、陡坡、林地和其他有益于社区的资源。

（2）允许和有条件的使用。

有关保护区内允许使用的完整列表，请参阅表28G－4。

表28G－4

保护区	
地块面积	5 英亩
地块宽度	300
前院退后	30
边院退后	80
后院退后	100
最大高度	2 层/35
最大地块覆盖率	5%

（3）尺寸要求，允许和有条件的使用。

除非另有说明，要求代表最低要求，尺寸均以英尺为单位。

28.095 公园和休闲区

（1）声明和目的。

公园和娱乐区的建立是为了适应户外和室内娱乐活动的使用和设施，如高尔夫球场、体育场馆、游泳池、社区中心、大型娱乐设施、娱乐综合设施以及开发土地以适应所述娱乐用途的类似用途，并且还可以包括自然保护区和被动享受自然特征的区域。

（2）允许和有条件的用途。

有关公园和休闲区内允许使用的完整列表，请参阅表28G-5。

（3）尺寸要求，允许和有条件的使用。

除非另有说明，要求代表最低要求，尺寸均以英尺为单位。

（a）有条件使用批准可能超过最大高度。

表 28G-5

公园和休闲区	
地块面积	5 英亩
地块宽度	300
前院退后	30
侧院退后	30
后院退后	30
最大高度	2 层/35 见下文（a）

（Am. by ORD-15-00050，5-13-15）

28.096 机场区

（1）目的陈述。

机场区的目的是将戴恩县地区机场视为具有独特土地使用特征的主要交通枢纽，以满足机场的运输和管理需求，同时减轻对周围土地使用的任何影响。

（2）允许和有条件的用途。

有关机场区内允许使用的完整列表，请参阅表28G-6。

（3）尺寸要求，允许和有条件的用途。

除非另有说明，要求代表最低要求，尺寸均以英尺为单位。

（a）"戴恩县法令"所载规例，规管空中航行障碍物的高度及体积，亦适用于机场区及机场周边其他地区。戴恩县，而不是麦迪逊市，管理这些条例。

表 28G – 6

机场区	
地块面积	20000
地块宽度	65
前院退后	20
侧院退后	15 或 20% 建筑高度（更大）
后院退后	30
最大地块覆盖率	75%
最小高度	22，用于测量建筑檐口
最大高度	5 层/68　见下文

28.097　校园——机构区

（1）目的陈述。

CI 区的建立是为了将城市的主要教育和医疗机构视为重要的活动中心和交通发源地，满足这些机构的增长和发展需求，并根据城市的规划、政策和分区标准协调这些机构的总体规划。该区还旨在：

（a）允许在边界内适当的机构增长，同时尽量减少与发展和地域扩张相关的不利影响。

（b）平衡主要机构的改变能力和改变带来的公共利益，以保护邻近社区的宜居性和活力。

（c）鼓励制定校园总体规划，使邻近社区和更广泛的社区能够了解拟议的发展水平、可能的影响以及适当的缓解措施。

（2）总体规划要求。

（a）在本条例生效后创建的任何校园机构区应提交校园总体规划，该规划应作为地图修订的一部分予以批准。

（b）批准的校园总体规划有效期为十年，在此期间可根据下文（8）进行修改。

（c）在没有校园总体规划的校园机构区内，任何五年内超过四千平方英尺建筑面积的个别开发建议和变更均需要有条件使用批准（Am. by ORD‑15‑00033，4‑8‑15）。

（d）在没有总体规划的情况下，尺寸要求见下文（4）。

（e）任何转换为 CI 的 PUD 都会将 PUD 的土地使用批准和限制纳入 CI，这些规则和协议将完全生效，直到采用校园总体规划。

（3）在 CI 区内使用

CI 区内的使用定义如下，分主要或次要用途：

（a）主要用途

1. 与大学、中小学相关的教育用途，包括教学楼、图书馆和办公室。

2. 医疗设施，包括医院、诊所、实验室和相关设施。

3. 宿舍，学生和/或教师住房。

4. 社区中心。

（b）次要用途。

1. 日托设施。

2. 在宿舍或学生会等综合用途建筑物内就餐。

3. 兄弟情谊和姐妹会。

4. 一般零售、金融和个人服务位于综合用途建筑物内，如学生会。

5. 室内和室外运动和娱乐设施。

6. 住宿设施。

7. 博物馆和艺术画廊。

8. 停车，结构和地面。

9. 表演艺术中心。

10. 礼拜场所。

11. 与主要用途有关的公用事业和运输设施。

12. 兽医诊所。

13. 农业用途。

14. 公用事业和服务用途。

15. 与该机构的主要任务有关的其他用途。

16. 惩教设施。

17. 开放或封闭的体育场馆、礼堂和竞技场。

（4）尺寸要求。

在 CI 区，通过批准的总体规划，尺寸要求将由总体规划确定。在没有总体规划的 CI 区域，尺寸要求如下。除非另有说明，要求代表最低要求，尺寸均以英尺为单位。

（a）有条件使用批准可允许超过最大值的高度（Cr. by ORD－14－00002，1－14－14）。

表28G－7

校园—机构区	
地块面积（平方英尺）	6000
地块宽度	50
前院退后	0
边院退后	0
后院退后	0
最大地块覆盖率	85%
最大高度	3 层/68 见下文（a）
可用的开放空间	0

（Am. by ORD－14－00002，1－14－14）

（5）总体规划的内容。

总体规划应包括以下要素和信息：

（a）背景/历史。该机构与城市和/或邻近社区或其他兴趣小组一起进行的先前规划工作的总结，校园总体规划过程和参与者的描述，以及任何其他相关背景材料。

（b）使命/指导原则。一份声明，定义了该机构的组织使命和目标，并描述总体规划在任务背景下的作用。

（c）设施规划。包括校园现有条件的描述以及总体规划下的拟议条件，包括：

1. 现有条件。

a. 土地用途和建筑物。

b. 建筑形式（建筑类型、高度、体积等）。

c. 地标，历史遗迹和地区。

d. 自然特色和重要的开放空间区域。

2. 拟议条件。

a. 未来的需求/设施改进。

b. 逐步提出改进。

c. 未来的土地用途和建筑物。

d. 建筑形式（建筑类型、高度、体积等）。

e. 景观处理。

f. 开放空间区域和其他开放空间用途。

g. 与运输/进入规划（停车、运输需求管理等）的关系。

（6）总体规划批准标准

市议会将根据规划委员会的建议来批准或拒绝总体规划。总体规划的批准将基于规划对上述主题的处理以及其满足该地区意图的程度，同时还根据以下的标准：

（a）该规划应符合公共利益以及制订计划的机构的利益。

（b）该规划应符合综合规划的目标，并采用邻近校园边界的邻里、走廊或特殊区域规划。

（7）最终建筑设计审查。

预计校园总体规划将确定建筑物的位置和最大高度，但不包括每栋建筑的详细设计。

在 CI 区内建造的所有建筑物必须由建筑审查委员会审查和批准。委员会应由该机构设立，并应符合以下标准：

（a）建筑设计审查标准和指南、审查程序、成员类别以及任何契约或平台限制的语言必须得到城市设计委员会的批准。

（b）委员会成员，包括规划人员和注册社区的代表，以及委员会程序必须得到规划委员会的批准。委员会会议应公开。

（c）在规划委员会建立并批准建筑审查委员会的设立之前，所有建筑和场地规划应由城市设计委员会审查和批准，并按照第 33.24 节的规定向规划委员会提出申诉程序。如果总体规划没有经批准，建筑设计审查将有条件地作为使用批准的一部分进行。

（8）总体规划的变更。

除非得到规划委员会的批准，否则不得修改经批准的校园总体规划，包括对已确定的开放空间区域和其他开放空间用途的拟议使用的变更，但区域管理员可在经过该区，发布经规划和社区经济发展局局长批准的小规模改建许可证，并符合议会批准的概念。如果因为变更或增加从而构成对原计划的重大修改，则以第 2 节中的程序为准。28.097（6）是必需的。

28.098　规划发展区

（1）目的陈述。

规划发展（PD）区的建立是为了提供一个自愿的监管框架，作为促进土地以综合和创新方式独特开发的手段，以便在场地设计方面实现灵活性，并鼓励对环境、文化和经济方面考虑的敏感地区的开发，以及促进高品质的建筑和建筑材料。此外，规划开发区旨在实现以下一个或多个目标：

（a）促进绿色建筑技术、雨水管理的低影响开发技术以及鼓励可持续发展的其他创新措施。

（b）促进综合土地用途，允许在走廊和过渡地区混合使用住宅、商业和公共设施，增加行人、自行车和过境连接和便利设施。

（c）通过仔细和敏感地安置建筑物和设施，保护和提升重要的环境特征。

（d）通过适当重用公共或私人保护土地来保护历史建筑、结构或景观特征。

（e）提供比传统土地开发技术提供的更充足，可用且位置适当的开放空间、娱乐设施和其他公共设施。

（f）促进符合综合规划的目的、目标、政策和建议以及颁布的社区、走廊或特殊区域规划的高质量发展。

由于基础分区允许很大的灵活性，因此很少使用 PD 选项。申请人只能在没有任何基础分区适用于所提议的开发类型或场地规划的情况下使用 PD 选项。例如包括重建、大规模总体规划开发，创造特殊就业或经济发展机会的项目，或在功能综合的综合用途环境中包括各种住宅、商业和就业用途的开发项目。

批准规划开发区需要进行分区图修改，这将导致创建一个新的特定区域的分区，并具有该计划开发所特有的特定要求。在规划开发区，对地块面积、地块宽度、高度、容积率、码数、可用的开放空间、标志或路外停车和装载不应有预定的要求，但这些要求可能是在批准期间进行计划开发，并根据 PD 划分的财产进行记录，作为本条例的一部分执行的法规。

（2）分区地图修正案的批准标准。

批准 PD 区的分区图修订标准，或批准的一般发展计划的任何重大修改，如下：

（a）申请人须证明不得使用其他基础分区，以达到基本相似的发展模式。除非开发项目符合上述（1）的一个或多个目标，否则不得仅仅为了增加总体密度或允许开发而无法获得批准而进行计划开发。规划开发可能适合的条件包括：

1. 陡峭的地形或其他不寻常的物理特征等现场条件。

2. 根据基础分区要求，在现有区域的重建或使用无法合理开发的填充场地。

（b）PD 区规划应促进综合规划的发展或重建目标以及通过的社区、走廊或特殊区域规划。

（c）PD 区规划不得对城市或建议开发的城市区域的经济健康产生不利影响。应能够为拟议规划开发的房产提供市政服务，而不会增加提供这些服务的成本或对服务该地区的市政公用事业造成经济影响。

（d）PD 区规划不得产生与旨在满足这些要求的设施和改进不成比例的交通或停车需求。可能需要交通需求管理计划作为解决交通和停车问题的方法。该计划应包括可衡量的目标、战略和行动，以鼓励旅行者使用单独驾驶的替代方法，特别是在一天中拥挤的时候。策略和行动可能包括拼车但不限于拼车；公共和私人交通；促进骑自行车、步行和其他非机动车旅行；灵活的工作时间表和停车管理计划，以大幅减少汽车旅行。

（e）PD 区规划应协调建筑风格和建筑形式，以更好地兼容周围的土地用途，并创造一个持久审美的环境，与该区域的现有或预期特征以及 PD 区的目的陈述相一致。

（f）PD 区规划应包括适合拟议开发类型和特征的开放空间，包括具有住宅部分的项目、结构和自然空间的混合供居民和游客使用。雨水管理、停车或公共通行权的区域不得用于满足此要求。

（g）PD 区应包括适当的保证，即每个阶段的完成方式不会因此而终止而对社区造成不利影响。

（h）将上述标准适用于超出第 28.071（2）（a）条中心高度图所允许的高度的申请，但第 28.071（2）（a）条规定的除外。规划委员会应审议已通过规划中的建议，并且规划委员会不得申请超高，除非发现存在以下所有条件：

1. 超出的高度与周围区域的现有或规划（如果市中心规划中的建议要求更

改）相符，包括但不限于建筑物的规模、质量、节奏和退后以及与街道的临街面和公共空间关系。

2. 超出的高度允许展示出比没有附加楼层时有更高质量建筑。

3. 新建筑的规模、体量和设计与项目内或附近的任何标志性建筑的设置相辅相成，并与之建立愉悦的视觉关系。

4. 对于在麦迪逊市中心计划的观点和远景地图中确定的优先视域和其他观点和景观中提出的项目，如申请人准备的视域研究所示，对景观没有负面影响。

（i）在将上述标准应用于减少或消除第 28.071（2）（c）条市中心退后地图所要求的减退的申请时，规划委员会应考虑所采用规划中的建议，包括市中心计划。除非发现存在以下所有条件，否则不得申请减少或消除减退：

1. 这个地块是一个角落地块。

2. 这地块不属于较大的房产组合。

3. 整个地段空置或只有一个地面停车场的使用。

4. 自本条例生效日期起，该地段的主要建筑物均未拆除或拆除。

（Cr. by ORD – 15 – 00084，8 – 12 – 15）

（3）与其他适用法规的关系

（a）一般情况。规划开发应符合本法令中适用于开发中个别用途的所有标准、程序和规定，包括第 28I 章的总则和第 28J 章的补充规则。如果申请人提出的开发项目不符合这些子章节中的一个或多个法规，他们应特别要求委员会考虑应用这些法规来制定有关开发的建议，包括分区文本中的特定语言或图。

（b）细分要求。规划开发区内的所有土地应按照细分和地图（Plat）规定的要求分成一批或多批。规划开发的发展计划应包括作为初步地图的必要信息。

（4）一般要求。

规划开发区应确定以下信息：

（a）所有拟议的土地用途；经议会批准后，这些将成为允许或有条件的用途。

（b）建筑物和结构的放置。

（c）地块或建筑工地的密度、高度、建筑面积和尺寸要求。

（d）街道布局，包括与外部街道、道路和小径的连接。规划开发应保持现有的街道网格，并恢复已中断的街道网格。在新开发的区域，街道的设计应使每个基本方向的连通性最大化，除非环境或物理限制使其不可行。

（5）程序

对规划开发区的再分区程序应符合本章中任何其他分区图修改的要求，并附加下面规定的要求。

（a）预先提交要求。这些要求旨在为申请人在开发任何设计规划之前花费大量资源之前探索与提案相关的问题提供机会。该阶段应包括以下内容：

1. 预设计会议。申请人应与规划部门和区域工作人员会面，审查和讨论提案的各个方面，包括但不限于场地及其背景、项目的潜在影响以及初步设计方向。

2. 概念介绍。该概念应在信息会议上提交城市设计委员会审查。委员会不会采取任何正式行动。提交资料应包括背景信息，如地形、网站照片和周围房产，以及初步设计方向的讨论。委员会将参考第28.098（1）小节中列出的目标及其他要求审查该概念小节。委员会可要求提交其他材料，以协助传达网站的性质及其背景。如果拟议的计划开发涉及建造、修改或拆除地标，建议在具有地标意义的地点进行开发，或提议在历史街区进行开发，则该概念应在提交给城市之前提交给地标委员会在信息会议上审查。设计委员会根据本小节举行的信息会议（Am. by ORD‐16‐00053，5‐25‐16）。

（b）总体发展规划要求。申请人应向规划委员会提交以下文件：

1. 描述预期开发一般特征的意向书。

2. 拟议的分区文本，包括拟议的土地用途，其尺寸、体积、高度、规模和体量以及其他相关标准的说明。

3. 项目区域的准确地图，包括其与周围房产的关系以及现有地形和主要特征，包括现有建筑物和结构。

4. 拟议项目的规划显示足够的细节，以便对第2小节中规定的批准标准进行评估。总体发展计划应包括一个显示建筑物布置的计划，以及为发展服务的停车设施提供一般位置，以及 PD 区内建筑物的一般体积、质量和方向。

5. 按类型提出的交通系统（行人、自行车、汽车、公交）以及它们与本地块外现有网络的关系。

6. 分析对社区的潜在经济影响，包括市政服务和任何其他基础设施的成本。

7. 根据要求，提供与财产所有者协会、契约限制和私人提供共同服务有关的预期组织结构的概要。

8. 规划或阶段计划，说明规划开发的建设可以开始和完成的大致日期。

9. 如果对总体发展规划的主要修改提交不包括整个规划开发区的批准，则申请人应提交信息以供考虑，该信息描述了拟议的修改对其他批准的实施的影响区。

（c）关于总体发展规划的决定。批准总体发展规划的决策过程，包括对批准的总体发展规划的任何重大修改，应按照第 28.182 节的规定，包括规划委员会的建议和议会的行动，并具有以下附加要求：

1. 城市设计委员会应在规划委员会之前审查总体发展规划，并应向规划委员会提出建议，并就第 28.098（1）和（2）小节中列出的设计目标以及其他要求提出具体结论。依据本分章。

2. 批准重新分区和相关的总体发展规划，对批准的总体发展规划进行重大改动，应确定该区域的基本使用权，并应记录在 PD 区划的财产上。但该规划应以批准具体实施规划为条件，并且不得在提交和批准全部或部分总体发展规划的具体实施规划之前提出的任何用途。

3. 批准总体发展规划应建立临时分区权限，以继续和维护财产上的现有用途、建筑物和结构，直至具体实施规划获得批准。

4. 如果经批准的总体发展规划未在议会批准之日起十二个月内被记录为批准，则批准无效，需要新的申请和批准程序才能获得总体发展规划批准。

5. 如果总体发展规划和具体实施规划同时获得批准，并且未经议会批准之日起十二个月内未经批准，则批准无效，并且新的申请书应通过批准程序以获得每个规划的批准。

6. 分阶段开发的总体发展规划应根据批准的规划中记录的分阶段规划构建。作为对任何后续具体实施规划的审查的一部分，规划委员会应考虑遵守批准的整体发展阶段规划。

7. 任何非按照批准的分阶段规划建造的规划开发，以及在议会批准总体发展规划十年内未建成的任何阶段，均应要求议会批准新的总体发展规划。遵循规划委员会的建议在考虑延长已批准的未构建部分/阶段的总体发展规划时，规划委员会应考虑对总体发展计划的批准后周围区域或社区的变化，这将使项目与当前条件不相容。

（d）具体实施规划要求。除非委员会秘书放弃具体文件，否则以下信息应提交给规划委员会：

1. 具体实施规划所涵盖领域的准确地图，包括与分阶段制定的总体发展规划的关系。

2. 公共和私人道路、车道、人行道和停车设施的模式；交通预测和缓解措施。

3. 需要时详细的地块布局和细分图。

4. 具体实施规划中包含的建筑物的具体设计和完整建筑特征，而不是单户住宅。为了满足这一要求，需要详细的平面图、外立面和建筑材料。

5. 为该项目提供服务的公用事业公司，包括卫生下水道和水管。

6. 坡度（Grading）规划和雨水排水系统。

7. 开放空间区域和娱乐或其他特殊设施的位置和处理。

8. 任何专门面向公众的区域的位置和描述。

9. 景观规划和植物清单。

10. 融资能力证明。

11. 施工进度表，表明项目的建设可以预期开始和完成的大致日期。

12. 根据具体实施规划拟定的 PD 区域的具体分区文本，包括对拟议土地用途，其尺寸、体积、高度、规模和体量以及其他相关标准的描述，与通用发展计划批准的分区文本一致。

13. 协议、章程、规定或契约，用于管理开发项目及其任何共同服务，公共开放区域或其他设施的组织结构，使用、维护和持续保护。

（e）关于具体实施规划的决定。决策过程包括规划委员会的建议和议会的行动，应按照第 28.182 节的规定，并附加下列要求：

1. 具体实施规划，在 sub（d）包含分项中所需的所有信息，可以在对 PD 重新分区以及相关的总体发展规划批准或对批准的总体发展规划的重大变更同时进行审查。

2. 城市设计委员会应在规划委员会之前审查具体实施计划，并应向规划委员会提出建议，并就第 28.098（1）和（2）小节中列出的设计目标以及其他要求提出具体结论逐个分章。

3. 如果具体实施计划获得批准，经批准的开发建筑、场地和运营规划以及与市的所有其他承诺和合同协议，应由分区署在十二月内记录。议会在戴恩县契约办公室批准之日起数月。如果具体实施计划在批准总体发展规划的同时获得批准，则规划应在议会批准后的十二个月内记录。这应在颁发任何建筑许可证之前完成。

4. 如果具体实施规划未在议会批准之日十二月内被记录，批准无效，需要新的申请和批准程序才能获得具体实施规划批准。

（f）记录许可规划及分区法修订。

1. 在议会批准之日起十二个月内，如果划定一块土地作为规划开发区的分区条例修正案，则该开发的所有者应向分区管理员提供批准的传真副本。包括一般发展和/或具体实施规划，以及相关分区条例修正案的认证副本和议会采取的任何其他相关行动，含批准条件。

2. 分区管理收到完整的规划、文件和费用后，应将其记录在戴恩县登记办事处办公室。按照戴恩县契约登记册确定的以可记录形式编制规划的传真副本和记录费的费用应由规划开发区内的土地所有者支付。

3. 如果总体发展规划或具体实施规划在议会批准之日起十二个月内未被记录为批准，则批准无效，新的申请和批准程序应为必需，但以下情况除外。

a. 如果规划未经议会批准而改变，规划和社区与经济发展部主任可批准延长最多二十四个月来记录任何一项规划。

（g）施工要求。在议会批准总体发展规划的三十六个月内，除非获得建筑许可证，否则在符合批准的具体实施规划的情况下，这些地区的基本使用权将失效并无效。对于项目，或者按照以下规定发布延期。如果对总体发展规划进行任何重大修改，则为了本节的目的，三十六个月期限适用于议会批准主要修改的日期。

1. 延期申请必须在三十六个月期满前至少三十天提出。

2. 如果规划委员会在根据 Sec. 28. 182（4），确定自总体发展计划批准后周围区域或社区没有变化会使项目与当前条件不符，委员会可批准延长最多二十四个月的时间。获得建筑许可证。

3. 延期不得允许在议会批准总体发展计划后六十个月内签发建筑许可证。

4. 如果根据 Sec29.06（4），MGO，要求获得新的建筑许可证。则需要新的申请和批准程序，以获得总体发展规划批准和具体实施规划批准。

（6）改变规划开发区。

改变规划开发区的请求应向规划和社区与经济发展局局长提出。收到请求后，局长应确定该请求是否构成对计划开发区的重大或轻微改动。局长可将任何更改要求转介市政设计委员会做出咨询建议，更改只能按以下规定批准。

（a）如果所要求的改动符合议会批准的概念，则经区域的人员考虑后，可以批准规划和社区经济发展局局长或其指定人员进行小的改动。如果该区的市议员和规划和社区与经济发展局局长不同意批准轻微改动的请求，那么小额改动的请求应由规划委员会在支付适用的费用后决定。见 sub28.206，MGO。

（b）如果要求的变更符合议会批准的概念，则城市规划委员会可以批准重大变更。

（c）与议会批准的概念有重大偏差的重大变更，只有在第 28.098（5）节中的所有程序满足之后才能获得批准。

（d）电信塔，第 1 类搭配，第 2 类搭配和无线电广播服务设施应视为本节下的微小变更。审查标准见第 28.143 和 28.148 节。见威州宪法 §§66.0404（3）（a）1 和（4）（gm）和 66.0406（2013）

（Am. by ORD－15－00083，8－12－15）

（e）要求修改根据第 1.13（4），MGO 节批准的标志包（sign package），不受本节规定的更改（Cr. by ORD－15－00117，10－28－15）（编者注：第（6）款经修订以反映 ORD－15－00083 和 ORD－15－00117）（第 28.098 节，由 ORD－15－00034，4－8－15）。

28.099　规划移动房屋泊车（park）区

（1）目的陈述。

规划移动房屋公园区的建立旨在提供一个监管框架，以改善环境设计，提高移动房屋泊车区的建立和发展的自由度、想象力和灵活性，同时确保大量遵守分区规范的基本意图和综合规划。该地区进一步旨在鼓励与公共服务相关的紧凑和有效发展，并鼓励和促进开放空间的保护。

（2）一般要求。

规划移动房屋泊车区是特定类型的规划开发区，并应遵循为 PD 区指定的审查和批准程序。遵循街道布局和休憩用地的 PD 区的一般规定，须在该分区规则生效日期后成立的任何有计划的移动房屋公园内遵行。

（3）允许用途。

（a）规划的移动房屋泊车。

（b）典型的附属用途，如社区建筑物和娱乐设施。

（c）家庭办公职业。

（d）成人家庭住所。

（4）有条件的用途

（a）社区居住安排，最多 8 名居民。

（5）密度和面积要求。

规划移动房屋泊车应符合以下要求：

规划移动房屋公园区	
地块面积	30 英亩
每英亩住宅单位	6
每个移动房屋停车场的平均面积（平方英尺）	4000

如果在 1970 年 7 月 1 日之前获得批准和许可，或在 1966 年 7 月 8 日之前建立并获得许可：

地块	没有最低限度
每英亩住宅单位	8
每个移动房屋停车场的平均面积（平方英尺）	3500

28I   一般规定

28.131   用于住宅和混合用途的地块上附属建筑和结构

（1）任何专用于住宅及混合用途的地区的地块上的所有附属建筑物及构筑物，均须符合下列规定：

（a）地块最大面积。在底层测量的附属建筑总面积：地块面积的 5% 但不超过 1000 平方英尺。条件使用批准可允许更大的总建筑面积。

（b）附属建筑的最大尺寸。除有条件使用批准外，TR 地区的个别结构不得超过 576 平方英尺，地面其他地区不得超过 800 平方英尺。附属建筑物不得超过主要建筑物的大小。

（c）最大高度。主要建筑物的高度或 15 英尺，以较低者为准。以下内容不受此要求的限制：

1. 附属住宅单元的最大高度应根据允许这些单元的分区的区域要求确定。

2. 历史街区内车厢的最大高度可能与原始高度相同。

（d）后院退后的最大百分比。附属建筑物最大可占据后院退后区域的50%。

（e）放置。附属建筑物可能位于以下位置：

1. 在建筑围护结构内。

2. 在后院退后中，距离任何一条地籍线至少3英尺。

3. 在边院退后中，如果在建造时位于主楼后面的后面，距离任何一条地籍线至少3英尺。

4. 在一个角落地段的侧面或后院退后，与街边地块线的最小距离等于该区主要建筑物所需的退后。

5. 在反向角落的后院退后，且没有比邻近财产的前院退后更靠近街边的地段，前25英尺距离公共财产线25英尺。超过此距离，最小退后应等于区内主要建筑物所需的退后。

6. 距离任何主要建筑物和任何其他附属建筑物至少3英尺（Cr. by ORD - 13 - 00007，1 - 15 - 13）。

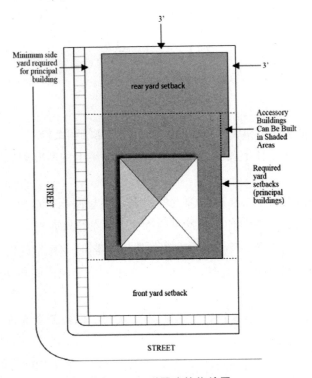

图 28I - 1　附属建筑物放置

图28I－2：角落地块的附属建筑物放置（图中英语翻译参见图28I－1，下文同）

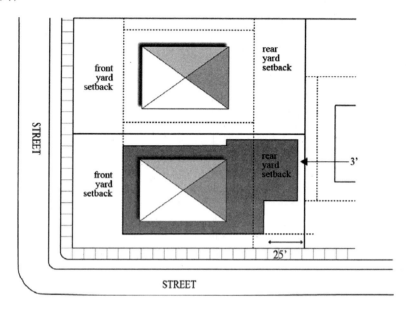

图28I－3　反向角落地块的附属建筑物放置

（f）共用车库。独立车库可以通过邻近的业主跨越地块建造，其中车库被允许在地块线的3英尺内，条件是：

1. 一条车道通往车库。

2. 业主应提供车库使用的联合通行和维护协议。

（g）侧面和后院车库更换。位于侧面或后院的独立车库可在现有退后内更换，前提是：

1. 车库在拆除后的一年内更换。

2. 现有或拆除车库的位置和大小应由分区管理员核实。

3. 更换的车库长度或宽度不得超过24英尺。

4. 更换车库的长度、宽度或高度不得超过2英尺，与拆卸车库的长度、宽度或高度比较。

5. 扩大结构的任何一侧都不会靠近任何有非遵从退后的地块。

6. 更换的车库不得超过Sub（2）（b）下允许的最大尺寸。

（h）前院的车库。如果前院的平均自然坡度超过路缘水平超过8英尺，则可以在前院退后内建立私人车库，前提是：

1. 车库应位于距离前线至少 5 英尺的位置。

2. 车库高度的至少一半应低于前院的平均坡度。

（2）保留供将来使用（代表 ORD - 15 - 00116，10 - 28 - 15）。

28.132 加入退后区域

（1）允许的退后侵入。

允许以下结构或特征加入退后区域。对于那些具有选址限制的侵入，提供侵入应延伸到退后中的最大距离（英尺）。除表 28I - 1 中所述外，不允许进行地下侵入。

表 28I - 1

结构或特征	前院退后	边院退后	后院退后
无障碍设施	√	√	√
附件棚、工具室、狗屋和类似的建筑物或结构		√	√
空调冷凝机组		√	√
乔木和格子	√	√	√
遮阳篷	√	√	√
地下室防风门可通往地下楼梯		√	√
阳台			6
凸窗，最大一层的高度	3	2	3
自行车共享设施	√	√	√
烟囱	2	2	2
蓄水池、雨桶		3	3
堆肥箱		3 距离产权界限线或建筑物	3 距离产权界限线或建筑物
屋檐和排水沟	3	2	3
出口窗口井	最低出口要求	最低出口要求	最低出口要求
露出的甲板高出相邻地面 3 英尺以上			6

续表

结构或特征	前院退后	边院退后	后院退后
未覆盖的甲板升高不超过相邻地面 3 英尺	√	√	√
栅栏、墙壁、树篱	√	√	√
火灾逃生		1/3 院的宽，最多 3 英尺	6
旗杆或花园装饰品	√	√	√
车库			√
洗衣烘干设备	√	√	√
持牌无线电塔 <75 英尺和接收设备			√
打开门廊	7		
开放或封闭的门廊，附属于单户或两户住宅			√
娱乐设备	√	√	√
娱乐设备，专业			√
太阳能系统	√	√	√
建筑物通行所需的平台，未被覆盖	4	4	4
阶梯	√	最低出口要求	√
游泳池，热水浴缸，漩涡浴缸或类似设施			3 距离产权界限线
地下停车场			√

（2）其他侵入要求。

（a）一层的凸窗不得占据建筑物后墙的前壁或侧壁的 1/3 或后壁的一半，并且应完全位于从墙壁的任一主角处绘制的平面内，在与墙壁的水平面上形成内角为 22.2 度。

（b）堆肥箱也应符合第 7.361，MGO 节的要求。

（c）符合现行入口和出口规定所必需的未覆盖入口平台不得超过 6 英尺。

从平台开始的步骤可以延伸到缩进区域，以达到满足立管和踏板的最小建筑规范要求所需的距离。门廊的更换步骤可以与被更换的台阶一样宽，并且可以延伸到退后区域中达到满足立管和踏板的最小建筑规范要求所需的距离。

（d）无障碍设施如下：

1. 当斜坡的最大尺寸不大于威斯康星下坡道的最低要求时，应轮椅坡道。所有位于前院或侧院后面的坡道，距离相邻地面高度超过 3 英尺的坡道，应有坡道覆盖坡道下方的开口，并应沿坡道底部设置景观缓冲区。

2. 街道停车和装载处所，只有停放在该处所的任何车辆显示当前停车身份证或残疾人牌照，并发给该地址的居民，该空间可从公共街道进入，并满足所有其他适用的街边停车要求。如果需要为残疾人士提供停车位的人不再居住在住宅单元内，则应使街外停车场和装载区域符合分区规范，或者通过拆除或者不能作为非街道使用停车或装货空间。

（e）如果门廊距离建筑物外墙不超过 14 英尺，则单户或双户住宅的单层未加热开放式或封闭式门廊可能会侵入后院退后。超过 16 英尺宽。如果房屋的后院有一个走出地下室，那么门廊可能会有一个额外的地下室层（Cr. by ORD－13－00143，9－11－13）。

（f）对于伸入侧墙退后区域的出口窗口井，出口井顶缘的最低点应至少高于相邻坡度 6 英寸（Cr. by ORD－15－00082，8－12－15）。

（g）后院。后院应占地块深度 35% 或 35 英尺的较小者。仅用于车库目的的单层车库投影可以将最小深度的 30% 投射到所需的后院，前提是后院的平衡将保持未被占用并且从地面向上不受阻挡（Cr. by ORD－14－00133，8－13－14；Renum. by ORD－15－00082，8－12－15）。

（h）地下停车场。在任何地区，如果地下停车场完全位于施工现有坡度之下，或者在距地块线不超过一到三英尺的斜坡下，则地下停车场可延伸到后院退后中并完全覆盖通过景观。（Cr. by ORD－16－00051，5－25－16）

28.133　环境保护标准

（1）通用标准。

（a）所有用途均应进行防止或大大减少任何滋扰、危害或公认的攻击性条件，包括产生或排放灰尘、气体、烟雾、噪音、烟雾、气味、振动、颗粒物质、化合物、电气干扰、湿度、热、冷、眩光或夜间照明。

（b）任何使用不得导致任何废物跨越主体财产的边界或进入地下，进入任何卫生或雨水管道系统，进入水体或水系统或大气中。

（c）分区管理员可在发出分区或入住证明书前，要求对任何可能的滋扰或危害提出适当控制的证据。

（2）可能存在潜在危害或滋扰的活动。

（a）生产过程。涉及材料、货物或产品的生产、加工、清洁、维修、测试或修理的所有活动，应以不存在火灾或爆炸危险，无刺激性噪音、振动、烟雾、灰尘、气味的方式进行；应避免眩光或热，并且没有令人反感的影响，这样不利于邻近社区或社区的公共健康、安全、舒适或一般福利。

（b）炸药。美国运输部在 49 CFR §173.50 和 §173.54 中定义的 1.1 至 1.3 种爆炸物和禁用爆炸物的实验室规模数量。分别经不时修订，在根据美国国家消防协会标准储存时，允许位于 IG 分区以外，并且所有爆炸物的总量为 2 磅。实验室规模数量的爆炸性化学品必须存放在容器中，数量不得超过其原始装运数量。

（c）可裂变非裂变材料。可裂变非裂变材料的储存、使用或制造允许在工业区以外的分区内进行，此类使用是分区内允许的主要用途的附属物，并且在获得许可或注册时，如国家可能要求或联邦法律。

（d）裂变材料。储存、使用或制造超过 1 克的裂变材料只允许在工业总部（IG）区域使用，并且只允许在不少于 300 英尺的任何其他分区的边界之内。但是，当这些材料用于核仪表或校准仪器，用于医学目的或由学院或大学为教学目的而操作的裂变室时，并且仅在所述用途被许可或注册时，才允许在 IG 区外使用裂变材料。根据州或联邦法律的要求。

（3）排水通道。

（a）目的声明。本小节旨在通过规范和限制沿着排水道、渠道、溪流和小溪的区域发展来促进社区的公共健康、安全和一般福利。以下规定旨在保护这些排水道、渠道、溪流和小溪的位置、特征和范围，并保护人员和财产免受可能遭受洪水侵袭的地区的发展危害。

（b）总则。

1. 排水通道中不得竖立建筑物或构筑物。就本段及以下各段而言，排水层须包括在分区地图上指明的任何区域，如排水道、渠道、溪流及小溪，以及设计或拟用作排水用途的任何范围，如所记录的细分。

2. 在分区地图上如此指定的排水道，或在 200 英尺或超过 200 英尺的任何土地上，不得填土。当然，除了取得城市工程师颁发证书之外，这种填充不会阻碍水的流动或以其他方式降低这种排水过程的水承载能力，或损害这种排水过程的设计和特性。

3. 在分区地图上指定的排水道，或在 200 英尺内或超过 200 英尺的任何土地上，不得挖掘土地。当然，除了城市工程师颁发的证书表明这种挖掘不会从已建立的渠道转移水，不会导致排水道外的土地泛滥，不会造成任何侵蚀，并且不会损害这种排水过程的设计和性质。

4. 除非市政工程师颁发证书，否则不允许搬迁、封闭或桥接排水道，排水道的拆迁、封闭或桥接的性质和范围应符合公共利益。

5. 城市工程师可要求提交他或她认为对正确执行上述规定至关重要的任何有关信息。

28.134　高度和体量规定

（1）高度测量。

（a）对于辅助建筑物和构筑物，高度是从建筑物前部的认可等级的平均高度到平屋顶的屋顶最高点，到折线式屋顶的甲板线，并且到山墙、尾部或者屋顶的山脊的中点。平均高度应使用最高的山脊及其伴随的屋檐来计算。使用的屋檐点应该是屋顶线穿过侧壁的地方。

（b）对于主要建筑物和结构，高度是所有建筑物立面高度的平均值。对于每个立面，高度是从现有坡度的中点到建筑物或结构屋顶的最高点测量的。个别立面的高度不得超过分区的最高高度的 50%。

（c）对于新建筑物，改建、增建或更换现有建筑物，高度应在重建前以自然等级计算。自然等级应参照分区管理员确定的调查或其他信息确定（Am. by ORD－13－00007，1－15－13）。

（d）DC、UOR、UMX、DR1 和 DR2 区的高度应从建筑物退后线的最高点开始测量，该线与场地附近的任何街道平行。在这些地区，无障碍屋顶，包括提供通道所需的最小结构，不应算作一层。但是，该规定不得违反议会视野保存第 28.134（3）条。

（2）高度限制例外。

以下结构允许超出允许使用的任何地区的最大高度规定：教堂尖顶、钟楼、圆顶和水塔、旗杆、烟囱、通信塔和电梯顶层公寓。所有结构应符合如下 sub（3）（Am. by ORD－13－00189，11－26－13）。

（3）州政府大厦景观保护。

位于州政府大厦中心 1 英里范围内的任何建筑物或构筑物的任何部分，不得超过所述国会大厦柱子底部的高度或 187 和 2/20 英尺。但是，如果批准作为有条件使用，则该禁令不适用于任何教堂尖顶、旗杆、通讯塔、电梯顶层公寓，以及现有建筑物上的屏蔽空调设备和超过此高度的烟囱。就本小节而言，城市基准零英尺应建立为美国海岸和大地测量局确定的海拔 845 和 6/6（845.6）英尺。

（4）机场高度限制。

"戴恩县法令"中规定的航空导航障碍物高度和体积适用于戴恩县地区机场内及周围的建筑物和结构。麦迪逊市不执行这些规定。

（5）公用事业例外。

（a）以下公用事业用途，在大多数地区都是必不可少的，应允许在任何分区：杆、电线、电缆、导管、拱顶、管道，侧面或任何其他类似的公共设施分配设备。但是，如果建议将这种公用事业用途放置在未铺设的土地上，则需要有条件的使用批准。

（b）本法令中有关体量，体量要求和改善公共街道的规定，不适用于规划委员会批准后为公用事业和公共服务用途设计或打算使用的任何地块。

28.135　地块划分，创建和访问

（1）改进分区地块的分割。

地块分割应遵守第 16 章，MGO 和以下规定：

（a）改善的分区地块不得缩小或分成两个或以上的单独地块，除非因此类减少或分割而产生的每一批均符合其所在分区的所有要求。

（b）地块划分应符合每个分区的最小面积要求，但不可建造的地块如外部地块可免除最低面积要求。

（2）进入公共街道。

每个分区地块都应位于改良的公共街道上，至少临街有 30 英尺的街道，但以下情况除外：

（a）位于经批准的多用途场地或规划开发区内的地块。

（b）可以允许不直接面向公共街道的住宅地块，前提是该地块可以通往公

共或私人公园，并可从专用的公共小巷进入，并符合以下条件：

1. 地块和泊车显示在经批准的细分地图或认证调查地图上。

2. 这些地块已经过处理，并可从公共小巷进入车辆。

3. 在靠近停车场的地块上建造的住宅应有面向泊车的入口门。

4. 毗邻地块的泊车包含一条改良的人行道或小径，为公众提供行人通道，与邻近街道的人行道相同，与住宅相邻。

5. 根据泊车形成的地块线，住宅提供分区所需的最小前院。

6. 泊车毗邻一条公共街道（Am. by ORD－13－00176，10－23－13）。

（3）深度住宅地块的开发。

（a）目的声明。本小节旨在允许某些深度住宅地块的集约开发，而这些住宅区在本法令或任何其他开发控制法令下无法完全开发。深度地块的集约开发不是一个权利的选择，而是当规划委员会发现这种开发符合公共利益时，麦迪逊市给予开发者特许权利。

（b）总则。规划委员会可以依据 sec28.183 在公开听证会和通知中规定，并考虑第 28.183（6）节中规定的标准，将深度住宅分区开发成不超过 4 个分区地块，但前提是：

1. 前地块的宽度不得小于其所在地区所要求的宽度。

2. 后方地块应在正面通往改良的公共街道，宽度不小于 30 英尺。

3. 改良公共街道与后方其余部分之间的土地条带不得包含任何建筑物或构筑物，并且所述地带不得用于满足任何区域、院子或可用的后院开放空间要求。

4. 建议的所有地块应具有所需的最小地块面积。

5. 所有地块的门牌号码应在公共街道可见的标志上。

（c）根据本条，在本条例生效日期前，依法设立的任何分区土地，须发出住宅建筑许可证。

28.136　拖车和集装箱的使用

用于公路运输的拖车和集装箱不得在任何地区用于或转换为办公、商业、住宅或仓储用途。

28.137　分区和规划的多用途地点

（1）住宅分区地块。

除混合用途中心区内的多户住宅综合体和规划多用途用地外，分区地块内主要独立住宅楼不得超过一个，主要独立住宅楼也不得位于与任何其他非住宅主要建筑物区域之内或与其使用相同的分区。

（2）规划的多用途地点。

本小节的目的是为各种建筑类型和土地用途的开发提供有效和经济的设计，加强协调和灵活性，同时确保实质上符合"分区法"和"细分管制"的基本意图。

（a）按照规定，规划中的多用途场地应有交通工程师、城市工程师和规划及社区经济发展主任批准的规划和互惠土地使用协议，记录在戴恩县契约登记处办公室。

（b）未经交通工程师、城市工程师和规划与社区经济发展局局长批准或规划委员会批准，不得更改现有的多用途场地。

（c）规划的多用途场地内允许的用途仅限于该场地所在的分区内允许的用途。

1. 包含非遵从住宅用途的财产不得作为规划的多用途场地的一部分。

（d）每个规划的多用途场地应在公共街道上。

（e）规划的多用途场地，其面积超过 40000 平方英尺，而 25000 平方英尺的楼面面积设计或供零售用途或酒店或汽车旅馆使用，在根据城市设计委员会设计任何具体提案的建议后，应申请有条件使用批准（Am. by ORD - 15 - 00012，1 - 2 - 8 - 15；ORD - 15 - 00033，4 - 8 - 15）。

（f）所有新的零售场所，总建筑面积为 40000 平方英尺或以上，且是规划多用途场地的一部分，应由城市设计委员会根据第 33.24（4）（f）所示节的规定进行审查（Am. by ORD - 15 - 00033，4 - 8 - 15）。

（g）应提交建筑物安置，共用停车场和通道的规划以及促进这些规划所需的任何地役权文件。规划应显示以下内容：

1. 建筑物的安排，停车设施、行人和车辆的内部流通，从公共街道和内部车道进入个别开发地点，以及雨水排放设施、露天场所和任何地面标志的位置。

2. 确定场地内的用途和建筑场地的总面积，用于整体开发或规划的多用途场地内的各个场地。

3. 单个地块、外地、小径、地役权以及规划发展对公众的所有捐献的总体安排。如果规划的多用途场地规划包括 Sec16.23（7）（a），MGO 下的初步地图所需的所有信息，则可以将其用作初步细分地图（Am. by ORD - 13 - 00191，11 - 26 - 13）。

28.138　湖滨开发

（1）目的陈述。

本小节旨在通过规范城市内湖泊分区的规划，保护和改善湖泊的水质、栖息地、景观，以及其他环境和美学品质，从而进一步维护安全和健康的条件。

（2）适用。

（a）除下文（b）项外，所有新主要建筑物，在任何十年期间增加总建筑物超过500平方英尺，或在毗邻湖泊的分区地段上的任何附属建筑物 Mendota，Lake Monona，Wingra 湖，Monona Bay 和相关的海湾，应要求有条件使用批准，并应符合本小节的要求。

（b）有条件的使用批准和本款的要求不适用于毗邻 Mendota 湖，Monona 湖，Wingra 湖，Monona 湾的分区的任何部分，以及距离该区超过300英尺的相关海湾，或通过街道或公共通道与普通高水位线（OHWM）分开。

（3）总则。

（a）在提交有条件使用申请后，发展规划应显示拟建筑、填土、减缓坡度或挖掘的任何区域的海岸线植被的完整清单。此外，发展计划应指明由于拟议开发而将被移除的树木和灌木。树木和灌木丛的砍伐应限制在距离正常水线35英尺的内陆地带。在任何分区上，不超过30%的正面应清除树木和灌木丛。在海滨退后要求树和灌木砍伐应考虑到对水质的影响，保护并美化景观，侵蚀控制和减少来自海岸的污水和养分。

（b）任何建筑物的开发应与公共卫生下水道一起提供。

（c）只有在确保防止鱼类和水生生物受到侵蚀、沉淀和损害的情况下，才允许对分区进行填充、减缓坡度和挖掘。

（d）如果市颁布的综合或其他规划包括沿海岸线的人行道或自行车道，拟议开发项目不得干扰其拟议地点。

（e）可允许建造海上挡土墙或舱壁，但该建筑物不得突出邻近地产的既定海岸线。所述挡土墙和舱壁仅允许用于防止海岸线衰退。海岸线的填充和减缓坡度只应在这种挡土墙或舱壁的构造中进行。

（f）在 OHWM35 英尺内的地块覆盖范围不得超过20%。该区域内的公共路径不应包括在地块覆盖范围内。

（g）除符合上述标准外，不得为人类居住建造船库。

（4）主要用途为一或两户住宅的湖畔分区。

（a）湖畔庭院退后。靠近湖泊的院子应称为"湖滨院子"。湖滨院子不是前院，而是用于分区的侧院或后院。普通高水位标记的湖滨码头退后的最小深度应使用以下三种方法中的一种计算，前提是在任何情况下，主要建筑物都不得靠近 OHWM 而不是 25 英尺。

1. 两个相邻地段的主要建筑物的平均退后，条件是这些建筑物的退后在彼此相差 20 英尺之内。

2. 如果主体物业仅毗邻一个开发地块，则该邻接地段的现有主要住宅结构受到退后。

3. 主要建筑物在五个开发地段或三边两侧（以较少者为准）或 30% 地块深度的中位数退后，以较大者为准（见图 28I－4）。

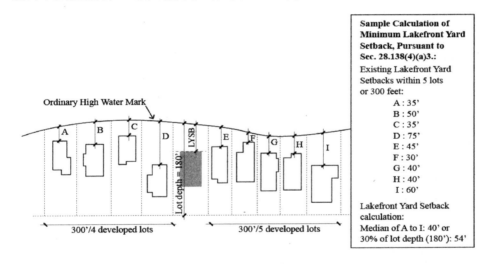

图 28I－4　最小湖岸院子退后样本计算①

（5）主要用途不是一或两个家庭住宅或公园用地的湖畔分区。

（a）湖畔庭院退后。靠近湖泊的院子应称为"湖滨院子"。湖滨院子不是

---

① 图片翻译：ordinary high water mark：一般高潮水位线；developed lots：已开发地块；sample calculation of minimum lake front yard setback，pursuant to sec. 28.138.4（4）（a）3，existing lakefront yard setbacks within 5 lots or 300feets：最小湖岸院子退后样本计算，依据 sec. 28.138.4（4）（a）3，现存湖岸院子退后在 5 地块或 300 英尺内；lakefront yard setback calculation AtoI：40' or 30% of lot depth（180'）：54'：湖岸院子退后计算 A 到 I 的中位数：40 英尺或地块深度 180 英尺的 30%：54 英尺。

前院，而是用于分区代码的侧面或后院（Am. by ORD – 13 – 00190，11 – 26 – 13）。

（b）OHWM 的最小退后应使用以下两 2 种方法之一计算，但在任何情况下，新的主楼不得靠近 OHWM 而不是 75 英尺。

1. 两个相邻地段的主要建筑物的平均退后，前提是这些建筑物的退后距离彼此不超过 20 英尺

2. 主要建筑物在 5 个开发地段或 300 英尺两侧（以较小者为准），或 30% 地块深度（以较大者为准）的中位数退后。

（c）如现有的主要建筑物退后小于上文第 1 和第 2 段所述的湖滨平均值或中位数退后，则只有在以下情况下才可建造现有主楼的附加物。

1. 增加的位置不应低于 OHWM，而应位于现有主楼的湖滨位置。

2. 增加量不得超过面向湖泊的主要建筑物外立面宽度的 50%。

28.139　与公共公园相邻的开发

（1）紧邻城市公共公园边界的非住宅开发项目，应作为有条件使用进行审查。该要求的目的是评估拟议开发对公园的自然资源、排水模式、行人交通和娱乐用途的影响。有条件用途申请应包括以下内容：

（a）在公园边界 100 英尺范围内拟建议发展的任何地区的完整植被清单。

（b）任何在公园边界 100 英尺范围内砍伐树木或清除植被的建议。在公园边界的 35 英尺范围内，植被的移除可能受到限制。

（c）应检查公园 35 英尺范围内的坡度和排水，以确定其对公园内排水模式和植被的影响（Am. by ORD – 14 – 00068，4 – 16 – 14）。

28.140　可用的开放空间

（1）如每个地区所列，每个地块全部或部分用作住宅用途，须设有可用的休憩用地。

（a）地面上可用的开放空间应在不小于 200 平方英尺的紧凑区域内，尺寸不小于 8 英尺，坡度等级不大于 10%。

1. 当地块宽度小于 40 英尺时，可用开放空间的最小尺寸可减少到 6 英尺。

（b）可用的休憩用地不得包括建筑物、车道、行车通道、路旁停车场、铺路及人行道占用的范围，但铺设路径不超过 5 英尺，以及只为户外娱乐设计的

透水路面，被列为可用的开放空间。

（c）在中心区域内，如所定义的，由于现有地块有限或建筑/停车位置而无法满足可用的开放空间要求，所需的景观区域可用于满足可用的开放空间要求，前提是所述景观美化区域的宽度至少为 5 英尺。

（d）在 TR - U1 和 TR - U2 区以及所有混合用途、就业区、市区和城区内，屋顶甲板和阳台可用于满足最低开放率的 75％ 空间要求，条件是：

1. 阳台最小尺寸为 4½ 英尺。

2. 屋顶甲板的最小尺寸应为 15 英尺，并且没有任何障碍物，经过改进和可以安全方便地进入建筑物的所有居住者。

（e）在 TSS 和 MXC 区内，屋顶甲板和阳台可用于满足最低开放空间要求的 100％，前提是下面的尺寸符合 sub（d）1. 和 2.（Cr. by ORD - 14 - 00148，9 - 12 - 14；ORD - 16 - 00039，4 - 8 - 16）。

28.141 停车和装载标准

（1）目的陈述。

本节规定最小和最大停车要求，以及停车位、地块和结构的布局和设计标准。它还包括共享停车奖励，减少街边停车，有利于交通或其他通行模式。本节中的标准旨在：

（a）鼓励减少地面停车，以减少对私家车的依赖，减少与汽车使用有关的污染和拥堵。

（b）鼓励减少不透水面以控制径流。

（c）鼓励减少地面停车，以促进更紧凑的发展模式，并鼓励运输、自行车和行人交通。

（d）尽量减少非街道停车和装载对邻近土地的不利影响。

（e）尽量减少邻里街头停车的溢出效应。

（f）鼓励共用停车安排，以支持混合用途开发和紧凑型发展模式。

（g）通过提供自行车连接、足够的停车位和自行车存放空间来鼓励自行车循环。

（h）鼓励不妨碍麦迪逊传统街景的停车场。

（2）本节的组织。

某些地区不需要路外停车，如表 28I - 2 所示。如果需要路外停车，表 28I -

3 规定所需的最小停车位数，允许的最大停车位数，以及所需用途的最小自行车停放位数。如表 28I-4 所示，在特定条件下可以免除或减少路外停车。

（3）无须最低停车位。

在中心区域，如所定义的以及以下区域，对于汽车的路外停车没有规定的最低要求，表 28I-2 中规定了例外情况。根据表 28I-3 的规定，最大停车位和自行车停放要求适用。对于有条件的使用，可以建立停车要求作为批准的条件。

表 28I-2 没有最低停车要求的地区及例外情况

区/区域	停车要求	例外情况
中心区	没有最低限度	
邻域混合使用（NMX）	没有最低限度	1. 建筑物，用途或增加超过 10000 平方英尺的建筑面积。 2. 餐馆、餐馆—小酒馆、小酒馆、餐馆—夜总会、夜总会和啤酒馆，如果它们位于另一家餐馆，餐馆-小酒馆、小酒馆或啤酒馆的 300 英尺范围内。
有限混合使用（LMX）	没有最低限度	
传统购物街（TSS）	没有最低限度	1. 建筑物，用途或新增面积超过 10000 平方英尺的单位面积或 25000 千平方英尺的建筑面积，用于混合用途或多租户建筑。2. 餐馆、餐馆—小酒馆、小酒馆、餐馆—夜总会、夜总会和啤酒馆，如果它们位于另一家餐馆、餐馆—小酒馆、小酒馆或啤酒馆的 300 英尺范围内。
混合使用中心（MXC）	没有最低限度	
商业中心（CC）	没有最低限度	
传统就业（TE）	没有最低限度	1. 建筑物，用途或增加超过 25000 平方英尺的建筑面积。 2. 餐馆、餐馆—小酒馆、小酒馆、餐馆—夜总会、夜总会和啤酒馆，如果它们位于另一家餐馆、餐馆—小酒馆、小酒馆或啤酒馆的 300 英尺范围内。
就业校园（EC）	没有最低限度	
郊区就业中心（SEC）	没有最低限度	
工业有限公司（IL）	没有最低限度	

区/区域	停车要求	例外情况
商业走廊—过渡期（CC－T）	没有最低限度	餐馆、餐馆—小酒馆、小酒馆、餐馆－夜总会、夜总会和啤酒馆，如果它们位于另一家餐馆、餐馆—小酒馆、小酒馆或啤酒馆的 300 英尺范围内。
郊区就业（SE）	没有最低限度	餐馆、餐馆—小酒馆、小酒馆、餐馆—夜总会、夜总会和啤酒馆，如果它们位于另一家餐馆、餐馆—小酒馆、小酒馆或啤酒馆的 300 英尺范围内。
工业—通用（IG）	没有最低限度	

（Am. by ORD－14－00168，12－3－14；ORD－15－00033，4－8－15）

（4）非街道停车要求，适用性。

表 28I－3 规定所需用途的最小汽车停车位数量，允许的最大停车位数量，以及所需用途的最小自行车停放空间数量。如果使用或占用情况发生任何变化，则必须遵守本节的规定。如果分区管理员确定最低或最高停车要求，则应考虑到该站点的预期公众人数，以及在该站点雇用或居住的人数。

（a）雇员人数。如果雇员人数用于确定停车位，则应根据申请入住许可证时最大工作班次的雇员人数确定。除非建议新建或扩建，否则基于员工人数的停车要求不会改变。

（b）建筑面积计算。用于计算停车和装载要求的楼面面积定义为用于使用的楼层或建筑物部分的总水平面积之和，从外墙的外表面或从分隔两个墙壁的中心线测量建筑物。当用于存储或附带用途时，它不包括地下室或地下室的门廊、车库或空间。

（c）自行车空间最低限度。非住宅用途至少需要两个自行车停车位（相当于一个双面自行车架）。

（d）计算。最多二分之一空间的分数空间要求应向下舍入到下一个整数，并且大于二分之一向上舍入到下一个整数。

（e）残疾人停车要求。要遵守：威斯康星州宪法（威州宪法）条款§§101.12，346.503 和 346.56 中包含的规定，以及任何相关的威斯康星州行政法规部分在此引用作为参考的部分，并适用于所有建造的停车设施。

（f）未指明的用途。如果建筑物未经指定用途建造，则应使用在该场地所在的分区所规定的所有用途中具有最高停车要求的用途来计算路外停车要求。

（g）非列出用途。对于表 28I－3 中未列出的用途，分区管理员也可考虑以下内容：

1. 关于拟议用途的实际停车和装载需求的文件。

2. 与拟议用途有关的现有规划和技术研究的证据。

3. 由可比较的司法管辖区确定的拟议用途所需的停车和装载。

4. 与拟议用途最相似的用途的停车和装载要求之检查。

表 28I－3　街外停车要求

用途	汽车最小值	汽车最大值	自行车最低限
住宅 － 家庭生活			
单户独立式住宅	1（仅限位置）	4 个室外空间	0
两户住宅 － 两个单元	1（仅限位置）	4 个室外空间/d. u	0 －
两户住宅 － 双子住房	1／d. u（仅限位置）	4 个室外空间/d. u	0 －
三户住宅	1／d. u（仅限位置）	每个住宅 2 个	1/d. u
单户住宅	每个住宅 1 个	每个住宅 2 个	每个住宅 1 个
多户住宅	每个住宅 1（以表中的无单位数字一般表示"一个车位"）	每个住宅 2.5 个	每间客房 1 间，最多 2 间卧室，1/2 每间卧室的空间；每 10 个单元 1 个客人空间
附属住宅单元	0	每个住宅 2 个	0
制造家庭，移动房屋	0	（见地块报告）	0
看守的住所	0	每个住宅 2 个	0
住宅 － 团体生活			
成人家庭住宅	1	4	每个住宅 1 个
社区生活安排	由区域管理员根据房间/员工数量确定	最低 150%	每个住宅单元 1 个，每 3 个房间 1 个
共同社区	由分区管理员确定	最低 150%	每个住宅 1 个
住房合作社	与转换为合作社之前的居住类型相同	每间卧室 1 间	每间卧室 1 个，每 4 个卧室单位有 1 个客用空间

续表

用途	汽车最小值	汽车最大值	自行车最低限
公寓	由区域管理员根据房间/员工数量确定	每间卧室 1 间	每间客房 1 间，每 4 间客房 1 间客房
宿舍，兄弟会或姐妹会	每 10 间客房 1 间，或在校园总体规划中确定	每间卧室 1 间	每间卧室 1 个，每 4 间卧室 1 个客用空间
协助生活，聚集护理，熟练的护理设施	每 10 个住宅单元或住宿房间有 1 个空间；每 5 张床 1 张	每个住宅单位 1 个	每 4 个单位 1 个 + 每 5 名员工 1 个
修道院，修道院或类似的住宅小组	看到礼拜场所	每间卧室 1 间	每间卧室 1 间
公民和机构的使用			
墓地，陵墓	由分区管理员确定	由分区管理员确定	由分区管理员确定
日托中心托儿所	每 15 个客户 1 个，每个 1 个 2 名员工	最低 200%	每 5 名员工 1 名
图书馆，博物馆	0	每 400 平方英尺的建筑面积 1	每 2000 平方英尺的建筑面积 1
豪宅	礼拜场所	每 400 平方英尺的建筑面积 1	每 400 平方英尺的建筑面积 1
公园和游乐场	没有，区域管理员确定的特定设施需要的除外	没有，区域管理员确定的特定设施需要的除外	没有，区域管理员确定的特定设施需要的除外
用途	汽车最小值	汽车最大值	自行车最低限
礼拜的场所	主要礼拜空间中每 10 个座位 1 个座位或 15 个直线座位区域。如果没有固定座位，主要礼拜场所每 70 平方英尺的面积为 1	最低值的 150%	在主要礼拜空间中，每 50 个座位 1 个座位或 75 个座位区域的座位面积或每 350 英尺楼面面积 1 个

续表

用途	汽车最小值	汽车最大值	自行车最低限
公共安全设施	由分区管理员确定	由分区管理员确定	由分区管理员确定
学校，公立和私立学校，艺术，技术或贸易	每个教室 1 个空间 + 每 5 个法定驾驶年龄的学生为 1 个空间，基于任何时候上课的最大学生人数	每个教室 1 个空间 + 每 3 个法定驾驶年龄的学生为 1 个空间，基于每次上课的最多学生人数	每 5 名学生为 1 个空间
学院，大学	根据每次上课的学生人数，每个教室 1 个，每 5 个学生 1 个；或者在校园总体规划中确定	根据每次上课的学生人数，每个教室 1 个，每 3 个学生 +1 个；或者在校园总体规划中确定	每个教室 1 个，每 5 个学生 1 个，或在校园总体规划中确定
混合商业住宅用途			
生活/工作单位	1 / d.u +1 每 2 名员工 1 个车位	2 外部	每个住宅 1 个车位
混合使用	根据单独的组件计算（参见共享停车标准）	根据单独的组件计算（参见共享停车标准）	根据单独的组件计算（参见共享停车标准）
办公用途			
办公室/艺术家，摄影师工作室等。保险办公室，房地产办公室，销售办公室	每 400 平方英尺建筑面积 1 个	每 250 平方英尺的建筑面积 1 个	每 2000 平方英尺的建筑面积 1
电信中心	每 2 名员工 1 个	每名员工 1 个	每 10 名员工 1 个车位
医疗设施			
诊所，医疗，牙科或光学医学实验室/物理，职业或按摩疗法/兽医诊所，动物医院	每 2 名员工 1 个车位	每 200 平方英尺的建筑面积 1	每 5 名员工 1
医院	每 4 张床 1 张或根据停车研究或校园总体规划	由分区管理员确定	每 2000 平方英尺的建筑面积 1

续表

用途	汽车最小值	汽车最大值	自行车最低限
零售销售和服务			
动物日托	每15个客户中有1个	最低200%	每5000平方英尺的建筑面积1

用途	汽车最低数量	汽车最大数量	自行车最低数量
一般零售动物寄宿设施，狗窝银行，金融机构商业销售和服务洗衣店，自助服务酒品店包裹送货服务发薪日贷款业务邮局服务业务；与陈列室或车间的服务业务、小家电维修	每400平方英尺建筑面积1个	每200平方英尺的建筑面积1个	每2000平方英尺的建筑面积1
建筑材料	每1000平方英尺建筑面积1个，每1000平方英尺户外销售1个	每500平方英尺建筑面积1个，每500平方英尺户外销售1个	每4000平方英尺的室内建筑面积1个
推动销售和服务，主要和附属建筑	0或由分区管理员确定	由分区管理员确定	由分区管理员确定
干洗，商业洗衣	每2名员工1个	每位员工1.25	每4000平方英尺建筑面积1个
农贸市场	0	由分区管理员确定	由分区管理员确定
家具及家居用品销售园艺中心，户外温室，托儿所	家具及家居用品销售园艺中心，户外温室，托儿所	每500平方英尺建筑面积1个，每500平方英尺户外销售1个	每5000平方英尺户外销售1个
太平间，殡仪馆	每200平方英尺的装配区域1个	每100平方英尺的装配区域1个	每2000平方英尺装配区域1个

续表

用途	汽车最小值	汽车最大值	自行车最低限
户外用途，商业用途	每 200 平方英尺的装配区域 1 个	每 500 平方英尺户外销售 1 个	每 5000 平方英尺户外销售 1 个
食品和饮料			
餐饮	每 2 名员工 1	每名员工 1	每 5 名员工 1
咖啡厅，茶馆餐厅，餐厅小酒馆，小酒馆，啤酒馆	人口容量的 15%	人口容量的 40%	人员容量的 5%
商业娱乐，娱乐和住宿			
住宿加早餐	除了住宅要求外，每 2 间卧室还有 1 间卧室	最低 200%	每 2 间卧室 1 个
健康/体育俱乐部	10% 的人的容量	20% 的人的容量	5% 的人的容量
旅馆	0	每间卧室 1 个	每间卧室 1 个
酒店，旅店，汽车旅馆	每间卧室 0.75	每间卧室 1.5	每间卧室 1.5
室内娱乐	由区域管理员确定（编号员工和使用特征）	由分区管理员确定	5% 的人的容量
小屋，私人俱乐部，接待大厅	15% 的人的容量	人员容量的 40%	5% 的人的容量

用途	汽车最低数量	汽车最高数量	自行车最低数量
户外休闲	由分区管理员确定	由分区管理员确定	由分区管理员确定
剧院，礼堂，音乐厅	礼堂内人员的 20%，或校园总体规划中确定的人数（如适用）	观众席人数的 40%	观众席人数的 5%
成人娱乐			
成人娱乐设施，成人娱乐酒馆	20% 的人员	40% 的人员	5% 的人员

续表

用途	汽车最小值	汽车最大值	自行车最低限
汽车服务			
汽车服务站，车身车间，维修站	每 2000 平方英尺的建筑面积 1 个，不包括服务区，每个服务区 2 个停车位	每 1000 平方英尺的建筑面积 1 个，不包括服务区，每个服务区 2 个停车位	每 5 名员工 1 个
汽车便利店	每 1000 平方英尺的建筑面积	每 500 平方英尺的建筑面积	每 1000 平方英尺建筑面积 1 个
汽车销售和租赁注意：现场租赁车辆可能会堆放在一起	每 1000 平方英尺建筑面积 1 个，每个服务区 2 个，如果有的话	每 500 平方英尺建筑面积 1 个，每个服务区 4 个	每 5 名员工 1 名
汽车存放和牵引（不包括失事或废弃车辆）	由分区管理员确定（编号卡车和存储区域大小）	由分区管理员确定	每 5 名员工 1 名
洗车	由分区管理员确定	由分区管理员确定	每 5 名员工 1 名
公用事业和公共服务用途			
电力生产	由分区管理员确定	由分区管理员确定	每 10 名员工 1 名
变电站，燃气调节站，电信设施，污水系统升降站，水泵站和其他公用事业用途	0	由分区管理员确定	0
运输用途			
公共汽车或铁路客运站，铁路或多式联运货场，汽车货运站，铁路货场或商店，出租车或豪华轿车调度，维护和存储	0	由分区管理员确定	每 5 名员工 1 个短期 50%长期 50%

续表

用途	汽车最小值	汽车最大值	自行车最低限
飞机场	由分区管理员确定	由分区管理员确定	短期：每 10 名员工 1 个 长期：每 50 个长期停车位提供 1 个

用途	汽车最低数量	汽车最高数量	自行车最低数量
有限的生产、加工和储存			
工匠工作坊	0	每名员工/艺术家 1	每 5 名员工 1 名
面包店，批发装瓶厂 实验室—研究，开发和测试，限量生产和加工邮购公司，印刷和出版，回收收集中心，下车站	每 2 名员工 1	每名员工 1	每 5 名员工 1
承包商的院子	每 500 平方英尺办公室或销售区域 1 个，每 3000 平方英尺存储区域 1 个	每 250 平方英尺办公室或销售区域 1 个，每 1500 平方英尺存储区域 1 个	每 5000 平方英尺的建筑面积 1 个
存储— 个人室内设施	0	每名员工 1	每 10 名员工 1
工业用途			
酿酒厂，一般制造业，危险废物的收集、储存或转移轻工制造回收中心	每 2 名员工 1	每名员工 1	每 10 名员工 1
沥青，混凝土配料或预拌混凝土厂，混凝土，沥青和岩石破碎设施，提取砾石、沙子，其他原料，机动车打捞	由分区管理员确定	由分区管理员确定	每 10 名员工 1
伐木场	每 1000 平方英尺建筑面积 1 个，每 1000 平方英尺户外销售 1 个	每 500 平方英尺建筑面积 1 个，每 500 平方英尺户外销售 1 个	每 10 名员工 1
回收中心	每 2 名员工 1	每名员工 1	每 10 名员工 1

用途	汽车最小值	汽车最大值	自行车最低限
农业用途			
畜牧业培育	0	每名员工 1	每 5 名员工 1
集约化农业，现场农业零售，农场摊位	由分区管理员确定	由分区管理员确定	每 5 名员工 1

（Am. by ORD – 13 – 00007，1 – 15 – 13；ORD – 14 – 00143，9 – 12 – 14；ORD – 16 – 00052，5 – 25 – 16）

（5）对最小所需空间数的调整。如果需要最小停车位，可以进行以下调整，如表 28I – 4 所示。

表 28I – 4　最低停车位调整/减少

调整	
延期提供停车	任何使用可能会推迟安装所需或部分所需停车，直到需要停车为止。经批准的场地平面图应描述所需停车位的最小数量。延期将通过改变使用或增加现有用途进行重新评估。
共用停车场	区域管理员可以使用第 28.141（7）小节中概述的方法，在确定多次使用中的高峰使用时间将导致较低的停车需求时，授权减少所需的最小停车位数。
停车减少	可通过以下程序减少所需停车位的最小数量： 1. 对于非住宅用途，申请人可以通过（5）停车位中的较大者或所需停车位的 10%，减少停车要求。 2. 区域管理员可批准进一步减少多达 20 个处所。 3. 减少超过 20 个停车位但不到所需停车位的 25%，可由署长批准。 4. 减少超过 20 个停车位和 25% 或更多的停车位需要有条件的使用批准。 必须由所有者发起停车减少请求，所有者必须提交信息以支持减少所需空间数量的论据。需要考虑的因素包括但不限于：替代停车场的可用性和可达性；对邻近居民区的影响；现有或潜在的共用停车协议；为该地区发放的住宅停车许可证数量；靠近过境路线和/或自行车道，并提供自行车停放处；使用的特点，包括营业时间和停车需求高峰时间；设计和维护将提供的路外停车；以及建议的用途是新的还是现有用途的补充。

调整	
自行车停放减少	在下列情况下，分区管理员可减少所需的自行车停放量： 自行车停放减少应由业主发起，业主应提交信息以支持减少。分区管理员要考虑的因素包括但不限于：公共自行车停放处的可用性，接近度和使用特征，位于主题财产的 200 英尺范围内；现有或潜在的共用停车协议；靠近公交路线和/或多用途路径；使用特征，包括营业时间和停车需求高峰时间；设计和维护街外自行车停放，以及是否存在使用或是现有用途的补充。
共享汽车可用性	如果共享或社区汽车可供现场或在合理邻近地点的居民使用，则住宅停车位的减少可由区域管理员批准。
接近交通走廊	在高频过境走廊 600 英尺范围内，可以批准将最低停车要求降低 50% 作为有条件使用，并适当考虑交通服务的频率以及行人和自行车与交通站和停靠点的连接是否充足。
场外停车可用性	对于位于使用区域 1320 英尺范围内的公共停车场或公共停车场的每个空间，非住宅用途的停车位可减少一个空间，使用从停车场或建筑物的最近角落到最短的步行路线进行测量。主要公共入口的使用服务。
助力车替代	不需要摩托车停车。但是，三个轻便摩托车空间可以代替一个所需的汽车停车位。在提供的情况下，轻便摩托车停车场应符合 Sub 的标准。28.141（12）。
自行车替代	超过所需最小数量的四个自行车停车位可替代一个所需的汽车停车位。

（6）超过最大空间数的停车位。

（a）地下或结构化停车可能超过表 28I-3 中的最大要求。

（b）超过最高限度的地面停车可允许如下：

1. 对于非住宅用途，申请人可以通过 5 个停车位中的较小者或最大停车要求的 10% 超过最大停车要求。

2. 分区管理员可批准额外增加最多 20 个空间，超过最高要求。

3. 增加超过 20 个停车位但不超过最高停车要求的 10%，可由署长批准。

4. 超过 20 个停车位的增加也超过最大停车要求的 10%，可以通过有条件使用批准。

（c）只有在考虑以下情况后才能批准超过最大值的地面停车：

1. 关于拟议用途的实际停车需求的文件。

2. 拟议用途对周边地区停车和道路设施的影响。

3. 建议的用途是否位于可供建议用途的客户、住户、雇员和客人使用的停车区附近。

4. 申请人可采取其他形式的运输和采取行动以加强或促进这些替代方案。

5. 可能需要结构化停车场、雨水花园或其他生物滞留设施，额外的景观美化、透水路面或其他缓解措施作为例外情况。

6. 建议的用途是新的还是改变、增加或扩大现有用途。

（d）截至本条例生效日期，超过最大停车要求的分区批次和用途可继续维持现有停车位，但未经有条件使用的批准不得增加停车位。

（7）共用停车要求。

分区管理员可授权减少两个或多个用途所需的停车位总数，当他们各自的高峰时段不重叠时，共同提供路外停车。共用停车位应位于每次使用的 1320 英尺范围内。

（a）中计算。两个或两个以上可区分土地用途的共用空间数量应按以下程序确定：

1. 对于 6 个指定时间段中的每一个，将表中所示的适当百分比乘以表 28I - 3 中规定的每次使用所需的最小停车时间。

2. 为 6 列中的每一列添加结果总和。

3. 最低停车要求应为上述计算得出的 6 列中的最高总和。

4. 选择总停车要求最高的时间段，并将该总数用作共享停车要求。

（b）其他用途。如果表 28I - 5 中未找到提出共用停车的一个或多个用途，申请人应提交足够的数据以表明使用的主要运营时间。根据这些信息，区划管理员应确定适用于上述（a）计算的共用停车要求。

（c）替代程序。如果申请人认为表 28I - 5 没有充分考虑到有关特定财产或财产的特殊情况，则区划管理员可授权更多地减少两次或更多次使用的停车位总数。申请人至少提交一份停车研究报告，其中详细描述了拟议的用途、营业时间、预计的停车高峰需求以及此类高峰停车需求的预计小时数，分区署署长可施加合理条件以减轻潜在的负面影响。

表 28I – 5　共享停车计算　　　　　　　　　　单位:%

土地利用总分类	平日			周末		
	早上 2：00 至 早上 7：00	早上 7：00 至 下午 6：00	下午 6：00 至 次日凌晨 2：00	次日凌晨 2：00— 早上 7：00	早上 7：00 至 下午 6：00	下午 6：00 至 次日凌晨 2：00
办公室/仓库/工业	5	100	5	0	10	0
零售销售和服务	0	90	80	0	100	60
餐厅（不是 24 小时）	10	70	100	20	70	100
住宅	100	60	100	100	75	90
剧院	0	40	90	0	80	100
酒店：客房（分别计算会议和餐厅设施）	100	55	100	100	55	100
会议/大会设施	0	100	100	0	100	100
礼拜的场所	0	25	50	0	100	50
学校，K – 12 年级	0	100	25	0	30	10
社区中心、图书馆、博物馆	0	100	80	0	100	80

（d）只要其所服务的用途正在运行，共用停车位应予以维持。

（e）将提供所需数量的自行车停放处。

（f）财产所有人应与戴恩县签署契约并记录书面协议，其形式应符合市检察官的要求，财产的使用或占用不会发生实质性变化或将增加共享停车设施停车需求的房产。本协议还应包括一项声明，表明应为业主或业主及其租户提供访问和使用共用停车设施的权利。协议副本应提交给主任。

（8）停车设计和位置。

汽车和其他机动车的停放应按照第 10.08，MGO 节和以下标准要求设计。

（a）地面。所有停车场和车道应按照第 10.08，MGO 节的要求铺设或使用批准的表面材料。对于超出本章要求的最小数量的所有停车位，鼓励使用所定义的可渗透铺路材料。

1. 服务于单户住宅和双户住宅的住宅车道可以包含草地中心区域，前提是车辆车轮接触的区域的宽度至少为 12 英寸。

（b）除雪。在冬季所需的停车区域，包括自行车停放区域，应在合理的时间内清除积雪。用于积雪的区域应由分区管理员批准。

（c）住宅停车位。（见图28I－5、图28I－6和图28I－7）

1. 在符合下文第（9）小节标准的车道上，不允许在前院退后区或任何街边庭院退后区中停车，包括侧院退后延伸到后院区域。除非车道满足下面 sub（9）中标准。

2. 停车场不得位于街道露台、车道区域，或公共工程主任未明确指定的公共通行权范围内的任何其他区域。

3. 停车位可能位于：

a. 一个内侧庭院退后区。

b. 后院退后区，除了在上述 sub. 1（Am. by ORD－14－00133，8－13－14）。

c. 建筑围护结构。

4. 通过停车场停车。通过批次定义为具有两个前院而没有后院。停车场可以位于建筑围护结构内，也可以位于内侧庭院退后，但不能位于前院退后区中。

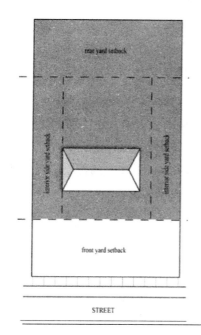

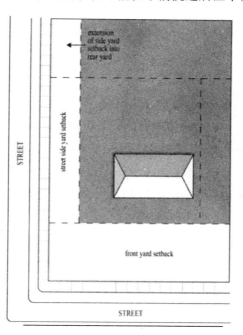

图28I－5　住宅停车位置：室内地段。
在阴影区域和批准地点的
车道上允许停车

图28I－6　住宅停车位置：角落或
反转角落。在阴影区域和批准
地点的车道上允许停车

285

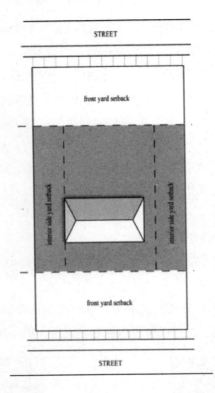

图 28I - 7　住宅停车位置：通过地块。在阴影区域和
批准地点的车道上允许停车①

5. 如果不超过地块覆盖要求，最多可以在 40% 的前后院退后区铺设材料，并用于车道和停车目的。

（d）园林绿化和遮蔽。所有路外停车场应按照 Se28. 142c 的标准进行景观美化，但单户独立式住宅、双户住宅和三户住宅的停车除外。

（9）住宅车道设计与定位。

车道应按照 Sec10. 08，MGO 的要求和以下标准设计。

（a）车道的宽度至少为 8 英尺，除非第 sec10. 08，MGO 另有规定。

（b）车道可能位于以下地点：

1. 位于前院退后或街边院子里的退后区，包括将侧院退后延伸到后院退后

————————————

①　图 28I - 5 - 28I - 7 中英文翻译：front yard setback 前院退后；street side yard setback 临街侧院退后；rear yard setback 后院退后；interior yard setback 内院退后；extension of side yard setback into rear yard 侧院向后院延伸退后。

区中（见图28I-8和图28I-9）。车道必须仅从一条街道通往最近的车库或符合上述第（8）（c）款的停车区域。最大车道宽度是车库入口或停车区域的宽度，最大可达22英尺。

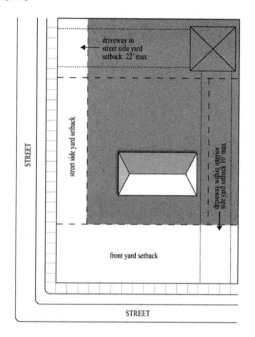

图 28I-8　内部和街边车道示例：独立车库①

2. 在内侧庭院后面的退后中，通向符合上述第（8）（c）小节的车库或停车场（见图28I-8）。最大车道宽度为10英尺，在前院退后中不得超过。车道和侧面地块线之间不需要退后。

（c）如果满足以下标准，可以在前院退后区内或在街角地块但位于侧面庭院退后区，包括将侧院退后延伸到后院退后区内建造两条车道（见图28I-10）：

1. 每个车道最多11英尺宽，或内侧庭院退后区10英尺内。

2. 两条车道在所需的前院退后区、街道侧或侧院延伸退后区之外的某个点交叉。

---

①　Driveway in street side yard setback 临街侧院退后的车道；street side yard setback 临街侧院退后；front yard setback 前院退后；Driveway within interior side yard setback 内院退后车道；open off - street parking area 开放离街停车区；max 最大；street 街道。

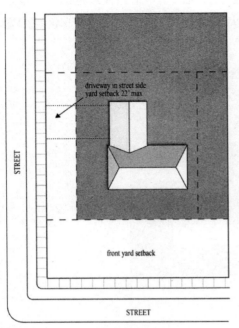

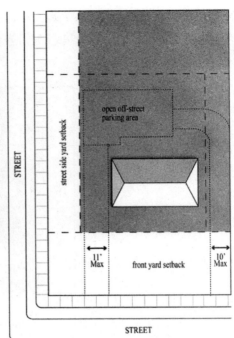

图 28I – 9　街边车道示例：附加车库　　　　　图 28I – 10　住宅区的两个车道

3. 两条车道通往同一车库或符合上述第（8）（c）款的同一铺砌或坟墓停车区。

（d）可以建造两条车道以服务双人住宅（由共同墙隔开的两户住宅）。每个住宅可能有一个车道，满足标准要求（c）以上，最大宽度等于车库入口或停车区的宽度，不得超过 22 英尺。

（e）任何住宅地块最多允许减少两个路边停车位。

（f）如果建立了适当的地役权或其他协议，车道可以在两个单户或两户地段之间共享。共用车道应满足本节的最小和最大宽度要求。

（g）车道应以与其可进入的街道垂直的方式定向，并在可行的范围内以垂直方式跨越所需的退后。

（h）为有商业或工业用途的车道不得跨越居住区域的物业，除非有条件使用。

（10）住宅停车限制。

（a）如果车辆是以下两种，每辆住宅单元最多可将一辆商用车辆停放在住宅物业上：

1. 由住宅单位的居民使用。

2. 制造商的车辆总重量等级为一万磅或更小，长度小于 21 英尺。

（b）明确禁止通常与住宅用途不相关的车辆和/或设备停放或存放在住宅物业上。此类车辆包括但不限于：

1. 建筑设备，如推土机、挖土机、滑移装载机和叉车。

2. 倾倒和放置车身式卡车。

3. 立方体型货车和卡车。

4. 园林绿化商业设备，如拖拉机、树锹、平地机和铲运机。

5. 半挂车和拖拉机。

6. 特许权，自动售货机和餐饮拖车。

7. 商业/工业设备拖车和升降机。

8. 拖车、清障车或汽车运输车。

9. 豪华轿车。

（c）与住宅用途相关的移动休闲车（RV）可以作为乘用车停放，但不得用于生活空间或货物、材料或设备的储存，而不是被视为 RV 的一部分或对其功能必不可少（Am. by ORD－13－00086，5－29－13）。

（d）停放在住宅区的所有车辆应显示现有牌照，并处于安全、功能和可操作状态。

（11）自行车停放设计和位置。

（a）停车规定。自行车停放要求如表 28I－3 所示，并应指定为长期或短期停车。

1. 对于所有住宅用途，包括与其他用途相结合的用途，至少 90% 所需的居民自行车停放处应设计为长期停放。任何客人停车场均应设计为短期停车位。除非 Secs28. 141（11）（f）－（h）允许，下面所有自行车停放处应为非垂直地面安装，并且垂直间隙为 6 英尺。

2. 对于所有其他用途，至少 90% 的自行车停放应设计为短期停车。

（b）所需的短期自行车停放处应位于一个方便可见的区域，至少与最近的无法进入的汽车停车场和主要入口的 100 英尺内一样近，并应允许锁定自行车车架和一个车轮到支架，并应支撑自行车在一个稳定位置。酒店内提供免费自动或摩托车停车场的自行车停放处不收取任何费用。

（c）所需的长期自行车停放处应位于封闭的、安全的或受监督的区域，以防止被盗、被人故意破坏和天气对其损害，并应为预定用户提供服务。住宅用途所需的长期自行车停放处不得位于住宅单元内或露天平台/庭院区域或住宅单元附属的私人存储区域内。经区域管理员许可，非住宅用途的长期自行车停放处可位于场地 300 英尺外的场外。酒店内提供免费自动或摩托车停车场的自行车停放处不收取任何费用。

（d）自行车停放处应位于铺砌或透水、无尘的表面上，坡度不得大于 3%。表面不应是砾石、景观石或木屑。

（e）自行车停放处为长和宽应至少 2 英尺和 6 英尺。进出通道的宽度至少应为 5 英尺。必须能够在不移动另一辆自行车的情况下进入每个所需的自行车停放空间，并且其放置不应导致自行车妨碍所需的人行道。自行车架应按照制造商的规格进行安装，包括与其他结构建议的最小距离（Am. by ORD – 13 – 00007，1 – 15 – 13）。

（f）高达 25% 的自行车停放可以是结构化停车场、垂直停车场或壁挂式停车场，前提是有一个 5 英尺的通道用于壁挂式停车。

（g）可以安装不符合尺寸或通道要求的自行车停放处，但不得计入最低自行车停放要求。

（h）所有机架应容纳电缆锁和"U"形锁，包括拆下前轮并将其锁定在后叉和框架上。

（i）取代自动泊车的自行车停放可以是水平的或垂直的，只要满足尺寸要求即可。

（j）对于多层建筑开发，应为每栋建筑提供自行车停放。

（12）轻便摩托车停车设计和位置。

在提供轻便摩托车或踏板车的路外停车场时，应符合以下标准：

（a）空间应至少为 3 英尺 × 6 英尺，垂直间隙为 6 英尺，驱动过道为 5 英尺。

（b）这些处所可能位于自行车停放区附近，但与其他机动车辆交通不相隔离。助力车停车场不得位于前院退后区域内。

（c）应设置空间且应设置通道，以防止轻便摩托车使用或越过行人设施，包括轮椅坡道，并使轻便摩托车不会与步行或坐轮椅的行人发生冲突。

（d）在考虑到必须提供安全进入的街道上的交通流量后，应使用单独的车道，通过路缘切割和坡道，或可安装的路缘以降低坡度，以进入轻便摩托车区域。

（e）轻便摩托车道可以穿过人行道，如同任何车道一样，但不得使用人行道提供通往轻便摩托车的通道。人行道后面的轻便摩托车停车区应尽可能用路缘石隔开。

（13）离街装载要求。

任何占地面积为一万平方英尺或以上且需要运输或航运的土地用途，应按照本节的规定提供离街装载设施（Am. by ORD – 15 – 00033，4 – 8 – 15）。

（a）位置。所有装载泊位应位于距两条街道右侧线路交叉点 25 英尺或更远处。装载泊位不得位于任何被要求的前院或街边庭院退后区域内。所有装载区域应位于私人财产上，不得位于或干扰任何公共通行权。

（b）所需空间数量基于企业规模如下，但可通过有条件使用批准减少：

表 28I – 6

建造规模	
办公楼和住宿	装货空间数量
10000 ~ 50000 平方英尺的建筑面积	1 个装载空间
占地面积 50001 ~ 200000 平方英尺	2 个装载空间
超过 200000 平方英尺的建筑面积	每个 75000 平方英尺的建筑面积超过 200000，每增加 2 + 1 个空间
零售、服务、商业、批发和工业用途	
10000 ~ 20000 平方英尺的建筑面积	1 个装载空间
20001 ~ 100000 平方英尺建筑面积	2 个装载空间
20001 ~ 100000 平方英尺建筑面积	每个 75000 平方英尺的建筑面积超过 100000 的 2 + 1 个额外空间

（Am. by ORD – 13 – 00097，6 – 12 – 13；ORD – 15 – 00033，4 – 8 – 15）

（c）空间大小。对于建筑面积小于 2 万平方英尺的建筑物，所需的街道外装载空间宽度应至少为 10 英尺、35 英尺长，对于较大的结构，并且至少为 10 英尺宽，至少长为 50 英尺。上述区域应不包括过道和机动空间，并应具有至少 14 英尺的垂直间隙（Am. by ORD – 15 – 00033，4 – 8 – 15）。

（d）共享装载。相邻分区地块上的两次或多次使用可共享装载区域。

（e）其他需要非街道设施但位于建筑面积小于 2 万平方英尺的建筑物的用途可以在同一地块上使用驾驶通道或其他合适的区域用于装载目的。

（f）表面。所有开放式街道外装载区域应按照麦迪逊市标准和规范铺设沥青路面或波特兰水泥混凝土路面。

（g）怠速。除主动装载外，车辆不得使用怠速发动机超过五分钟。

28.142　景观和遮蔽要求

（1）目的陈述。

本节规定的景观美化和遮蔽要求旨在：

（a）在整个开发进程中保护和恢复自然环境。

（b）减少开发对环境的负面影响，同时促进美学上令人愉悦的发展，从而保护和改善社区的外观、特征、健康、安全和福利。

（c）通过冷却和遮蔽表面区域来减少不透水表面（如停车场）的"热岛"效应。

（d）通过尽量减少噪音、灰尘和其他碎片，机动车辆前照灯眩光或其他人造光线侵入以及其他令人反感的视觉、活动对邻近或周围用途的不利影响，并增加相邻用途的兼容性。

（e）成功布局植物和促进生长来改善环境。

（f）加强城市的绿色基础设施，以帮助减少空气污染物、营造氛围、减轻城市"热岛"效应和雨水径流问题。

（2）适用

（a）第（3）至 10 小节适用于所有外部建筑和开发活动，包括扩建现有建筑物、结构和停车场，但建造独立的单户住宅和两户住宅及其附属建筑除外。除非满足以下所有条件，否则必须使整个开发站点符合本节的要求，在这种情况下，只需要使受影响的区域符合要求：

1. 在任何十年期间，场地扰动区域不到整个开发场地的 10%。

2. 在任何十年期间，建筑面积仅增加 10%（Am. by ORD – 15 – 00033，4 – 8 – 15）。

3. 不涉及拆除主要建筑物。

4. 任何被取代的景观元素必须在现场更换，并在修订的景观美化计划中显示。

（b）第（11）款适用于所有外部建筑和开发活动，包括扩建现有建筑物、结构和停车场以及建造独立的单户和双户住宅及其附属建筑（Am. by ORD－16－00021，3－7－16）。

（3）景观规划和设计标准。

景观规划应作为场地规划的组成部分（如果需要）提交，或作为其他行动的申请的组成部分，包括分区许可证（如适用）。规划面积超过一万平方英尺的景观规划必须由注册的景观设计师准备。

景观区域的总体构成和位置应与发展的规模及其周围环境相辅相成。一般而言，较大的、放置良好的连续种植区域应优先于较小的断开区域。

（a）景观规划的要素应包括以下内容：

1. 植物清单包括普通和拉丁名称，大小和根状况（容器或球和粗麻布）。

2. 场地设施，包括自行车架、长凳、垃圾桶等。

3. 存储区域包括垃圾和装载。

4. 照明（景观、行人或停车区）。

5. 灌溉。

6. 坚硬的表面材料。

7. 覆盖、修边和边石的标签。

8. 播种或草皮的区域。

9. 保持不受干扰的区域和土地干扰的限制。

10. 植物的大小应按生长的60描绘。

11. 现有树木直径8英寸或更多。

12. 场地坡度规划，包括雨水管理（如适用）。

（b）植物选择。符合本节规定的植物材料应为苗圃质量，并能容忍个别场地的微气候。

（c）覆盖物应由切碎的树皮、碎木或其他有机材料组成，最小深度为两英寸。

（4）景观计算和分布。

所需的景观区域应根据房产的总开发面积计算。就此要求而言，开发区域被定义为单个连续边界内的区域，该区域由结构、停车场、车道和对接/装载设施组成，但不包括任何建筑物占地面积，指定用于开放空间使用诸如运动场和未开发的土地面积在同一分区。

（a）每300平方英尺的发达地区应设置5个景观点。

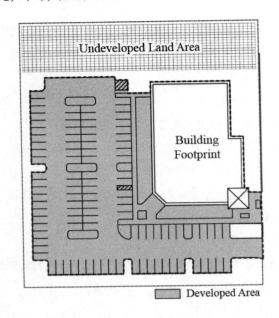

图 28I - 11 计算景观要求的开发区域①

1. 对于面积超过 5 英亩的土地，应按照每 300 平方英尺为 5 个点提供点数。前 5 英亩，所有额外的土地每 100 平方英尺增加一个点。

2. 对于 IL 和 IG 区，每 100 平方英尺应提供一个点。

（b）如因现场安置工程而无法容纳环境美化，分区管理员可修改或放弃点数要求。

（c）景观点的计算如表 28I - 7 所示。

表 28I - 7

植物类型	点数	安装时的最小尺寸
上层落叶树	35	2 英寸厚度测量胸径（dbh）直径最小 12′ ~ 14′Hgt。
高大的常绿树（松树、云杉）	35	5 ~ 6 英尺高
观赏树	15	1.5 英制卡尺

---

① 图 28I - 11 翻译：building footprint 建筑投影；developed area 开发区域；undeveloped land area 未开发土地。

续表

植物类型	点数	安装时的最小尺寸
直立的常绿灌木（侧柏）	10	3～4 英尺高
灌木、落叶	3	#3 加仑容器大小，最小 Min：12″～24″（″为英寸）
灌木、常绿	4	#3 加仑容器大小，最小 Min：12″～24″
观赏草/多年生植物	2	#1 加仑容器大小最小：8″～18″
装饰/装饰围栏或墙壁	4 per 10 ln. ft.	n/a
现有重要标本树	14 每卡尺英寸 dbh	最小尺寸：2.5 英制卡尺 dbh 每棵树的最高分数：200* 树木必须位于发达区域内，且不得超过总要求点数的 40%（30%）
用于公共座椅和/或运输连接的景观装置	每个"座位"5 点	*家具位于发达区域内，可公开进入，且不得超过总要求点数的 5%

注：*由 ANSI，ANLA 美国苗木标准确定。对于每种尺寸，最小植物尺寸应符合现行美国苗圃标准中规定的规格。

（d）园林绿化应沿街道正面，停车场内部分布在整个物业内，并按第（5）款到第（8）的规定分配给基础种植园或作为一般场地美化。

（e）种植床或种植区域必须至少有 75% 的植被覆盖。

（f）新树木的树冠多样性要求：

1. 如果开发地点的冠层树数少于 5 棵，则不需要树木多样性。

2. 如果开发地点有 5～50 棵冠层树木，没有一个树种数量可能占比超过 33%。

3. 如果开发地点有超过 50 棵树冠，则没有单一树种占比可能超过 20%。

（g）任何一种冠层树木用于满足冠层树的要求不得超过 4 棵。

（5）开发临街园林绿化。

在建筑物或停车场与相邻街道之间应提供景观美化和/或观赏围栏，但在人行道上放置建筑物的情况除外。景观材料应包括符合以下最低要求的植物材料混合物：

（a）一个地块临街面每 30 英尺，应种植一棵乔木和五棵灌木。可以使用两棵观赏树或两棵常绿树代替一棵落叶乔木。

（b）如果建筑物外墙直接邻接人行道，则必须从要求的总点数中扣除所需的正面景观。

图 28I－12～13　发展临街园林绿化的例子

（c）如果由于场地限制而无法提供开发正面景观，则分区管理员可以放弃该要求或用其他遮蔽方法代替所需的景观美化。

（d）围栏的高度至少为 3 英尺，并应由金属、砖石、石头或同等材料制成。禁止使用锁链或临时围栏。

（6）室内停车场景观美化。

室内停车场景观美化的目的是改善停车场的外观，提供遮阳，并改善雨水渗透。所有带有 20 个或更多停车位的停车场应按照以下内部停车场标准进行景观美化。

（a）对于先前未开发的地点或已取消所有改善措施的新开发项目，停车场沥青或混凝土面积的至少 8% 应用于内部种植岛屿、半岛或景观带。对于已开发地点的改变、沥青或混凝土区域的至少 5% 应为内部种植岛屿、半岛或景观带。种植岛应至少每隔 12 个连续的摊位设置，不得有任何间断，或者在停车位之间至少有 7 英尺宽的园景带。

（b）主要植物材料应为遮荫树，其中至少有一棵落叶冠层树，所需的景观面积为 160 平方英尺。两棵观赏落叶乔木可替代一棵冠树，但观赏树木不得超过所需树木的 25%。

在距离任何树木的中心，成熟生长树木高度的 75% 范围内，灯杆不得位于其中。

（c）作为经公共工程总监批准的低影响雨水管理设计的一部分，可以对岛屿进行限制或设计为无保护的生物保留区。必须证明随着时间的推移维持这些区域的能力（参见第37章，麦迪逊普通法，侵蚀和雨水径流控制）。

（7）基础种植。

基础植物应沿建筑物外墙种植，除非建筑物立面直接邻接人行道、广场或其他硬景观特征。基础种植主要包括灌木、多年生植物和原生草。区划管理员可以在本条例生效日期之前修改此项开发要求，只要改进达到该场地的等效或更高水平的景观美化。

图 28I－14　室内停车场园林绿化

（planting islands/landscape strip：植物岛/景观条带）

图 28I－15　室内停车场景观美化示例　　图 28I－16　室内停车场景观美化示例

（8）沿区界遮蔽。

应在商业区、综合用途区或工业区与住宅区之间沿着后方和后方的财产边界进行遮蔽。遮蔽应包括实心墙、实心围栏或具有全年叶子的树篱，高度在6～8英尺，除了在前院退后区域内，遮蔽不得超过4英尺高。遮蔽高度应从自然或认可等级测量。不应使用护栏和挡土墙来提高相对于准备高度的坡度。对于有条件使用，规划委员会可以修改这些要求。

（9）遮蔽其他场地元素。

以下场地元素应与网站上其他地方使用的设计元素、材料和颜色兼容，如下：

（a）垃圾处理区。除独户住宅和双户住宅开发外，所有开发均须设有垃圾处理区。该区域应在4个区域进行遮蔽通过固体商业级木栅栏、墙壁或等效材料的侧面（包括通道门），最小高度为6英尺且不大于8英尺。

（b）户外储存区。室外储存区域应与邻近的住宅用途屏蔽，建筑物墙壁或实心商业级木栅栏、墙壁、全年树篱或等效材料，最小高度为6英尺且不大于8英尺。沿着地区边界进行遮蔽（如果有的话）可以提供全部或部分所需的遮蔽。

（c）装载区域。装载区域应从邻近的住宅用途和街道视图中遮蔽到可行的范围，建筑物墙壁或实心商业级木栅栏或等效材料，最小高度为6英尺且不大于8英尺。沿着地区边界进行遮蔽（如果有的话）可以提供全部或部分所需的遮蔽。

（d）机械设备。从地面6英尺处观察，所有屋顶和地面机械设备和公用设施应从任何街道或住宅区的视野中完全屏蔽。遮蔽物可以由分区管理员批准的建筑物墙壁或围栏和/或景观组成（Am. by ORD－14－00001，1－14－14）。

（10）维护。

该处所的业主负责现场所有景观、围栏和其他景观建筑特征的浇水、维护、修理和更换。所有种植床应免除杂草。死亡的植物材料应在不迟于来年的6月1日前更换。

（11）栅栏、墙壁和树篱。

根据本节中确定的要求，围栏和树篱可以沿着或靠近地块线的任何码头竖立、放置或维护。在建造或安装任何围栏或树篱之前，业主应负责正确定位所有土地界限。

（a）住宅区的高度。

1. 住宅区内所需内侧和后侧退后内的遮挡围栏或遮蔽树篱的最大高度不得超过6英尺。装饰围栏或装饰树篱的高度可超过6英尺。高度最多8英尺的遮蔽栅栏或遮蔽树篱可放置在住宅区与综合用途商业或就业区之间的区域边界线上，或邻近公用事业或公共服务用途的区域边界线上。

2. 游泳池周围的围栏不得超过8英尺。

3. 建筑围护结构内的屏障围栏不得超过 8 英尺。

4. 在所要求的前部或街道侧庭院退后中的遮蔽围栏或遮蔽树篱的最大高度不得超过 6 英尺，但以下情况除外：

a. 一个最高可达 6 英尺高的遮蔽或遮蔽篱笆可放置在主楼后方平台和后面的街边侧院子里。

b. 如果从街边庭院土地界限返回至少 4 英尺的高度，街道侧院子里的遮挡围栏或遮蔽树篱的高度可以增加到最多 6 英尺的高度。

5. 如果围栏小于 50% 不透明，位于前院的装饰围栏的最大高度为 5 英尺，如果围栏小于 20% 不透明，则为 6 英尺。

（b）混合用途或非住宅分区的高度。筛分围栏或遮蔽篱笆的最大高度不得超过 8 英尺，除非在遮蔽围栏或遮蔽篱笆的最大高度不超过 4 英尺，在所需的前面临街或街边侧院退后区内除外。

（c）高度测量。栅栏或篱笆高度应从自然或认可坡度测量。在坡度分离的情况下，如通过挡土墙划分属性，围栏或篱笆高度应根据坡度等级和最低坡度之间的平均点的测量来确定。如果围栏或树篱从挡土墙退后至少 4 英尺的距离，则应从围栏或树篱的底部测量高度。不应使用护栏和挡土墙来提高相对于遮蔽高度的坡度。

（d）围栏或树篱应符合第 27.05（2）（bb）小节的视觉清除三角要求。

（e）位于前面或街边庭院退后区域的围栏必须由木材、装饰金属、砖、乙烯基涂层链条或石头等材料制成。无涂层链节围栏可用于内侧或后院。

（f）临时围栏，包括使用木质或塑料雪栅栏限制 11 月 1 日至 4 月 1 日之间的积雪漂流，保护挖掘和建筑工地，以及在评级和建造期间保护植物是允许的符合批准的建筑许可证或每个日历年连续 180 天。

（第 28.142（11）条，由 ORD－14－00001，1－14－14）（第 28.142 节，由 ORD－13－00148，9－11－13）

28.143　移动塔选址管制

（1）目的陈述。

本节的目的和意图是在州和联邦利益之间取得平衡，涉及移动服务设施和移动服务支持结构的建设、修改和选址，以用于提供个人无线服务，以及市在监管地方分区方面的利益。本节的目标是：

（a）保护住宅区和土地用途免受塔和天线的潜在不利影响。

（b）尽量减少整个社区的塔楼总数。

（c）鼓励联合使用新的和现有的塔址作为主要选址，而不是建造额外的一次性塔。

（d）通过工程和仔细选址塔架结构，避免塔架失效对邻近建筑物的潜在损坏。

（2）设施和支持结构的新建和实质性修改。

（a）申请许可从事新的移动服务支持建筑和设施的选址或建造，或进行第1类搭配，须以书面向建筑物检验组提交，并须载有以下内容：

1. 申请人的姓名和公司地址，以及申请人的联系人。

2. 拟议或受影响的支持建筑的位置。

3. 拟议的移动服务设施的位置。

4. 如果应用程序要对现有支持建筑进行实质性修改，则该构建计划须描述对支持建筑和设备及网络组件的计划的修改，包括天线、发射器、接收器、基站、电源、电缆和相关与拟议修改有关的设备。

5. 如果应用程序要构建新的移动服务支持建筑，则该建筑计划需要描述拟议的移动服务支持结构以及设备和网络组件，包括天线、发射器、接收器、基站、电源、电缆和相关设备将放置在新的移动服务支持结构上或周围。

6. 如果申请是要构建新的移动服务支持建筑，请说明申请人选择建议地点的原因以及申请人为何不选择搭配，包括对负责安置申请人的人员的宣誓声明。移动服务支持建筑须证明申请人搜索环内的搭配不会产生相同的移动服务功能，覆盖范围和容量在技术上是不可行的；或者对移动服务提供商来说是经济上的负担。

（b）如果申请未完成，建筑检查主任或其指定人应在收到申请后10天内通知申请人。通知应采用书面形式，并应详细说明不完整的信息。

（c）在收到填妥的申请后90天内，建筑检查主任或指定人员应发出书面决定，批准或拒绝申请。但是，主任或指定人员和申请人可以书面形式同意延长90天的期限。

（d）拒绝申请的决定应得到实质证据的支持。此类证据应包括在书面决定中。

（e）如果申请人提供的工程证明表明移动服务支持结构或现有结构设计为

在比分区条例所要求的退后或下降区域更小的区域内坍塌，则该分区条例不适用除非建筑检查科主任或指定人员向申请人提供证明工程认证存在缺陷的实质证据，否则不得使用此类结构。

（f）建筑检查主任或指定人的决定是最终决定，可向巡回法院提出上诉。

（3）放弃。

如果移动服务支持建筑在超过一年零一天的时间内停止使用，则该结构的所有者或经营者应在城市建筑检查部门主任的书面请求下，在城市内免费向城市移除该结构，所述请求90天。在颁发任何建筑物或分区许可证之前，应提供履约保证书，以保证已取消已停止用于移动服务设施目的的支持结构。保证金金额应为2万美元或者基于对有资格取消此类结构的人的书面估计数额中的较小者。

（4）结构要求。

每个移动服务支持结构和移动服务设施的设计和构造应符合第17章，MGO和国际建筑规范（IBC）3108的要求，并不时修订。如果经检查，建筑检查科主任断定，建筑物或设施未能遵守施工时生效的此类规范，并对人员或财产构成危险，则在通知结构或设施所有人后，业主应有30天或由建筑检查科主任确定的时间使该塔符合上述规范。

未在上述30天内或在建筑检查科主任确定的时间内使这种结构或设施合规，应构成拆除该建筑物或设施的理由，费用由业主承担。

（5）基本塔和建筑设计。

除下文第（8）款所界定的豁免设施外，所有新的移动服务支持结构和设施的设计如下：

（a）移动服务设施和移动服务支持结构应由金属或其他不可燃材料制成。

（b）移动服务设施和移动服务支持结构应确保根据需要在设施中纳入足够的防攀爬措施，以减少非法侵入和伤害的可能性。

（c）紧急备用发电机应全部封闭在各方。可能需要其他努力来减轻来自这种发电机的噪音。

（6）位置。

根据现有的共址合同，应要求请求者和主机实体实现共址的诚意努力，并且应针对新的移动服务支持结构和1类搭配实施以下所有措施：

（a）移动业务支持结构的安装距离另一个移动业务支持结构，从现有结构的基础到拟议结构的基础，不能小于四分之一英里，除非申请人提供来自负责放置移动服务支持结构的个人的宣誓声明，证明申请人的搜索环内的搭配合理性：

1. 不会产生相同的移动服务功能、覆盖范围和容量。

2. 在技术上是不可行的。

3. 对移动服务提供商来说是经济上的负担。

就本要求而言，豁免移动服务设施不可用于共址，不应计入四分之一英里的计算中。

（b）移动服务支持结构不得位于居住区的地段，除非该地块面积超过 2 英亩且主要用途不是住宅。

（c）移动服务支持结构塔、牵索、附属设备和建筑物应符合其所在区域和退后要求。

（7）共址和多用户设施。

（a）申请许可从事第 2 类搭配，须以书面形式向建筑物检验组提交，并须载有以下内容：

1. 申请人的姓名和公司地址，以及申请人的联系人。

2. 拟议或受影响的支持结构的位置。

3. 拟议的移动服务设施的位置。

（b）如果申请未完成，建筑检查部门应在收到申请后 5 天内通知申请人。通知应采用书面形式，并应详细说明不完整的信息。

（c）在收到填妥的申请后 45 天内，建筑检查科主任或指定人应发出批准或拒绝申请的书面决定，但建筑检查科主任或指派人和申请人可以同意书面延期。

（d）拒绝申请的决定应得到实质证据的支持。此类证据应包括在书面决定中。

（e）建筑检查科主任或指定人的决定是最终决定，可向巡回法院提出上诉。

（f）共址设计。所有新的移动业务支持结构应在结构和电气设计上容纳至少 3 个独立的天线阵列，除非提出可靠证据表明该建筑在经济和技术上不可行。

多用户移动业务支持结构的设计应允许将来重新安排天线并接受安装在不同高度的天线。停车场、通路和公用设施地役权应由现场用户共享。

（8）豁免设施。

（a）业余无线电塔，由联邦许可的业余无线电操作员在任何住宅区划地区安装、竖立、维护和/或操作，符合 MGO 第 17 章的规定，只要满足下列所有条件：

1. 所涉及的天线使用是附属于不属于电信设施的财产的主要用途。

2. 在住宅区内，允许的业余无线电操作员不得超过一个支援结构。

3. 根据需要，在设施中加入了足够的防攀爬措施，以减少非法侵入和伤害的可能性。

（b）为公共利益所需的公有和经营的电信设施，用于为警察和消防和其他市政服务提供和维护射频电信系统，包括数字、模拟、无线和电磁波（第28.143 章，由 ORD - 13 - 00189，11 - 26 - 13 建议）。

28.144　与地标或地标地段相邻的开发项目

在地标委员会审查需要进行规划委员会或城市设计委员会审查的地标或地标站点的分区地块的任何开发，以确定拟议的开发项目是否过大或视觉上是否具有侵扰性，从而对历史性质产生不利影响，毗邻的地标或地标站点的完整性。地标委员会的审查应由规划委员会和城市设计委员会提供咨询。

28.145　分裂地块

对于具有两个或更多分区指定的任何地块，该地块的每个部分应符合其所在地区的要求。

28.146　历史悠久的区域后缀街区

（1）目的和适用性声明。根据 MGO 第 41 章的规定，创建历史区域后缀，以提供识别分区地块的有效方法，这些地块位于指定的历史区域内或位于指定的地标上。根据下文所建立的指定地标或相应历史街区的适当后缀，须附加于受影响的每个分区的现时及任何未来分区地区分类，而后缀亦须附加于由分区所维持的分区地图分区。分区管理员。后缀名称对所述分区地段的主要分区地区分类没有影响。但是，除了分区规则的适用要求之外，各个后缀所引用的第41 章的适用规定应适用于每个所述分区。

（2）HIST - L 指定地标。HIST - L 后缀街区适用于指定地标，根据Sec41.07，MGO 所在的所有分区地块，和每个此类分区的所有者被告知，除了分区规则的适用要求外，位于其上的地标和地标站点应保持在符合第 41 章规定的条件下。

（3）HIST－MH 大厦山历史街区。HIST－MH 后缀街区适用于位于麦迪逊希尔（Hill）历史街区内的所有分区地块，并且这些分区地块的所有者被告知，无论是现有的还是提议的，其任何改进都应按照建造、维护、改造和拆除或重建。适用于第41章的一般规定和第41.22节的具体规定，除了分区规则的适用要求。

（4）HIST－TL 第三湖岭历史街区。HIST－TL 后缀街区适用于位于第三湖岭历史街区内的所有分区地块，并通知此类分区地块的所有者，无论是现有的还是拟议的，其任何改进都应按照建造、维护、改造和拆除或重建。适用第41章的适用一般规定和第41.23节的具体规定。除了分区规则的适用要求。

（5）HIST－UH 大学高地历史区。HIST－UH 后缀街区适用于位于大学高地历史街区内的所有分区地块，并且这些分区地块的所有者被告知，无论是现有的还是计划的，其上的任何改建都应按照以下方式建造、维护、改造和拆除或重建。适用于第41章的一般规定和第41.24节的具体规定。除了分区规则的适用要求。

（6）HIST－MB 马奎特·班格拉（Marquette Bungalows）历史街区。该 HIST－MB 后缀街区适用于位于马凯特别墅历史区的所有分区地段，这样的分区很多业主都通知任何改进，就此，不论现在还是计划，应在构建、维护、改变、拆除或重建时，遵守第41章的一般规定和第41.25节的具体规定。包括分区法的适用要求。

（7）HIST－FS 第一定居历史街区。HIST－FS 后缀街区适用于位于第一定居历史街区之内的所有分区地块，并且这种分区地块的所有者通知任何其上改进，是否现在或计划，应在建造、维护、修改和拆除时，遵守第41章的适用一般规定和第41.26节的具体规定。包括分区法的适用要求。

（Am. by ORD－15－00072，7－29－15）

28.147　禁止违反公共政策的负面使用限制

（1）目的和意图。

私人当事人对麦迪逊市的不动产施加负面使用限制，禁止或具有因为使用此类不动产的不好的经济或实际效果时，如杂货店或药店，可能使城市的公共健康、安全和一般福利受到损害。在杂货店或药店所有者或经营者已经终止杂货店或药店对这种不动产进行运营之后。此类负面使用限制与购物中心开发协议中包含的商业上合理的非竞争条款是独立和不同的。房东可以同意作为杂货店或药店的租户不将同一购物中心的另一个空间再次租赁给第二个杂货店或药店，分别为促使第一承租人在该购物中心开发作为主要承租人签订长期租约。

（2）禁止。

尽管有28.04（1）（c）是一项私人协议，声称对麦迪逊市的不动产施加负面使用限制，以禁止或具有禁止在杂货店或药店使用此类不动产的经济或实际效果在杂货店或药店所有人或经营者终止杂货店或药店对此类不动产进行操作后，如果根据分区条例允许（包括作为有条件使用），则应违反公共政策，并且无法执行。无论私人协议是否包含在契约限制、限制性契约、租约或租约备忘录或任何其他文书中，上述禁令均适用。该禁令适用于所有此类私人协议，包括在本节生效之前创建的协议。除了第28.12（14）节所施加的任何惩罚，可根据威斯康星州宪法§62.23（8）对任何此类私人协议采取适当行动。第28.12（14）节的处罚规定，不适用于在本条生效日期之前订立的此类私人协议。

28.148 无线电广播服务设施管制

（1）目的陈述。

本节的目的和意图是在国家对无线电广播服务设施的建设、修改和选址以及城市在公共健康和安全方面的利益之间取得平衡。本节以及与无线电广播服务设施有关的这些条例中的其他规定被确定为保护公共健康和安全所必需的最低限度。本节的目标是

（a）通过工程和仔细选址塔架结构，避免塔架失效对邻近建筑物的潜在损坏。

（b）避免因侵入或爬上塔楼而造成的潜在伤害或伤害。

（c）避免因从塔上掉落的冰或其他碎屑造成的潜在伤害或伤害。

（2）申请。

无线电广播服务设施的安置、建造或改装申请应向建筑检查部门提出。

（a）在申请分区证书时，应提交安置计划。该计划应显示无线电广播服务设施在该地段的拟议位置、设施的设计、相邻地段的改善位置，以及影响无线电广播服务设施位置的地段和相邻地段的景观美化。可能需要其他材料。

（b）安置计划应在安装设施之前由规划和社区与经济发展部主任批准。

（c）任何否认均应采用书面形式，并应向申请人提供支持拒绝理由的实质证据。

（3）结构要求。

每个无线电广播服务设施的设计和构造应符合第17章，MGO和国际建筑规范（IBC）3108的要求，并经常修订。如果经检查，建筑检查科主任得出结论认为塔楼在施工时未能遵守此类规则，并对人员或财产构成危险，则在通知塔楼所有者后，业主应有30天或由建筑检查科主任确定的时间使该塔符合上述规范。

如果在上述30天或建筑检查科主任确定的时间内未能使该塔符合规定，则应构成拆除塔或天线的理由，费用由业主承担。

（4）基础塔楼建筑设计。

除下文第（7）款所界定的豁免设施外，所有新的无线电广播服务设施的设计如下：

（a）无线电广播服务设施应由金属或其他不可燃材料制成。

（b）无线电广播服务设施应确保根据需要在设施中纳入足够的防攀爬措施，以减少非法侵入和伤害的可能性。

（5）位置。

无线电广播服务设施、塔楼、拉索、附属设备和建筑物应符合其所在的分区的码头和设置要求，此外，所有塔楼应至少减少100英尺（从任何用于住宅用途）或距离任何住宅楼200英尺，以较小者为准。

（6）放弃。

如果无线电广播服务设施停止使用超过一年和一天的时间，则该设施的所有者或经营者应在城市建筑检查部门主任的书面请求下，在城市内免费为城市移除该设施。所述请求90天。在颁发任何建筑物或分区许可证之前，应提供履约保证书，以保证已停止用于电信目的的设施被移除。保证金金额应为20000美元中的较小者，或者基于对有资格取消此类结构的人的书面估计数额。

（7）豁免设施。

（a）业余无线电塔，由联邦许可的业余无线电操作员在任何住宅分区地区安装、竖立、维护和/或操作，符合第17章 MGO 的规定，只要满足下列所有条件：

1. 所涉及的天线使用不属于电信设施的财产的主要用途。

2. 在住宅区内，允许的业余无线电操作员不得超过一个支援结构。

3. 根据需要，在设施中加入了足够的防攀爬措施，以减少非法侵入和伤害的可能性。

（b）为公共利益所需的公有和经营的电信设施，用于为警察、消防和其他市政服务提供和维护射频电信系统，包括数字、模拟、无线和电磁波（第28.148卷，由 ORD - 13 - 00189，11 - 26 - 13）。

28.149 风能系统的管制

（1）法定授权。

本节中编纂的法令是根据威州宪法 §§62.23（7）和66.0401以及威州管理法 ch PSC 128 中包含的权限颁布的。

（2）定义。

就本节而言，威州宪法 §§66.0401 和 66.0403，威州管理法 §§PSC196.378 和 PSC 128.01 中包含的所有定义适用。此外，"大型风能系统"是指总安装铭牌容量超过 300 千瓦的风能系统，由安装铭牌容量超过 100 千瓦的单个风力涡轮机组成。

（3）申请前通知。

（a）在业主提出建造大型风能系统的申请之前至少 90 天，业主应使用商业上合理的方法向下列提供计划中的风能系统的书面通知：

1. 计划中的风力涡轮机主机财产一英里内的土地所有者。

2. 风能系统可能位于区域的政治机构。

3. 紧急第一响应者和空中救护服务提供者，服务于可能风能系统位置范围内的政治机构。

4. 威斯康星州交通部。

5. 威斯康星州公共服务委员会。

6. 威斯康星州自然资源部（DNR）。

7. 威斯康星州农业、贸易和消费者保护部。

8. 美国国防部副部长办公室。

（b）在提交申请以建造"最大叶尖高度"超过 600 英尺的风力涡轮机之前至少 180 天，业主应提供计划中的风能系统的书面通知给公共服务委员会。

（c）对于小型风能系统，业主应在向城市及邻近土地所有者提交申请前至少 60 天提供书面通知。

（d）书面通知应包括：

1. 风能系统的完整描述，包括计划中的风力涡轮机的数量和大小。

2. 显示所有风能系统设施的规划位置的地图。

3. 所有者的联系信息。

4. 建筑物可能需要所有者预期的所有潜在许可或批准清单。

5. 所有者是否寻求与另一个司法管辖区联合申请。

（4）申请通知要求

（a）在提交申请时，所有人应使用商业上合理的方法向位于任何风能系统设施拟议地点一英里范围内的业主和居民提供提交申请的书面通知。对于小型风能系统，只能向位于风能系统附近的业主和居民提供通知。通知应包括以下所有内容：

1. 风能系统的完整描述，包括风力涡轮机的数量和大小。

2. 显示所有拟议风能系统设施位置的地图。

3. 建议和运行风能系统的拟议时间表。

4. 申请可供公众审查的地点。

5. 所有者联系信息。

（b）收到申请后，麦迪逊市将根据威州宪法 CH 985 发布第 1 类通知。包括：

1. 拟议的风能系统的简要说明。

2. 拟议的风能系统的位置。

3. 申请可供公众审查的地点。

4. 向城市提交申请公众意见的方法。

5. 审查申请的大致时间表。

（5）不动产要求。

（a）地役权和租约应记录并遵守威州宪法 §706。

（b）所有租赁、豁免噪音和阴影闪烁者，均应免受损害或得到赔偿，如果房地产所有者损害他们的利益或违反任何联邦州或当地法律，去进行风能建设、运营或退役活动。

（6）现有物业用途。

（a）如果业主根据（3）发出通知，如果土地使用或商业企业存在，业主应做出合理的努力，以确定和容纳位于拟议风力涡轮机场 0.5 英里范围内的非参与财产的任何土地用途或商业企业。（a）或在业主根据（3）（a）发出通知之日起 30 天内，如果完整的公开建筑施工计划已存档并具有政治机构。但是，对于小型风能系统，此细分仅适用于位于相邻非参与物业的现有土地用途和企业。

（b）业主应设计风能系统，以合理地减少农业用地的转换。

（7）选址。

（a）业主应使用表 28I-8 所示的风力涡轮机退后距离设计和建造大型风能系统：

表 28I-8 风力涡轮机退后距离和说明

退后说明	退后距离
被使用的社区建筑	较小的 1250 英尺或最大叶尖高度的 3.1 倍
参与居民	最大叶尖高度的 1.1 倍
非参与居民	较小的 1250 英尺或最大叶尖高度的 3.1 倍
参与界址线	没有
非参与界址线	最大叶尖高度的 1.1 倍
公共道路权利	最大叶尖高度的 1.1 倍
架空通信和电力传输或配电线路（不包括单个房屋或附属建筑的公用设施服务线路）	最大叶尖高度的 1.1 倍
高压公用事业服务线（单独房屋或附属建筑的线路）	没有

（b）业主应使用表 28I-9 所示的风力涡轮机退后距离设计和建造小型风能系统：

表 28I-9 风力涡轮机退后距离和说明

退后说明	退后距离
被占据的社区建筑	最大叶尖高度的 1 倍
参与居民	无

续表

退后说明	退后距离
非参与居民	最大叶尖高度的 1 倍
参与界址线	没有
非参与界址线	最大叶尖高度的 1 倍
公共道路权利	无
架空通信和电力传输或配电线路（不包括单个房屋或附属建筑的公用设施服务线路）	最大叶尖高度的 1 倍
高压公用事业服务线路（单独房屋或附属建筑的线路）	没有

（c）业主应将风力涡轮机的退后距离测量为从风力涡轮机塔架的垂直中心线到建筑物或住宅永久性基础上的最近点或界址线或特征上最近点的直线，如适用。

（d）对于机场受影响区域内的风能系统，最大叶尖高度加上直升机场着陆区的高度不得超过 500 英尺。

（e）对于直升机场 4000 英尺范围内的风能系统，最大叶尖高度不得超过总共 500 英尺加上直升机场着陆区的高度。

（f）业主应与政治机构和参与以及非参与财产的所有者合作，以便将风力涡轮机放在现场，以尽量减少个人的困难。

（g）非参与住宅或被占用社区建筑物的所有者可以免除从非参与住宅或被占用社区建筑物的最小退后距离最大叶尖高度的 1.1 倍或小型风能系统时，退后距离 0。

（h）非参与住宅或被占用社区建筑物的所有者可以免除非参与物业线或被占用的社区建筑物线的退后距离。

（8）噪音。

（a）风能系统的噪音在上午 6：00 至下午 10：00 不得超过 50 分贝，其他时间不得超过 45 分贝。

（b）对于大型风能系统，业主应按照 PSC 128.50 的规定评估施工前后噪声限值。

（c）非参与住宅或被占用社区建筑物的外墙，适用本条规定的噪音限制。

业主根据（3）（a）发出通知或已完整公开提供建造计划，自发出通知之日起30天内提交给政治分支。

（d）业主应在合理可行的范围内设计拟议的风能系统，以尽量减少居民或占用社区建筑物的噪音。

（e）如果来自风能系统的噪声包含除正常操作条件（如呜呜声、哨声、尖叫声、嗡嗡声）以外的噪声，则所有者应立即采取措施永久消除此类噪声。在噪声被永久消除之前，所有者应使用操作缩减来消除噪音。

（f）在收到噪声投诉后，业主应测试是否符合上述噪声限值，但如果业主提供在该日期后两年内完成的准确噪声测试结果，则不需要进行测试。符合标准，表示符合上述噪声限制。

（g）受影响的非参与住宅或被占用社区建筑物的所有者可通过与风能系统所有者的书面合同放弃遵守上述噪声限制。该书面合同应予以记录，并应作为不动产的产权负担，并遵守威州宪法§706直到风能系统退役。

（h）在根据（g）签订合同之前，风能系统的所有者应向受影响的非参与住宅或被占用的社区建筑的所有者提供本节要求的书面通知。

（i）在风能系统初次运行之前，风能系统的所有者应向0.5英里范围内的非参与住宅或被占用社区建筑的任何业主提供本节要求的通知。未建立根据（g）订立风力涡轮机的合同。对于小型风能系统，此要求适用于相邻的非参与住宅或被占用的社区建筑。

（9）阴影闪烁

（a）阴影闪烁要求适用于所有人根据（3）（a）发出通知或在30日内向市政府提交完整的公开建筑施工计划时存在的非参与住宅或被占用社区建筑物。

（b）风能系统的所有人须与住宅或占用社区建筑物的所有人合作，以在合理切实可行的范围内减轻阴影闪烁的影响。

（c）风能系统每年不得在非参与住宅或被占用的社区建筑物内造成超过30小时的阴影闪烁。如果超过此限制，风能系统的所有者应使用运营限制来使风能系统符合要求。

（d）大型风能系统的拥有人应提供阴影闪烁计算机模拟，表明在计划的运行条件下，任何非参与住宅或被占用社区建筑物每年都不会有超过30小时的阴影闪烁。

（e）大型风能系统的所有者应为每年经历20小时或更长时间的阴影闪烁的

非参与住宅或被占用社区建筑提供合理的阴影闪烁缓解，费用由业主承担。阴影闪烁的数量应由阴影闪烁计算机模型或由非参与住所的居民或被占领社区建筑物的居住者保存的记录确定。只有当风能系统的所有者收到投诉或要求从非参与住宅或被占用的社区建筑物每年接收 20 小时或更长时间的阴影闪烁的缓解请求时，才需要进行缓解。如果需要缓解，大型风能系统的所有者应允许非参与住宅或被占用社区建筑的所有者优先选择合理缓解技术，包括由风能系统所有者出资安装百叶窗或种植。

（f）受影响的非参与住宅或被占用社区建筑物的所有者可通过与风能系统所有者的书面合同豁免阴影闪烁限制或阴影闪烁缓解要求。除非合同另有规定，否则弃权应为不动产的抵押，与土地一起使用，并按威斯康星州宪法 §706 记录。

（g）在根据上述（f）项订立合同之前，大型风能系统的所有者应向非参与住宅或被占用的社区建筑物的所有者发出本节要求的通知。

（h）在开始运行大型风能系统之前，业主应向建造的风力涡轮机的半英里内的非参与住宅或被占用的社区建筑物的业主发出本节要求的通知。未按上述（f）项订立合约。

（10）信号干扰。

（a）风能系统的所有者应采取合理的措施，以避免在风能系统开始运行时对商业通信和个人通信产生干扰。

（b）风能系统不得位于政府或军事实体用于提供保护公共安全所必需的服务的现有视距通信路径内。所有者应提供显示合规性的文件。

（c）如果发生对商业或个人通信的干扰，大型风能系统的所有者应使用合理的商业可用技术来减轻干扰。在与受影响的各方协商后，业主应实施受影响方的首选合理缓解解决方案，直至大型风能系统退役或通信不再使用。

（11）杂散电压。如果根据威斯康星州管理法 §PSC128.17 要求进行此类测试，风能系统的所有者应向市提供杂散电压的施工前和施工后测试结果。

（12）建设和运营。

（a）物理特性。

1. 所有者不得在风力涡轮机上显示警告、设备信息或所有权标记以外的广告或标牌。

2. 除安全装置或风力监测装置外，所有者不得在风力涡轮机上放置任何旗帜、装饰标志、拖缆、三角旗、带子、旋转器、飘动或旋转装置。

3. 业主应确保风力涡轮机具有不引人注目的光洁度。

4. 业主应安装和维护符合联邦航空管理局（FAA）标准的照明。

5. 除授权人员外，业主应确保风能系统不易攀爬。

6. 当授权人员不在场时，业主应确保所有风力涡轮机通道门和电气设备都被锁定。

7. 业主应在每个风力涡轮机的基座上或基座中放置适当的警告标志。

8. 业主应清楚地标记用于风能系统、气象塔或其他用于测量风速的设备的电线和支撑，以便在晴朗的天气条件下低飞的飞机可以看到它们。

9. 对于大型风能系统，业主应张贴和维护包含 24 小时紧急联系电话号码的标志、识别业主的信息，以及识别风能系统内标志位置的足够信息。标志应张贴在风能系统通道与公路和每个风机位置的交叉点。

（b）电气标准。

1. 业主应以符合国家电气安全规范的方式建造、维护和运营风能系统。

2. 业主应按照国家电气安全规范和威州宪法 CH PSC114 建造、维护和操作集电路设施。

3. 对于大型风能系统，业主应确保收集器电路设施尽可能位于地下。如果集电极电路设施位于头顶，业主不得允许第三方设施连接或粘接到集电极电路接地。风能系统的所有者应为所有架空设施制订定期检查计划，并确保及时清除任何附属的第三方设施。

（c）建造、运营和维护。

1. 业主应确保所有风能系统的建造、运营、维修、维护和更换，以保持风能系统处于良好的维修和运行状态，并保护人员免受伤害。

2. 大型风能系统的所有者应在风能系统的建设和退役期间尽量减少土壤压实、表土混合和农田排水系统的损坏。

3. 除非受影响土地所有者签署的合同另有规定，考虑到符合自然资源部（DNR）要求的修改，业主应确保在建造大型风能系统后，地形、土壤和植被恢复到原始状态。

4. 大型风能系统的所有者应向城市提供一般责任保险的文件，其中包括因风能系统的建造、运行或退役而引起的财产损失或人身伤害索赔，并应包括涡轮机主机财产所有者作为补充投保人参与保单。

（d）紧急程序。

1. 风能系统的所有者应在风能系统紧急情况的 24 小时内通知城市风能系统紧急情况的发生和性质。

2. 大型风能系统的所有者应与市消防局、市警察局和其他适当的第一响应者建立并保持联络，以制订包括以下内容的应急计划：

a. 一个需要在 24 小时内通知市的风能系统紧急情况类型列表。

b. 第一响应者和风能系统所有者的当前紧急联系信息，包括姓名和电话号码。

c. 处理不同类型的风能系统紧急情况的程序，包括提供关闭风能系统或系统的一部分的书面程序。

d. 在风能系统紧急情况下，业主和急救人员的职责和责任。

e. 在任何风能系统设施的半英里范围内的紧急疏散计划，包括紧急服务飞机的备用着陆区的位置。

3. 大型风能系统的所有者应至少每年与消防、警察和其他适当的第一响应者合作审查应急计划，以根据需要更新和改进应急计划。

4. 大型风能系统的所有者应将应急计划的当前副本分发给市、麦迪逊警察局、麦迪逊消防局和市确定的其他适当的第一响应者。

5. 大型风能系统的所有者应向风能系统的操作员、监督员和负责紧急行动的员工提供（e）中规定的当前版本的应急程序的副本。培训相应的操作人员，以确保他们了解应急程序并验证培训是否有效。在风能系统紧急情况发生后，业主应尽快审查员工活动，以确定程序是否得到有效遵守。

（13）退役。

（a）风能系统的所有者应在系统使用寿命结束时停用和拆除风能系统，这被认为是大型风能系统连续 360 日不发电的情况，或小型风能系统在连续 540 天内不产生电力。

（b）对于大型风能系统，如果风能系统将来可能再次运行并且如果发生以下任何一种情况，市应给予一个或多个额外的 180 天延长期：

1. 业主向麦迪逊市提交一份计划，该计划表明将风能系统恢复服务的持续诚意，并概述在合理的时间内将风能系统恢复服务的步骤和时间表，包括修复、根据需要更换或重新启动风能系统设施以发电。

2. 业主证明风能系统是用于正在进行的研究或开发目的的原型或其他示范

项目的一部分。业主证明风能系统正用于教育目的。

（c）如果风能系统在连续 540 天或更长时间内没有产生任何电力并且市发现所有者不能在合理的时间内使风能系统恢复运行，则市可以拒绝根据上述（b）项提出延期的请求。

（d）如果风能系统在 540 天内没有发电并且业主没有要求延期或大型风能系统被无可置疑地推定为其使用寿命的终点。城市根据上述（c）项拒绝延期，任何上诉权已过期。

（e）当需要退役时，所有者应在风能系统达到其使用寿命终点后的 360 天内开始退役，并应完成该过程，包括拆除风能系统，风能系统达到其使用寿命后 540 天。

（f）风能系统的所有者应在城市和公共服务委员会批准的风能系统退役和撤销时向城市和公共服务委员会提交退役通知。在收到此类通知后的 360 天内，市应确定所有者是否满足上述（a）的要求以及任何适用的场地恢复要求。

（14）财务责任。

（a）在建造铭牌容量为 1 兆瓦以上的大型风能系统之前，业主应提供债券、存款、代管账户，不可撤销信用证或这些财务保证的某种组合。为风能系统退役的实际和必要成本提供资金，并确保在风能系统和退役期的整个预期寿命期间提供此类财务保证和资金。这种保证必须规定，担保资金只能用于退役风能系统，并且只能由市使用。

（b）在大型风能系统的整个生命周期内，市可能要求每 5 年不超过一次，对风能系统退役的实际和必要成本进行更新估算，如果估计是在至少比提供的财务保证金额高 10%，市可能要求相应增加财务保证。

（15）场地恢复。

（a）除下文（b）项规定外，如果在风能系统所有者以外的人拥有的土地上建造大型风能系统，风能系统的所有者应确保该财产得到恢复。除非在受影响的土地所有者签署的合同中另有规定，考虑到符合自然资源部（DNR）要求所需的任何修改，否则为施工前条件。

（b）如果在棕色地带上建造风能系统，如威州宪法 §238.13（1）（a）中所定义。业主应恢复财产，以消除风能系统造成的影响，但威斯特州统计局规定的环境修复活动的影响除外。§238.13（1）（d）。

（16）申请。

（a）所有风能系统许可申请人应提交包括以下内容的申请：

1. 风能系统的描述和显示所有拟议风能设施位置的地图。

2. 风力涡轮机和风力涡轮机场地的技术描述。

3. 拟议的风能系统建设时间表。

4. 有关风能系统对当地基础设施的预期影响的信息。

5. 有关预计可归因于风能系统的噪声的信息。

6. 关于预计可归因于风能系统的阴影闪烁的信息。

7. 关于风能系统对风能系统半英里内现有土地利用的预期影响的信息。

8. 关于风能系统对机场和空域的预期影响的信息。

9. 关于风能系统对视距通信的预期影响的信息。

10. 建造和运营风能系统所需的所有州和联邦许可证清单。

11. 关于在风能系统建设、运行和退役期间计划使用和修改城市道路的信息，包括评估风能活动造成的道路损坏和在风能系统进行道路维修的过程所有者的费用。

12. 第（3）及第（4）款所规定的所有通知的副本。

13. 根据上述（12）（e）与适当的第一响应者合作制订的所有应急计划的副本。

14. 对于大型风能系统、退役和场地恢复计划以及任何必要的财务保证。

15. 了解拟议风能系统的建造、运行或退役所需的任何其他信息。

16. 麦迪逊市应在申请提交后45天内以书面形式通知申请人申请是否完整。该申请被视为在所有者以书面形式通知市已提交所有申请材料之日提交的申请。如果市确定申请不完整，则应向业主发出通知，说明确定原因。所有者可以基于所述原因确定申请是不完整的，并且另外45天完整性审查期开始，可以向申请提交补充。如果市未能确定完整性并在规定的45天内通知业主，则视为申请完成。

（17）决定。

（a）在确定申请完成后90天内，规划委员会应根据记录中的证据发布书面决定，其中包含事实调查结果。如果申请被拒绝，则应说明拒绝的理由。书面决定，包括事实调查结果，应提供给业主和公共服务委员会。

（b）在书面延期后，规划委员会可延长90天。

①如果申请人对申请做出重大修改或计划委员会指定的其他正当理由，如

果计划委员会需要额外信息以审查申请，则上述不超过90天。任何延期都需要规划委员会的书面授权。

②所有者应将该决定的重复原件记录在戴恩县的契约登记册中。

③在大型风能系统开始运行之日起九十天内，业主应向城市和公共服务委员会提交一份关于风能系统的竣工描述，一份准确的地图。风能系统显示所有风能系统设施的位置、地理信息系统信息显示所有风能系统设施的位置，以及识别风能系统所有者的当前信息。每个风力涡轮机位置应具有唯一标识符，与（12）（a）公布的信息一致。

（18）对风能系统的修改。

（a）未经规划委员会事先书面批准，风能系统的所有者不得对批准的风能系统设计、位置或建设进行重大变更。

（19）投诉。

（a）受害人可对业主未能履行本条例规定的义务提出投诉。

（b）应首先向风能系统的所有者提出申诉。

（c）业主应尽力解决有关风能系统的投诉，费用由业主承担。

（d）投诉人可以根据其对有条件使用的持续管辖权向规划委员会提出申诉，以审查未在45日以内解决的投诉，从所有者收到原始投诉的日期。

（e）规划委员会对投诉的决定可根据威州宪法§66.0401（5）进行上诉。

（f）在建造大型风能系统之前，业主应在任何风能设施的半英里内向所有居民和土地所有者提供投诉程序的书面通知并获得缓解措施。通知应包含提交投诉的要求，规划委员会审查的请求，以及向公共服务委员会提出的申诉。通知还应包含接收投诉的所有者的联系人姓名和电话号码。业主还应向规划委员会提供此类通知的副本。

（g）对于大型风能系统，当业主收到投诉时，他/她应向投诉人提供（f）所要求的通知副本，并在收到投诉后30天内，业主应提供对投诉人的初步回应。

（h）大型风能系统的所有者应在收到投诉后45天内善意解决投诉，并应将任何尚未解决的投诉通知规划委员会。

（i）大型风能系统的所有者应保存收到的有关风能系统的所有投诉的记录。日志应包括每位投诉人的姓名和地址、投诉的性质以及解决投诉所采取的步骤。所有者应每月向规划委员会提供投诉日志的副本。

（20）上诉。

（a）任何因规划委员会决定批准、拒绝或修改风能系统而感到不服的人，可根据第 28.183（5）（b）条向议会提出上诉。如果在向议会提出上诉后仍然感到不服，他/她可以在议会决定的 30 天内向公共服务委员会提出申诉。或者，受害人可在规划委员会决定批准、拒绝或修改风能系统后 30 天内直接向公共服务委员会提出申诉。申请公共服务委员会审查的所有人应向城市提供申请的副本和向威斯康星州管理法 § PSC2.07（3）指定的任何其他人提交副本。提交公共服务委员会审查请求的所有人以外的任何人应对所有人、城市以及威斯康星州管理法 § PSC2.07（3）指定的任何其他人提供申诉书的副本。麦迪逊市应将其收到的任何此类申诉书的副本提供给公众查阅，并应公布此类上诉的通知（第 28.149 条，由 ORD－14－00027，2－18－14）。

29.150　住宅开发

对于本章允许的所有新住宅开发项目，申请人应被要求将土地用于公园和娱乐目的，或者按照现行标准麦迪逊市普通法 16.23（8）（f）节（MGO）① 规定支付土地费用以代替土地承诺，并按照第 20.08，MGO 节的规定支付公园影响费。对于根据这些部分支付的任何先前的奉献或费用，应给予信贷（第 28.150 Cr。由 ORD－15－00013，1－28－15；Am. by ORD－16－00073，9－15－16）。

28 L　程序

28.181　一般情况

（1）目的的声明。本节描述麦迪逊如何批准和批准土地开发决策和项目。它描述如何提交申请、谁处理申请、遵循的程序类型，以及批准申请人做什么。

（2）常见的元素。本节概述的许多应用程序需求具有以下共同要素（见表 28L－1）

---

① MBO：麦迪逊市普通法。Madison General Ordinances（MGO），全文缩写类同。

表 28 L-1 分区申请程序的常见元素

元素	描述
适用性和启动	此元素指定情况、构建类型、开发类型、使用或上下文适用程序的，可以由谁提出申请、在哪里提出申请。 合资格申请人：除另有指明外，任何人士、商号、公司或组织如在受申请的土地上有下列特别可强制执行的权益，可提出申请： • 不动产利益 • 有权独占的占有权益 • 一种契约权益，它可以成为自由保有权益 • 任何排他性占有权益 • 发布搬迁令或者做出需要征用申请的土地的决议的政府单位
完整性检查	申请材料应按各条规定提交。不完整的申请概不受理
通知	此元素指定所需通知的类型、提供通知的人员以及必须在何时提供通知
决定	这个部分规定了由适当的工作人员、机构和委员会进行审查和决策的程序
标准	此元素指定批准应用程序的标准
后续的应用	此元素标识提交附加项之前所需的任何等待期应用程序
改变	此元素指定如何对已批准的应用程序进行更改
批准的范围	此元素指定申请人从批准或有条件批准申请中获得的权利以及在批准下行使权利的任何适用期限
最终批准	此元素指定批准后的最终确定或记录需求

（3）申请前会议。

在递交申请前，我们强烈鼓励申请人参加预先申请，与分区及规划人员会面。申请前会议的目的通常是讨论申请的程序和要求。

（4）完整性审查。

这些程序适用于任何申请，除非为本章其他地方的申请制定了不同的程序。

（a）除已缴付所有所需资料及所有申请费外，任何申请均不完整。分区行政长官可拒绝接受不完整的申请。

（b）分区行政长官将向规划和社区及经济发展部各办事处提供现有的申请材料。

（c）分区行政长官可定时间表，以便提出任何需要规划委员会、分区上诉委员会、城市设计委员会或议会采取行动的申请。填妥的申请须按分区行政长官公布的时间表提出。

（5）通知。

某些申请所需的通知类型见表28L-2。

表 28L-2　通知要求

通知类型（责任方）	要求	地图修正案	文本修正案	有条件的用途	特许	拆除
预申请（申请人）	申请人必须在申请前至少30天通知下列人士。通知应以美国邮政或电子邮件的形式发出，并附上一份副本给部门主管和分区管理人员					
	在物业所在地的城市注册的邻里协会	✓	✓	✓		✓
	商业协会列出服务于该物业所在地区的城市	✓	✓	✓		✓
	凡向规划及社会经济发展部登记的人士，均可获通知					✓
	物业所在地区的市议员	✓	✓	✓		✓
	如未能提供申请前通知书，计划委员会或联合委员会对申请所采取的任何行动均不会失效。如获市规划地政局局长及规划及社区及经济发展处处长批准，有关街坊告示规定可获豁免					
出版（城市）	《城市官方文件》第1类公告（见第985章 WSA）				✓	
	第2类公告（见第985章 WSA）	✓	✓	✓		✓
第一类邮件（城市）	收件人					
	申请人			✓	✓	✓
	受影响物业所在地区的市议员	✓		✓	✓	✓
	市评税主任办公室所列的记录所有人、多租户建筑物的所有人、全部或部分位于受影响物业边界200英尺以内的物业的所有人	✓		✓		✓
	列入市估价人办公室的记录的所有人，以及毗邻财产的所有人				✓	

通知类型 （责任方）	要求	地图修正案	文本修正案	有条件的用途	特许	拆除
标志 （申请人）	向规划及社区经济发展部索取有关申请标的物业的标志。该标志须列明所有公众聆讯的时间及地点，以考虑有关申请。该标志应至少在公开聆讯前 21 日张贴，并应放置于该物业的位置，以便从人行道或其他公共通道阅读。毗邻一项以上的公共通道的，应当在每一项公共通道的对面设置标志。该标志应在该标志所列最后一次聆讯后的七天内移除。未张贴此标志，并不表示规划委员会或议会对申请所采取的任何行动无效	√		√		√

28.182　文本和地图修正案

（1）目的。

这部分允许议会修改本章的文本或分区地区为了促进整个城市公共卫生、安全和福利，在特定的条件下，适当考虑房地产价值的保护，为城市建设发展提供最好的优势，当前使用的财产，而在地图修改的情况下，考虑提供市政服务和各种用途的成本。如要修订洪泛平原分区的地图，需要修订及/或提交更改地图通知书（LOMC）的行动应包括但不限于：

（a）任何堵塞水流，导致区域洪水高度增加的填土或河堤侵蚀。

（b）对泛洪平原边界和/或对公司水道的任何更改。

（c）对任何其他正式采用的漫滩地图的任何改动。

（d）任何漫滩填土会导致填土地区的标高上升至防洪标高或以上，并与漫滩以外的土地毗连。

（e）改正水面剖面图与洪泛平原图之间的差异。

（f）依据威州管理法§NR116.05 或除非其他法律规定或改变的，对洪泛区分区法文本的任何升级才能进行。

（g）根据洪水灾害率图的基本洪水高程，为改变防洪线或从防洪道或洪水边缘移走某一地区而对地图进行的所有河道重新定位和更改，均须事先获得联邦应急管理局的批准（Am. 按 ORD – 14 – 00146，9 – 12 – 14）。

（2）适用性和起草。

（a）议会可按本条规定随时修订本章。

（b）修正案分两类：案文修正案和地图修正案。这些定义如表28L – 3 所示。

表28L –3

文本修正案	本章正文的修正
地图修正案	分区图的修订会更改地区或物业的分区类别

（c）文本修订可以由议会和任何代理机构发起。

（d）地图修订可由议会或表28L – 1所指明的合资格申请人提出。

（e）申请人应向分区行政长官提出申请。

（3）完整性审查见第28.181（4）节。

（4）通知。

任何地图修订需要以下通告［请参阅上文第28.181（5）条］：

（a）提前申请。如未能提供申请前通知书，规划委员会或联合委员会对申请所采取的任何行动均不会失效。如获市规划地政局局长及规划及社区及经济发展处处长批准，有关通知规定可获豁免。

（b）公布。

（c）邮寄。要求举行听证会的通知，应当至少在听证会举行前十日发出。

（d）标识。

（5）决定。

（a）城市规划委员会的建议。

1. 规划委员会须就每宗修订申请举行公开聆讯。听证和录音程序由规划委员会通过的《基本政策和程序手册》规定。

2. 城市规划委员会举行听证会后，应当在市规划委员会举行听证会前向市规划委员会提出建议。

3. 规划委员会可建议符合本条例意图及可保障公众利益的条件，包括对逾期税款及/或费用的考虑；申请人曾否遵守有关条例及批准，包括但不限于《建筑物及最低限度房屋法》及《分区法》；以及酒类许可证的规定和批准。

4. 规划委员会可建议做出以下修订：

　　a. 通过一项地图修订，将有关物业的分区类别改为同一分章内的任何类别，而该等类别的限制比申请人所建议的更大，详情如表 28L-4 所示。本规则不适用于特别地区，第 28G 款。

　　分区按受限制程度由高至低依次列出。

表 28L-4

	住宅区分章	商业及混合用途地区分章	就业地区分章	市中心地区分章
	TRR	LMX	TE	DR1
	SRC1	NMX	SEC	DR2
	SRC2	TSS	SE	UOR
	SRC3	CCT	IL	UMX
	TRC1	CC	IG	DC
更加严格的地区	TRC2	MXC *	EC *	
	TRC3			
↓	TRC4			
	TRV1			
限制较少的地区	SRV1			
	SRV2			
	TRV2			
	TRU1			
	TRU2			
	TRP *			

＊总体规划地区

（Am. by ORD-14-00029，2-18-14）

　　b. 计划的地图修正可在面积小于原先规划的地区内生效，而该地区最初就完全包括在计划的地区内。

　　5. 所有妨碍水流或导致区域水浸高度增加的地图修订，均需向所有受不利影响的业主提供水浸地役权或其他适当的法律安排（Am. by ORD-13-00086，5-29-13；ORD-14-00146，9-12-14）。

　　（b）议会的行动。市建局在收到城市规划委员会按上述规定提出的建议前，不得对文本修正案或地图修正案采取行动。

（c）抗议上诉书

1. 对地图修改的书面异议，可以在申请提出或者修改后提出。如提出有效的抗议呈请，地图修订须经议会成员就拟议的修订投赞成票四分之三方为有效。

2. 上诉必须向市书记官提出。

3. 上诉书须由下列人士妥为签署及确认：

第一，拟修订或修订的地图所载土地面积的20%或以上的业主。

第二，居住在拟修订或修订地图所载土地范围内的已登记选民的20%。

第三，紧挨着该土地的20%或以上的土地的所有人，该土地的面积与该标的物业相距100英尺。

第四，与标的物业直接相对的20%或以上的土地的所有人，以及从对面土地的临街面延伸100英尺的所有人。

第五，20%居住在所有建筑物内的已登记选民，而该建筑物的任何部分位于毗邻有关物业100英尺的土地上。

第六，20%居住在所有建筑物内的已登记选民，该建筑物的任何部分位于与该标的物业正对的土地上，并与该物业的临街面相距100英尺。

4. 抗议诉求程序。

a. 如果根据本条细分开始进行抗议，则必须采用以下程序，以使抗议诉求书被市政府接受为有效。

b. 每个抗议诉求人必须在符合威州宪法 §706.07 "统一认可法案" 规定的日期签名并确认。抗议的诉求者要么应当在公证人或 WSA §706.07（2）规定的其他官员前承认他或她的签名，要么在公证人或其他官员面前亲自出席并承认其先前的签名。

c. 抗议呈请须在星期四中午前送交市书记，然后才由议会最后审议。

d. 如果在议会首次会议上没有就拟议的地图修正案采取行动，可再次向市政秘书提出额外的抗议申请，直至会议前的星期四中午，即议会再次提议就地图修正案采取行动的会议之前。

e. 在收到诉求书的当天，市政秘书应复制诉求书，并将这些副本转交规划和社区及经济发展部。

f. 规划、社区和经济发展部应统计抗议诉求书的人数，并在议会表决之前向议会通报抗议者的百分比。

g. 虽然抗议者可以行使随后从抗议诉求中撤回其姓名的权利，但撤出必须签署、注明日期和得到承认，承认的形式也必须符合威斯康星州宪法§706.07。撤回必须在星期五中午前提交给市政秘书，然后才能在议会最后审议之前确认。如果在议会首次会议上没有就拟议的地图修正案采取行动，可再次向市政秘书提出撤回申请，直至星期五中午，然后议会才再次提议就地图修正案采取行动。

（6）地图修改或文本修改标准。文本修正或地图修正是议会的立法决定，应以公共卫生、安全和福利为基础，应符合《综合规划》，并应符合威斯康星州和联邦法律。

（7）后续申请。议会拒绝的地图修正申请不能在拒绝之日起一年内重新提交，除非：

（a）议会特别确定，驳回不存在偏见。

（b）申请在实质上是与其他被拒绝的申请不同。

（8）修订泛洪区管制或地图。在威斯康星州自然资源部和联邦紧急事务管理局批准之前，对洪泛区条例的任何修正，无论是文本还是地图，都不生效。在带有分洪水道的泛洪区，除非申请人收到美国联邦应急管理署的有条件地图修订函，并对本条例、官方洪泛区分区地图、泛洪线和水面轮廓进行修正，否则不得出现任何障碍或增加表面轮廓。任何此类变更都必须经过美国联邦应急管理署和自然资源部（DNR）的审查和批准。在该区域中，只有在申请人收到美国联邦应急管理署的有条件地图修订函，并对本条例、官方洪泛区地图、泛洪线和水面剖面进行修正的情况下，才允许增加等于或大于1.0英尺的面积（am. By ord14-00146, 9-12-14）。

（9）最终批准。根据MGO sec. 3.07节的规定，由市检察官编纂文本修正案。地图修订成为分区管理人办公室档案中"分区地图"的一部分。

28.183 条件性用途

（1）目的声明。

本章将城市划分为建筑物和构筑物的设计、使用、体积和位置相适应的区域。但是某些用途在某些情况下，设计、体积和建筑位置具有独特的特性，因此不能作为不受限制的允许用途加以有条件允许。在每一种情况下，城市都需要考虑它们对邻近土地或公共设施的影响，以及公众对公共设施的特殊使用的需要。如果充分考虑它们的位置、发展和运作，这些用途在特定地区可能是必要的或需要的。

（2）适用性和发起。本节适用于分区地区管制（第28 C 至28I 分段）中列举为有条件使用的用途。任何符合资格的申请人（见第28.181（2）条）均可向分区管理人申请有条件使用许可证。

（3）完整性审查。见第28.181（4）条。

（4）通知。有条件使用许可证申请需要以下类型的通知。见第 28.181（5）条：

（a）预申请。未提供通知不导致规划委员会或议会就申请采取的任何行动无效。如果得到议员和规划及社区和经济发展主任的批准，可免除通知要求。

（b）邮件。所要求的公开听证通知，应当在公开听证前至少10 天发出。

（c）公布。

（5）决定。

（a）城市规划委员会。

1. 规划委员会应就每项完整的申请举行公开听证会。听证会应按照规划委员会的政策和程序手册进行和记录。

2. 规划委员会应将批准、有条件地批准、拒绝或将任何有条件使用的申请存档。

3. 规划委员会应在合理的时间内做出决定。

4. 批准有条件使用需要得到规划委员会法定人数多数的同意表决。

5. 规划委员会的决定应包括对事实的调查结果。当有条件使用申请被拒绝时，事实的调查结果应列出未达到的标准和不符合这些标准的原因。

6. 在审查涉及建筑物的任何新建筑或现有建筑物的增加的有条件使用申请时，规划委员会可要求申请人向城市设计委员会提交计划，征求意见和建议。

（b）对规划委员会行动采取的上诉。

1. 规划委员会的决定可向议会提出上诉。

2. 上诉可由以下人员提出：

第一，申请人，或

第二，使用所在地区的议员，或

第三，20% 或更多有权反对设立有条件使用的财产所有人被通知（am①. By

---

① Am. by 的意思是依据……修正。ORD 是法令。全文类同。

ord – 114447，12 – 5 – 12）。

3. 上诉应具体说明理由，并特别提及规划委员会的调查结果。

4. 上诉应在规划委员会采取最后行动后 10 天内向规划委员会秘书提出。

5. 规划委员会秘书或其指定人应将上诉转交市长，由后者向议会提出上诉。

6. 议会应确定一个合理的时间来听取上诉，并在合理的时间内对上诉做出裁决。

7. 议会应向利益各方发出公告并适当通知。

8. 除非三分之二的议会成员赞成推翻或修改规划委员会的行动，否则应维持规划委员会的行动。

9. 任何对议会或市内任何议员、官员、部门、市政府秘书的决定而感到不服的人，可在议会的会议记录公布决定后 30 天内提起诉讼，寻求可采取的补救措施（am. By ord – 14 – 00165，10 – 29 – 14）。

（6）审批标准。

（a）在未适当考虑《麦迪逊市综合规划》中的建议以及任何适用的、社区、社区发展或包括作为这些规划的补充而采用的设计指南的情况下，城市规划委员会不得批准有条件使用。除非规划委员会认为存在下列所有条件，否则不得批准有条件使用的申请：

1. 有条件使用的建立、维护或运作不会损害或危及公众健康、安全或一般福利。

2. 考虑到提供市政服务的成本，城市能够向提出有条件使用的物业提供市政服务。

3. 社区内已确定的其他财产的用途、价值和享有，不会以任何可预见的方式受到实质上的损害或减少。

4. 有条件使用的建立不会妨碍该地区允许使用的周边物业的正常有序发展和改善。

5. 已经或正在提供足够的公共设施、道路、排水、停车供应、内部流通改善，包括但不限于车辆、行人、自行车、公共交通和其他必要的场地改善。

6. 已采取或将采取包括运输需求管理和参与运输管理协会的措施，以提供足够的出入口，包括所有场外改进，目的是尽量减少交通拥堵，并确保现场和公共街道的公共安全和充足的交通流量，无论是在现场还是在公共街道上。

7. 有条件使用符合其所在地区的所有适用条例。

8. 社区生活安排的申请适用上述标准时，规划委员会应：

第一，铭记城市的总体意图，以适应社区生活安排。

第二，注意避免社区生活安排过于集中，这可能会造成制度性安排，严重影响社区现有的社会结构。与这一确定有关的考虑因素是拟议设施与其他此类设施之间的距离、拟议设施的容量以及该设施将增加社区人口的百分比、所有社区中社区生活设施的总能力、社区生活设施对社区的影响、个人或团体寻求批准的融入社区的成败，以及社区满足对所申请特殊需要设施的能力（如果有的话）。

9. 当将上述标准应用于建筑物的任何新建筑物或现有建筑物的附加物时，规划委员会应发现该项目创造了与该区域现有或预期特征和声明相符的持续的美学可取环境。为了这一标准得到满足，规划委员会可要求申请人向城市设计委员会提交计划、征求意见和建议（am. By ord - 14 - 00030, 2 - 18 - 14）。

10. 在对减少非街道停车要求的申请适用上述标准时，规划委员会应审议所有相关事实，包括但不限于替代停车；对邻近住宅区的影响；安排现有或潜在的共享停车；为该地区签发的住宅停车许可证数目；邻近的过境路线和自行车道，并提供自行车架；要求的减少占所需停车位总额的比例；因第 28.141 节减少所需泊车总数的比例。使用特点，包括运行时间和高峰停车需求时间，将提供的非街道停车设计和维护；建议的用途是现在的还是对现有用途的少量补充。

11. 规划委员会在将上述标准适用于电信设施时，应考虑由第 28.143 条要求的专业工程师审查申请。

12. 在对超过该区允许的高度申请适用上述标准时，规划委员会应考虑已通过的计划中的建议；对周围性能的影响，包括高度、质量、方向、阴影和视图；建筑质量和设施；拟建建筑物与毗邻街道、小巷的关系，以及公众的通行权和超过地区高度限制的公共利益。

13. 在根据第 28.138 条将上述标准适用于临湖发展时，规划委员会应考虑 5 幅开发地段的主要建筑物的高度和体积，或距离与拟议的开发有关的地段两侧的 300 英尺。

14. 在对位于 28.071（2）（b）节所述"其他高度区域"内的开发项目适用上述标准时，规划委员会将上述标准适用于超过 28.071（2）（a）区中心高度图允许高度的申请时，应考虑已通过的规划中的建议，除非规划委员会发现存在符合下列所有条件，否则不得批准任何超高度的申请：

a. 超高与周边地区现有或规划中的（如果《中心市区规划》中的建议要求改变）特点是一致的，包括但不限于建筑物和关系的规模、质量、节奏和退后。街道正面和公共空间。

b. 超高允许证明比没有发生其他事故时是更高质量的建筑。

c. 新建筑物的规模和设计补充并积极促进了项目内或毗邻的任何地标建筑的布局，并与这些建筑建立令人愉悦的视觉关系。

d. 对于在麦迪逊市中心规划的视图与视图地图上确定的优先视图、其他视图，以及视图中提议的项目，申请人编写的视觉研究报告所展示的项目，应该对视觉没有负面影响。

15. 当将上述标准应用于申请重新开发在 2013 年 1 月 1 日被一幢高于第 28.071（2）（a）条规定的市中心高度图所允许的最大建筑高度的建筑物占用的场地时，不得申请超高。除非规划委员会发现以下所有附加条件均存在：

a. 新建筑与被更换的建筑完全位于同一宗地上。

b. 新建筑的楼层或底部都不比被更换的建筑物高。

c. 新建筑的总面积不大于被更换的建筑。

d. 新建筑符合 28.071（3）节的设计标准，应符合高度标准以外的所有的分区区域的尺寸标准。

e. 城市设计委员会应审查拟议的开发项目，并向规划委员会提出建议。

16. 在将上述标准适用于有限生产和加工用途的申请时，规划委员会应考虑这种使用对周围物业的影响，包括气味、噪音、振动、眩光、运行时间的影响和制造过程的其他潜在副作用（corr. by ord15－00124，11－15）。

（b）条件。

1. 在准予有条件使用之前，规划委员会可就有条件使用的设立、位置、建造、维修和运作规定条件和限制。在此过程中，规划委员会可考虑逾期税款和费用，以及申请人遵守相关法令和批准的历史，包括但不限于建筑和最低住房法规、分区法规和分区许可以及酒精许可条款和执照。

2. 委员会应要求提供遵守这些条件的证据和保证。

3. 对于湿地覆盖区的财产，规划委员会应附加条件，以促进湿地覆盖区为目的。

a. 这些条件可包括但不限于：海岸覆盖类型；侵蚀控制措施；增加的建筑退缩尺度；具体的污水处理和供水设施；湿地恢复；园林绿化和种植屏风；经

营期限；操作控制；担保；契约限制；码头、港区、停车区和标志的位置；建筑类型。

b. 规划委员会可要求提供所需的补充资料，以确定拟议用途是否符合湿地覆盖区的宗旨。

4. 对于作为有条件用途而允许的住宅发展，规划委员会须按照现行的地图、土地划分及规划标准，要求为公园及娱乐用途而捐献土地或收取土地费来代替。对于在 mgo 16.23（8）（f）和 mgo 第 20.08 节的公园影响费条款下支付的任何先前的捐献或费用，应给予抵免（由 ord－16－00073，9－15－16）。

（7）后续申请

规划委员会（或在上诉时由议会提出的申请）全部或部分驳回有条件使用的申请，不得自最后决定之日起一年内重新提交，除非：

（a）该决定明确指出，该决定在无偏见的情况下存档。

（b）申请人提供大量新证据或条件变更的证据，以支持对申请的批准或有条件的批准。

（8）变更

除非规划委员会批准，否则不得更改有条件使用用途，但在分区内的议员考虑后，分区管理人可批准由该区批准的小型更改或增补。经规划和社区及经济发展主任批准，并符合规划委员会批准的概念和方案中的标准。如上的第（6）节 电信塔、第 1 类搭配、第 2 类搭配和无线电广播服务设施应视为本款下的小改动。第 28.143 和 28.143 节规定了审查标准。见威斯康星州宪法以下条款：§66.0404（3）（a）1 和（4）（gm）和 66.0406（2013）（am. by ord1－13－00189，11－26－13）。

（9）批准范围。

（a）准许有条件用途的决定，自批准之日起有效期为一年。在此期间，申请人必须合法地开始使用或获得建筑许可证，并开始建造或更改建筑物。如申请人取得有效的建筑许可证，则必须在签发日期起计 6 个月内开始建造。除非建筑已经开始并正在尽力执行，否则不得延长建筑许可证。

（b）如规划未经规划委员会批准而更改，而有条件用途已届满，规划及社区及经济发展处处长可在咨询该区议员后，批准延长规划自到期之日起最多 24 个月。

（c）暂停条件用途。有条件使用的许可证应被视为只授权一个特定的条件

使用，如果有条件使用因任何原因而停止一年以上，则该使用将失效（被 ORD
－14－00133，8－13－14 更正）。

（d）继续管辖权。

1. 规划委员会保留对所有有条件使用的持续管辖权，以解决对所有先前核
准的有条件使用的投诉。这项权力是在第 28.202 节规定的分区管理员权力
之外。

2. 任何公民、分区管理人或其他官员均可向规划委员会提出书面申诉，说
明有条件使用许可证的一个或多个条件尚未符合或都违反。

3. 规划委员会应初步确定申诉是否表明有条件使用有合理的可能性去违反
批准条件。如果规划委员会确定存在合理的违规可能性，应在发出上文第（4）
款规定的通知后进行听证。

4. 为了使有条件使用的项目符合规划委员会以前规定的条件，规划委员会
可修改现有条件，并规定额外的合理条件。如果不能对有条件使用进行符合上
文第（6）款标准的合理修改，规划委员会可撤销有条件使用许可证，并指示分
区管理人和市检察官寻求取消项目的使用。

5. 如上文（5）（b）款规定，可就规划委员会根据本款做出的决定向议会
提出上诉。

（10）用途更改。

（a）在确定有条件使用的任何分区地段，任何改变、扩大或确定任何其他
用途，包括允许的用途，除了作为犹太教堂的建筑物和构筑物、清真寺、寺庙、
教堂、教区房屋、修道院外，其他礼拜场所、电信塔、第 1 类搭配、第 2 类搭
配和无线电广播服务设施，应当经有条件使用批准（am. by ord1－13－00189，
11－26－13）。

（b）但在现有建筑物内，在不增加任何面积的情况下，将用途从一种允许
用途改为另一种允许用途，应免除本规定；但对现有结构或地块的任何外部改
建均须作为有条件使用予以批准。

28.184　特许

（1）适用性和发起。

本节适用于向分区上诉委员会提出的任何与本章条款不符的申请。任何符
合条件的申请人［见第 28.181（2）条］均可向分区管理人提出特许申请。

（2）完整性审查。

见第 28.181（4）条。

（3）通知。

特许申请需要以下类型的通知［见第 28.181（5）条］：

（a）邮件。

所要求的公开听证通知，应当至少在公开听证前 5 天发出。

（b）公布。

（c）如果泛滥平原或湿地管制有特许，也应在规定的听证前至少 10 天向威斯康星州自然资源部区域办事处发出通知。

（4）决议。

（a）分区上诉委员会应就每项申请举行公开聆讯。

（b）分区上诉委员会可在公开听讯后批准、有条件地核准或拒绝改变。分区上诉委员会在收到完整申请后，应进行公开听证。

（c）需要分区上诉委员会法定人数多数的表决同意才能同意特许。

（d）分区上诉委员会的决定应包括事实调查结果。

（e）分区上诉委员会可对因变更而异的使用、开发或活动施加条件。分区上诉委员会可要求变更具备这些条件，以遵守本节的标准，减轻变更对附近其他财产的影响，并更好地执行本条例的一般意图。

（f）在允许泛洪区出现特许时，委员会应书面通知申请人，这可能增加生命和财产风险，洪水保险费每 100 美元的保险范围可能增加 25 美元。副本应附有特许记录。

（5）批准标准。

（a）分区上诉委员会除非发现存在下列条件，否则不得提出特许：

1. 申请人的财产所特有的一些条件，一般不适用于该区的其他财产。

2. 特许并不违反分区管制的精神、宗旨和意图，亦不违反公众利益。

3. 对于使用变更，严格遵守法令的条文将导致财产不能得到合理使用。

4. 对于面积特许，遵守条例的严格条文将不合理地阻止将财产用于被允许的目的，或使遵守该法造成不必要的负担。

5. 所称困难或困苦是由法令的条款造成的，而不是由目前对财产有利益关系的人造成的。

6. 拟议的特许不应对相邻财产造成重大损害。

7. 拟议的特许应符合紧邻邻域的性质。

8. 在洪泛区特许不应：批准、扩大或增加分区禁止的任何用途；仅仅基于经济收益或损失的困难而获得批准；被赋予自创的困难；或损害该地区其他人的权利或财产价值。

9. 在洪泛区，特许不应导致区域洪水海拔或剖面增加，不允许洪泛区的防洪程度低于洪水高程，不允许任何底楼、地下室或低走廊低于区域洪水高度，和不允许在不进行必要修正的情况下执行操作。

10. 在洪泛区，要求进行特许的地段应少于半英亩，并应与在区域洪水高程下建造的现有结构相邻。

11. 在洪泛区，变更不应增加救援和救济工作的费用。

（6）批准范围。

（a）批准特许的命令自命令之日起有效期为 1 年。在此期间，申请人必须合法地开始使用或获得建筑许可证，并开始建造或更改建筑物。

（b）如果特许未改变分区上诉委员会核准的规划，而且变更已到期，分区管理人可在与区内议员协商后，核准将计划的期限从分区上诉委员会的规定延长至 24 个月有效期（第 28.184 段，依据 b ord－14－00146，9－12－14）。

28.185　批准拆除（夷为平地）和清除

（1）宗旨声明。

兹宣布，对现有建筑物进行良好的维护和修复，以合理的价格保护安全和卫生的住房，并认真考虑和规划城市的变化，这是一项公共政策。景观是公共的必需品，是人民的健康、繁荣、安全和福祉所必需的。本节的目的是帮助实施已通过的城市规划，保护区域特色，保护历史建筑，鼓励现有建筑的再利用或搬迁，防止建筑物因业主缺乏维修而年久失修，鼓励遵守建筑物和最低住房法规，并允许业主在采取不可撤销的步骤拆除或移动其现有建筑物之前，对是否批准该财产的拟议用途做出决定。

（2）适用性和启动。

未经规划及社区和经济发展部建筑检查司许可，不得拆除或拆除 mgo 第 29.03 节界定的建筑物。任何符合资格的申请人（见第 28.181（2）条）可提交申请向建筑检查科处长发出拆卸或清拆许可证。

（a）拆卸或清拆许可证的申请须载有一份清楚、详细及完整的说明，说明现时或最近的用途，以及如拆卸或清拆许可证获得批准，则拟对该物业进行的任何用途。

（b）许可证申请还应包括任何拟议的未来用途计划，包括场地、分级和园林绿化图、平面图、建筑物立面和材料、目前建筑的长度以及建筑物内部和外部的照片。可提交具执照建筑师或工程师的书面报告，说明建筑物的状况，以证实该要求。

（c）如拟议的拆卸工程须以焚烧方式完成，则申请须指明拟议的拆卸方法。

（3）完整性审查。见第 28.181（4）条。

（4）通知。

除根据下文第（6）款提交的申请外，拆除申请须发出下列类型的通知（见第 28.181（5）条）：

（a）预申请。如不发出通知，且不导致规划委员会或议会就申请采取的任何行动无效。如果得到议员和规划及社区和经济发展主任的批准，可免除通知要求。

（b）通知。所要求的公开听证通知应在公开听证前至少 10 天发出。

（c）公布。

1. 经分区地图修订而考虑的拆卸或清拆许可证申请，须符合分区地图修订的公众聆讯规定 ［见第 28.181（5）条］。

2. 有条件使用的许可证考虑的拆除或拆除许可证应符合有条件使用的公开听证要求 ［见第 28.181（5）条］。

（5）决定。

（a）规划委员会须就每项申请举行公开聆讯，但不需要规划委员会批准的申请除外。如申请拆卸或清拆许可证的申请人要求根据第 28.182（10）条修订分区地图或根据第 28.182 条批准有条件使用，拆迁许可证的申请应结合分区图的修改或有条件使用予以考虑。拆除或拆除申请的公开聆讯须符合第 28.183（5）（a）1 的规定，但以分区地图修订考虑的拆迁或清拆申请须符合第 28.182（4）款的公众聆讯要求。

（b）规划委员会应批准、有条件地批准或拒绝拆迁或清拆许可证。

（c）在审核建议用途非住宅的拆卸申请时，规划委员会可要求申请人向城市设计委员会及/或土地标记委员会提交图则，以供提出意见及建议。

（d）规划委员会对行动的诉求。

1. 可就规划委员会批准或拒绝拆迁或清拆许可证的决定向议会提出上诉。

2. 上诉可由申请人或拟议拆除或拆除的建筑物所在地区的议员提出。

3. 上诉应具体说明理由，并特别提及规划委员会的调查结果。

4. 上诉应在规划委员会采取最后行动后 10 天内向分区管理人提出。

5. 分区管理人应将申诉转交市政秘书，由秘书向议会提出上诉。

6. 议会应确定一个合理的时间来听取上诉，并应在合理的时间内对上诉做出裁决。

7. 议会应向利益各方发出公告并适当通知。

8. 除非以议会成员三分之二的赞成票推翻或修改规划委员会的行动，否则应维持规划委员会的行动。

9. 如果申请拆除或清拆许可证的申请人也根据第 28.182 节要求修改分区地图或根据第 28.182 条申请有条件使用许可证，则应根据有条件使用或地图修正的上诉有关条款，对该决定提出上诉。

（6）豁免。

（a）在下列任一情况的条件下，可在未经上文第（5）款规定的批准的情况下发放拆迁或清拆许可证，但条件是：主体建筑在任何时候都没有被用作全部或部分的单户或多户住宅，不是地标，也不在历史街区或邻里保护区：

1. 建筑检查司司长认为拟拆卸或移走的建筑物在结构上不健全，可根据列于 mgo 第 29.18 节提起上诉。申请人可通过具执照建筑师或工程师的报告支持这一要求，证明并说明建筑物在结构上不健全的理由。

2. 建筑检查司司长确定，拟拆除或拆除的建筑物是第 28.211 节界定的附属建筑物。

（b）只要主体建筑物是因火灾或其他自然灾害而拆毁的单户住宅，且在分区地块的类似地点重建成类似的整体状况，则可以不经上文第（5）项所要求的批准而颁发拆迁和清拆许可证，可利用现有的退后如下：

1. 更换建筑物的长度、宽度或高度不得超过拟拆除建筑物的长度、宽度或高度 2 英尺。

2. 更换结构的位置应放在与现有结构类似的位置。如果损坏的结构有不合格的建筑退后尺度，扩大后的结构的任何一侧都不能移动到任何有不合格退后尺度的地段线附近。

3. 拆除和建筑许可证应在损失发生后 1 年内发放（am. by ord - 15 - 00101,

10 – 15 – 15）。

（7）批准标准。

除非符合下列标准，否则拆除或清拆许可证的申请不得获批准，除非上文第（6）款规定：

（a）申请拟议今后使用。

1. 分区管理员为拟议使用的财产颁发分区证书。就本细分而言，分区证书是指书面证明拟议该财产将符合《分区法》的规定。

a. 如果分区管理人发现拟议的财产使用不符合《分区法》的规定，申请拆迁或清拆许可证的人可根据第 28.182 节申请地图或文本修正案，或根据第 28.183 节的规定申请有条件使用、建议使用。上述申请须适用 28.182 及 28.183，但根据第 28.182（9）条开始有条件使用的时限为 18 个月，而非 12 个月。

b. 如果在遵循第 1.a 段（上一段）规定的程序后，拟议使用该财产符合《分区法》的规定，分区管理人须根据第 28.202（3）条批准分区拟用用途。

2. 规划委员会认为，所要求的拆卸或拆除和拟议用途都符合本条的目的，也符合《分区守则》对物业所在分区的意图和目的。此外，拟议的用途应符合已通过的社区规划、综合规划或任何适用的社区保护区要求。在做出这一调查结果时，委员会应审议并可决定性地重视任何相关事实，包括但不限于：

a. 建议拆卸或清拆及建议使用主体物业会对周围物业的正常及有秩序发展及改善产生影响。

b. 搬迁建筑物的耗费的合理性，包括但不限于搬迁费用、大楼的结构健全。

c. 建筑的位置将限制搬迁建筑的成本和提供可负担的住房。

3. 如属地方历史街区内的地标或改善工程，规划委员会须以事先发出地标适当性证明书为条件，由规划委员会考虑及批准拆卸或清拆许可证。根据 mgo 33.01（5）（c）节设立委员会。

4. 规划委员会应审核该市历史保护规划师关于该财产历史价值的报告以及地标委员会提交的任何报告。

5. 即使获得拆除或清除许可证批准，在再利用和再循环计划得到再循环协调员批准之前，也不得发放。

（b）未拟议使用的申请。除上述标准（7）（a）3~5 外，

1. 规划委员会认为，根据麦迪逊消防局、警察局或建筑检查司提供的证据，

可能存在火灾危险，可能非法使用财产，可能存在潜在的公害或其他公共卫生。安全问题支持拆除或重建，并提出未来使用的建议。

2. 对于非住宅楼宇，规划委员会认为现有分区地区名称的用途、体积和设计要求足以确保发展符合现有的城市规划。

（8）条件和保证。下列条件适用于所有拆迁或清拆许可证：

（a）在发出拆卸或清拆许可证前，规划委员会可就建议的替代用途拟订条件及限制，以促进市民的公众健康、安全及普遍福利，并确保符合上文第（7）款规定的标准和要求。条件可包括要求财产所有人根据上文第（7）款获得规划委员会的批准，以用于申请时未知的替代用途，并要求业主在发放任何许可证之前提供经济能力证明和已执行的财产，以规划及社区和经济发展部主任可以接受的形式与建筑公司签订合同。

（b）拟议替代用途的规划的任何改动均须经规划委员会批准，但下文所述的轻微改动除外。如果规划委员会考虑修改，只有在新用途符合物业所在分区的发展目的，符合综合规划和适用的小区的情况下，才应批准修改计划和其他相关因素，包括拟议用途对周边物业正常有序发展和改善的影响。

（c）分区管理人可发放小型改建或加装许可证，这些许可证经规划及社区和经济发展主任批准，符合城市规划委员会核准的概念和（7）中的标准。

（d）在发出占用证明书后，日后对该财产的拟议替代用途的增补或更改，不得根据本条进行审查。

（9）批准范围。

（a）拆卸或清拆许可证的有效期为1年，由规划委员会批准采取行动之日起。在此期间，申请人必须合法开始使用或获得建筑许可证，并开始建造建筑物。如果申请人获得有效的建筑许可证，施工必须在签发之日起6个月内开工。建筑许可证不得续期，除非施工已经开始，正在努力检控（am. by ord－14－00133，8－13－14）。

（b）如自发出拆卸或清拆许可证后该图则并没有更改，而许可证已届满，规划及社区及经济发展署署长可在咨询该区的议员后，批准自到期之日起最多延长24个月。

（10）再利用和循环利用计划。

根据28.185（7）（a）5节要求提交再利用和再循环计划的所有申请人。上述文件须在拆卸完成后60天内提交证明符合规划的文件。

（11）爆破拆除。

除非爆破是由麦迪逊消防局（MFD）结合培训活动进行的，而且每年爆破拆除的次数不得超过 3 次，否则禁止爆破拆除。如任何获批准以爆破方式拆除的许可证，申请人须向拟拆卸的地区的议员及在 1000 间物业的所有业主及居民，提供拟拆卸日期的书面通知，告知其 1000 英尺范围内的财产将发生拆除。此种通知应至少在拟议拆除日期 5 天前发出。

（12）处罚。

（a）任何人如未能提交有关遵守核准的再利用及循环再造规划的文件，一经定罪，可被没收不少于 500 美元及不超过 1000 美元。这种违法行为持续发生的每一天或部分行为均应被视为单独的违法行为。

（b）任何人如在拆卸或清拆前未能取得拆卸或清拆许可证，一经定罪，可被没收不少于 1000 美元 及不超过 2000 美元。这种违法行为继续发生的每一天的行为均应被视为单独的违法行为。

28.186　场地和建筑规划审查

（1）目的。

场地规划审查旨在：

（a）促进符合本章的开发。

（b）确保开发符合已通过的社区规划和综合规划。

（c）制定程序，审查需要在本章指定的情况下进行，需要审查场地计划的用途、建筑类型或开发情况。场地规划可以单独审查，也可以作为另一个申请的一部分进行审查（如地图修订）。

（2）适用性

下列建筑物及用途须接受场地平面图检查：

（a）任何新的主楼或附属建筑。

（b）场地改建，包括但不限于停车场和园林绿化区的改建。

（c）建筑物的外部改建。

（d）使用中的变化。

（e）对核准的场地计划进行改建。

（3）决定。

场地和建筑规划应由分区管理人审查，以符合本章的规定。分区管理人应将提交的计划副本送交其管辖范围内的适当城市机构审查和注释。分区管理人应有条件批准、批准或拒绝场地计划。不需要公开听证。申请人可就分区行政长官的决定向分区上诉委员会提出上诉。在上诉时，分区上诉委员会（ZBA）应在公开听证会上审议管理性场地规划。

（4）合规性。

（a）对于2014年6月1日之前批准的场地和建筑规划，业主或经营者必须在2014年7月1日之前使财产符合核准的场地和建筑规划的所有要素。

（b）对于2014年6月1日之后批准的场地和建筑规划，业主或经营者必须在分区管理员批准场地和建筑计划一定日期前，使财产符合核准的场地图的所有内容计划［第28.186（4）段，by ord－14－00095，5－14－14条］。

28N　管理与执行

28.201　一般规定

（1）管理。

该法令的执行由麦迪逊市的下列三个部门负责：

（a）分区管理办公室。

（b）分区上诉委员会。

（c）城市规划委员会。

28.202　分区管理办公室

（1）成立。

（a）本节设立规划和社区及经济发展部分区管理办公室。

（b）分区管理办公室由建筑检查司司长或其指定人员负责。

（c）建筑检查司司长被赋予与分区管理相同的权力。

（2）职责。

分区管理人应执行本法令，并应履行以下职责，以确定是否符合本章的规定，并支持其执行或管理职能：

（a）颁发所有分区证书［见下文第（3）］。

（b）颁发使用证书。

（c）批准所有场地规划。

（d）对建筑物、构筑物和土地使用情况进行检查，包括对洪泛区结构进行损害评估，以确定是否遵守这一法令（am. by ord14 – 00146，9 – 12 – 14）。

（e）维持本条例的永久及最新记录，包括但不限于所有地图、修订、有条件用途、特许、上诉、分区证明书、使用证明书及批准申请。

（f）提供和保存与本条例所产生的所有事项有关的公开记录。

（g）接收、归档并向市政秘书提交所有修改本条例的申请。

（h）接收、归档并向城市规划委员会提交所有有条件用途的申请。

（i）接收、提交并向分区上诉委员会提交根据本法令要求分区上诉委员会采取行动的所有上诉、特许或其他事项的申请。

（j）不时发起、指导和回顾对这一章的研究。

（k）就本章的修订向城市规划委员会提出建议。

（l）将违反本章的行为提交市检察官起诉。关于洪泛区法规的违规报告副本应送交威斯康星州自然资源部南区办事处。

（m）审查和解释应城市机构要求启动的契约限制，以便将限制与本分区法规授权的土地的使用联系起来。

（n）为洪泛区建筑提供实质性的损伤评估。

（o）维护洪泛区记录，包括发放的所有许可证、进行的检查和批准的与洪泛区有关的工作；记录经认证的最低楼层和区域洪水高地；防汛证书；洪泛区地图和条例、所有水面剖面、大量的损害评估报告和不合格结构和用途的清单（am. by ord14 – 00146，9 – 12 – 14）。

（p）向威斯康星州自然资源部的相应区域办事处和联邦紧急事务管理局提交修改、特许和置疑洪泛区法规和洪泛区地图的申请副本。

（q）在做出决定后10天内，提交任何通过的修正案、分区上诉委员会关于上诉的任何决定以及对洪泛区条例和洪泛区地图的特许的副本，对洪泛区的提案进行逐案分析，每年向威斯康星州自然资源部有关的民政事务处提交分区行动的数目和类型的摘要报告，以及大量的损害评估报告。分区上诉委员会关于上诉的决定以及对洪泛区条例和洪泛区地图的特许，应由分区上诉委员会主席签署，并应说明上诉委员会决定的依据，包括适当的事实。

（r）采取本章其他规定下指定的其他行动。

（3）颁发分区证书。

（a）在任何与土地、建筑物或构筑物的用途有关的许可证由任何人员、部门或雇员发出之前，均须发出分区证明书。

（b）与本条冲突的任何许可证或占用证书均属无效。

（c）本条不适用于：

1. 没有建筑物或构筑物的地块。

2. 用于公共娱乐目的的地块。

（d）分区管理人应批准或拒绝分区证书申请。核准表明，拟议使用的土地、建筑物或结构以及任何未来拟议的建筑物或结构符合本章的所有规定。

（e）在分区管理人签发分区证书之前，不得更改使用情况。每份证书应说明使用符合本法令的所有规定。就洪泛区法规而言，此证书也应称为合规证书。在适用于洪泛区的情况下，分区管理人须由注册专业工程师、建筑师或土地测量师核证，以证明填土、最低层、洪水高地及其他洪泛区规管因素为在符合本法令规定的情况下完成。在洪泛区，申请人有责任从所有适当的联邦和威斯康星州机构获得所有其他必要的许可证（am. 由 ord1 - 1300086，5 - 29 - 13；ord - 14 - 00146，9 - 12 - 14）。

（4）对分区管理人决定的上诉。

如下文第 28. 205（5）条所述，可就分区管理人办公室的任何决定向分区上诉委员会提出上诉。

28. 203 议会

议会是麦迪逊市的管治机构。议会是本章文本或地图修正的最终决策者。关于议会运行的《常设规则》，请参阅 mgo 第 2 章。

28. 204 规划委员会

（1）成立。

城市规划委员会是根据《城市法典》第 16 章设立的。

（2）司法管辖权。

城市规划委员会拥有以下管辖权和权力：

（a）审理所有有条件用途的申请并采取行动。

（b）听取并向议会提交关于修正本章的申请，并就此提出建议。

（c）听取并处理根据本章规定需处理的所有其他有关事宜。

28.205　分区上诉委员会

（1）成立。

本节设立由威州宪法§62.23（7）（e）授权设立的分区上诉委员会。

（2）会员资格和管理。

（a）分区上诉委员会有5名成员，由市长任命，但须经议会确认。

（b）分区上诉委员会的每个成员的任期错开为3年。

（c）由于提出书面指控并在公开听证后，市长可将委员会成员免职。

（d）市长应指定一名委员为主席。

（e）委员会可雇用一名秘书和其他雇员。

（f）委员任期未满但出现空缺时，应填补。

（g）市长除5名常任成员外，还应任命2名候补成员，任期3年。市长应每年指定一名候补委员为第一候补委员，另一人为候补委员。只有在该委员会成员因利益原因拒绝投票或成员缺席的情况下，才应充分行使自决权行事。只有当第一个候补成员拒绝或缺席时，或当委员会一名以上成员拒绝或缺席时，第二个候补成员才应这样做。上述关于免职和填补空缺的规定应适用于候补成员。

（3）管辖权。

分区上诉委员会拥有下列管辖权和权力：

（a）在据称分区管理人在执行本章时做出的任何命令、要求、决定或裁定有错误的情况下，审理和裁决上诉。

（b）听取并处理本章所述条款的特许申请（程序和标准见第28.184节）。

（c）在受理上诉的情况下，听取和裁决规划及社区和经济发展部主任做出的裁决有错误。

（d）审理和裁决有关官方洪水地图上显示的地区边界的争议。

（e）听取提交给它的所有其他事项并采取行动，要求它根据本章采取行动。

（4）会议与规则。

（a）分区上诉委员会的会议应根据主席的召集并在委员会决定的其他时间举行。

（b）主席，或在他缺席时的代理主席，可以管理宣誓和强迫证人出席

（am. by ord14 – 0012，1 – 14 – 14）。

（c）上述委员会的所有会议，包括在就此做出决定之前对任何上诉的所有审议，均应向公众开放。

（d）委员会应保留其议事记录，说明每一成员对每个问题的投票情况，或在缺席或未表决时说明这一事实。委员会还应保存其检查和其他公务行为的记录。委员会的所有会议记录和记录应立即提交委员会办公室，并应作为公开记录。

（e）任何人可亲自或由正式授权的代理人或律师出席听证会并作证。

（f）委员会应公布自己的议事规则，不违反本法或适用的《威斯康星州宪法》。

（g）委员会可选择或任命其认为必要的任何官员。

（5）对分区上诉委员会决定本身的上诉。

向分区上诉委员会提出的上诉，可由任何因分区管理人的决定而受到影响的人或受影响的城市官员、部门、委员会或管理局提出。

（a）上诉应在分区上诉委员会规则规定的合理时间内提出。

（b）申请人应向分区上诉委员会提交上诉通知。上诉通知必须具体说明上诉的理由，包括具体提及本章的条款、州或联邦法律，或申请人认为适用不当的州或联邦宪法。

（c）分区管理人应将构成所建议的行动、所依据的行动和所依据的记录的所有文件转交分区上诉委员会。

（d）暂缓执行诉讼程序。上诉应中止所有法律程序，以推进所上诉的诉讼的进行，除非分区管理人向分区上诉委员会证明，根据证书中所述的事实，中止上诉将对下列情况造成迫在眉睫的生命或财产危险。在这种情况下，除非分区上诉委员会或法院的记录授权根据申请下达限制令，否则诉讼程序不得中止。限制令要求申请人出示应有的理由，并通知分区管理人。

（e）通知。上诉需要以下类型的通知［见第28.181（5）条］：

第一，邮件。至少在所需公开听证前10天发送。

第二，公布。至少在所需公开听证会之前7天。

（f）安排。分区上诉委员会应规定合理的审理上诉时间。

（g）提交决策。分区上诉委员会应根据其调查结果，在合理时间内就上诉做出决定。委员会在对法定人数多数的同意表决后，可全部或部分推翻或确认，或修改所上诉的命令、要求、决定或裁定。

（h）许可条件。分区上诉委员会如果根据本章的规定、本章规定的批准的合法条件或联邦或法规或宪法的规定认定该决定是错误的，则可推翻或修改被上诉的决定。

第一，对于有关区域洪水海拔增加的上诉，委员会应：

a. 在委员会同意显示洪水海拔上升的数据的情况下，坚持否认。只有在修改洪水资料和地图后，才可增加超过 0.00 英尺的量，并与所有受影响的业主做出适当的法律安排。

b. 当委员会同意，如果不存在其他拒绝的理由，则在数据适当表明项目不会造成超过 0.00 英尺的增加的情况下，批准上诉（am. by ord1 - 1300086，5 - 29 - 13）。

第二，有关洪泛区边界的争议：

a. 如果通过近似或详细的洪泛区研究确定洪泛区边界，则在确定边界时，应以地图比例和洪水高地或剖面为准。如果不存在，可审查其他证据。

b. 在任何情况下，对边界地点提出质疑的人都应有合理的机会向分区上诉委员会提出论点和技术证据。

c. 如边界地图不正确，分区上诉委员会应通知质疑边界位置的人士，向议会申请修改地图。

（6）分区上诉委员会决定的定稿。

分区上诉委员会的所有决定和调查结果均被视为最终行政决定，并根据法律规定接受司法审查。

28.206 费用

本章下的申请支付费用。除下文另有规定外，所有费用均应支付给城市财务主任。

表 28L - 3　分区申请类型及其费用标准

行动形式	费用
分区地图修正案，计划发展项目除外	950 美元。在拟议的再分区中，土地超过 1 英亩或不足 1 英亩的部分，每英亩另加 100 美元。最高可达 20 英亩或 2850 美元

行动形式	费用
规划发展分区地图修正案：总体发展计划或具体执行计划	1500 美元。超过 1 英亩或其中一部分的土地每英亩加 200 美元，包括在拟议的再分区中，最多 20 英亩或 5300 美元
对需要规划委员会批准的规划发展总计划或具体执行计划的改变	500 美元
有条件使用申请或对以下方面的核准有条件用途进行重大修改： ·多家庭综合体 ·新建筑或对现有建筑的补充 ·总面积超过 50000 平方英尺，或 25000 平方英尺设计或打算用于零售、旅馆或汽车旅馆使用的更大的建筑面积 ·建筑物的新建、任何现有建筑物的外或（C4 分区）（相当于市中心）区的建筑物外墙的重大改建	950 美元。超过 1 英亩或其中一部分的土地每英亩加 100 美元，最多 20 英亩或 2850 美元
其他有条件使用申请或对此种经批准的有条件使用的重大更改	600 美元。超过 1 英亩或其中一部分的土地每英亩加 100 美元，最高可达 20 英亩或 2500 美元
对有条件用途或规划发展一般开发规划或具体执行计划的轻微修改	100 美元
申请拆卸或清拆许可证	600 美元，除非许可证是与有条件的使用批准一起发放的，在这种情况下，该申请的费用适用
规划、城市规划委员会、分区上诉委员会或根据威斯康星州威州宪法．§13.48 存档的申请	无费用
在金融机构部注册的任何非营利、非政府组织或在市规划、社区和经济部注册的任何社区组织提出有条件用途申请。当一个组织是否为非营利组织出现问题时，非政府机构的市检察官应进行调查并做出决定	无费用

续表

行动形式	费用
有条件的用途申请为以下有条件用途： ·日托中心（包括成人日托） ·前公立学校或市政建筑的适应性再利用 ·附属温室和游泳池屋顶或圆顶侵犯了所需的可用休憩用地 ·社区服务机构；日间处理设施 ·在地标委员会指定的地标、地标性地点或历史街区附近发展地块，但该地块的使用须是被允许的，或在物业所在的分区允许有条件使用	无费用

行为形式	费用
根据第 28.97（6）条申请延长获得建筑许可证的期限	500 美元
申请分区证明书，但不包括泛洪道声明或使用证明书	50 美元
要求记录保管人发出分区函，即书面文件，说明财产分区、允许和有条件地使用财产和财产状况，或财产上是否存在任何未清订单	每件 10 美元
受影响财产的所有人或其代表提出的上诉申请	200 美元
受影响财产的所有人或其代表提出的差异申请	300 美元
建筑规划审查费。这笔费用由分区单元审查，并由规划、社区和经济发展部建筑检查司收取，以审查和批准所有新建筑物和构筑物、加装和建筑的建筑规划和议会授权的所有其他服务	每平方英尺 0.02 美元，最低费用为 25.00 美元。建筑面积的费用是根据从大楼外每个楼层（包括地下室）进行的建筑面积测量确定的。
临时使用许可	50 美元（社区活动时 0 美元）
场地规划审查费	100 美元。超过 1 英亩土地或其部分，每英亩加 50 美元，最高可达 5 英亩或 300 美元。对以前被拒绝的场地规划的审查是原费用的 50%。政府实体、学校和非营利非政府组织，最高 50 美元

28.207　惩罚

（1）在一般情况下。

任何人违反本章的任何规定或不遵守本章的任何规定，一经定罪，将被没收不少于 1 美元和不超过 1000 美元。违反洪泛区条例第 28.121 的任何规定，没收的最高限额为 50 美元。这种违法行为继续发生的每一天或部分行为均应被视为单独的违法行为（am. by ord1 - 1300086，5 - 29 - 13）。

（2）未提供通知的处罚。

如不遵守张贴标志的通知规定［见第 28.181（5）条］，申请人应被没收至少 50 美元，不超过 100 美元。未发布或邮寄这些通知并不影响所采取的行动的有效性。

（3）对不遵守拆除标准的处罚。

（a）任何人如未能提交有关遵守核准的再利用及循环再造规划的文件，一经定罪，可被没收不少于 500 美元及不超过 1000 美元。这种违法行为继续发生的每一天或部分行为均应被视为单独的违法行为。

（b）任何人如在拆卸或清拆前未能取得拆卸或清拆许可证，一经定罪，可被没收不少于 1000 美元及不超过 2000 美元。这种违法行为继续发生的每一天或部分行为均应被视为单独的违法行为。

（4）不遵守检查规定的处罚。

（a）任何人如不遵守建筑物检验司司长根据本章规定发出的任何合法命令，可按第 mgo27 段第 27.03 节的规定，未遵守该命令，每次收费 75 美元的合规检查，当检查员未能进入进行合规检查时，可收取 35 美元的费用。

（b）规划、社区和经济发展部应准确说明所提供的合规检查服务所产生的所有未支付的检查费用，并向财务总监报告，财务总监应每年编写一份报表，对这些特别费用中，附有每一个地块或区片信息并向市政秘书报告，其中向每批或每块土地收取的费用，应由上述书记作为对上述地段或地块的连续收费输入税务名册，与威州宪法 §66.0627 规定的其他房地产特别费用一样，在全部方面都应收取同样的费用。

附表

附表 6 – 1   成交后三个月房价波动对土地信号冲击的反应

Yn	模型 11 （Y1）	模型 12 （Y2）	模型 13 （Y3）
常数	1. 18 (0. 75)	1. 37 (0. 92)	3. 49 (0. 99)
PI	0. 23 (1. 34)	2. 62** (1. 27)	0. 32 (1. 96)
NI	− 0. 04 (0. 73)	− 0. 2 (1. 12)	0. 03 (0. 73)
EX	0. 02 (0. 1)	− 0. 1 (1. 12)	0. 52 (0. 72)
R^2	0. 0002	0. 01	0. 001
D. W	2. 37	2. 2	1. 78

参考文献

中文

1. ［美］阿列克斯·施瓦茨. 美国住房政策［M］. 黄瑛, 译. 北京：中信出版社, 2008.

2. ［美］爱德华 L. 格莱泽, 约瑟夫·乔科. 美国联邦住房政策反思：如何增加住房供给和提高住房可支付性［M］. 陈立中, 陈一方, 译. 北京：中国建筑工业出版社, 2012.

3. ［美］奥沙利文. 城市经济学［M］. 周京奎, 译. 北京：北京大学出版社, 2008.

4. 容乐. 香港住房政策：基于社会公平视角的案例研究［M］. 陈立中, 译. 北京：中国建筑工业出版社, 2012.

5. 赵树凯. 乡镇治理与政府制度化［M］. 北京：商务印书馆, 2010.

6. 高波. 我国城市住房制度改革研究：变迁、绩效与创新［M］. 北京：经济科学出版社, 2017.

7. 高波, 王辉龙等. 住房消费与扩大内需［M］. 北京：人民出版社, 2015.

8. 高波, 赵奉军. 中国房地产周期波动与宏观调控［M］. 北京：商务印书馆, 2012.

9. 高波. 现代房地产经济学［M］. 南京：南京大学出版社, 2010.

10. 张鹏. 从土地征收到土地准征收：原理和政策［M］. 北京：科学出版

社，2018.

11.［日］平山洋介. 日本住宅政策的问题——展望"自由房产社会"的将来［M］. 丁恒，译. 北京：中国建筑工业出版社，2012.

12. 杜赞奇. 权力与国家——1900—1942 年的华北农村［M］. 王福明，译. 南京：江苏人民出版社，1994.

13.［美］丹尼斯·W. 卡尔顿，杰弗里·M. 佩洛夫：现代产业组织［M］. 胡汉辉等，译. 北京：经济科学出版社，2009.

14. 陈杰. 城市居民住房解决方案——理论与国际经验［M］. 上海：上海财经大学出版社，2009.

15.［美］华莱士·E. 奥茨. 财政联邦主义［M］. 陆符嘉，译. 北京：译林出版社，2012.

16.［德］约翰·艾克豪夫. 德国住房政策［M］. 毕宇珠，丁宇，译. 北京：中国建筑工业出版社，2012.

17.［美］威廉·G. 谢泼德，乔安娜·M. 谢泼德. 产业组织经济学（第五版）［M］. 张志奇等，译. 北京：中国人民大学出版社，2007.

18. 刘彩虹. 整合与分散——美国大都市区地方政府间关系探析［M］. 武汉：华中科技大学出版社，2010.

19. 白彦锋，宫旭，贾潇. 地方财政支出规模及结构对房价影响的实证分析——基于拓展的 Tiebout 模型［J］. 税收经济研究，2012，1：45 - 55.

20. 曹飞. 房地产业链纵向双轨与房地产价格分析［J］. 商业研究，2013，1：211 - 216.

21. 曹广忠，袁飞，陶然. 土地财政、产业结构演变与税收超常规增长——中国"税收增长之谜"的一个分析视角［J］. 中国工业经济，2007，12：13 - 21.

22. 曾向阳，张安录. 基于 Granger 检验的地价与房价关系研究［J］. 中国土地科学，2006，20（2）：57 - 61.

23. 陈杰. 中国住房模式向何处去［J］. 探索与争鸣，2012，1：61 - 64.

24. 陈英楠，黄楚倩，关霭玲. 中国土地财政：概念性框架及规模再估算［J］. 产经评论，2017，3：22 - 27.

25. 邓可斌，丁菊红．转型中的分权与公共品供给：基于中国经验的实证研究 [J]．财经研究，2009，3：22 - 26.

26. 丁菊红．长三角地区公共服务与经济增长的实证研究 [J]．华东经济管理，2012，26 (4)：44 - 48.

27. 杜金华，陈治国，李庆海．我国土地财政规模估算及影响因素研究 [J]．西部论坛，2018，1：55 - 64.

28. 杜雪君，黄忠华，吴次芳．房地产价格、地方公共支出与房地产税负关系研究——理论分析与基于中国数据的实证检验 [J]．数量经济技术经济研究，2009，26 (1)：109 - 119.

29. 范剑勇，莫家伟．地方债务、土地市场与地区工业增长 [J]．经济研究，2014 年，49 (1)：41 - 56.

30. 范子英．土地财政的根源：财政压力还是投资冲动 [J]．中国工业经济，2015，6：18 - 23.

31. 方文全．土地财政的实质、逻辑及其解决之道：一个法经济学角度的分析 [J]．地方财政研，2014，5：28 - 33.

32. 傅勇．财政分权、政府治理与非经济性公共物品供给 [J]．经济研究，2010，45 (08)：4 - 15.

33. 高凌江．地方财政支出对房地产价值的影响——基于我国 35 个大中城市的实证研究 [J]．财经理论与实践，2008，1：85 - 89.

34. 郭小东，陆超云．我国公共产品供给差异与房地产价格的关系 [J]．中山大学学报（社会科学版），2009 49 (06)：177 - 186.

35. 郭晓旸．中国城市土地市场和住房市场互动机制的微观研究 [D]．清华大学，2013.

36. 郝前进，陈杰．长三角房地产市场的价格差异及决定因素 [J]．经济地理，2007，6：985 - 989.

37. 黄静，屠梅曾．基于非平稳面板计量的中国城市房价与地价关系实证分析 [J]．统计研究，2009，26 (7)：13 - 19.

38. 黄静，柯昇沛．我国房地产开发商土地竞买是否存在羊群效应 [J]．现代财经，2013，3：37 - 46.

39. 贾康，李婕. 房地产税改革总体框架研究［J］. 经济研究参考，2014，49：1－20.

40. 蒋省三，刘守英，李青. 土地制度改革与国民经济成长［J］. 管理世界，2007，9：1－9.

41. 孔行，刘治国，于渤. 使用者成本、按揭贷款与房地产市场有效需求［J］. 金融研究，2010，1：186－196.

42. 况伟大. 房价与地价关系研究：模型及中国数据检验［J］. 财贸经济，2005，11：56－63.

43. 况伟大. 中国住房市场存在泡沫吗［J］. 世界经济，2008，12：3－13.

44. 雷根强，钱日帆. 土地财政对房地产开发投资与商品房销售价格的影响分析——来自中国地级市面板数据的经验证据［J］. 财贸经济，2014，10：5－16.

45. 李勃，张忠平. 房地产市场价格形成中的地方政府行为分析及对策研究［J］. 现代城市研究，2009，6：50－55.

46. 李进涛，孙峻，李红波. 住宅增量与存量价格关系的实证检验［J］. 统计与决策，2012，3：107－109.

47. 厉伟，孙文华. 土地垄断供给、纵向市场关系与房地产价格——兼论基于价值链分析的房地产市场竞争促进政策，当代财经，2007，6：5－10.

48. 梁若冰，汤韵. 地方公共品供给中的 Tiebout 模型：基于中国城市房价的经验研究［J］. 世界经济，2008，10：71－83.

49. 林子钦. 土地市场研究的回顾与想法［J］. 土地问题研究季刊，2002，1：31－41.

50. 刘红. 地方政府土地市场行为的经济学分析［J］. 改革与战略，2009，1：15－18.

51. 刘琳，刘洪玉. 地价与房价关系的经济学分析［J］. 数量经济技术经济研究，2003，7：27－30.

52. 刘守英. 土地制度变革与经济结构转型——对中国40年发展经验的一个经济解释［J］. 中国土地科学，2018，32（1）：1－10.

53. 刘彦喆. 我国房地产存量市场与增量市场结构分析［J］. 合作经济与

科技，2009，4：16-20.

54. 罗小龙，殷洁，田冬. 不完全的再领域化与大都市区行政区划重组——以南京市江宁撤县设区为例 [J]. 地理研究，2010，29 (10)：1746-1756.

55. 吕光明，李彬. 中国房价与地价关系的多用途视角研究 [J]. 城市发展研究，2009，5：97-102.

56. 吕炜，刘晨晖. 财政支出、土地财政与房地产投机泡沫——基于省际面板数据的测算与实证 [J]. 财贸经济，2012，2：21-30.

57. 梅冬州，崔小勇，吴娱. 房价变动、土地财政与中国经济波动 [J]. 经济研究，2018，53 (1)：35-49.

58. 钱忠好，邹文娟. 中国高房价与高地价关系之谜：一个经济学解释 [J]. 江苏社会科学，2008，5：55-65.

59. 任超群，顾杰，张娟锋，贾生华. 土地出让价格信号引起的房价变化时空扩散效应 [J]. 地理研究，2013，32 (6)：1121-1131.

60. 任超群，张娟锋，贾生华. 土地供应量对新建商品房市场的影响——基于 35 个大中城市的实证研究 [J]. 软科学，2011，5：1-5.

61. 邵朝对，苏丹妮，邓宏图. 房价、土地财政与城市集聚特征：中国式城市发展之路 [J]. 管理世界，2016，2：19-32.

62. 邵挺，袁志刚. 土地供应量、地方公共品供给与住宅价格水平——基于 Tiebout 效应的一项扩展研究 [J]. 南开经济研究，2010，3：4-10.

63. 邵新建，巫和懋等. 中国城市房价的"坚硬泡沫"：基于垄断性土地市场的研究 [J]. 金融研究，2012，6：67-82.

64. 沈悦，刘洪玉. 住宅价格与经济基本面：1995—2002 年中国 14 个城市的实证研究 [J]. 经济研究，2004，6：78-86.

65. 司海平，魏建，刘小鸽. 土地财政与地方政府债务陷阱——基于发债动机与偿债能力的双重视角 [J]. 经济经纬，2016，33 (4)：155-160.

66. 宋勃，高波. 房价与地价关系的因果检验：1998—2006 [J]. 当代经济科学，2007，1：72-80.

67. 汤玉刚，陈强，满利苹. 资本化、财政激励与地方公共服务提供——基于我国 35 个大中城市的实证分析 [J]. 经济学（季刊），2015，15 (1)：

217 - 240.

68. 陶希东. 美国"特别区"政府之经验与启示研究——兼论中国设置跨界功能区的基本思路 [J]. 国外规划研究, 2010, 34 (12): 77 - 82.

69. 天则经济研究所. 建立我国住房保障制度的政策研究（研究报告）[EB/OL]. http: //www. unirule. org. cn/index. asp, 2011.

70. 王斌. 中国住房供给弹性区域差异与调控政策选择——基于省际面板数据的经验分析 [J]. 中国房地产（学术版）, 2011, 4: 3 - 13。

71. 王松涛, 刘洪玉. 土地供应政策对住房供给与住房价格的影响研究 [J]. 土木工程学报, 2009, 10: 22 - 29.

72. 王旭. 专区: 美国地方政府体系中的"隐形巨人" [J]. 吉林大学社会科学学报, 2005, 45 (5): 72 - 79.

73. 王媛, 贾生华. 不确定性、实物期权与政府土地供应决策: 来自杭州的证据 [J]. 世界经济, 2012, 3: 125 - 145.

74. 文雁兵. "土地财政" 被误解了吗——基于扩张原因与福利结果的重新考察 [J]. 经济理论与经济管理, 2015, 11: 38 - 53.

75. 吴福象, 刘志彪. 城市化群落驱动经济增长的机制研究——来自长三角16 个城市的经验证据 [J]. 经济研究, 2008, 11: 126 - 136.

76. 徐小华, 吴仁水. 房价地价的动态调整关系 [J]. 中国土地科学, 2010, 24 (4): 38 - 42.

77. 严金海. 中国的房价与地价: 理论、实证和政策分析 [J]. 数量经济技术经济研究, 2006, 1: 17 - 26.

78. 杨继瑞. "十二五" 开局之年的我国房地产市场走向评估 [J]. 改革, 2011, 1: 21 - 30.

79. 叶剑平, 孙博, 杨乔木. 我国新建住宅长期供给价格弹性估算——基于35 个大中城市的实证研究 [J]. 中国房地产, 2014, 2: 3 - 11。

80. 余靖雯, 肖洁, 龚六堂. 政治周期与地方政府土地出让行为 [J]. 经济研究, 2015, 2: 88 - 103.

81. 张曾莲, 严秋斯. 土地财政、预算软约束与地方政府债务规模 [J]. 中国土地科学, 2018, 32 (5): 45 - 53.

82. 张传勇，巩腾. 地方政府土地财政的规模估算及动机检验——来自中国省级面板数据的证据［J］. 财经论丛，2016，4：28－35.

83. 张红，吴璟，孔沛. 基于 Granger 因果检验的地价与房价关系［J］. 同济大学学报（自然科学版），2008：8：1148－1155.

84. 张娟锋，刘洪玉，任超群. 土地管制、市场价格与政策选择［J］. 财贸经济，2012，7：110－116.

85. 张军，高远，傅勇，张弘. 中国为什么拥有了良好的基础设施？［J］. 经济研究，2007，3：4－19.

86. 张莉，高元骅，徐现祥. 政企合谋下的土地出让［J］. 管理世界，2013，12：43－52.

87. 赵力. 美国的规划垂直冲突及其解决机制［J］. 行政法学研究，2017，4：136－144.

88. 赵宁. 土地利用规划地方分权化法律制度探析［J］. 中南大学学报（社会科学版），2013，19（6）：97－102.

89. 赵燕菁. 土地财政：历史、逻辑与抉择［J］. 城市发展研究，2014，21（1）：1－13.

90. 中国社会科学院财经战略研究院课题组. 深化城镇住房制度综合配套改革的总体构想（上）［J］. 财贸经济，2012，11：100－109.

91. 周京奎，吴晓燕. 公共投资对地价、房价影响效应差异研究——基于中国 30 个省市截面数据的实证检验［J］. 山西财经大学学报，2008，9：40－46.

92. 朱富强. 如何健全我国的财政分权体系——兼论土地财政的成因及其双刃效应［J］. 广东商学院学报，2012，9：23－32.

93. 朱英姿，杨斌，刘小波. 房地产价格指数周期的宏观分析［J］. 投资研究，2011，7：22－31.

94. 左翔，殷醒民. 土地一级市场垄断与地方公共品供给［J］. 经济学（季刊），2013，12（2）：693－717.

95. 高波，毛丰付. 房价与地价关系的实证检验：1999—2002［J］. 产业经济研究，2003（3）：19－24.

96. 奥沙利文. 城市经济学［M］. 北京：北京大学出版社，2008.

97. 天则经济研究所. 建立我国住房保障制度的政策研究（研究报告），2011. http：// www. unirule. org. cn / index. asp.

98. 中国社会科学院财经战略研究院课题组，倪鹏飞. 深化城镇住房制度综合配套改革的总体构想（下）［J］. 财贸经济，2012（12）：1 - 12.

外文

1. Alan W. Evans，Economics，Real Estate and the Supply of Land［M］. UK，Oxford：Blackwell，2004：13.

2. Bates Laurie. J and Rexford E Senterre. The determinant of restrictive residential zoning：some empirical findings［J］. Journal of regional science，1994，34（2）：253 - 263.

3. Blackley D. M. The long run elasticity of new housing supply in the United States：empirical evidence for 1950—1994［J］. Journal of Real Estate and Financial Economics，1999，18（2）：25 - 42.

4. Bramley，G.，Pryce，G.，Satsangi M. The Supply Responsiveness of the Private Rented Sector：An International Comparison. Project Report.，1999，UK，Department of the Environment，Transport and the Regions，1999：1 - 15.

5. Case K. E.，Shiller R. J. Forecasting Prices and Excess Returns in the Housing Market［J］. Journal of the American Real Estate an d Urban Economies Association，1999，18（3）：253 - 273.

6. Clapp J. M.，Dolde W，Tirtiroglu D. Imperfect Information and Investor Inferences from Housing Price Dynamics［J］. Real Estate Economics，1995，23（3）：239 - 269.

7. David Stadelmann，Steve Billon. Capitalization of Fiscal Variables and Land Scarcity［J］. Urban studies.，2012，49（7）：1571 - 1594.

8. Davis，M. A.，Palumbo，M. G. The prices of residential land in largeUS cities［J］. Urban Economics，2008，63（1）：0 - 384.

9. DiPasquale，D. Why don't we know more about housing supply［J］. Journal of Real Estate and Financial Economics，1999，18（1）：9 - 23.

10. Edward, L. Glaeser, Joseph Gyourko, Raven Saks. Why Is Manhattan So Expensive? Regulation and the Rise in Housing Prices [J] . The Journal of Law & Economics, 2005, 48 (2): 331 – 369.

11. Epple, D. , Zelenitz, A. The Implications of Competition among Jurisdictions: Does Tiebout Need Politics [J] . Journal of Political Economy, 1981, 89 (6): 1197 – 1217.

12. Evans, A. W. , Hartwich, O. M. Unaffordable housing: fables and myths [M] . London: Policy Exchange, 2005: 42.

13. Eve, G. , The Relationship between House Prices and Land Supply [M] . Department of Land Economy, London HMSO, 1992.

14. Feiock, R. C. Introduction: Regionalism and Institutional Collective Action [M] //In Feiock, R. C. Metropolitan Governance: Conflict, Competition, and Cooperation [C] . Washington, D. C: Georgetown University Press, 2004: 33.

15. Fischel W. A. Property taxation and the The Tiebout hypothesis: evidence from the benefit views from zoning and voting [J] . Journal of economics literature, 1992, 30 (1): 171 – 177.

16. Follain J. R. . The price elasticity of the long run supply of new housing construction [J] . Land Economics, 1979, 55 (2): 190 – 199.

17. Fu Yuming, Zheng Siqi, Liu Hongyu. Population Growth Across Chinese Cities: Demand Shocks, Housing Supply Elasticity and Supply Shifts [EB/OL]. SSRN. https: //ssrn. com/abstract = 1153022, http: //dx. doi. org/10. 2139/ssrn. 1153022, 2008.

18. Fulong Wu, Fangzhu Zhang, Zheng Wang. Planning China's Future: How China plans for growth and development Executive summary [EB/OL] . cefc, http: //www. cefc. com. hk/article/fulong – wu – planning – for – growth – urban – and – regional – planning – in – china/, 2015.

19. Glaeser E. L. , Joseph, Gyourko, Raven E. Saks. Urban growth and housing supply [J] . Journal of Economic Geography, 2006, 6 (1): 71 – 89.

20. Glaeser E. L. , Joseph, Gyourko, Raven Saks. Why Have House Prices Gone

Up ［J］. American Economic Review, 2005, 95 (2): 329 – 333.

21. Glaeser E. L. , Gyourko J. , Saiz, A. Housing supply and housing bubbles ［J］. Journal of urban economics, 2008, 64 (2): 198 – 217.

22. Glaeser E. L. , Joseph Gyourko, Raven E. Saks. Urban growth and housing supply ［J］. Journal of Economic Geography, 2006, 6 (1): 71 – 89.

23. Glaeser Edward, Gyourko Joseph. The Impact of Zoning on Housing Affordability. Economic Policy Review ［EB/OL］. http://zww. tbrpc. org/resource_ center/pdfs/housing/Zoning_ Impact_ AH. pdf, 2002.

24. Goodman A. C. The other side of eight mile: suburban population and housing supply ［J］. Real Estate Economics, 2005, 33 (3): 539 – 569.

25. Goodman A. C. , Thibodeau T. G. Where are the speculative bubbles in US housing markets ［J］. Journal of Housing Economics, 2008, 17 (2): 117 – 137.

26. Green R. K. Land use regulation and the price of housing in a suburban Wisconsin county ［J］. Journal of Housing Eonomics, 1997, 8 (2): 144 – 159.

27. Green R. K. Measure the benefits of home owning: effect on children ［J］. Journal of urban economics, 1997, 41 (3): 441 – 461.

28. Green R. , Malpezzi S. , Mayo S. Metropolitan – specific estimates of the price elasticity of supply of housing, and their sources ［J］. The American Economic Review, 2005, 95 (2): 334 – 339.

29. Grimes A. , Aitken A. Housing supply, land costs and price adjustment ［J］. Real Estate Economics , 2000, 38 (2): 325 – 353.

30. Gyouko Saiz Summers. A new measure of the local regulatory environment for housing markets: the Wharton Residential Land Use Regulatory Index ［J］. Urban studies, 2008, 45 (3): 693 – 729.

31. Gyourko J. , Saiz A. Construction costs and the supply of housing structure ［J］. Journal of Regional Science, 2006, 46 (4): 661 – 680.

32. Hamilton B W. Is the Property Tax a Benefit Tax ［A］. In G. R. Zodrow. Local Provision of Public Sevices: The Tiebout Model After Twenty Five Years ［C］. New York: Academic Press Inc. , 1983.

33. Hamilton B W. Property taxes and the Tiebout hypothesis: some empirical evidence [A]. Mills Edwin, S. and Wallace, E. Oates: Fiscal zoning and local land use controls [C]. Lexington books, 1976: 13 – 19.

34. Hamilton B. W. Capitalization of intrajurisdictional difference in local tax prices [J]. American economic review. vol. 66, No. 10, 1976: 743 – 753.

35. Hamilton B. W. Zoning and property taxation in a system of local government [J]. Urban economics, 1975, 12 (6): 205 – 211.

36. Hannah L., Kim K. H., E. S. Mills. Land Use Controls and House Prices in Korea [J]. Urban Studies, 1993, 30 (1): 147 – 156.

37. Harter – Dreiman M. Drawing inferences about housing supply elasticity from house price responses to income shocks [J]. Journal of Urban Economics, 2004, 55 (2): 316 – 337.

38. Henderson J. V. The Tiebout model: bring back the entrepreneurs [J]. Journal of Political Economy, 1985, 93 (2): 248 – 264.

39. Hui E. C., Ho V. S. Does the planning system affect housing prices? Theory and with evidence from Hong Kong [J]. Habitat International, 2003, 27 (3): 339 – 359.

40. Ihlanfeldt K. R. The effect of land use regulation on housing and land prices [J]. Journal of Urban Economics. 2007, 61 (3): 420 – 435.

41. J. M. Pogodzinski. The effect of fiscal and exclusionary zoning on household location: a critical review [J]. Journal of housing research, 1991, 2 (2): 145 – 160.

42. Jean C. Oi. Special Issue: China's Transitional Economy [J]. The China Quarterly, 1995, 144 (12): 1132 – 1149.

43. Jian Sun. Property taxes, large – lot zoning, and house value: are there fiscal incentives in suburban government land use decisions [D]. University of Louisville PH. Doctoral dissertatin, 2007.

44. Jing WU, Yongheng DENG. Intercity Information Diffusion and Price Discovery in Housing Markets: Evidence from Google Searches [J]. The Journal of Real

Estate Finance and Economics, 2015, 50 (3): 289 - 306.

45. Jingxiang Zhang, Fulong Wu. China's changing economic governance: Administrative annexation and the reorganization of local governments in the Yangtze River Delta [J] . Regional Studies, 2006, 40 (1): 3 - 21.

46. John Yinger. Capitalization and the Theory of Local Public Finance [J]. Journal of Political Economy, 1982, 90 (5): 917 - 943.

47. John Yinger. Capitalization and Sorting: a Revision [J] . Public Finance Review, 1995, 23 (2): 217 - 225.

48. John Yinger. Property taxes and house value: the theory and estimation of intrajurisdictional property tax capitalization [M] . U. S. A, Academic press INC. LTD, 1988.

49. Joseph T. L. Ooi, Sze Teck Lee. Price Discovery Between Residential Land & Housing Markets [J] . Journal of Housing Research, 2015, 15 (2): 94 - 111.

50. K. W. Chau, S. K. Wong C. Y. Yiu , Maurice K. S. Tse, Frederik I. H. Pretorius. Do Unexpected Land Auction Outcomes Bring New Information to the Real Estate Marke [J] . Real Estate Finance Economics, 2010, 40 (4): 480 - 496.

51. Kim K. H, Malpezzi S. , Kim C. H. Property Rights, Regulations and Housing Market Performance [Z] . Korea: Center for Free Enterprise and Friedrich Naumann Foundation for Liberty , 2008.

52. Laune J. Bates. Municipal monopoly power and the supply of residential development rights [J] . Eastern economic journals, 1993, 19 (2): 173 - 179.

53. Lin Ye. Regional Government and Governance in China and the United States [J] . Public Administration Review, 2009, 69 (12): S116 - S121.

54. Lynn M. Fisher, Austin J. Jaffe. Determinants of International Home Ownership Rates [J] . Housing Finance International, 2003, 18 (1): 34 - 43.

55. Malpezzi S. , Mayo S. Getting housing incentives right: a case study of the effects of regulation, taxes and subsidies on housing supply in Malaysia [J] . Land Economics, 1997, 73 (3): 372 - 391.

56. Malpezzi S. , Maclennan D. The long run price elasticity of supply of new resi-

dential construction in the United States and the United Kingdom [J] . Journal of Housing Economics, 2001, 10 (3): 278 – 306.

57. Malpezzi, Stephen. Housing prices, externalities, and regulation in U. S metropolitan areas [J] . Journal of housing Economics, 1996, 7 (2): 209 – 220.

58. Malpezzi, Stephen. The role of speculation in real estate cycles [J] . Journal of Real Estate Literature, 2005, 13 (2): 143 – 166.

59. Malpezzi S. , Chun G. , Green R. New place to place housing indexes for for U. S. metropolitan areas and their determinants: an application of housing indicators [J] . Real Estate Economics, 1998, 26 (2): 235 – 275.

60. Matthew E. Kahn, Ryan Vaughn, Jonathan Zasloff. The housing market effects of discrete land use regulations: Evidence from the California coastal boundary zone [J] . Journal of Housing Economics, 2010, 19 (4): 269 – 279.

61. Mayer C. J. , Somerville C. T. Land use regulation and new construction [J]. Regional Science and Urban Economics, 2000, 30 (6): 639 – 662.

62. Mayo S. , Sheppard S. Housing supply under rapid economic growth and varying regulatory stringency: an international comparison [J] . Journal of Housing Economics, 1996, 5 (3): 274 – 289.

63. Meen G. The time series behavior of house prices: a transatlantic divide [J]. Journal of Housing Economics, 2002, 11 (1): 1 – 23.

64. Michael Ball, Geoffrey Meen, Christian Nygaard. Housing supply price elastic cities revisited: Evidence from international, national, local and company data [J] . Journal of Housing Economics, 2010, 19 (4): 255 – 268.

65. Muth R. The demand for non – farm housing [A] . Harberger A. C. The Demand for Durable Goods, USA [C] . Chicago: University of Chicago Press, 1960: 27 – 96.

66. Muth R. Theoretical issues in housing market research [A] . Arnott, R. Encyclopedia of Economics Volume 1. Regional and Urban Economics Part 2 [C]. Holland. The Netherlands: Harwood Academic Publishers, 1996: 200.

67. Oates W. E. The Effects of Property Taxes and Local Public Spending on Prop-

erty Values: An Empirical Study of Tax Capitalization and the Tiebout Hypothesis [J]. Journal of Political Economy, 1969, 77 (6): 957 –971.

68. Peng R. , Wheaton W. Effects of restrictive land supply on housing in Hong Kong: an econometric analysis [J] . Journal of Housing Research, 1994, 5 (2): 263 –291.

69. Quigley J. M. Regulation and property values in the Unites states: the high cost of monopoly [EB/OL] . eScholarship [2007] . https: //escholarship. org/uc/item/5692w323.

70. Quigley, J. M. Real Estate Prices and Economic Cycles [J] . International Real Estate Review, 1999, 2 (1): 1 –20.

71. Quigley J. M. , Raphael S. Regulation and the high cost of housing in California [J] . The American Economic Review, 2005, 95 (2): 323 –328.

72. Quigley J. M. local public finance [A] //Steven N. Durlauf [C] . The New Palgrave Dictionary of Economics, Second Edition, 2008: 332.

73. Ronald C Fisher. Public Choice Through Mobility: The Tiebout Model [M]. State and Local Public Finance, 2nd ed, USA. Irwin, Taylor & Francis Inc, 1996: 1 –722.

74. Rusk D. Cities without suburbs [M] . USA. Washington, D. C. : Woodrow Wilson Center Press, 2nd edition, 1995.

75. Rydell C. P. Price Elasticity of Housing Supply [Z] . USA. The Rand Corporation, Santa Monica, CA, 1982: 100.

76. Saiz A. The Geographic Determinants of Housing Supply [J] . Quarterly Journal of Economics, 2010, 125 (3): 1253 –1296.

77. Saks R. E. Housing supply. in The New Palgrave Dictionary of Economics Online. Second Edition, Eds. Steven N. Durlauf and Lawrence E. Blume, UK, Basingstoke, Hampshire, New York: Palgrave Macmillan, 2008: 1.

78. Saks R. E. Job creation and housing construction: constraints on metropolitan area employment growth [J] . Journal of Urban Economics, 2008, 64 (1): 178 –195

79. Somerville C. T. Residential construction costs and the supply of new housing: endogeneity and bias in construction cost indexes [J] . Journal of Real Estate Finance and Economics, 1999, 18 (1): 43 –62.

80. Stephen M. Wheeler. The New Regionalism Key Characteristics of an Emerging Movement [J] . APA Journal, 2002, 68 (3): 267 –278.

81. Stover M. The Price Elasticity of the Supply of Single – Family Detached Urban Housing [J] . Journal of Urban Economics, 1986, 20 (3): 331 –340.

82. Tiebout C. M. A Pure Theory of Local Expenditures [J] . Journal of Political Economy, 1956, 64 (5): 416 –424.

83. Timothy Polmateet. How Localism's Rationales Limit New Urbanism's Success and What New Regionalism Can Do About It [J] . Fordham Urban Law Journal 2015, 41 (3): 1084 –1130.

84. Tse R. Y. C. Housing Price, Land Supply and Revenue from Land Sales [J]. Urban Studies, 1998, 35 (8): 1377 –1392.

85. Vermeulen W. , Rouwendal J. Housing supply and land use regulation in the Netherlands [J] . Tinbergen Institute Discussion Papers, SSRN Electronic Journal, 2007.

86. White, Michelle J. Fiscal Zoning in Fragmented Metropolitan Areas. In Mills Edwin S. and Wallace E. Oates (Eds.) Fiscal Zoning and Local Land Use Controls [J] . Lexington, MA: Lexington Books, 31 –100.

87. Yinger, John. Capitalization and the Theory of Local Public Finance [J]. Journal of Political Economy, 1982 (190), 5: 917 –943.

88. Fische, W. A. Property taxation and the The Tiebout hypothesis: evidence from the benefit views from zoning and voting [J] . Journal of economics literature. 1992 (30), 1: 171 –177.

89. Green, R. K. Land use regulation and the price of housing in a suburbanWisconsin county [J] . 1997.

90. J M Pogodzinski. The effect of fiscal and exclusionary zoning on household location: a critical review [J] . Journal of housing research, 1991, 2 (2):

145 – 160.

91. Studenski P. The government of metropolitan areas in the United States ［J］. New York: National Municipal League, 1930: 100.

92. Edward L. Glaeser, Joseph Gyourko. The Impact of Zoning on Housing Affordability, Discussion Paper. 2002. http: //www. law. yale. edu/documents/pdf/hier1948. pdf.

后 记

决定写这本书是临时起意,只因上一本书写作的艰苦记忆还未消失。从文献整理到最终出版,历时两年半。要不是出国访学坐在安静的威斯康星麦迪逊大学城市规划系的办公室,全身心地投入写作,很难完成。所谓教学相长,有时离不开学生们的期待和鼓励。第一本专著出版后,算对自己有了一个交代。回国后一个人经常在三水校区,萌发了写本书的念头。如果抛开所有的杂念,只是将自己的想法写成书,会更加让人愉快。2018 年,投入大量的精力写作和整理本书,一直持续到 2019 年 7 月。

回顾 2012 年以来的个人研究和生活经历,不胜唏嘘。这本书与南京大学经济学院有着不解之缘。我从事土地问题方面的研究,由于土地和房地产的难以分割性,我对房地产问题产生浓厚兴趣,并决定将研究领域定位在土地—房地产,并到南京大学做拓展研究,主要是学方法论。高波教授以博大的胸怀接纳了我,也让我有缘在南京大学的学术殿堂里熏陶。在我看来,南京大学弥漫着浓厚的气氛,是国内一流的学术重地。我还结识了很多师兄师弟师妹——赵奉军、陈健、李勇刚、李翔、王猛、李智、王先柱、王辉龙、张志鹏、程煜、毛中根、毛丰付、黄旭平、周航、李伟军、王文莉、樊雪瑞、王英杰等。铭记和他们的学术讨论、饭后散步、踏雪夜归和聚餐小酌,更铭记导师高波教授的崇尚学术、深谋远虑、坦诚待人和勤奋敬业的精神。他一直以来对我言传身教和真诚帮助,他是房地产研究领域的"大腕儿",并没有因为我天资愚钝而对我冷淡,反而对我耐心施教,让我在南京大学度过一段美好且辛苦的日子。

在美国的一年的确开拓了视野,彻底影响了我的许多学术观点。这得益于非常好的导师欧姆教授,作为全美著名的规划研究专家和学者,他给予我很多帮助，从允许我听课，到带我参观房地产项目，再到多次向他学术请教，是他为我解决一些在规划上的问题、知识及一些专业名词的真正含义。了解真正的西方规划制度，对于中国的未来制度改革是有益的，包括土地管理制度、规划制度和房地产制度。规划制度对土地和房地产制度的引领作用非常关键。我特意用了几个月的时间和2017级土管专业的学生合作，翻译并校对了美国的麦迪逊市数百页的规划法文本。在翻译的过程中，很多专有名词的中文对应得益于我在威斯康星麦迪逊大学向导师欧姆的请教，以及后来的经常性的邮件往来，他每次都详细地回复邮件，体现了师者的风范和中美人民之间的友好情谊。国内学术界对美国的规划存在诸多认识误区，很少翻译美国的规划法。但我深深感到介绍规划法的必要性和重要性。作为全书的结束，我依然能感受到规划作为一种基本的地方政府公共政策工具，对社会进步、房地产市场培育和健康运行所能起到的巨大作用。本书之所以花很大篇幅介绍美国的规划法和制度，其用意不言自明的。较为准确地理解和翻译《分区法》，本身就非易事。本书审稿专家提出不宜将规划法翻译稿附在书中，希望能单独出版，但我思考再三，还是节选部分编入书中。

　　房地产是复杂的商品，而房地产市场更是一个复杂的经济学问题，它受到太多宏观和微观因素的影响，也受到诸多学界和社会公众的关注。房地产经济的研究需要高超的计量分析技术和数据支持，往往使研究者望而却步。我是从土地研究出身的，后来又对房地产感兴趣，不是因为房地产热门，而是因为我逐渐在研究中发现土地市场和地方政府行为对房地产市场塑造所起到的巨大作用，这绝不是仅仅用货币、利率、人口、投资等数据能解释的。土地提供了载体空间，规划提供了建筑和地块使用格局，没有土地和规划就没有城市房地产。

　　本书得以资助要特别感谢广东财经大学对学术专著的良好激励制度，并在科研处王喜亚、文东胜等同志的热心鼓励和帮助下，最终得以出版。感谢学生谭淑怡的校对工作。

　　祛除功利，独坐书斋，一杯清茶，一台电脑，做一点喜欢的事情，最后感谢我们强大的国家。